LES DERNIERS JOURS
DU ROCK'N'ROLL

DU MÊME AUTEUR

BOULEVARD DES CRÉPUSCULES, Grasset, 2007.

PIERRE ACHARD

LES DERNIERS JOURS DU ROCK'N'ROLL

BERNARD GRASSET
PARIS

ISBN 978-2-246-73461-1

« I want a house with a pool
Shorter hours in school
And a room with my own private phone
I wanna stay up all night
See the big city lights
No more troubles or worries at home
Mmm, just gimme some time on my hands...
Yeah man, that's heaven to me »

(*Teenage Heaven*
– Eddie Cochran/Jerry Capehart
– Palace Music Co Ltd 1959)

AVANT-PROPOS

The day the music died *: c'est par ces mots que la presse titra le 3 février 1959, pour annoncer à la jeunesse américaine qu'elle était désormais orpheline, et d'une certaine manière partie cette nuit-là par procuration. Lui apprendre en somme que la mort existait au-delà des fronts tropicaux des actualités Movietone et la touchait également de près. Que l'adolescence avait aussi une fin et que celle-ci pouvait être violente, subite et sanglante, dans un fracas de tôles de voitures ou d'aéroplane, qu'importait le flacon...* Remember Jimmy *: celui-là avait sonné le tocsin de toute une génération, montré en quelque sorte le bout du chemin.*

Et c'était vrai que le rock était mort ce jour-là, et plutôt trois fois qu'une : Buddy Holly, Ritchie Valens, et le bien lointain Big Bopper, fracassés en même temps à une heure du matin dans un avion de fortune, qu'ils n'auraient pas dû prendre et qui n'aurait pas dû tomber, qui n'aurait pas dû affronter cette tempête de neige, qui n'aurait rien dû... Un trio de choc, tiercé gagnant des charts, dont l'âge moyen oscillait autour de 22 ans – 17, 22, 28 – et qui s'envolait depuis peu pour la gloire, bien que l'homme aux lunettes, M. Peggy Sue, fît déjà figure d'ancêtre après seulement quatre ans de carrière – une éternité ! – et qu'on le donnât même pour fini : les vétérans sont faits pour disparaître. Ne chantait-il pas sur scène, moins de deux heures avant l'accident, ce couplet prophétique de son récent succès :

« That'll be the day when I die » ?! On n'aurait su mieux dire. Eddie Cochran le suivrait de quatorze mois, à 21 ans à peine, et la roue tournerait et en écraserait plus d'un, des Gene et des Vince, Bobby et Ricky, et autres Danny français qui n'avaient pas vu venir la vague, la relève ou la mode, avaient oublié que les miroirs peuvent trancher et avaler votre image quand on s'y penchait de trop près, jusqu'à s'y noyer. Les reflets sont des balles, à certaines heures de la vie. Des rockers fauchés par le twist ou bluesés par le madison, la pop, le punk, le funk, le glam, le hard and co, toutes ces étiquettes qu'on met sur les bacs à disques pour fabriquer du neuf avec de l'ancien, faire croire au monde que rien n'existait avant vous.

Dans ce métier qui n'en était pas un, il fallait faire vite, pour imprégner les rétines et marquer les mémoires, quarante-cinq tours et pas un de plus, et mourir jeune signifiait souvent survivre vieux, dans le meilleur des cas. Toutes les guitares vous le diront, qui s'appelaient Fender ou Stratocaster, Gretsch ou Rickenbacker, portaient des noms de généraux, et fichent encore le feu à nos platines par-delà le cimetière des juke-box. Forever young. *Et c'est vrai que la musique finissait tôt en ce temps-là, explosait dans le ciel ou sur les routes comme ces comètes dont elle avait d'ailleurs pris le nom, pour courir contre la montre,* autour du cadran, *qu'elle avait la danse de Saint-Guy et ne dépassait jamais deux minutes trente sur les platines, la durée légale d'un émoi après guerre. Qu'elle voulait aller en somme plus vite que la musique et s'achevait parfois par un couac, ad lib et sans deuxième prise. Rien de plus triste qu'un single tournant à vide à la fin d'un rock, quand le chanteur s'est envolé et qu'il ne reste plus qu'un chuintement de roue dans le haut-parleur, la vague du temps échouant sur une plage de microsillon...*

Depuis, le rock, devenu pop ou R&B, n'a pas fini de mourir, sans doute pour gagner plus vite l'éternité, généralement à 20 ans dans les années 50-60, et curieusement à 27, dans les seventies, la distance qui sépare l'interprète de l'auteur-compositeur, le performer *du* songwriter. *De tomber de haut ou rentrer dans le décor, se fracasser ou se défoncer, se crasher ou se shooter, et grimper quatre à quatre ces fameuses marches du paradis que chantait dans son single posthume le même Eddie Cochran, ce Presley miniature qui avait quasiment inventé le genre, si l'on exceptait quelques jeunes vieux de la première heure :* « Well I got a girl with a record machine/When it comes to rockin' she's the queen/We love to dance on a Saturday night/All alone where I can hold her tight/But she lives on the twentieth floor uptown/The elevator's broken down » (*Twenty Flight Rock*).

Viendraient ensuite Otis, Jim, Jimi, Janis, John, Marvin, Marc et les autres, qui n'avaient pas d'autre point commun que d'avoir flirté un jour avec Bony Moronie, *escaladé les collines de* Blueberry, *fait du gringue à la grande* Sally *ou la bonne* Molly, *eu de la* Fumée dans les yeux *et, hélas, fini tous sur l'asphalte, au pied de ces étoiles qu'ils prenaient pour des spots et qui éclairaient leur dernière route. Ce livre est leur testament, leur dernier blues au compteur, leur course à la falaise dans des bolides qui voulaient s'envoler et des avions qui se jetaient dans le vide, autant dire un monde qui marchait sur la tête, qui piétinait la lune, assassinait des présidents et bombardait l'horizon au napalm. C'est le portrait de ces instants où ils quittèrent un à un la route, dans le plus célèbre virage de l'histoire du rock : celui du succès brutal. L'éternelle histoire de leur dernière seconde, qui n'en finit pas de tourner en rond et de battre le tempo à la petite aiguille de nos cœurs, ce pauvre diamant qui gravait chaque nuit nos lignes de vie, égrenait nos plages noires de tubes d'été et nous faisait des souvenirs en stéréophonie, des sentiments en haute-fidélité...*

INTRODUCTION

David et les fantômes ou Last Stranger in Paradise

David Bowie pénétra dans le studio désert, qu'il venait à peine de quitter, et se dirigea vers la console éteinte où il avait oublié sa partition. Il n'aimait pas laisser traîner les choses, encore moins précieuses, et ceci était à sa manière un document, une pièce de collection : un vieux songbook des Flamingos, relié d'époque, dont il pensait reprendre un titre pour le prochain Scorsese, une saga des studios Sun retraçant le singulier parcours d'Elvis et de son colonel d'opérette, la genèse du King dans l'Amérique d'Ike, sur fond de standards noirs et blancs.

C'était un chef-d'œuvre du doo-wop qui disait à peu près ceci : *« The moon may be high/But I can't see a thing in the sky/'Cause I only have eyes for you/I don't know if we're in a garden or on a crowded avenue/You are here and so am I/Maybe millions of people walk by/But they all disappear from view/Because I only have eyes for you ».* Cela datait de 1959 et s'appelait bien entendu *« Je n'ai d'yeux que pour toi »,* le genre de déclaration que toute Américaine moyenne avait envie d'entendre cent fois par jour, et le moyen le plus sûr de pénétrer dans sa chambre et de faire des ronds sur son pick-up. Il avait hésité entre *Golden Teardrops* et ça, qui n'étaient jamais que les deux étapes d'une même histoire d'amour, l'avant et l'après coup de foudre, mais il préférait la première, à cause de sa poésie adolescente.

En fait, la formule magique, signée Warren et Dubin, datait de 1934, et elle avait été successivement enregistrée par Dick Powell, Frank Sinatra, Peggy Lee, Bing Crosby, Johnny Mathis, et... Tex Avery, en changeant chaque fois d'orchestration et même de couplet. Un vrai manuel de flirt et une recette de hit absolue : on savait y faire en ce temps-là, sur tous les terrains. Mais sa version préférée restait celle-là, la sérénade des flamants noirs roucoulant à la lune, qui faisaient la pige aux Platters, Four Aces, Moonglows, Marcels et tutti frutti, et aurait donné à n'importe quel chanteur normalement constitué l'envie d'en faire sur-le-champ le contre-chant. Il n'y avait que Lynch ou Scorsese pour s'intéresser à un titre pareil, et il imaginait bien le prisonnier de Graceland, affalé, défoncé et repu à la fin de sa vie en train d'écouter ce truc-là et de se demander pourquoi il n'avait pas passé son chemin, ce matin de 1954, au volant de son camion en arrivant devant les fameux studios de l'Union Avenue, à Memphis Tennessee. Sûr qu'il serait encore là s'il n'avait pas poussé la porte et puis la chansonnette, remué de la hanche et fait un certain sourire ravageur du côté gauche, sa botte secrète, à l'ingénieur du son qui avait soulevé une paupière et n'en avait plus retrouvé le sommeil. Comme quoi la fête des mères faisait parfois le bonheur des enfants, puisqu'il avait usé de ce stratagème pour s'offrir une maquette, enregistrer son « souple » à l'intention de sa chère Gladys, et en avait vendu 700 millions dans la foulée. *That's Alright Mama*, le cadeau était de taille, et avait fini par l'écraser lui-même : trop d'argent, de disques d'or, de filles faciles et finalement de vide sidéral sur les épaules, trop de parasites, de paillettes dans son microphone et de mauvais films dans sa bio, de vampires à sa porte, qui se payaient sur la bête et en redemandaient, à commencer par ce colonel Parker qui ne l'était pas et s'appelait en réalité Andreas Cornelius VanKuijk, ça ne s'invente pas. 700 millions de disques écrabouilleraient n'importe qui, et David savait de quoi il parlait, après 40 ans de carrière, c'est-à-dire le double du fier sudiste. Au-delà d'un certain nombre de zéros, de ces chiffres qu'un individu normal ne peut plus compter ou lire à l'œil nu, on ne survit pas, a fortiori lorsqu'on est un *redneck* de Tupelo.

Et le destin avait fait, ou plutôt défait, le reste, lui qui excellait à élever, puis déboulonner les statues, et à propulser de temps en temps un gosse du Mississippi dans les étoiles, bien avant la NASA, pour voir l'effet que ça faisait de marcher sur la tête, de gagner un dollar à la seconde et d'avoir le monde à ses pieds. Celui-là n'en était pas revenu, et il y vivait maintenant à perpétuité, en se foutant bien d'être devenu éternel ici-bas, puisqu'il regardait le show depuis le paradis, comme à l'Orpheum theater de Memphis. C'est la vie, comme répétait le juke-box, *and you never can tell.*

Restaient les ondes, les enregistrements et les souvenirs de consoles, outtakes et alternate takes, ainsi qu'on disait ici, et les studios regorgeaient de ces voix off, mauvaises prises ou chutes de séances qui constituaient les meilleurs témoignages sur un art et son époque, surtout quand cet art était un instantané. Les chansons étaient alors comme des reportages, deux minutes vingt-cinq de 1959, en direct de McLemore Avenue, température extérieure caniculaire et Cadillac rose à l'horizon : Little Richard arrivait avec ses « belles » et ses boas, remplaçait Chuck Berry qui courait faire la sortie des classes, le pas du canard dans les petits bassins de Malibu, maintenant que Jerry Lee s'était rangé des scooters en épousant sa cousine de 13 ans – Myra pour les intimes – et ne tirait plus que sur son piano. A l'époque, ils en écrivaient 20 dans la matinée, en enregistraient 10 l'après-midi, en vendaient 1 000 le lendemain, et trouvaient ça normal, devenaient célèbres à 18 ans et has been à 22. Des stratagèmes d'après-midi pour emballer le soir même, du prêt-à-rêver pour la fille du voisin, des brouillons d'avenir pour écolières attardées. Des échos de récréation, hymnes de vacances qui sonnaient la fin des billes et des poupées et l'arrivée de l'adolescence. Des cris du cœur, qui tenaient souvent plus du cri que du cœur, avant le passage des sorciers de studios et autres plombiers du tube, capables de vous réparer ça en moins de deux. Et bien sûr, tout le monde cosignait tout dans le désordre, puisqu'on avait l'âge de l'argent de poche. Pas une œuvre de Buddy Holly qui n'ait été aussi attribuée à son producteur. Un autre temps, où l'on se revendait en fin de séance des chansons toutes chaudes pour le prix d'une dose, d'un repas ou d'une passe...

Bowie promena sa main sur le clavier, ces touches policées et muettes où les plus illustres, les hommes aux doigts d'or, avaient voyagé, flâné, fantasmé : inventé la musique populaire des cinquante dernières années. Il y sentait le frisson de Fats, tel un gros chat endormi dans le piano, le feu de Jerry Lee qui couvait toujours sous l'ivoire du couvercle, et la caresse de Nat qui avait enjôlé les notes à vie, leur avait offert des mots auxquels on ne résiste pas. Et il esquissa quelques mesures d'un vieux standard de Ricky Nelson qui commençait par *« There's a place where lovers go/To cry their troubles away/And they call it Lonesome Town/Where the broken hearts stay »*. C'était si loin, tout ça, et Nelson aussi avait décollé. Car les avions tuaient les chanteurs, en ce temps-là, de Buddy à Otis, de Patsy Cline à Jim Croce et de Stevie Ray Vaughan au brave John Denver, pour la simple raison qu'ils étaient leur seconde voiture et que la route était déjà bien meurtrière en soi. On appelait ça la malédiction de Glenn Miller. Les voies du ciel résonnaient de tant de voix, à certaines heures, qu'elles auraient mérité un tribute, du genre *Sky Song* ou *The Clouds'Passengers*, *Otis In The Sky with Crickets* ou *Peggy Sue Gets To Paradise...*

Lui qui était de la classe 47, version UK, il voyait ça comme s'il y était, pouvait leur parler d'ici rien qu'en branchant le vieux micro Shure d'époque qui en avait tant vu, tant entendu, et en y murmurant deux ou trois prénoms de chanteurs disparus, deux ou trois refrains ensevelis à l'hôtel des rockers brisés. Ce n'était pas très compliqué, puisqu'il y avait toujours les mots « souvenirs », « solitude », « regret », « été », « chagrin », « jamais », « cruel », « adieux », « fini », dedans, alors que ces gars-là n'avaient pas 20 ans en les enregistrant et n'en connaissaient même pas le sens : que pouvait-on donc regretter à 20 ans, sinon d'avoir raté la séance de minuit ou perdu les clefs de la Dodge paternelle, pendant que le grand frère rampait sur les sables d'Okinawa, cet Omaha Beach du pauvre ? La vérité tombait enfin de la radio comme message d'évangile, et la messe était dite avec la chanson qui suivait, pour repeindre le ciel en bleu et mettre de la poudre aux yeux des filles. Si les claviers d'alors pouvaient parler, ils deviendraient immédiatement best-sellers, et démonteraient plus d'un succès mythique comme on dépiaute un ventre de Chevrolet, flanqueraient par terre le plus romantique des couplets et renverraient aux calendes le plus poignant chagrin de transistor. Il en connaissait même où le prénom tant répété du refrain désignait en réalité l'épagneul du cousin, et bien étonné qui aurait pu continuer de chanter la grande Sally, la bonne Molly, la jolie jolie Peggy, l'ardente Lucille ou la coquine Maybellene après avoir rencontré les intéressées, qui doivent aujourd'hui attaquer leur énième lifting et rechercher désespérément leur reflet dans une pochette fanée, sur des plages ridées par tous les sillons de la terre, rayées par les seuls saphirs qu'elles aient jamais connus. *Bye bye baby, and don't shake anymore, the show's over : sealed with a kiss.*

Côté rockers, les survivants cultivaient leurs implants en direct et se faisaient tirer le sourire, qu'ils gardaient grand ouvert pour que les anciens les reconnaissent, qu'on ne les confonde pas avec le dernier politicien en vue, et les autres étaient morts et enterrés : tous tombés à l'autre front, celui du show-business, et au même âge que leurs GI de fans, tant les guerres finissaient un jour par se ressembler, d'Aloha à Iwo Jima, en mondiovision couleur. A chacun sa Corée, sa corvée. Mais lui, il avait survécu, à Bolan et à Cochran, Lennon et Harrison, Mercury et Marley, Buckley et Buckley, et sur le coup de la soixantaine, il se sentait comme un fantôme du paradis dans ce décor digne d'une archive MGM, ces velours et ces bois flétris d'époque, toutes ces traces et odeurs de passé que seul un professionnel pouvait ressentir, exactement comme un dompteur à la retraite reviendrait dans sa cage déserte et traquerait ses ombres fauves. Il effleurait le piano comme pour lui poser une question, lui dérober un secret, demander à revoir une scène, retrouver la seconde où Pomus et Shuman avaient créé *Save The Last Dance For Me*. Remonter au jour de *Little Sister*. Celle-là contenait sa jeunesse. Et il rechercha ses notes, effleurant les touches où s'étaient peut-être posés leurs doigts, avec un fourmillement délicieux, et le regret diffus de ne l'avoir pas faite. Il suffisait de presque rien, *sol-fa-ré-la-si*, et d'une bonne ligne de basse pour passer à cette fichue postérité qui était à l'apprenti star ce que l'automne est à un tube d'été... Juste un frisson dans la main, qu'on attrape une ou deux fois par vie, comme on saisirait l'air du temps.

Tous, ils étaient tous passés par là, par ces studios, et y avaient laissé leurs vibrations, leur empreinte dans la nacre, ces touches de feeling et de flip, de beat et de groove que tout technicien digne de ce nom ressent en reprenant ses manettes, comme on prend le jus en frôlant un potentiomètre. Tous, ils y avaient cru, avaient frimé, ramé et disjoncté entre deux prises, achoppé cent fois sur un mot qui ne leur allait pas en bouche, qui n'avait pas le bon goût, confondu face A et face B avec la foi du forgeron, pris pour des tubes leurs bluettes et inversement, pour peu qu'elles finissent par « baby » et riment avec « maybe ». Fait l'amour aux Fender et le bœuf avec Les Paul, fait danser les Gretsch et les Charleston, cherché la note et la syllabe qui sonne, noirci leurs pages de lignes blanches comme la nuit. Traqué le succès jusque dans le caniveau, s'il le fallait, et remixé cent fois leur premier et parfois seul hit pour lui faire remettre ça. Joué leur vie sur des quatre-pistes, jusqu'à brouiller celles-ci et perdre celle-là en chemin. Tous. David les connaissait, du temps où il s'appelait encore David Robert Jones et jouait du sax à Soho, les imaginait d'autant mieux qu'il s'était parfois inspiré d'eux, avait grandi avec le petit Richard et Chuck le canard, Elvis the Pelvis et Jimmy Reed, choisi pour modèle de son Ziggy le pathétique Vince Taylor, chanté les *American teenagers* et autres *Young Dudes*. Pris les poses et refait les accords, les mimiques et les jeux de jambes, dans des miroirs blasés. *Story of the rockers*, scandait à bout de souffle Gene Vincent, qui mit un point final à cette histoire en avalant le verre de trop, comme on se tire une balle dans la jambe, cependant que ledit Vince annonçait son come-back en même temps que le retour du messie, et que Cliff Richard lui-même découvrait les voies du Seigneur. Depuis toujours, le rock'n'roll balançait entre dieux et diables, blues et country, Jerry Lee et Pat Boone, et Ziggy le maléfique avait fait la symbiose des deux. C'était une guerre dont il y avait peu de survivants.

Si les studios pouvaient parler, quand ils n'étaient pas devenus poussière ou musées, ils auraient eu des chanteurs à raconter, des passes et des pannes, des fans et des fous, des doses et des pauses, des premières prises qui supplantent les centièmes et des voix témoins qui ne demandent qu'à se lâcher, à révéler qui chantait vraiment le refrain d'un tel et jouait à la place d'un autre, voire qui avait écrit simplement quoi. Qui étaient ces enfants du rock à prénoms de mômes, lunettes et banane, devenus aujourd'hui ses parents, sinon ses grands-parents. Comment naissaient les légendes, en mourant presque dans l'œuf.

Bowie sourit au souvenir de tous ces fantômes, qui semblaient avoir rejailli du vieux songbook silencieux, reposant dans la pénombre, avec ce parfum mêlé du temps où se confondaient trac, sueur, trips et tripes, quand le métier faisait son job, prenait ses voix sans se prendre la tête. Et il se dit qu'en restant encore quelques minutes dans cette cour des

Miracles, qui ne payait pourtant pas de mine avec son mobilier des années 50 et ses tentures bordées de nostalgie, il finirait par entendre des voix et se prendre pour Liberace, pour ceux à qui cela disait encore quelque chose : une statue de cire. Lorsqu'il pénétrait dans un ancien studio, pas une de ces usines informatiques qu'on utilisait aujourd'hui, ces « home studios » qu'on aurait pu traduire par « tours d'ivoire », il recherchait toujours leurs ondes, leur ombre, la trace de ceux qui l'avaient précédé et avaient semé ou abandonné là un peu de leur succès, mis la main aux manettes et apporté la manne divine, tutoyé le bon Dieu qui vous scrutait indéfiniment dans le noir, depuis sa cabine céleste, et laissait tomber soudain du ciel un impressionnant « OK ! », ou le terrible « On la refait ! », sans qu'on sache très bien d'où venait la sentence, qui avait vraiment parlé dans le micro. Toute sa vie, et bien qu'il sût exactement à quoi s'en tenir sur la qualité d'une prise ou d'une séance, il avait guetté avec circonspection cette voix anonyme, invisible, indiscutable, qui résonnait soudain de partout à travers les haut-parleurs du studio, et dont il ne pouvait s'empêcher de penser qu'elle venait de plus loin que de son ingénieur du son, et avait quelque chose de magique. « OK, David, c'est en boîte ! » L'« autre » avait parlé, tranché. Dieu était à leurs côtés ! Le sien s'appelait Visconti, Tony, avait toujours trouvé les bons mots, et le silence qui suivait avait quelque chose de sacré, quand il résonnait après des centaines d'heures de rerecording, de mix, et des kilomètres de bande à parcourir, ses rubans de vie.

C'était ce même silence qui régnait ici ce soir-là après le départ de l'équipe, la fermeture des rideaux et l'extinction des feux, un silence venu de loin, où il reconnaissait d'un coup tous ses maîtres et pairs, les « habitants du lieu » revenus lui faire un signe, en souvenir des Flamingos et du reste. Tous, ils étaient soudain là, autour de lui, debout dans la pénombre et vibrant de mille sensations, tous les Cochran et Cooke, Holly et Redding, Janis et Jimi, son copain Bolan et Johnny Rotten, Marley et Mercury, Buckley et Cobain... Gene Vincent et Vince Taylor. Morrison et Lennon. Et il se revoyait lui-même à Factory, Hérouville, Hansa, à Muscle Shoals ou à Abbey Road, comme on se fond dans un flash-back, on remonte le temps d'une chanson, puisqu'au fond, on n'en écrivait jamais qu'une dans sa vie, qu'on poursuivait et chassait ensuite comme le Snark, son *Yesterday* ou son *What'd I Say*. D'hôtel en loge et de scène en studio, chacun cherchait son port, son Amsterdam dans ce métier.

Il s'immobilisa un moment, soupira aux anges, tant il se comprenait et n'aurait pu dire en un disque entier tout ce qu'il éprouvait là, en serrant entre ses doigts la partition sépia digne des vieux talismans, ce testament du paradis que lui tendait soudain le destin, pour bien lui rappeler la chance qu'il avait eue, de traverser tous ces miroirs et ces feux sans faillir, prendre tous ces avions et ces routes sans partir, ces virages et ces drogues sans finir, avoir tellement défié le sort sans jamais lui céder. A moins qu'il ne fût réellement immortel, une araignée de Mars version 72 ou un extraterrestre, comme dans ce film qu'il avait tourné jadis, qu'il fût à son tour devenu poussière d'étoile – *stardust forever* – et revenu juste pour transmettre le message, témoigner d'un temps révolu, qui n'avait brûlé que quelques étés et brillé que dans sa tête. Leur dire à tous qu'ils avaient existé, eu 20 ans et fermé la boutique à cet âge-là, franchi la ligne jaune de l'adolescence en invitant tout le monde à les suivre – *C'mon everybody* – et faire trois pas vers le paradis – *Three steps to heaven* –, pris à leur majorité des avions pour la Grande Ourse, ou bien décollé en fumée à 27 ans – un autre âge fatidique du rock – pour des paradis artificiels, qui n'avaient rien à envier aux vrais, et étaient au fond peut-être les seuls. Changés en nuages. La vérité se tenait dans les ruines du Rock'n'Roll Circus, à Paris, qui avait disparu de longue date et sans doute rejoint les cendres de son meilleur client au Père-Lachaise : Jim Morrison.

David éteignit la lampe de veille, referma soigneusement son manteau et s'enveloppa dans son écharpe d'alpaga pour qu'on ne le reconnût pas en sortant, qu'on ne le prît pas pour un de ces fantômes évadés de son antre, le dernier rocker s'échappant au crépuscule, avec la dernière chanson du monde sous le bras, ce qui n'eût pas été pour lui déplaire. Et il se dirigea d'un pas lent vers la limousine qui l'attendait discrètement, un peu plus bas. Il avait en main le secret du rock'n'roll, la clef de tous les succès, le plus beau testament qu'on pût faire aux générations futures, et se promettait bien d'en donner une version somptueuse, demain, en séance, en souvenir de ce soir-là, de son coup de blues et de ces sacrées bonnes ondes que la vie lui renvoyait de temps en temps. En hommage aux Flamants fanés, envolés, qui le faisaient planer, l'emportaient autour de minuit dans le ciel de ses 12 ans. A ces ombres de console, ces revenants de l'âge d'or et ces trois notes d'un autre temps qui en avaient fait un étranger au Paradis, ad lib, le dernier rebelle *on stage.*

Good night, Eddie Cochran

Même les taxis dérapent sous la pluie. Surtout lorsqu'ils courent derrière un avion, et qu'ils ont le rock'n'roll à bord, qu'ils transportent le blues en personne. A l'arrière de celui-là, ce samedi soir, il y a deux musiciens de 21 et 25 ans, à une époque où c'était presque l'âge de la majorité : Eddie Cochran et Gene Vincent. C'est-à-dire *Be-Bop-A-Lula* et *Summertime Blues* réunis. Autant dire une bombe, le convoi le plus explosif de la musique populaire américaine : ces deux-là sont assis sur un volcan, et mettent le feu partout où ils passent, rien qu'à leur façon d'entrer dans la pièce ou de vous dévisager, de commander une bière ou d'envoyer la monnaie : ils sont la fureur de vivre incarnée, cinq ans après l'« autre » et tout aussi rangés que rebelles. Rien ne peut leur résister, leur arriver. Ici, ils sont les rois.

On est en avril 1960, le 16 exactement, sur la route de Londres, tout près de Chippenham, Wiltshire, à Rowden Hill, et il a fait un temps pourri, un vrai printemps anglais toute la journée, à ne pas mettre un chanteur, ni d'ailleurs un spectateur dehors. Le genre de climat auquel on ne s'habitue jamais tout à fait si l'on est né dans le Minnesota comme l'un, Edward Raymond Cochran, ou en Virginie comme l'autre,

Vincent Eugene Craddock, a fortiori si l'on ne passe que deux mois dans le pays, pour une tournée menée tambour battant à travers les clubs, avec la vedette locale Billy Fury : Leeds, Birmingham, Liverpool, Newcastle, Manchester, Londres, Wembley, Ecosse, pays de Galles, plus la BBC, ABC TV, Granada, Piccadilly Studios, etc. Même pas le temps d'apercevoir le décor autrement qu'à travers des vitres de Bentley et des fenêtres de Bristol : pour les deux enfants terribles du rock, qui s'entendent comme larrons en foire et se répondent chaque soir en scène, *Blue Jean Bop* contre *Twenty Flight Rock, Say Mama* contre *C'mon Everybody* et tutti quanti, l'Angleterre est une légende, une nuée de fans en nattes, un interminable plateau de télé et un éternel couloir de coulisses, une usine d'autographes à la chaîne avec des petites ouvrières qui vous couvrent de rouge baiser à chaque gare en hurlant votre prénom avec un accent curieux. Une prison dorée, qui les célèbre bien plus que leur pays natal, les adopte et les adule : que demander de plus ? Ils dament le pion à Elvis lui-même, qu'on appelle ici Cliff ! Et les jours se confondent avec les nuits, les fans avec les fantasmes, les loges avec les chambres, les rocks avec les slows : *living on stage, on the air tonight and co, dreaming backstage*, à se demander quel jour on est et dans quelle dimension, puisque dans la rue, chaque inconnu a l'air de vous connaître et vous traite comme un copain d'enfance. Hey Gene ! Hello, Eddie ! On doit rêver, et à peine a-t-on le temps de se réveiller que le film reprend : séances photos, dédicaces, interviews, balances, filages, maquillage, etc., *on the road again.* « Vous connaissez Norrie Paramor ? » « This is Hank Marvin ! » « Hey ! I'm Gene Vincent ! » Ils sont au paradis, sur la planète du rock, l'étoile des étoiles, planent dans un de ces contes de fées où l'on est Gulliver, et surtout qu'on ne les dérange pas : c'est leur seconde d'éternité !

Ici, on aime le rock'n'roll, le vrai, celui des racines et des caves, qui a la peau bronzée et la danse de Saint-Guy, la fièvre au corps et le feu aux talons, et tout artiste en voie d'être révélé aux Etats-Unis se doit d'être d'abord confirmé, en quelque sorte adoubé, en Grande-Bretagne, au point qu'en ces années 60 où le rock est menacé par le twist qui sera lui-même éclipsé par le madison, le jerk, etc., ils n'arrêtent pas de se croiser dans les couloirs de la Beeb (BBC) comme dans une rue de Nashville, avec des airs espiègles de gamins qui ont joué un bon tour au surveillant général du lycée, sèchent le cours et draguent en plus la prof de musique. Dans leurs chambres d'hôtel, où ils sont les enfants terribles, vident les frigos, font des concours de caprices et blanchissent leurs nuits de vieux blues, ils entendent leurs noms dans le poste comme on se découvrirait gagnant d'un jeu radiophonique, « Gene Vincent tire le gros lot », et se pincent pour bien se convaincre que tout cela est vrai, et que le sifflet de la cour de récréation ne va pas résonner soudain, pour les renvoyer dare-dare en cours de mathématiques, eux qui ont quitté l'école à 16 ans. Ils planent, boivent au goulot avec les pieds sur le cosy, jouent aux sales gosses pour des photographes à peine plus vieux qu'eux, et prennent des poses pour une postérité, lancée à fond de train, qui va les rattraper plus vite qu'ils ne croient. Sur les portraits, ils s'accrochent à leurs guitares comme à des proues de navire, ces femmes-sirènes qui ornaient les têtes de galère au Nickelodeon voisin, et leur donnent même des prénoms de petites amies, Lucy, Peggy, Molly, Minnie, Lucille, Suzy, qui deviennent aussi des chansons : la consécration. N'ont-elles pas le même galbe suggestif entre leurs doigts malhabiles, à se demander lesquelles les attirent le plus, des hanches de bois et des courbes électriques, quand ils y bercent leur dernier-né en stéréo?

Ils se frottent à la gloire, friment en essayant de retrouver ce fameux regard en dessous que Jimmy arborait au dernier jour, avant la ligne droite, ou cette moue insolente qu'Elvis décoche comme une flèche à chaque objectif qui passe, comme si c'était une fille à tomber. Ils s'exercent, s'imitent, se scrutent du coin de l'œil dans les coulisses et les aéroports, en se demandant quel hit ou quel riff l'autre peut bien ourdir en ce moment, derrière son sourire de premier communiant, qui sera au top demain, rallument encore une fois la radio juste pour s'assurer d'exister : « Maman c'est moi ! » Pour un peu, ils s'espionneraient, se faucheraient les partitions comme des copies, des copines, et quand une chanson est bonne, ils se jettent tous dessus comme un seul homme, pour en faire leur version, la « couvrir ». A chacun sa longue et grande Sally, son Memphis Tennessee ou sa Bony Moronie. Un rock est un rock, et la vie dure deux minutes trente, quand on a tiré la bonne face. Qu'y a-t-il d'autre au monde qu'un bon slide barré sur une six cordes, je vous le demande, sinon prendre une fan par la taille et tenir soudain le ciel dans sa main ?

Eddie, lui, n'est pas comme ça, car il n'en a pas besoin : il a de l'or au bout des doigts, des hits plein les mains, depuis ce jour de 1950 où il a acheté à 12 ans sa première guitare, puis monté son premier groupe à Bells Garden, LA. Le reste allait de soi : premiers enregistrements à 15 ans avec son quasi-homonyme Hank Cochran, au point de se rebaptiser les... Cochran Brothers alors qu'ils se connaissent de la veille, rencontre dans un magasin de disques avec son alter ego Jerry Capehart, tour à tour batteur, parolier, manager, mentor, et choc de sa vie en découvrant en concert à Dallas un certain Elvis, auquel il fera tout pour s'identifier, jusqu'à enregistrer à son tour *Blue Suede Shoes* et *Long Tall Sally*, comme l'autre, comme « le grand » (d'autant plus que vingt-cinq centimètres les séparent). Des nuits entières, il se projettera dans les photos du maître comme on se cherche dans un miroir, testera des sourires et travaillera des regards, jonglera devant son armoire à glace avec sa guitare débranchée et des micros, des caméras imaginaires en esquissant le célèbre jeu de reins, pivotant sur place avec la Gibson en bandoulière, construira pas à pas, geste à geste son personnage qui ne doit rien avoir à envier à personne, c'est-à-dire à « lui ». Des jours entiers, comme des millions de teenagers, il essaiera le cuir, les franges, le ceinturon, en pestant contre sa petite taille et l'exiguïté de la pièce, de sa vie antérieure. Jusqu'à ce qu'il se sente prêt. Que ce soit son tour. Premier contrat discographique en 1956, apparition dans le film mythique *La Blonde et moi* où il interprète *Twenty Flight Rock* et rencontre Gene Vincent, premier hit dans la foulée avec une ballade qui n'est même pas de lui, *Sittin' In The Balcony*, classée dix-huitième dans le « Top 20 ».

Les succès claquent ensuite comme des coups de fouet : *Summertime Blues* et *C'mon Everybody* en 1958, *Something Else* en 59, etc. Quasiment du hard, sinon du punk, pour l'époque, avec pour seul objectif de coiffer Presley sur son propre terrain, et un avantage certain : Cochran écrit, enfin, il compose, et plutôt bien, manie la guitare comme personne. Il fait mouche à chaque fois, et le King lui-même ne détesterait pas reprendre un ou deux titres de ce petit prince, ce dauphin électrique, s'il consentait à travailler pour lui. Après tout, ne sont-ils pas tous deux venus du sud, Minnesota contre Mississippi, avec ce goût du blues qui râpe la gorge, met le feu aux tripes et les filles des premiers rangs dans tous leurs états ? Même en langue rock, qui n'a que six pieds et trois accords, il n'existe pas de mots assez fous pour dire le tempo de vos tempes et la lave de vos veines lorsque la musique monte en vous, vous traverse en un éclair et vous brûle les lèvres, pour prendre votre pouls quand la guitare s'allume et vous raconte une fois de plus sa vie. Et cette histoire-là, notre héros la connaît comme sa poche, parce que c'est la sienne.

Et lorsqu'un spectateur éméché provoque en scène le petit Eddie, pantalon de cuir noir et veste rouge assortie à la gratte, il n'hésite pas à lui répondre du tac au tac au micro, debout sur ses ergots et à la façon du Roi créole : « Si vous cherchez la bagarre, vous êtes tombé au bon endroit. Je vous attends en coulisses après le spectacle pour régler ça entre hommes ! » Le « boss » n'aurait pas dit mieux : ils sont faits pour s'entendre, et l'autre le voit grandir avec intérêt, comme le maître scrute l'élève. A coup sûr, il faut qu'ils en parlent, qu'ils fassent un bœuf ou quelque chose comme ça, un set chez Ed Sullivan, Alan Freed ou une virée à Tin Pan Alley, d'autant plus qu'avec la différence de taille, il n'aura pas de mal à le dominer, car on ne provoque pas impunément un roi. Car si Gene Vincent donne déjà du mou et sera plus ou moins l'homme d'un seul titre, quasiment une onomatopée, Eddie est l'homme d'une carrière, et porte en lui des trésors : c'est un créateur, comme Pomus et Shuman, Leiber et Stoller et les autres, et qui, en plus, chante : autant dire une espèce rare, en ces temps d'interprètes purs et de chansons sur mesure. Un songwriter : tout ce qu'Elvis Aaron Presley aurait aimé être, pour avoir la paix et voler de ses propres ailes, vaincre à la première personne. Alors il lui fait des signes, en sortant de plateau, *see you later* et tout le toutim.

Mais ils n'en auront pas le temps : Eddie est sur la liste... le monument aux morts du rock. Chanter, ici, c'est comme débarquer en première ligne à Guadalcanal, on ne sait jamais de quel côté du sablier on sera la minute d'après : ça ne s'explique pas. On vit tant de vies en une seule qu'on les épuise vite toutes, si l'on n'y prend pas garde. Et Eddie n'arrête pas de poser, de répéter, de répondre, de donner. C'est dans sa nature : il paye cash. Le temps passe si vite quand on a 20 ans dans les années 60, et qu'on est en plus le premier de sa classe. Il se compte en disques, concerts, interviews, avions, séances, et le jour et la nuit ont la même couleur à une certaine heure de studio : un blanc laiteux, inodore, clinique, et une même odeur de tabac froid et de sueur moite quel que soit votre côté de l'Atlantique, avec des disques d'or qui s'éteignent aux murs du petit matin et des baffles qui vous bégaient un sempiternel refrain boiteux, si la pêche, la prise quotidienne a été mauvaise. Alors, célèbre ou pas, on lutte contre le sommeil et on repousse le moment de rentrer dans la même chambre d'hôtel qu'hier, même si c'était ailleurs, et l'on se repasse confusément la bande de la journée écoulée, toutes ces portes et ces portières sur l'inconnu, ces questions et ces recommandations, ces présentations et ces louanges furtives qu'on a à peine le temps d'entendre qu'on est déjà passé à une autre histoire, les « C'est par là, le taxi nous attend, si vous voulez bien me faire l'honneur, après vous, sir », dignes d'un rêve MGM, d'une nuit au Paramount.

Voilà qu'on leur parle comme à des vieux, qu'on les traite en parents, pour les conduire à des galas où ils incarneront pourtant la révolte adolescente : shocking. Qu'ils vivent en décapotable, tout juste tombés de leur scooter. Les villes étrangères sont peuplées de taxis, habités par des chauffeurs qui n'ont qu'une seule idée en tête : vous faire signer tout ce qui leur tombe sous la main en vous appelant par votre petit nom comme si vous aviez grandi dans leur véhicule, et vous brancher tel un transistor. Et vous vous entendez marmonner sans cesse la même formule, dérisoire et magique : « Hey, I'm Eddie Cochran », comme si vous vouliez vous en assurer vous-même, si vous aviez besoin de vérifier toutes les dix minutes que c'était bien vous le héros du film, et que la caméra tournait pour de bon. « C'était bien ? » « Vous étiez parfait ! » Quatre ans maintenant qu'il entendait cela, sous tous les angles et toutes les latitudes, avec autant de plaisir que de perplexité, et qu'il tâchait de garder la tête sur les épaules, pas hautes en ce qui le concernait. Et il aurait déjà pu écrire un guide sur l'Amérique profonde tellement il l'avait sillonnée de long en large, du Wyoming au Kentucky, lui qui n'était jamais sorti de sa province jusqu'à 17 ans, lorsque toute la famille avait déménagé pour la Californie, autant dire le succès. Les cinq frères et sœurs avaient suivi le mouvement, et le petit dernier ne s'était pas fait prier : même en country music, on trouve plus de producteurs sous un palmier qu'à l'ombre d'un cactus. Avant, il y avait eu les cours de batterie, de piano, de guitare, dans la roue de son frère Bob, comme si, par tradition, il voulait assimiler toute la musique à la fois, et ces leçons de vie que lui prodiguait l'énorme radio, vraie compagne de ses nuits et objet de tous ses désirs. C'était là qu'il apprenait vraiment le métier, en écoutant ses pairs, et qu'il avait surtout appris la mort du grand Hank Williams, l'auteur de *Jambalaya,* à 29 ans, le 1er janvier 1953, un jour maudit pour la musique.

Le genre de nouvelle dont on ne se remet pas de la semaine, et qui vous fait douter de tout et même de l'existence de Dieu, enfin, de Gene Autry, surtout si le poste se met à vous diffuser sans interruption tous les *Lovesick Blues*, *I'm So Lonesome I Could Cry*, *Long Gone Lonesome Blues*, *Why Don't You Love Me ?*, *Moanin' The Blues*, *Cold, Cold Heart*, *Hey Good Lookin'*, *Your Cheatin' Heart*, *Take These Chains From My Heart* de la terre. Le meilleur de Hank, chez qui tout était bon, sauf l'étoile. Sur la banquette arrière de la Cadillac qui emmenait ce jour-là l'artiste dans l'Ohio, bourré de vitamines et de morphine pour calmer son éternel mal de dos, on retrouva les paroles d'une chanson inachevée qui s'intitulait *Then Came That Fateful Day (Et vint ce jour fatal)*, en somme son testament musical, et comme son dernier titre, sorti quelques semaines auparavant, s'appelait lui-même *I'll Never Get Out Of This World Alive (Je ne sortirai pas de ce monde vivant)*, on pouvait en déduire que le bonhomme avait de la suite dans les idées, et il y avait là de quoi flanquer le blues, ou plutôt la country, à toute une colonie de chanteurs en herbe. Et comme en outre, le chauffeur improvisé de la star n'avait que 17 ans, Eddie s'était raconté que cela aurait pu être lui, et qu'il l'aurait bien entendu sauvé au tout dernier moment, comme dans un film : « Tenez bon, Hank, je fonce vers l'hôpital, on va y arriver ! Encore quelques miles... » Il aurait fait quelque chose. On ne mourait pas comme ça, pas à 29 ans et avec un tel destin devant soi, on n'avait pas le droit. Parti comme il l'était, ce gars-là avait encore des milliers de choses à apporter, et le jeune Eddie, les yeux dans les yeux de sa guitare, se répétait qu'un créateur ne pouvait pas disparaître avant d'avoir tout dit, rempli en somme sa mission.

C'était comme une obligation supérieure, une de ces choses qu'un arbre ou un vulgaire cancer ne peuvent arrêter : écrire, jouer, témoigner. Hank Williams le séduisait autant par son unité de style que par son côté prolifique : des ballades en forme de country blues qui racontaient toujours la même histoire et composaient une sorte de mosaïque américaine, le journal de bord du pays. Des chroniques où il passait si subtilement du « je » au « on », de lui aux autres, qu'on ne pouvait pas manquer de s'y reconnaître un jour, d'y retrouver son voisin, et de se sentir tout simplement proche des autres, c'est-à-dire humain. Des tranches de vie, légères comme des feuilles de calendrier, qui ne se payaient pas de mots et allaient droit à l'essentiel comme dans toute bonne country song qui se respecte : à la terre, au ciel et à la famille, à la solitude dans le désert des villes ou sous un toit d'étoiles. Mais aussi à la violence et l'oisiveté, aux grands sentiments. Tout ce qui le nourrissait après minuit sur sa première Gibson, quand il y rejouait d'oreille les morceaux de la grosse Brunswick à œil vert et grandes ondes, avec son guitariste de frère en accompagnement. Certes, ce n'était pas vraiment son propos à lui, puisqu'il n'avait à la mort de l'artiste que la moitié de son âge et aurait presque pu être son fils, mais il y reconnaissait sa propre démarche, et admirait sa créativité. On avait l'impression qu'il avait voulu tout donner sur-le-champ, et il avait tapé à chaque fois dans le mille : la définition d'un auteur-interprète comme il l'entendait, droit dans ses bottes. Pendant des semaines, il dévora les articles qui évoquaient la star défunte.

On racontait qu'il avait souffert toute sa vie du dos, et avait donc bu toute sa vie, finalement si courte, pour apaiser cette douleur. Qu'il avait perdu son père à 7 ans et cassé à 12 la figure à son prof de gym. Qu'il arrivait fin saoul à la radio et s'en fit licencier manu militari, comme plus tard du Grand Ole Opry. Qu'il décrocha douze numéros un en dix ans – 12 ! – et chanta même sous un pseudonyme, « Luke the drifter », pour exprimer tous ses talents. Qu'il fut « repris » par tous ses contemporains, managé par sa famille, adulé par son pays à 20 ans. Tout ce dont un artiste en gestation comme lui pouvait rêver, à part cette nouvelle brutale qui était tombée de la même radio au lendemain du réveillon et lui signifiait que sa voix chanterait désormais à l'imparfait, que le honky tonk en personne était mort. « Hank William's gone ».

C'était à cette époque qu'Eddie était passé aux choses sérieuses, avait franchi cette fameuse ligne dont parlerait bientôt le jeune Cash. Qu'il avait monté son premier groupe et rencontré cet autre Hank, country-man de trois ans son aîné qui portait en outre son nom et deviendrait son frère de scène. Qu'il avait pris à sa manière le relais dans ce même hillbilly et entamé sa propre course à l'abîme, ou, si l'on préfère, à la gloire, en rendant hommage au chanteur perdu de sa radio, dans une chanson, *Two Blue Singing Stars*, qui célébrait Williams et Jimmie Rodgers, autre disparu de taille à 36 ans : *« One is a true blue yodeler/He yodeled his way to fame/The other blue star is from Alabama/I need not call his name/They seem to be so happy in their heavenly home/They're singin' with the angels around God's golden throne/Someday there'll be a grand reunion/It'll be a heavenly affair/When we pass through those pearly gates/And meet our friends up there ».* Qu'il avait vécu à la fois les premières et dernières années de sa carrière, sans perdre une seconde, à fond les manettes : tous ses hits ressembleraient à une course-poursuite, une lutte avec le temps, avec leur beat saccadé, leur rythme frénétique, leurs ruptures intempestives, que l'enregistrement multipistes accentuait.

La vie était une affaire bizarre, dans le show-business : pas le même tempo, timing que dehors. On attend pendant des heures des instants qui passent à la vitesse du son, comme un gamin guette un météore, on traque des semaines entières quelques secondes éternelles, on grimpe inlassablement à des montagnes dont on retombe aussitôt, pour y remonter le lendemain, à la manière de petits Sisyphe. On passe une vie à raconter en scène des histoires d'un soir, cinquante ans à rechanter trois minutes usées jusqu'à la corde. Mais quelle que fût la route, Eddie ne perdait jamais tout à fait Hank de vue, gardait le souvenir d'une énorme Cadillac blanche dans son rétroviseur, avec un môme au volant et un vieux chanteur de même pas 30 ans à l'arrière, qui rédigeait ses couplets telles des dernières volontés, écrivait contre la mort. Partir dans les bras d'une chanson, quand on y avait consacré sa vie, c'était entrer tout droit dans la légende, mieux encore que tomber en scène, un ticket gagnant pour l'éternité. Il aurait bien aimé aller aussi jusque-là, le plus tard et le plus loin possible, s'offrir une fin de musicals Metro, qui se terminent toujours bien, même au paradis. Mais quel rendez-vous l'attendait à la coda ? Avec ses airs d'éternel gamin, il faisait partie de cette génération pour laquelle Porsche rimerait à vie avec Jimmy Dean et Martini Dry avec Bogey, et on ne sortait pas toujours indemne d'une telle époque.

Depuis ce jour-là, datant d'à peine sept ans, Eddie a tout vécu, vu, chanté à son tour, et il n'a pourtant que 21 ans lorsqu'il termine au printemps 1960 sa deuxième tournée anglaise, épuisé et ravi. Ecumer la campagne britannique avec Gene Vincent n'est pas chose évidente, on y compte plus de tournées générales que de nuits de sommeil, et vous ne faites pas un pas sans qu'une chanson, une fan ou un souvenir vous fasse de l'œil. Autant vous pouvez toujours courir lorsque l'inspiration vous quitte, exactement comme une fille fait ses malles, autant vous transformez dans les bons moments tout en chanson, absolument tout : le sourire appuyé de l'hôtesse et l'écho de Big Ben, le documentaire de la TV et les violons de l'ascenseur, le crépuscule sur le fleuve et la lettre de votre dulcinée, il suffit de se pencher, ou de plonger dans un regard pour en cueillir une, et quand d'aventure vos auteurs sont aussi du voyage, que vous avez votre gratte sur vous et que vous faites tous vos enregistrements vous-même – les « rere », comme on dit familièrement pour « rerecording », consistant à graver un instrument par piste –, alors, vous n'êtes pas sorti de l'auberge. D'un seul coup vos journées font quarante-huit heures, vous disparaissez sous les bandes et les épreuves des titres, vous testez le lendemain sur scène l'idée de la veille et remettez cela la nuit suivante dans votre chambre pour peaufiner le tout, et cela vous donne comme par hasard l'idée d'un nouveau sujet à traiter, fût-ce à l'aide de ces « vitamines » à nom de médicament qui éclosent sous une route de rocker comme l'herbe sous les pas de l'autre. La vie d'artiste, qu'ils appellent ça. Et comme Eddie n'est pas le dernier à faire la fête, ni le premier à se coucher, et qu'en vrai musicien, il n'aime rien tant que se mélanger, partager, collaborer, il n'est pas rare qu'il travaille à une dizaine de titres, d'enregistrements à la fois, pour lui et les autres. Déjà plus de mille séances, galas, photos, maquettes derrière lui, à l'âge où l'on referme la porte du pensionnat pour servir sous les drapeaux : toute une carrière.

En trois mois, il a tellement joué qu'il n'a plus soufflé, et ce n'est pas sans plaisir qu'il envisage son retour au bercail, comme on redescend sur terre. Enfin arrive ce dernier concert à l'Hippodrome de Bristol, devant un public en délire. Juste le temps de sauter dans le taxi, une Ford Consul crème conduite par un certain... George Martin, qui n'a rien à voir avec l'autre, d'ailleurs encore anonyme, de s'entasser à quatre dans le véhicule en riant encore de leur sortie précipitée. A l'arrière, Gene, Eddie, et la fiancée de ce dernier, la pulpeuse Sharon Sheeley, qui fête juste ses 20 ans, lui sourit et lui a écrit les paroles d'un tube qui deviendra un standard : *Somethin' Else* (en France : *Elle est terrible*). Et, pour le coup, elle l'est vraiment : d'ailleurs elle vient d'offrir un numéro un à Ricky Nelson, le superbe *Poor Little Fool*, et va le faire pour Elvis. C'est son ex-fiancé Don Everly qui l'a présentée à Eddie, il y a deux ans, et ils ne se quittent plus. A l'avant, un copain et collaborateur, Patrick Tomkins, qui occupe la fameuse « place du mort », même s'il ne jouera pas aujourd'hui ce rôle. D'un commun accord, ils ont décidé de finir la nuit à Londres, distante de 190 kilomètres, d'où ils regagneront demain l'aéroport d'Heathrow pour un départ prévu à treize heures, Eddie et Sharon pour les Etats-Unis, et Gene pour Paris où il est quasiment une idole et doit passer une semaine, faire le Golf Drouot et tout ça. Avec un peu de chance, ils auront dimanche leur avion, mais ça ne serait pas pour déplaire à Eddie de le rater : il a horreur des avions, surtout depuis que son ami et collègue Buddy Holly s'est tué l'an dernier au même âge dans un crash en tournée avec le jeune Ritchie Valens et le gros Big Bopper. Ils n'avaient tous qu'une vingtaine d'années, 17 même pour Valens, et avaient fini en tas de ferraille au milieu de leurs guitares et amplis : un gâchis.

Au souvenir du crash, Eddie en frissonne encore : il devait être de la tournée, et a changé d'avis au dernier moment. Pour conjurer le sort et perpétuer la flamme, il en a même fait immédiatement avec Tommy Dee une chanson en forme de requiem, enregistrée le même mois et demeurée inédite, comme par superstition : *Three Stars*. Tout y est, avec un couplet par personne et un hommage à chacun, bientôt prémonitoire : *« Buddy I can still see you, with that shy green on your face.../Now not many people actually knew you/ Understood how you felt.../Looking up in the sky, up towards the north/There are three new stars, brightly shining forth/ They're shining, so bright from heaven above... »*. Alors, les avions, et même les aéroports, enfin, tout ce qui a des hélices et des ailes, il déteste, fuit comme la peste, et se dit en serrant les dents qu'un jour, il tombera à son tour de là-haut : accident du travail, en quelque sorte. L'avion, c'est un peu leur taxi à eux.

Et chaque fois qu'il met le pied sur un tarmac, il retrouve son bon vieux frisson, toujours le même, ce petit pincement de cœur qui lui remonte d'en bas et envahit le tout dès que s'allument dans la nuit les premières lueurs de cockpit, ces lucioles muettes ou comètes horizontales qui se préparent à atterrir au ralenti et tournent autour de la piste comme autour d'une proie. Son ballet des ombres, sa ronde de l'aube à lui, au point qu'au Majestic, il est sorti en pleine séance de

« Bombardier B 52 », n'a pas attendu la fin du *« Tigre du ciel ».* Tout à l'heure, demain, il sera là-dedans, dans l'un ou l'autre de ces coucous, à compter les secondes du décollage – le pire moment et le plus dangereux, c'est bien connu –, à s'accrocher au siège et à l'avant-bras de Sharon, la seule qui le connaisse vraiment, et il aura peur, froid et chaud à la fois, comme à chaque fois, pendant les dix heures du voyage. Destination LA, via New York. Il guettera le plafond, la carlingue, l'hôtesse avec un regard désemparé, et cherchera à s'oublier, fermera les yeux en retenant son souffle, feindra en sueur l'indifférence, et elle s'esclaffera à nouveau, pour lui remonter le moral. *Hold on, Eddie ! You're a star and stars don't fall.* C'est leur code. Alors il serrera les poings quelques secondes, un instant d'éternité, se fera tout petit dans son siège, une fourmi ou un point dans le ciel, mais là, il est encore sur scène, autant dire un géant, et se refait le film du concert, sa sortie et son rappel avec Gene, qui le dépasse d'une bonne tête, nerveux comme pas deux. Avec son mètre soixante et ses cinquante-deux kilos (il chausse du 37 et ne trouve jamais chaussure à son pied, selon Jerry Capehart), Eddie est un poids plume, un rocker de poche, un Presley modèle réduit, gominé comme un grand, moue rebelle et banane nickel, mais il a la rage au ventre, et il faut le voir attaquer *Cut Across Shorty* pour le comprendre. Il en veut. Il dégage, il « donne ». N'a-t-il pas déjà produit, en tant qu'arrangeur, ses amis Johnny Burnette et justement Gene Vincent *(Git it)* ?

Il est 23 h 50.

Une dernière fois, il regarde sa montre, comme on effectuerait un compte à rebours, n'entend même plus la voix de Gene qui plaisante à côté, se dit que la vie a tout de même du bon par ici et que demain à la même heure, il sera au pays de ses ancêtres, à rigoler dans son rétroviseur, dépouiller son courrier et téléphoner aux vieux qui ne l'ont pas vu depuis Noël : une éternité. Sortie du viaduc, à l'entrée de la ville. Il se tourne vers Sharon pour lui dire de ne pas oublier quelque chose, voit dans ses yeux passer un éclair de panique, une lueur inconnue, le souffle de l'indicible, lorsque soudain le taxi dérape sur le bitume détrempé, et quitte la route dans un crissement de pneus strident, comme au cinéma. La scène dure moins de temps qu'un cri, juste une seconde incroyable, longue comme la nuit, et le pare-brise se déchire devant lui quand la Ford percute à fond de train un réverbère. La violence de l'accident a été aussi brève que brutale, sèche comme un coup de fouet, et tout le monde est sous le choc, fracturé de toutes parts, sauf bizarrement le chauffeur. Mais de tous, Eddie est de loin le plus mal en point, inanimé avec ces vilaines marques sur le côté gauche du visage et cet air de poupée brisée, interloqué, figé contre le dossier de la banquette avant. Un ange blessé.

Un crachin timide tombe sur la chaussée, des gouttes légères et tièdes comme des pétales de roses lui effleurent la joue, glissent sur ses doigts inertes, vides de musique. Il ne sent rien, n'a rien compris à ce qui vient d'arriver, juste le temps de se dire qu'il serait en retard à la maison et qu'il a donné ce soir-là un sacré bon concert, peut-être le meilleur de la série. Mais il faudra voir à améliorer les enchaînements, accélérer l'intro de *Hallelujah I Love Her So,* trop molle par rapport à l'original de Ray. Et puis conclure par *I Remember*, un slow d'enfer comme il les aime. L'anatole a du bon. Faire réviser sa G6120W modèle 57, son bolide à musique fauve qui sonne trop métallique dans les aigus, et rajouter de l'overdub, c'est-à-dire de l'écho, son truc à lui, pour amplifier l'effet, « grossir le son » et faire chauffer les filles des premiers rangs. Il a sommeil, maintenant, et se dit qu'une route, ce n'est pas un endroit pour s'endormir. Alors, on le traîne sur le bas-côté, sans doute pour le coucher quelque part, le dorloter un peu, et quelqu'un recommande au loin de *« faire attention à lui ». « Attention à la tête, les vertèbres sont peut-être touchées. »* Bien dit, car sa tête, il y tient : Eddie est beau mec, il le sait, et avec sa petite taille, les filles ont envie de le bercer, le consoler de tous les malheurs du monde : de l'aimer, ce qui est capital pour un chanteur, au temps des teenagers. Après tout, Frankie Sinatra n'est-il pas aussi un petit format ? *« Allongez-lui les jambes, vite. Le bras, tenez le bras, il glisse. »* Il y a intérêt, parce que son bras, c'est sa gratte, son instrument de travail, cette Gretsch flambante cuivre qui a remplacé sa Gibson des débuts et qu'il oppose à la Fender Stratocaster de ses confrères, et sans elle, il est comme manchot, muet, impuissant. Rien, quoi ! En outre, c'est avec elle qu'il flirte et collabore avec Shirley ! *« Soulevez-lui la nuque, et épongez-le un peu, ça saigne. »* Qui parle ? Peut-être Jerry Capehart, son compagnon de toutes les routes ? Mais non, ce n'est pas la voix de Jerry, et d'ailleurs il n'est pas du voyage ! Tout à l'heure, une fille aux couettes est venue lui éponger le front après son *medley*, recueillir sa sueur comme la manne sacrée.... Quel âge pouvait-elle bien avoir, 14, 15, 16 ? Mineure en tout cas, et pourtant toutes ses dents ! Wow ! Sans doute la même qui hurlera la semaine prochaine « Cliiiiiiiiifffff ! » au même endroit, et ensuite « Adam ! » ou « Jerry Lee » ! Tu parles ! Lui, c'est dans les rocks qu'il appâte et dans les slows qu'il emballe, avec un sourire de velours et un rictus étudié à la Elvis, en plus doux, version junior : il ne ferait pas de mal à une mouche, ni à une fan. A chacun son truc. Et avec Gene, la partie est toujours serrée, parce que l'autre la leur joue rebelle, à la Jimmy Dean. Eddie serait plutôt du genre « bon garçon », « fils des voisins » ou un truc comme ça, presque Sal Mineo par la taille et le côté poupin : un collégien. *« Tenez-le bien, on va le soulever, doucement, un, deux... »* Est-ce qu'on le porterait en triomphe, des fois, est-ce qu'il aurait forcé sur la machine, peut-être évanoui sur scène ou en coulisses ? Ce doit être ça, il est tombé dans les pommes comme un boxeur sonné, groggy en sortant du show, après le dernier round, mais en vainqueur, champion du monde du rock. Maintenant, il va se réveiller, entrouvrir les paupières, et puis se relever doucement, bien gentiment : n'a-t-il pas une séance d'enregistrement prévue avec Snuffy Garrett à son arrivée au pays ? Dehors, le taxi attend, et doit sacrément s'impatienter, avec cette circulation. Dans le noir, il recherche la main de Sharon, qu'il connaît par cœur, mais n'étreint qu'une poignée d'herbe et de terre, ce sol anglais qu'il a embrasé trois mois de suite et qui l'aspire aujourd'hui tout entier. Juste retour des choses pour une graine d'Irlandais. Mais où est-il au juste, que s'est-il passé, pourquoi cette situation ridicule ? Qui l'a allongé de tout son long sur ce trottoir inconnu en hiver ? Où sont ses musiciens, Bill Stark, Eric Ford, Joe Brown, Jerry, Brian, Red et les autres, les Vernon Girls et leur « screams » ?

Il essaie d'appeler Gene, Sharon, quelqu'un, mais rien ne sort, pas un mot ni une note, il a perdu le son, n'arrive même pas jusqu'au bout de ses doigts pour faire signe au batteur, chercher de l'aide chez le régisseur, et on lui a soudain coupé l'éclairage, vidé la salle. Quelque chose ne va pas, et il voudrait rentrer, maintenant : un show ne doit jamais être trop long, sous peine de détruire ses effets, et cette histoire n'a que trop duré. *« Couvrez-le, qu'il ne prenne pas froid, tirez bien sur la couverture. »* Evidemment, puisqu'il rechante lundi, et qu'il n'est pas du genre à annuler une session. La scène, c'est sa vie, sa respiration, son horizon, et le studio aussi, quasiment une seconde adresse : Eddie Cochran, Gold Star, East Hollywood. Il en ferait même le matin, s'il pouvait ! Il est né pour ça ! Et il vient de tester tous ceux d'Angleterre, Piccadilly, Granada etc. Allez, debout, maintenant, il faut réunir ses forces, et hop, stand up ! L'entracte est terminé. Encore quelques reprises, une poignée d'autographes, un riff et un gimmick, et il faudra s'échapper, revenir backstage, ranger ses rêves jusqu'à demain, mettre Eddie de côté et redevenir Ray Edward, le fils du Minnesota. Le petit homme aux rêves de grand.

Dans moins de vingt-quatre heures, ce dimanche 17 avril à 16 h 10, il sera mort des suites de ses blessures à l'hôpital St Martin, notamment *d'irréparables dommages au cerveau*, et son pote Gene Vincent entrera sans le savoir dans la dernière partie de sa vie. Il ne sera plus jamais le même, portera désormais son deuil, avec sa nouvelle tenue de cuir noir qui inspirera elle-même un autre Vince, Taylor celui-là, et sa patte raide déjà victime d'un accident de moto, et à nouveau mise à rude épreuve. On a les guerres de Corée qu'on peut : leur front, c'est la scène, et leurs feux ceux de la rampe. Il n'aura aussi de cesse que de trinquer à sa mémoire et en deviendra définitivement alcoolique, orphelin à vie d'Eddie, 1938-1960, *« our beloved son »*. Génération perdue.

Il venait à peine d'enregistrer une chanson qui fera aussitôt un malheur dans les charts britanniques, avec son titre prémonitoire : *Three Steps To Heaven*, et un bide total aux Etats-Unis, et au verso *Cherished Memories*. Il a toujours eu la nostalgie de quelque chose. En catastrophe, sa maison de disques rebaptise son *Greatest Hits*, paru la semaine précédente, *Memorial Album*, histoire de ne pas rater le train de la postérité. Depuis toujours, il savait bien qu'il ne fallait pas prendre l'avion, et que le ciel lui jouerait un jour ou l'autre un mauvais tour. Mais il n'aurait jamais pensé périr ainsi sur la route du paradis, avec encore en tête la rumeur d'un stade entier qui reprenait avec lui son *blues de l'été dernier*, déjà si lointain. On n'imagine jamais qu'on puisse tomber à 21 ans, surtout lorsqu'on est monté sur le toit du monde. Plus précisément à 21 ans, 6 mois et 14 jours. Il lui arrivait d'ajouter sur ses autographes : *« Don't forget me »*. Ce sera gagné.

Tout le monde fut blessé, sauf le chauffeur, qui fut condamné à cinquante livres d'amende – ou six mois d'emprisonnement par défaut – et une longue suspension de permis pour défaut de conduite ayant entraîné mort d'homme. L'année suivante, Gene Vincent revint sur les lieux et donna un concert anniversaire au Neeld Hall, mais tout cela paraissait si loin, si vieux, si flou, à un âge et une époque où tout bougeait tout le temps, où la génération montante vous poussait déjà dans la tombe, à peine entré dans la lumière.

BUDDY HOLLY

ou Le rocker tombé du ciel

« That'll be the day, when I die »

Deux heures avant de s'écraser en avion à la lisière d'un champ de maïs, qui était surtout cette fois-là un champ de neige, avec deux autres espoirs de la scène rock, Charles Hardin Holley, alias Buddy Holly, le rocker à tête d'étudiant attardé, chantait encore ces mots sur une scène de Clear Lake, dans l'Iowa, où il se produisait devant 1 200 personnes. Le titre de cette chanson, *That'll Be The Day*, lui avait été inspiré trois ans avant par John Wayne, qui répétait ça dans *La Prisonnière du désert* de John Ford, d'un air menaçant : « Ce sera bientôt ton jour », « Je la retrouverai quand viendra le jour », « Le moment viendra » etc.

Et son jour à lui était venu, à 22 ans, ce 2 février 1959, au fin fond de cette Amérique qu'il sillonnait en tournée depuis cinq ans déjà et dont il finissait par connaître chaque mètre carré par cœur : les chanteurs sont un peu comme des représentants, qui se vendraient eux-mêmes. Ils montent sur scène et vous déballent leur cœur, vous parlent en chansons.

C'était un jour pourri : froid, fébrile et flou. Un vrai jour d'hiver comme on n'en avait pas vu depuis longtemps, avec une sale tempête de neige qui n'en finissait pas et figeait tout sur son passage : les végétaux, les êtres, les véhicules et même le ciel. Il n'y avait quasiment pas de ciel, rien qu'une vaste surface laiteuse et oppressante, tellement le plafond était bas, et c'était ce jour-là que Buddy avait choisi pour prendre l'air, de nuit et dans la bourrasque : d'autres meurent pour moins que ça. Lui se croyait immortel, parce qu'il avait tant à dire, à vivre, et allait le devenir pour avoir si peu fait : n'importe quoi. Mais c'était précisément parce qu'il faisait ce temps-là qu'il avait dû recourir aux grands moyens, c'est-à-dire à l'avion, et qu'il était tombé de son piédestal. Quand le destin s'emmêle...

La tournée, qui s'intitulait opportunément « Winter dance party » et couvrait tout l'intérieur du pays, se déroulait normalement en bus, c'est-à-dire sur la route, et c'était ce fichu climat qui l'avait amené à modifier ses plans, tenter un pont aérien. Avec ses deux musiciens, Waylon Jennings et Tommy Allsup, ses partenaires The Big Bopper et Ritchie Valens, plus le jeune Dion et ses Belmonts et un certain Frankie Sardo oublié corps et biens, ils étaient une vingtaine à sillonner les routes en Pullman, et celles-ci étaient si enneigées qu'ils en arrivaient à rater les concerts à force de détours, déviations et autres intempéries. Ainsi avaient-ils dû annuler le show prévu la veille, l'après-midi à Appleton dans le Wisconsin, pour pouvoir attraper celui de Green Bay, le même soir. Un vrai gymkhana et une sacrée pagaille, d'autant plus que le chauffage du bus, poussé à fond, était tombé en panne, et qu'ils roulaient pendant des heures par moins cinq à l'intérieur, avec de la buée quand ils se parlaient et des dessins obscènes sur les vitres, pour se détendre.

Alors, le Big Bopper, qui en bon Texan n'était pas une mauviette, avait pris froid et voyageait tout habillé dans son sac de couchage, cependant que Buddy et Ritchie commençaient à se rafraîchir sérieusement, avec des claquements de dents et des doigts trop gelés pour caresser Miss Gibson. C'était dire. Si Bopper, alias Jiles Perry Richardson pour l'état civil, était un DJ patenté qui avait franchi la ligne, un type capable de programmer à l'antenne 1 821 titres non-stop en six jours (ça s'appelait le Discothon !) et de placer un tube au Top Ten avec son *Chantilly Lace* (« Hello babyyyyyyyyyyy ! »), Ritchie Valens était un jeune Mexicain de 17 ans qui venait d'aligner trois hits successifs, avec *Come On Let's Go*, *Donna* et surtout *La Bamba*, un air du folklore latino revisité, qui deviendrait son succès posthume. Il avait encore l'âge du lycée, avait fabriqué sa première guitare lui-même, et chauffait les salles comme personne, un vrai volcan : mais là, il jetait lui aussi l'éponge, pétrifié, glacé sur pied au fond du bus poussif, et se demandait comment il ferait pour monter sur scène ce soir, à Clear Lake.

Avec ce temps, ils ne comprenaient même pas que les gens aient le courage de sortir pour venir les voir, mais trouvaient ça formidable : les filles piétinaient des heures dans la neige pour obtenir leurs billets, les parents leur donnaient la permission de minuit, les garçons se coiffaient comme eux, et ce monde était quasiment parfait, puisque fait pour eux. Ils connaissaient cinq mots, « baby », « shake », « rock », « yeah », « girl », qui suffisaient à faire un hit, et passaient le soir à la télévision géante qu'ils avaient achetée le matin même à leur mère : qu'est-ce que le peuple demandait d'autre ? Ils étaient nés baby boomers, rockers, rebelles, s'habillaient en Brando et roulaient en James Dean, rejouaient dans la glace du salon *Graine de violence* ou *L'Equipée sauvage* au pied de leur immeuble, en marmonnant et mâchant Hollywood, un rêve à la chlorophylle. Face à leur public, Bopper et Buddy faisaient figure d'ancêtres, car ils avaient respectivement 29 ans et 22 ans, un âge canonique !

Ritchie, lui, aurait pu descendre dans la salle et se fondre, se confondre avec eux, avec ses 17 printemps insolents et ses premiers billets verts, comme une revanche sudiste sur l'oncle Sam, peut-être le moins ingrat de ses parents. Il s'appelait dans la vie Richard Steven Valenzuela, un nom qui sentait bon les tropiques, la tequila, les robes à franges rouges et les combats de coqs. Quand il regardait droit devant lui, on devinait dans ses yeux tous les hits qu'il allait faire, les filles qu'il emballerait et les grosses américaines, carrossées pour l'horizon, qu'il chevaucherait Boulevard du Crépuscule, la fringale de tout ce qu'il n'avait pas eu, la soif de toutes les bouteilles inaccessibles, en haut des bars et derrière les vitrines, l'ambition faite homme. On voyait l'Amérique de demain. Et, même s'il vous croisait pour la première fois, il vous serrait la main comme on signe un contrat, plantait ses yeux dans les vôtres pour vous dire qu'il existait, qu'il fallait compter avec lui, vous balançait son « Hey, I'm Ritchie Valens » comme il aurait dit « Sinatra » ou « Presley » : une graine de grand, avec des allures de petite gouape, et seul Dieu connaissait les gagnants. Car c'étaient de bon gars pas compliqués, pas méchants et pas bêtes pour autant, qui apprenaient vite et chantaient chacun leur ex ou leur légitime, faute d'avoir connu autre chose, de trouver mieux à dire : Donna pour l'un, Peggy Sue pour l'autre, c'était ce qu'ils avaient vu de plus beau au monde, et valse le carrousel. Certains soirs, Buddy pouvait l'appeler, la nommer jusqu'à cent fois en scène, bégayer comme un fou son prénom à succès, sa *Pretty-pretty-pretty-pretty Peggy Sue*, à en faire verdir sa mère de jalousie.

En réalité, Peggy Sue était... la femme de son musicien et compositeur, Jerry Allison, et la sienne s'appelait Maria Elena Santiago et travaillait naguère comme réceptionniste dans sa maison de disques, Coral Records. Il avait dit en la rencontrant à ses musiciens : « Vous voyez cette fille ? Je vais l'épouser, et je vais la convaincre en deux jours ! », et il l'avait fait. Buddy faisait toujours ce qu'il disait. Ainsi parlait-il de créer son propre studio, à Greenwich Village, pour avoir enfin la paix, devenir son boss et n'en faire qu'à sa tête : il était temps ! Des trois lascars, Buddy était en effet le plus talentueux, un grand gars d'un mètre quatre-vingt-deux qui avait inventé un look, un son, un gimmick vocal et quarante-sept bonnes chansons, avec ses montures d'écaille, sa coupe en brosse et sa Stratocaster rouge, mais qui était plus doué pour les arpèges que pour les affaires. Un vrai artiste au pays des faux, des faussaires qu'était le marché rock. Donc une proie facile.

Après des débuts timides dans le rockabilly, il était tombé sur un manager qui cosignait systématiquement ses œuvres, vidait son compte en banque et le plumait consciencieusement, avec un sourire de vendeur de voitures : Norman Petty. Son « Monsieur Cadillac » à lui, on a les colonels Parker qu'on peut. Norman Petty n'avait jamais écrit une ligne, ni une note, mais toucha toute sa vie des droits sur tout Buddy Holly, c'est-à-dire sur ses malheureuses 47 œuvres. A tel point qu'en ce dernier soir de sa vie, Buddy, qui avait déjà vendu dix millions de disques et aligné une bonne poignée de tubes, les *Peggy Sue, That'll Be The Day, Maybe Baby, Oh Boy, Rave On, Not Fade Away*, etc., n'avait plus un sou sur son compte, à peine 70 dollars, et harcelait au téléphone Petty, dont il s'était séparé quelques mois auparavant, pour essayer de se faire rembourser, récupérer ses avances, en vain. A 14 h 15, il avait même appelé son avocat new-yorkais qui n'y pouvait rien, s'était insurgé une fois de plus contre lui-même en consultant son portefeuille : fauché. Lui qui s'était produit ces deux dernières années avec Eddie Cochran, Chuck Berry, Paul Anka, Fats Domino, les Everly Brothers, Jerry Lee Lewis, Bobby Darin, Dion, les Coasters, Frankie Lymon (excusez du peu !), il ne se serait pas engagé dans cette tournée frénétique, cette galère hivernale s'il n'avait eu tant besoin d'argent, et aurait pu en tout cas s'offrir un avion pour rallier ses concerts. Ainsi devaient-ils se produire demain, 3 février, à Fargo, dans le Nord Dakota, à 500 kilomètres de là : autant dire dix heures de route dans le froid et la nuit, après le spectacle, une nuit blanche et gelée, et le même manège après-demain, etc. Un cauchemar. Le parcours du combattant chanteur, et le cauchemar du compositeur, qui n'avait plus la tête à écrire, ni les mains pour ça : on n'attrape pas les mélodies avec des moufles.

C'est alors que l'idée lui était venue, ce mardi 2 février à six heures, en attendant dans un bar leur spectacle du jour au Surf Ballroom : et s'il faisait une folie, louait un petit avion pour arriver plus tôt et pouvoir au moins finir sa nuit à l'hôtel, dormir ce soir au chaud, dans un vrai lit ? Aussitôt dit, aussitôt fait, il avait déniché dans le coin un pilote privé qui acceptait de les embarquer après le show et de les emmener dans l'Iowa, pour 108 dollars. A ce prix-là, ce n'était pas une sinécure, plutôt un pis-aller, et il ne fallait pas être exigeant : l'appareil, un monomoteur Beechcraft Bonanza, modèle 35, décollerait donc vers minuit et demi de Mason City, l'aéroport voisin, et mettrait trois bonnes heures à arriver là-bas, mais il n'avait que quatre places, pilote compris. Le choix était donc vite fait : ce seraient ses deux Crickets, plus exactement « New Crickets » puisqu'il avait aussi changé de groupe, Waylon, Tommy et lui. Le clan rapproché. De toute façon, il n'avait pas les moyens d'investir plus. Il n'était pas sûr non plus que ce fût le moyen de locomotion le plus prudent, mais on était rock ou on ne l'était pas : il fallait savoir vivre dangereusement, et puis on lui avait tellement reproché son look d'étudiant sage qu'il ne ratait jamais une occasion de prouver le contraire !

Et il s'était préparé comme chaque jour à sa prestation du soir, après avoir appelé en fin d'après-midi sa femme, restée au pays, et lui avoir dit des mots tendres, de ces couplets qu'il n'écrirait jamais. Avec lui, les choses allaient de soi : c'était la femme de sa vie et il l'avait donc épousée, six mois plus tôt, comme le ciel était bleu et sa guitare rouge, et l'idée de changer de destin ne lui viendrait pas plus qu'il ne remplacerait sa gratte en concert : il fallait un ordre aux choses, et avec son look Harold Lloyd, il se voyait bien patron de label dans vingt ans, producteur ou quelque chose comme ça. Assis aux manettes et derrière la console, à envoyer de bonnes ondes.

Il lui téléphonait chaque jour, à heure fixe, car sous ses airs de premier communiant, Charles-Buddy était vraiment un bon garçon, un Américain moyen plein de bons sentiments qu'il transformait en chansons et doté d'un incroyable don mélodique. A vrai dire, il ne faisait ni du rock, ni du slow, mais une sorte de rockabilly bien à lui, du Buddy Holly ! Des ballades swing ou rocks lents, sur lesquels il apposait parfois de curieux hoquets, qui constituèrent vite sa marque de fabrique, son gimmick vocal, et agacèrent autant qu'ils attirèrent. Personne ne chantait, n'écrivait ainsi, à part peut-être le grand Bo Diddley (mais un Noir, ça ne comptait pas vraiment sur le marché, en ce temps-là...), et il surprit autant en disparaissant qu'en arrivant : il ne faisait rien comme tout le monde. Un jeune vieux parti tout de suite, sur le seuil, à l'entrée de sa vie et avec la banane. Et si ses binocles, son sourire figé et son petit côté benêt lui donnaient un éternel air plouc, ravi de service et tout le reste, à recevoir un diplôme en remerciant le ciel, il suffisait qu'il tombât ses lunettes, changeât de monture ou se mît de profil pour qu'on le découvrît sous un tout autre jour, et bien sûr qu'il jaillît du rideau et se jetât sur son instrument. Le bonhomme n'était alors plus du tout le même, jouait de sa longue silhouette, s'envolait littéralement, entrait droit dans la cour des grands, littéralement planté en scène comme un maître de la six cordes : chez lui. Il dominait.

Et si Cochran chantait les mots de sa Sharon, lui avait carrément mis en chanson sa copine d'enfance et femme de copain Peggy Sue pour l'avoir toujours avec eux et en parler chaque soir au public : « Si vous connaissiez ma Peggy Sue/Vous sauriez pourquoi je suis triste/Sans ma Peggy Sue ». C'est pourquoi ce soir-là, il ne se faisait pas plus de souci que de raison, conclut qu'il avait pris la bonne décision et se préoccupa plus des répétitions que d'autre chose : il portait tant de chansons en lui qu'il ne pouvait pas mourir, enfin, pas tout de suite, et puis, Maria Elena l'attendait, au bout du fil et au bout de la ligne, à Lubbock, il devait passer chez Alan Freed et il venait d'enregistrer un titre de Paul Anka : *It Doesn't Matter Anymore*, qui promettait. Depuis quelque temps, le rock perdait du terrain, Elvis battait en retraite, et il constatait lui-même une baisse de régime, avec un peu moins de photos à signer (le seul baromètre de notoriété valable par ici) à sa sortie de scène, mais comment renouveler le challenge de 1957 où il avait créé *That'll Be The Day* en février et *Peggy Sue* en septembre, et enchaîné les deux à Noël chez Ed Sullivan ! Une chance pareille n'arrivait qu'une fois dans une vie de chanteur, et il s'en voulait encore d'avoir cosigné tout ça avec Petty. Alors, il avait même essayé un disque sans lunettes, mais on ne le reconnaissait plus ! Allez donc vous y retrouver...

Et lorsqu'ils s'engouffrèrent à vingt heures dans le Surf Ballroom bourré à craquer, malgré la température extérieure glaciale et le vent qui s'était levé, qu'il vit les teenagers debout et entendit les cris des filles, ces petites abeilles stridentes dont on ne guérit plus jamais, il se répéta une fois de plus qu'ils faisaient le plus beau métier du monde, et auraient même dû payer pour ça ! C'était avec des raisonnements comme ça qu'il donnait raison à Petty !

En fait, il entra en scène avant son propre tour, car il devait remplacer le batteur des Belmonts qui avait les doigts gelés et venait de déclarer forfait ! Il accompagna donc incognito le charismatique Dion DiMucci, un jeune Italo-Américain du Bronx qui faisait un tabac avec *I Wonder Why*. Un deux trois, et c'était parti ! *I Wonder Why*, *No One Knows*, *Don't Pity Me*, *Just you*, la totale, et la toute nouvelle *A Teenager In Love*, qui ferait un malheur. La salle réagissait bien, comme un seul homme, et Dion donnait, se lovait, glissait sur la scène tel un caméléon : du velours pour ceux qui allaient suivre, et à coup sûr un bon soir de sa vie. Et Bud s'éclatait, calculait déjà ses effets pour la suite, se préparait à casser la baraque.

Pendant ce temps-là, en coulisses, le Big Bopper, épuisé par sa grippe, négociait sa place dans l'avion avec Waylon Jennings en échange de son... nouveau sac de couchage ! Jennings céda et sauva à ce moment-là sa vie et l'avenir de la country music sans s'en douter : une immense carrière solo l'attendait, puisqu'il deviendrait pendant quatre décennies l'un des maîtres du genre. C'était écrit. Et dans la foulée, c'est le jeune Valens qui entreprit ensuite d'échanger sa place de bus avec l'autre musicien du groupe, Tommy Allsup, beaucoup moins coopératif. Pas fou et surtout fatigué, le guitariste lui répliqua qu'il fallait toujours laisser sa place aux anciens, dans le bus comme en avion, qu'il était l'aîné de dix ans, et qu'il n'était pas question de permuter, fût-ce pour un empire, car il était également mal en point. Comme personne ne voulait renoncer, on en resta là, et Ritchie se jura qu'il reviendrait à la charge plus tard, dans de meilleures conditions : il ne s'avouait jamais vaincu.

Et les New Crickets enchaînèrent au complet, en vedettes, avec le grand Buddy Holly à la guitare Fender. C'était impressionnant de le voir ainsi, car il semblait s'allonger, se dédoubler, et avait une manière de bouger apparemment gauche et spontanée qui finissait néanmoins par vous posséder. Il attaquait toujours par *Rave On*, enchaînait par *Oh Boy*, emportait le morceau avec *That'll Be The Day*, et après c'était l'autoroute. Il savait que la troisième chanson était décisive, et ce soir-là, galvanisé par la température basse et à demi frigorifié dans son costume cravate de premier de la classe, il y mit encore plus d'énergie. Il se dépassa. Quand il jouait ainsi, il pensait surtout à Eddie Cochran, son rival le plus direct et celui qu'il estimait le plus, avec lequel il aimait faire le bœuf « on the air », parler boutique, c'est-à-dire musique, plans guitare et autres astuces de jeu. Ils se comprenaient, et se disaient sans rire qu'à eux deux, ils représentaient l'avenir du rock, puisque Elvis n'écrivait pas et était en train de retourner sa veste, de devenir le gendre de l'Amérique profonde. Ils concluaient allègrement qu'ils étaient des hommes indispensables, des héros nationaux qui auraient un jour leur statue sur la place, et trinquaient fièrement à leur étoile, comme deux ados qui viennent d'en faire une bien bonne : les autres n'avaient encore rien vu, avec tout ce qui restait à jouer dans leurs guitares, tous ces petits génies qui dansaient entre leurs cordes et leur faisaient pousser des cris bizarres.

Mais son mauvais génie, son colonel Parker à lui s'appelait Norman Petty et s'évertuait à lui répéter que le rock, c'était fini, qu'il fallait évoluer, qu'Elvis lui-même était en train de tourner la page, parce que la musique fonctionnait par modes, et que chaque génération d'acheteurs durait quatre à cinq ans. Or, le genre avait débuté en 55 et on était en 59, faites le calcul, il fallait passer à autre chose, au twist, au stroll, mashed potato, watusi, locomotion, hula hoop ou hully gully, peu importait comment on le baptiserait, pourvu que ça balance, et surtout commencer à viser le public des familles, des jeunes parents qu'ils allaient devenir. Anticiper, programmer, cibler. Remplacer peu à peu les bons vieux rocks par des slow-rocks, puis des slows, puis des ballades, en n'oubliant pas la couche de violons par-dessus le tout pour que ça prenne, et en remuant juste assez pour qu'on puisse encore y accoler le mot de quatre lettres, telle une appellation mensongère : *Pat Boone Just Rocks! Ricky Is Rolling...* Les cordes et les chœurs, c'était ça le secret : regardez le King! Si Buddy, du haut de ses cinq hits, n'en pensait pas moins, il n'en avait pas moins compris, après ses expériences malheureuses de Decca, Coral, et surtout Petty, qu'il devait devenir son propre producteur, épauler aussi d'autres artistes, et était donc en passe de fonder son studio d'enregistrement, en plein New York, c'est-à-dire le plus loin possible de l'« autre ». Ça le changerait du Nouveau-Mexique et du studio de Norman, à Clovis! Etant lui-même multi-instrumentiste et maniant le deux-pistes avec dextérité, il se régalait de tous les plans, effets, échos et autres dubs qu'il allait pouvoir faire, notamment avec Eddie, de ces trains électriques pour grands et même avions grandeur nature que la vie lui offrait, comme aux Actualités Fox Movietone.

Contre toute attente, le public était chaud ce soir, et, après les dix chansons prévues, il en redemandait : alors, tout y passa, jusqu'à ce *Words Of Love* acoustique où l'on aurait entendu voler une mouche, sinon un imprésario. Un vrai triomphe qui lui donnait des ailes, du courage pour la route : fallait-il en vouloir pour se payer trois heures de vol en plein hiver et de nuit, pour rejoindre le fin fond du Dakota, Fargo : ce n'était plus une tournée, mais un western ! Qui diable pouvait vivre là-bas, dans le trou du cul du monde ? Il esquissa une fausse sortie, fit mine de saluer et de partir, puis, devant un déluge d'applaudissements, remit ça avec une reprise de *That'll Be The Day*, son premier vrai tube avec sa *Peggy Sue* : « Well, that'll be the day/When you say goodbye/Yes, that'll be the day/When you make me cry/You say you're gonna leave/You know it's a lie/'Cause that'll be the day/When I die ». Aux dernières notes du morceau, la salle était debout et en délire, à en faire tomber le toit du stade, plus sûrement que la neige ! Il présenta alors ses musiciens, un immense sourire aux lèvres, ôta sa guitare et se dirigea vers les coulisses où l'attendaient les autres artistes et la traditionnelle séance d'autographes, qu'il pleuve ou qu'il vente. Malgré sa fièvre, le Big Bopper l'accueillit comme à la radio, en restant ce qu'il avait toujours été : un VRP rondouillard et ravi qui n'en revenait pas encore d'avoir été pris dans la tournée (alors qu'il avait tout fait pour !) et n'arrêtait pas de féliciter tout le monde comme après un match. Il trouvait tout formidable, même l'entracte, et bissait systématiquement son unique titre, ce malheureux « Lacet de Chantilly ». A presque 30 ans, il était aussi l'aîné, le doyen de l'histoire, et avait donc du recul, savait bien que tout cela n'avait qu'un temps, en tout cas en ce qui le concernait, puisqu'il était un « coup », ce qu'on appelait un « one shot », et qu'il avait sous les yeux l'exemple d'Alan Freed. Alors il était bien décidé à en profiter, sans perdre une seconde : ce serait donc l'avion.

Ritchie, lui, était beaucoup plus subtil malgré son jeune âge – quasiment la moitié du « grand Bopper » – et avait vraiment apprécié le concert, ça se voyait dans ses yeux. Il avait toujours cet air espiègle, presque canaille, et complice qu'ont les jeunes chicanos, bien qu'il fût né à LA et Américain pur jus, n'aimait rien tant que les bonnes blagues, les sessions revival (tout y passait, dans les chansons de son enfance, jusqu'à *Malaguena*), et conservait pourtant derrière tout ça un vrai côté candide, fleur bleue, quasiment naïf, qui jurait avec sa taille robuste et son aspect rustaud. Il avait encore beaucoup à apprendre, par exemple traverser sans broncher la nuit américaine en bus glacé, mais il avait vraiment froid et se remit à négocier sur le coup de minuit sa place dans l'avion avec Allsup, tout en dédicaçant sa photo à une longue file de teenagers emmitouflés qui lui soufflaient leur prénom dans la nuit comme un aveu, récupéraient le précieux talisman, et partaient ensuite le faire contresigner par les autres, ou inversement. Pour Lucie, pour Julie, pour Lisbeth... Un rituel, un code, une cérémonie qu'il aurait bien fait durer jusqu'au petit matin, tant la sensation en était agréable, annihilait le froid, la pluie et les engelures, tant il aurait bien copié cent fois, mille fois comme en punition : « Ritchie forever, Ritchie friendly, Ritchie sincerely, Ritchie yours », et toutes ces bêtises. Dire qu'il aurait pu coucher ici, faire la fête à toutes ces filles, en épouser peut-être une et lui donner un destin, et qu'il lui fallait s'envoler dans la nuit, vers d'autres filles qui l'attendaient à l'horizon du Dakota, quasiment une autre planète. La vie était trop bête. Et d'abord récupérer une place dans le zinc : il y tenait, n'en démordait pas, et quand Ritchie voulait quelque chose, il s'accrochait, et généralement l'obtenait : il avait trop manqué des choses pour ne pas réclamer sa part.

Vers minuit cinq, il remit donc ça avec Allsup, et l'autre, excédé, lui proposa de tirer la place au sort ! Aussitôt, Ritchie se dit qu'avec sa légendaire poisse, c'était perdu d'avance : il n'avait jamais eu de chance au jeu. Mais il lança la pièce et décrocha la lune : ça avait marché ! « C'est bien la première fois que je gagne quelque chose », répétait-il en boucle, surpris que sa chance ait tourné. Ce n'était hélas pas le cas, et il avait même tiré le gros lot, le jackpot de sa vie, puisqu'il la laissa en prime. Et il courut annoncer la bonne nouvelle à

Buddy – « Il serait des leurs, le tiercé gagnant ! » – qui n'avait lui-même plus qu'une idée : s'en aller, décoller, s'assoupir un peu là-haut, si les conditions de vol le permettaient, et ensuite se coucher pour de bon dans un vrai lit d'hôtel à deux pas de son futur lieu de concert, pour peu que les bruits de la ville ne le réveillent pas trop tôt. Minuit vingt-cinq : tout le monde sauta dans un taxi, c'est-à-dire Buddy, Bopper et le petit dernier, Ritchie-la-chance, puisque les autres étaient une fois de plus de corvée de bus, un vieux Pullman d'avant-guerre où l'on chargea précipitamment le matos, amplis, fils et instruments, à l'abri de l'humidité.

Sur la grand-place de Clear Lake, blanche comme une ville russe, on se fit de vagues signes, quelques au revoir goguenards aux veinards du ciel contre les forçats de la route, sans oser se souhaiter bonne nuit, et chacun regagna son véhicule, d'autant plus que la neige recommençait à tomber, sans un bruit. Il ne faisait même plus froid, et l'on s'entendait à peine marcher, en comptant ses pas perdus dans le blanc, comme à Noël. Ça rigolait, déconnait, râlait, et les affiches du concert – « Ce soir dans votre ville, etc. » – commençaient déjà à se décoller, à moins qu'on ne les y ait aidées. Direction Fargo, puis Morhead, on ne savait plus bien : à ce stade-là, toutes les villes de campagne se ressemblaient, pâles, muettes, endormies, avaient le même goût d'arrière-boutique et le même parfum d'ancien temps, de planète Mars avec leur dernier snack, leur motel glauque et leur discothèque clignotante. Les salles des fêtes sont toujours blêmes au réveil du spectacle.

Vu de près, l'avion était plus petit qu'ils ne l'avaient imaginé, une vraie bonbonnière, un aspirateur volant, et le pilote, un certain Roger Peterson, aussi jeune que le zinc était vieux. Un petit gars inexpérimenté qui, pour corser le tout, n'avait presque jamais touché à ce modèle et peu volé de nuit, ce qui faisait beaucoup, et Buddy se félicita de ne pas avoir parlé de son initiative à Maria Elena, lorsqu'il l'avait appelée cet après-midi. Elle l'aurait mis en garde, et n'en aurait pas dormi de la nuit, ce qui aurait fait une insomnie de plus. Pour comble de malchance, la tempête de neige avait recommencé de plus belle, et ils allaient devoir se diriger au radar, en raison des mauvaises conditions de visibilité. C'était un choix risqué, mais cela leur ferait un bon souvenir à raconter, quand ils seraient vieux et évoqueraient au coin du feu leurs mémoires de rockers. Et puis cela deviendrait peut-être un jour une chanson : il se disait qu'en y regardant de près, tout était chanson dans la vie...

A une heure cinq du matin, le moteur tournait depuis cinq minutes lorsqu'ils s'entassèrent en riant dans l'appareil, encore couverts de flocons et de paillettes, ravis de constater qu'ici au moins, le chauffage fonctionnait. A coup sûr, ces trois heures passeraient comme lettre à la poste, et ils se réveilleraient demain au chaud, devant un bon petit déjeuner en se demandant s'ils avaient rêvé ou réellement volé, frôlé les étoiles pendant la nuit. L'avion commença à rouler, prendre de la vitesse et foncer dans le noir sur l'étroite piste, un tarmac improvisé et hâtivement déblayé. A bord, tout le monde riait sauf le pilote, qui n'avait pas vu le concert et se concentrait sur un horizon noir comme de la suie, un vrai tunnel de glace. Mais Buddy, toujours consciencieux, avait à cœur de faire un bilan du spectacle, d'autant plus exigeant qu'il avait tenu les baguettes pendant la première partie, et avait donc cette fois une vision d'ensemble de la soirée. Et il lui semblait que, par moments, le son avait craché, fait du larsen, et qu'il faudrait revoir ça demain aux balances, refaire des essais de voix. Les autres, épuisés et anxieux, secoués par la course de l'appareil qui allait enfin prendre son vol, acquiesçaient machinalement, mais ils auraient dit oui à tout et à Buddy dans un moment pareil, tant ils avaient de kilomètres au compteur. Ils étaient d'accord, et Holly, pour faire diversion ou par énervement, en rajoutait aussi, évoquait une fausse note par-ci, un gag par-là, cependant que le Bonanza s'envolait définitivement dans les airs avec un bruit de moteur poussif, traversant dans son ascension un véritable mur de neige drue.

On n'y voyait plus à vingt mètres, tant le blizzard était fort à cette altitude – cinq mille pieds – et le brave Peterson se mit comme prévu au radar pour essayer d'y distinguer quelque chose. Il n'avait pas osé refuser, mais ce vol de nuit par mauvais temps le perturbait lui-même, et les autres auraient été fort surpris et inquiets de savoir ce qui se tramait dans sa tête à ce moment-là. Que feraient-ils s'ils avaient une avarie et devaient atterrir en rase campagne ? Ce que Buddy traduisait à sa façon par : est-ce que le colonel Parker aurait pris un tel risque avec Elvis ? Tout cela n'était-il pas la faute de Petty qui, en trois ans de collaboration, ne leur avait même pas donné les moyens d'acquérir un bus qui marche, roule et chauffe normalement ? Sa carrière tournait en rond dans ce ciel, pour ne pas dire qu'elle tournait court, et il fallait y mettre bon ordre dès qu'il en redescendrait. Eliminer tous ces parasites et reprendre le bon bout, celui de sa Fender préférée.

La visibilité était devenue nulle, et les essuie-glaces ramaient désespérément dans le noir, balayant le ciel à coups de gros paquets de neige qui se pulvérisaient dans les réacteurs et giclaient contre le cockpit. Peterson tenait tant bien que mal le cap, sans un mot, en s'en remettant au radar, cependant que les autres cherchaient à s'assoupir entre deux soubresauts de la carlingue, dans le bourdonnement indécis des moteurs. Et à cet instant précis, Buddy, qui restait toujours le leader et d'une certaine façon le patron de tout ce monde, sut qu'il avait fait cette fois le mauvais choix. Il le sentit comme on tire une mauvaise carte, qu'on s'en aperçoit rien qu'à la frotter du pouce et qu'on voudrait s'en débarrasser tout de suite, en vain, parce qu'elle vous colle aux doigts. Ce zinc avait tout le mal du monde à avancer, progresser dans la tourmente, et ils allaient mettre un temps fou à arriver, s'ils y parvenaient. Mais il ne dit mot : cela n'aurait servi à rien, qu'à inquiéter les autres. Et il s'enfonça dans sa canadienne et attendit, à bout de forces, cependant que Peterson, accroché à son manche à balai, ne quittait plus des yeux son gyroscope qui allait et venait, montait et descendait en s'affolant, cliquetant. Cet appareil n'était pas fichu comme les autres, les Fokker, Piper et autres McDonnell Douglas qu'il pilotait habituellement, et en l'absence de tout autre moyen de contrôle et de toute visibilité, il crut un moment qu'il prenait de l'altitude, alors qu'il en perdait. Cela ne tenait à rien, à quelques dizaines de mètres à peine, ballottés dans le vent froid du nord-ouest, mais suffit pour déstabiliser l'avion, qui se mit soudain à piquer du nez en réveillant tout le monde en catastrophe.

Peterson étant le seul à avoir attaché sa ceinture, les autres se sentirent arrachés à leur siège et virent le pare-brise du Bonanza approcher dangereusement de leur tête, tandis que dehors un tourbillon de flocons muets les enveloppait tel un sapin de Noël. On cria, hurla, s'agita, cependant que le pauvre Peterson, qui n'avait même pas de radio, s'efforçait de redresser la barre, de tirer le coucou vers le haut, sans plus savoir où il en était. Ritchie, qui avait régulièrement le vertige, appelait sa mère en priant en espagnol, accroché aux manches du Bopper qui donnait des ordres confus, incohérents, au pilote dépassé. Seul, Buddy, blanc comme linge et prêt à craquer, gardait un calme apparent en se répétant en silence le prénom de Maria Elena, qui devait sûrement veiller là-bas en pensant à lui et le croyant dans le bus, frigorifié mais heureux. Sous ses pieds, le sol s'effondrait, disparaissait, s'ouvrait soudain comme un trou noir et il se sentait aspiré, avalé par la nuit blanche de cette tempête improbable, avec l'idée folle et insistante qu'ils n'auraient pas dû être là, à cette heure-là, dans cet avion fou, et qu'avec un peu de courage et d'imagination, ils allaient tous se réveiller congelés mais vivants, mille pieds au-dessous, sur la route de Fargo, rire un bon coup et reprendre ce soir leur manche de guitare qui, lui, ne les trahirait jamais. Tout ça, il le savait, c'était la faute de Petty, qui n'avait rien fait comme il fallait à part le dépouiller, au temps de leur équipe, et il allait avoir de ses nouvelles dès leur retour, il entendait ça d'ici.

Mais ils tombaient, à 100 kilomètres à l'heure, dégringolaient du ciel dans un grand cri, mélangés, renversés, comprimés par la chute, secoués comme dans un énorme shaker, Chantilly lace et tout, et s'écrasèrent trois secondes plus tard dans un champ à flanc de montagne, à 8 miles au nord-ouest de l'aérodrome, moins de dix minutes après avoir décollé. Comme une perdrix s'abat, les jours de chasse au Texas. Tout s'était passé si vite, si bêtement et si violemment qu'on n'y avait rien compris, à Clear Lake, et qu'il faudrait attendre le lendemain avant de les retrouver, voire même de les rechercher. Ils avaient fait le ciel comme d'autres le mur, une virée givrée dans l'au-delà. Au pied du Bonanza fracassé, dont la seule aile valide, intacte, pointait encore vers le ciel vide avec son numéro de matricule, N3794N, on pouvait voir, éparpillés dans la neige sur une cinquantaine de mètres, les corps inertes et intacts des trois musiciens, qui avaient été projetés hors de la carlingue lors du choc final et gisaient entre la barrière barbelée, qui protégeait la plantation gelée, et le talus d'une route départementale. Disloqués, rompus, parsemés, et encore vêtus de leurs manteaux d'hiver, comme s'ils avaient finalement choisi de se reposer sur le bord de la route, épuisés par tout ce manège et la soirée animée de la veille, par cette musique sauvage qui leur brûlait encore les doigts. Par leur course contre la montre à rubis d'Elvis the Pelvis. Il y avait moins de deux heures, ils réinventaient le rock'n'roll, mettaient le feu à la ville, déréglaient les radios locales, tombaient à 20 ans mille filles d'un coup, d'un claquement de doigts ou de médiator. Ils étaient les rois, the « Biggest show of stars », comme disait la publicité. Ils vivaient à 100 %. Et les coulisses résonnaient encore de leurs rappels fébriles, leurs blagues et leurs rires, de leurs paris de gosses et de ces plans qu'on fait sur la comète, après l'extinction des feux.

Ce matin-là, le guitariste Waylon Jennings, le Cricket qui ne s'était pas envolé, se réveilla en sursaut dans le bus, brusquement arrêté en rase campagne, et émergea de son sac de couchage avec une sacrée migraine. Il avait mal dormi, dans le cadeau du Big Bopper, sans doute un problème de taille ou d'ego, et n'en revint pas en entendant la voix dans le transistor, qui lui débitait un truc incroyable, un peu comme si les soucoupes avaient débarqué, John Wayne viré sa cuti ou Liberace épousé la Begum. Tout le monde était mort, là-bas, tombé du ciel, descendu tout droit et enterré quelque part sous la neige fraîche. Le show était terminé. Buddy ne bougeait plus, n'appellerait plus, ne jouerait plus, ne sourirait plus bêtement à l'avenir, ni le géant des platines, ni le môme à la banane, et, à une corde de guitare près, c'est lui qui aurait dû être couché là-bas, et Ulff à la place du gamin. Ils venaient d'échapper à la mort, et en gardaient encore le sale goût dans la bouche, comme un parfum de cendres froides, en essayant de parler d'eux à l'imparfait. Comment dire soudain d'un copain de la veille qu'il était comme ci ou comme ça ?! Déjà, la presse commençait à titrer « THE DAY THE MUSIC DIED », comme il se doit, les postes TSF à programmer le trio funèbre et les filles de Clear Lake à pressentir le never more, découvrir que leurs idoles étaient mortelles et leurs autographes d'hier des souvenirs, presque des testaments. Maria Elena, qui n'avait même pas voulu écouter la radio, fit quelque temps plus tard une fausse couche : le jeune Buddy Holly n'aurait pas de successeur, même s'il fut remplacé dans la tournée fatale par Paul Anka et Fabian. Norman Petty continua à prospérer sur les droits de son artiste, et revendit bien plus tard son catalogue, c'est-à-dire celui de Buddy, à un certain sir Paul McCartney, qui n'avait pas été le moins influencé à ses débuts par la musique de Holly, dans ses ballades, et qui produisit un film sur l'idole.

Car si l'on célébra quasiment plus Ritchie et le Bopper que Buddy le bien nommé – littéralement le « copain » –, au lendemain de leur mort, tant il commençait à être déjà passé de mode, deux ans après ses plus gros succès, c'est évidemment lui qui fut repris dès les sixties par les Beatles, les

Stones, Bobby Vee, Linda Ronstadt et tous les autres, jusqu'à finir en refrain_dans le tube *American Pie* de Don McLean : « And them good old boys were drinkin' whiskey and rye/Singin', this'll be the day that I die/This'll be the day that I die/... I can't remember if I cried/When I read about his widowed bride/But something touched me deep inside/The day the music died... ». Lui qui, à défaut d'en avoir une, passa à la postérité avec ses 47 petits refrains des familles. Lui qui immortalisa ad lib cette brave Peggy Sue dont le prénom, pardon, le titre d'origine était Cindy Lue, et qu'il n'en finirait plus d'appeler dans le vide, à des décennies de là, comme un gosse perdu dans le noir cherche sa mère. Lui qui montra en quelque sorte le chemin à Waylon Jennings et en fit la plus grande star RCA de la country music, quelques années après. Lui qui ouvrit la voie à toute une série de sorties tragiques, sur la route mouvementée du rock, à commencer par son pote Eddie Cochran, quatorze mois plus tard. Lui qui démontra avec le recul au monde entier qu'il suffisait parfois d'une chanson, une seule, pour donner du rêve à toute une génération d'après guerre, fût-ce au prix de sa vie.

GENE VINCENT

« Gégène » ou
L'homme à la jambe d'acier

Marcher à côté d'une ombre

Tous les rockers n'avaient pas pour autant de fin héroïque, si tant est que celle de Buddy et cie le fût, et leur concurrent et ami Johnny Burnette, l'homme de *Dreaming* et *You're sixteen*, se noya à 30 ans pendant une partie de pêche, à... Clear Lake, un homonyme californien. Sa barque avait été heurtée par un hors-bord qui le fit tomber à l'eau, en plein milieu dudit lac, et mit en berne toute la country et le Tennessee. Avec sa bouille de gosse trop bien nourri et sa coupe gominée de frais, il donnait plutôt l'impression d'un garçon coiffeur chantant le samedi soir que d'une vedette du show-business, mais il avait le sens de la mélodie, plus rare qu'un contrat chez Harry Fox, et passa donc à la postérité avec une poignée de chansons qui font figure de standards, comme des clichés sonores de nos vies, des échos de nos émois. Vous vous souvenez du trio Burnette ?

Car on ne faisait pas de vieux os dans ce métier, et quand on y vivait, ou plutôt mourait vieux, c'était à 36 ans comme

Gene Vincent, avec un pied-bot dans la tombe et vingt ans de plus sous la ceinture et au coin des yeux. Le rock tuait ses enfants, sitôt qu'ils avaient un âge de parents, et la pop ne faisait pas mieux, avec ses nuages artificiels. Et Vincent avait tout de la victime désignée, du second couteau de mezzanine dont on sait dès la première bobine qu'il ne sera plus là à la dernière, avec sa bonne tête et sa bonne franquette, sans pouvoir dire pourquoi, et qu'on le regrettera tous au générique final, quand les noms défilent sur le monument avec des vies courtes comme des carrières de vamps. De ces choses qui ne s'expliquent pas, tiennent à une certaine façon de sourire, un air de chien battu, le regard insidieux de l'échec lorsqu'il s'insinue en vous et ne vous lâche plus, épouse chaque geste et chaque pose sans même qu'on s'en rende compte, et qui pourtant crèvent la photo après coup : on ne voit plus que ça, la mauvaise main, la carte biseautée. A partir d'un certain moment de sa carrière et, hélas, de sa vie, Gene incarnait, *était* l'échec, chacun le savait, et l'aimait d'autant plus, justement pour ça, au temps des Poulidor et des Jazy. La France adorait les seconds, pour ne pas dire les losers, et il l'avait sans cesse été, arrivant chaque fois juste assez tard pour voir partir sans lui le train des succès, trop petit pour être une rock star et ensuite trop vieux pour devenir pop star, trop fluet pour être un roi et trop solitaire pour avoir un groupe, toujours trop quelque chose, sympa, éméché, largué, enveloppé, et surtout sincère : ça ne pardonne pas.

Il n'y avait en fait que deux manières de devenir une star en ce temps-là (et il n'est pas sûr que cela ait changé depuis) : n'en faire qu'à sa tête en ayant quelque chose sur les épaules, ou écouter vraiment les autres en sachant les choisir sur le pouce. Ce qui revient d'ailleurs un peu au même : être le boss, même en donnant aux proches l'impression qu'ils le sont. Beaucoup résolvaient le problème en engageant leur famille, pour que la mise ne s'échappe pas du cercle et que le nom du gagnant reste le même. Gene, lui, faisait partie de ces artistes qui tombent entre les deux, ont suffisamment de caractère pour se distinguer et pas assez pour s'affirmer, assez d'instinct et pas trop de raison, toute l'énergie du monde et rien de ce qu'il faut pour l'organiser, la canaliser. De ceux qui écoutent trop et ne s'entendent finalement avec personne, à force de dire « oui » à tout et de finalement se refuser eux-mêmes, juste assez lucide pour savoir qu'il était sorti premier chez les perdants, quasiment leur maître, et n'aurait pas très bien su quoi faire dans le camp d'en face. L'homme à qui tous les prétendants du monde venaient rituellement voler un coin de photo, la gauche du trône ou la droite de Dieu, sa dernière part de lumière et qui, bon prince, s'exécutait en espérant renaître un peu, retrouver quelques poussières de son âge d'or. L'homme qui souriait désespérément, consciencieusement, mécaniquement, à une chance envolée depuis longtemps et dont il savait qu'elle ne repasse pas les plats, surtout dans ce métier où la roue tourne même la nuit. L'homme qui *avait été* Gene Vincent.

Pourtant celui que la France entière surnommait « Gégène » comme un vulgaire cousin de banlieue, même pas oncle d'Amérique tellement il était fauché, laminé, sevré, avait fait toutes les guerres de la vie, à commencer par celle de Corée, cette Indochine made in USA qui avait écœuré toute une génération de la couleur jaune, du bibimbab et du kimchi chez l'empereur McDo. Né en Virginie, il mourut trois décennies plus tard en Californie, c'est-à-dire à 1 000 kilomètres de là, en passant par toutes les planches de France, d'Angleterre, d'Allemagne et d'Italie, où on le vit peu à peu se défaire, se défoncer, se détruire après tant d'autres en répétant ad lib ces cinq syllabes plus que jamais vides de sens *Be-Bop-A-Lula*, d'après le courant « be bop » de Charlie et Dizzy. A partir des années 60, le jeune homme émacié aux airs et aux halètements de chat sauvage – l'un de ses premiers titres – qui chantait l'amour des femmes *(Wo-wo-woman love)* à fleur de voix et des collégiennes aussi fugaces que l'été ressemblait à un représentant, à un barman avachi, épaissi, béat, qu'on était en droit de ne plus reconnaître et qui fixait les objectifs comme on appelle à l'aide en recrachant des soaps tels *Mister Loneliness* ou *Spaceship to Mars*, autant dire n'importe quoi.

Il était fini, sonné, stone, groggy comme ces boxeurs qu'un combat ou un coup de trop laissent debout, mais absents, et se produisait dans les lieux les plus improbables avec des musiciens qu'il ne connaissait pas la veille, recrutés quasiment sur place, et qui déchiffraient sa musique autant à l'oreille qu'à vue d'œil, tout émus d'accompagner leur idole en chair et en os. Pathétique. Et une fois de plus l'homme à la jambe raide – en fait, appareillée d'une prothèse métallique –, tendue comme un arc, au cuir noir luisant (depuis cette émission de la BBC où il avait troqué le costard-cravate pour la panoplie du loubard) et à la chaîne d'argent redisait pour la postérité sa formule quasi incantatoire : *Be-Bop-A-Lula*. En fait, sa passion adolescente pour une « gamine en jean rouge » qui avait dû prendre de l'âge, de la bouteille et du poids depuis l'année de Suez et de Budapest, ne répondait plus au nom de « baby » que devant le landau familial et ne se serait plus guère reconnue dans ce portrait intempestif de cours de récréation, comme on volerait une image dans un sac à la sortie d'un drive-in. C'était si loin, la jeunesse, à ce rythme-là. *« She's the one that's got that beat/She's the one with the flyin' feet »*.

Dans la chanson, sa « reine d'un jour » (Queen of all the teens) tournait autour du magasin avec des « pieds qui volent » et en voulait toujours plus, c'est-à-dire lui. Et en digne descendant de Buddy, il se retrouvait à l'appeler dix ans plus tard sur une terre étrangère, alors qu'elle avait au moins 25 ans, plein de photos d'enfants sur sa cheminée et sûrement un réveille-matin pour ne pas rater l'usine. C'était dire si sa chanson pouvait tourner à vide, certains soirs, et l'amoureux prêcher dans le désert, face à un public en majorité masculin, au fil des années : *« She's the one that I know/She's the one that loves me so »*. Une fois de plus, Gene jouait Vincent plus qu'il ne le chantait, avant de repartir en traînant la patte vers de nouveaux bars qui lui offraient plutôt un comptoir qu'une scène, devant un public de blousons noirs, permissionnaires et revenants en tous genres. Il périclitait, avait décroché, « touché » au casting le rôle du maudit et allait désormais l'interpréter cahin-caha jusqu'au bout du film, en en rajoutant comme il convient, albatros de banlieue à sa façon.

Si certains traversent le miroir ou la ligne sans s'en apercevoir, lui avait basculé ce mercredi 4 mai 1956, lorsqu'il avait enregistré pour la firme Capitol, label de Sinatra et Nat King Cole, un titre aussi incongru qu'envoûtant, « la » chanson en question, qu'il reprit aussitôt dans le « film à chanteurs » *La Blonde et moi* aux côtés de toutes les révélations pop du moment. Deux minutes trente qui deviendraient le tempo, le gimmick et le cauchemar de sa vie, et un standard qui faillit bien passer inaperçu, puisqu'il se retrouva en face B d'un succès annoncé en vain : *Woman Love*. A quoi tient un artiste. La légende voulait même qu'il eût racheté ce titre pour 25 dollars à son auteur original, l'intrigant « Sheriff » Tex Davis qui d'ailleurs l'avait cosigné avec lui, et même qu'ils l'aient tous deux repris à un troisième, nommé Don Graves : on ne prête qu'aux riches. C'est donc là, pendant le tournage de ce long métrage censé... mettre en boîte le rock'n'roll, qu'il fit la connaissance d'un autre rebelle pur et dur, comme lui issu du rockabilly, le jeune Eddie Cochran : quatre syllabes avec lesquelles il allait falloir compter dans le show-business, et l'électricité faite homme, dès qu'il branchait sa guitare et attaquait n'importe quel titre de son répertoire. Car Eddie avait une qualité qui manquerait toujours à Gene : il composait, ce qui revient à tracer sa propre ligne, sauf bien sûr imprévus, ces traits du destin qui creusent des précipices dans la paume d'une main.

A priori, rien ne les rapprochait, et c'est cette différence qui en fit des complices et des compléments, les meilleurs amis du monde. Gene était alors aussi mince qu'Eddie était plus poupin, se retenait autant que l'autre se dépensait, se donnait autant des airs de voyou qu'Eddie de jeune homme sage. Les chansons de Gene étaient aussi syncopées, à la limite de l'improvisation – *Blue Jean Bop* – que celles d'Eddie étaient rythmées, martelées, effrénées : deux écoles du rock, deux styles, deux voix pour une même flamme. Les deux visages d'une révolte. L'explosion contre l'implosion, le cri contre la plainte sauvage, le credo contre le vibrato, avec un même goût de la « reverb » et du beat, du sound et de la soul. Du son de l'âme. Quand ils collaborèrent, le résultat n'en fut que plus impressionnant : *Git It (Well-ho well-ho wop whip whip whip, A Cadillac car, when can I get me a Cadillac car,* remember ?). Et l'on a vu comment le second mourut quasiment dans les bras du premier, au fond d'un taxi de rencontre au cœur d'une nuit anglaise, un samedi bleu de 1960.

D'une certaine manière, la disparition d'Eddie Cochran, suivant celle de Buddy Holly l'année précédente, marqua l'agonie des sixties, et un peu celle de Gene lui-même. Il avait beau avoir côtoyé la mort, d'ailleurs plus en entraînement qu'au front des plages, en quelque sorte en répétition, la vision d'Eddie – avec lequel il venait de se produire en scène, ce soir-là et tous les soirs – en sang l'anéantit littéralement, au point qu'il ne sentit même pas la douleur que le choc avait réveillée dans sa jambe, déjà meurtrie par un crash. En fait, son pied gauche, demeuré infirme. Il s'en foutait : Eddie était mort. Plus là, définitivement absent, envolé, figé, la seconde d'après. Tué par la vie. Tout à l'heure encore, ils jammaient ensemble en public sur du Ray Charles, *Hallelujah* and co, et soudain, plus rien, que ce regard fixe, vide, et ces mains inertes autour de son bras, ce silence assourdissant auprès de lui. Le néant. La fin du monde. Et il voulait comprendre, là où il n'y avait rien à dire. Pas question d'accepter, d'admettre que l'histoire s'arrêtait là, comme ça, qu'il n'y avait soudain plus d'Eddie Cochran au monde, qu'on leur avait refait le coup de Buddy, qu'il s'était pris pour James Dean, et d'ailleurs, pourquoi n'avait-il pas été à sa place, de l'autre côté de la banquette ? Pourquoi l'un et pas l'autre, ou les deux, pourquoi ne pas l'avoir accompagné, comme sur scène ? Vingt fois, il reposa la question aux bobbies qui les avaient secourus, aux infirmiers, aux brancardiers, au point de refuser même de lui lâcher la main : « T'en vas pas Eddie, reviens, reste, réponds-moi, t'endors pas », s'entendait-il lui répéter dans une semi-inconscience, cependant qu'on l'enfournait dans l'ambulance, sous perfusion, aide respiratoire et tout, avec Shelley et Peter. Qu'on enterrait sa jeunesse sous ses yeux. A partir de là, plus rien n'allait tourner rond pour lui, ni disque ni spectacle. Un monde qui vous faisait ça n'était pas digne de vous garder, et il se dit que le ciel de sa chanson dédiée aux prisonniers des nuages, *Three Stars*, allait s'agrandir encore d'une étoile, et qu'il fallait peut-être y garder d'autres places, à tout hasard. Buddy, Eddie, and somebody else ? So what ?

Ce jour-là, le 17 avril 1960, fut donc le second plus important de sa vie, après celui de la fameuse chanson. Et pendant près d'un an, il ne fut presque plus question d'en faire, des chansons, d'enregistrer ni de chanter. Silence radio ou presque, à un titre près, dédié au disparu, jusqu'à l'hiver suivant. Gene ne se remettait pas d'Eddie, et n'en finissait pas d'éteindre le poste, à chaque fois que la voix chaude, rauque et rugueuse de Cochran y passait. C'est-à-dire tout le temps, avec son tube posthume *Trois pas au paradis* ! Il en avait vu de toutes les couleurs, au cours d'une vie de *marine*, mais c'était la première fois qu'il refusait carrément d'admettre la fatalité. Pour lui, Eddie Cochran était vivant, et le serait toujours, quitte à avaler pour s'en convaincre tout le bourbon d'Angleterre, de France et d'ailleurs. C'était la condition pour le revoir, le retrouver au bout de chaque nuit, trinquer à l'âge d'or, au vrai rock et aux pionniers du genre, au Petit Richard et à sa *Grande Sally*, à Chuck et à ses *Maybellene*, *Nadine* et autres rimes féminines à *sixteen*, qui valaient bien ses *baby* et *maybe*.

Car entre-temps, la mode a changé, et la musique des jeunes a bougé, au grand dam des puristes. Le twist est arrivé, après le hula hoop, et puis le madison, le madison-twist, comme il y avait eu le slow-rock etc : n'importe quoi ! Le rond *Chubby* Checker – littéralement : potelé – a éclipsé le maigre Chuck Berry, d'ailleurs emprisonné pour détournement de mineure, et Jerry Lee Lewis ne va guère mieux, avec sa jeune femme de 13 ans ! Alors c'est le temps des gamins, des mômes à prénom, Fabian, Frankie, Ricky, avec trois notes et quatorze mots ! *Itsy bitsy teenie weenie bikini, baby, Sweetie pye, Ya Ya, Tchouga tchouga, Papa-oom-mow-mow, Wimoweh, Bama loo, Jungle rock* et tout le tremblement : Tarzan à Hollywood ! A côté d'eux, il a l'air d'un dinosaure, avec ses chaînes et ses cuirs moulés, son genou en terre et ses pieds de micro au tapis, ses yeux mi-clos et sa mâchoire crispée, ses tripes sur le plateau et sa sueur dans la sciure. L'air d'un con, à leur balancer *Shakin' Up A Storm* face aux minets de Liverpool ou d'ailleurs qui lui répondent qu'ils *veulent être son homme* ou bien *prendre sa main*, tu parles ! C'est quand l'Angleterre envahit les Etats-Unis avec son propre répertoire, avec ses groupes comme des divisions blindées, Beatles contre Beach Boys, etc., qu'il va, par la force des choses, se réfugier en Europe, et tout particulièrement en France. Battre en retraite à 27 ans, un âge qui ne réussira décidément pas au rock des seventies, avec ses mélanges de genres, ses lignes de basse et de coke. Un âge de vétéran, à la guerre comme à la coda.

Car Gene est un pur, il ne compose pas, depuis ces premiers jours où il a appris le blues et le gospel chez l'habitant, c'est-à-dire chez les Noirs, aux frontières de la Virginie, en un temps où l'on ne plaisantait pas avec ça et où l'on vous pendait à une branche pour dix fois moins. Après, il y a donc eu les *marines*, le temps de l'US Navy, soldat Craddock par ici, Gene par là, pendant trois ans, jusqu'à son accident de moto en juillet 1955 : une voiture qui lui était rentrée dedans, après avoir brûlé un feu rouge, et lui laissa en quelque sorte de l'acier dans la jambe gauche et du plomb dans le moral, tout un appareillage orthopédique invisible, avec un membre infirme, en plus de la quincaillerie qu'il trimbalera sur scène et de ces micros de passage qu'il renversera comme des filles, de ville en ville, tendu comme un arc, pied à terre tel un toréador. En position rock, comme on met le turbo ou le feu au balcon, la fièvre au Golf ou la révolution à la Nation. Au début, il lui suffirait de paraître pour allumer les salles : il avait l'« attitude », et ce n'était pas chez lui une pose, mais un état d'âme, qu'il enrobait de cuir, habillait de sueur, distillait d'instinct entre sport et chorégraphie. D'abord habité, il serait ensuite hanté, enfin dévasté. Sa vie était un crash, un peu comme ces voitures de cascade qui dérapent, rebondissent, font quelques tonneaux et s'écrasent en bout de piste dans un long crissement de pneus. Et comme pour beaucoup de ses collègues, apprentis chanteurs ou chauffeurs en herbe, le pilote fou qui l'avait doublé et jeté dans le fossé s'appelait Elvis Presley. Quand la Rolls du rock vous roulait dessus, on changeait de route et l'on saluait en outre au passage. On s'écrasait.

Et c'était vrai que sans cet accident, il n'aurait peut-être pas poussé six mois plus tard son cri, c'est-à-dire son hit, ce gimmick d'une sensualité d'autant plus forte qu'elle était contenue. *Well, be-bop-a-lula, she's my baby...* A sa place, n'importe qui aurait laissé tomber, rangé ses rêves de star aux oubliettes, pas lui, qui sauva de justesse sa jambe de l'opération et fit même de son handicap un véritable style, une image de marque : le rocker à la patte raide, il fallait y penser ! Bien sûr, le grand public, l'américain, ne suivit pas au-delà du premier titre, malgré des œuvres aussi fortes que *Blue Jean Bop*, *Race With The Devil*, *Crazy Legs*, *Lotta Lovin'*, *Baby Blues* ; mais il lui restait le vieux continent, et notamment l'hexagone où il se retrouva à tourner avec les musiciens de Johnny Hallyday et poser avec Eddy Mitchell qui remontait à peine de ses Chaussettes et préparait sa tenue de

GI frenchy. A défaut d'Elvis, on faisait la photo avec Gene comme pour avoir ses lettres de noblesse, et il était bel et bien devenu une sorte de King local, marginal, à la fois sulfureux et bonhomme, dérisoire et grandiose. Un père pas tranquille du yé-yé, pas sauvage pour un sou, pour peu qu'on lui payât un verre – Gene avec Dick, avec Dany, avec Vic, avec Vince, etc., copyright 1962 – qui n'avait plus d'âge, presque plus de nom et pas toutes ses dents. Mister *Bebopalula*, comme le petit Richard était devenu Mr *Awopbopalubopalopbamboom*, diminutif *Tutti Frutti (all over rootie)*. On était l'homme d'une chanson comme d'une femme, quand on avait la corde sensible, la Gibson sentimentale. Et Gene était du genre fidèle, cœur de velours dans main de cuir.

C'est que, comme Eddie, il avait aussi craqué sur Presley, rencontré à Norfolk en juillet 1955, le mois même de son accident, et ne rêvait que de lui brûler la politesse : si *Be-Bop-A-Lula* fit la nique à *Blue Suede Shoes*, le rêve s'arrêta là, et tout le reste s'écroula, jusqu'à son exil britannique en 1960. En fait, se disait-il parfois, c'est lui qui aurait dû mourir ce jour-là, parce qu'il avait fait son temps, son trou, et qu'on ne pouvait en somme rien ajouter à *Be-Bop-A-Lula*, *« The girl in the red blue jean »*, sinon ce ridicule *Be-Bop-A-Lula 62*, qu'il avait voulu twister, remettre au goût du jour, et tous ses ersatzs suivants. *Be-bop-a-lula get older. She's my daughter ? La fille de Be-Bop-A-Lula ?* Depuis longtemps, depuis toujours, Gene buvait, picolait, vidait tout ce qui se trouvait sur son passage après minuit, pour peu que cela dépassât quarante degrés et effaçât la mémoire, les dettes et les regrets, déchirât les mauvais souvenirs en deux, fît briller dans la nuit ses premiers disques d'or. Il se noyait et s'enivrait d'autant plus qu'il le voyait, pouvait suivre sa chute dans sa glace et dans les bacs, se comparer au gars des pochettes Capitol qu'on lui tendait à dédicacer, avec des stylos d'écoliers et de sténo-dactylos : « A Julie pour la vie, Feu Gene Vincent, 1965, 66, 67... ». De photo en souvenir, il se voyait physiquement déchoir, décliner, disparaître, en effeuillant cet éternel sourire en quadrichromie qui portait curieusement son nom et ne lui ressemblait plus que de loin en loin, à peine quelque chose dans le regard et une façon de guetter le ciel en tutoyant les anges, de regarder vers là-haut, même en studio, d'attendre son prince ou son magicien comme au temps de Norfolk. Etonnez-vous après cela qu'il ne puisse pas grandir ! Et une petite voix intérieure lui répétait alors à chaque fois : « This is a loser, you're a loser, man ! » Certains soirs, il ne supportait tellement plus le type qui l'attendait dans ses miroirs qu'il lui arrivait de baisser les yeux en prenant l'ascenseur, ces machines à flash-back express, pour ne pas voir où il en était ce jour-là. Jusqu'où il était descendu.

Car sa carrière, longue ou courte de quinze ans, ne fut qu'une lente désescalade, où il ne parvint même plus à inscrire un seul titre dans les charts, hormis son album *Crazy Times* en Angleterre, et encore de justesse. Passé sa glorieuse face B, plus rien ne marcha jamais nulle part que cette éternelle scie, qui plus est créditée de ce mystérieux « shériff Tex Davis », associé DJ bombardé cosignataire et de son vrai prénom... William Beauregard, et ce n'était pas faute d'avoir essayé, d'y avoir cru à chaque fois. Six albums Capitol jusqu'en 1964, glissant progressivement vers la variété rock, des dizaines de singles, des reprises superbes comme *Over The Rainbow*, *Summertime* ou *Willow Weep For Me,* qui regorgeaient de charme et montraient qu'il n'avait rien à envier à l'« autre », côté crooner. Rien n'y fit : les gens ne voulaient pas d'un rocker handicapé qui avait l'air de se plaindre en chantant ses chagrins, grimaçait comme de douleur en invoquant des filles perdues, des Darlene et des Sheila, ils lui préféraient les minets pop et dandies mods, les petits bourgeois du « swingin' London » avec leurs cols Mao et leurs pattes d'éph, leurs nez poudrés contre ses tournées de rouge, leurs seringues contre ses verres.

Le pire est qu'il y reconnaissait parfois les siens, face à des Who qui reprenaient un certain *Summertime Blues* et ramenaient ce bon vieil Eddie à la surface, des Animals ou des Stones qui exhumaient ses chers bluesmen ou encore les Creedence avec leur gros rock sudiste : les enfants de Suzie Q et de la farouche Lucille. Même Elvis avait réussi son come-back en revêtant, réendossant le célèbre cuir des origines, se déguisant pour un soir en blouson noir, comme on se rendrait à un bal costumé en tenue de revenant. Alors pourquoi pas l'original, ce « Gégène » qu'on croyait déjà mort d'alcoolisme outre-Atlantique ? D'aucuns l'avaient même vu calciné dans les cendres d'un avion, d'un taxi, d'un million de cigarettes brunes. Little Richard était devenu folle, Jerry Lee avait viré country et roucoulait désormais sur ses claviers d'acajou, Dion cherchait ses Belmonts et les Beatles ramassaient une fois de plus la mise avec le meilleur rock jamais écrit depuis : *I'm Down*. Un titre pour lui. Et la génération Morrison, croisée plus tard au Rock'n'Roll Circus, lui avait tout fauché pendant qu'il cuvait, le cuir et la cuite, la moue et la hanche, la pose et le roulis, jusqu'à ce mot qu'il était naguère le seul à chanter ainsi : « *woman* », et qu'ils rendaient désormais presque obscène. Gene le prononçait goulûment, amoureusement, « *wo-man* », alors que les autres, Mick, Jim and co, le crachaient, le vomissaient littéralement. *Wohmen*, qu'ils disaient, comme *Wine* ou *Wild, Woah*. On ne peut pas se battre contre tout le monde, contre une époque. Seul, Dylan faisait ça bien : *just like a man*. Mais Dylan était Dylan, et Gene avait de plus en plus de mal à être Vincent.

Rocker déchu, déclassé, dérivant d'hôtels miteux en tournées glauques, de loges crasseuses en miroirs de gare, il avait même engendré des disciples qui reproduisaient à leur tour les mêmes erreurs, s'enfonçaient dans les mêmes méandres sous ses propres yeux, de Vince Taylor en France à Johnny Kid outre-Manche. Ethylique, il repoussait désespérément le moment de rentrer pour échapper à ses délires et finissait en crises de nerfs dans des bars borgnes après des concerts ratés, tanguant entre Metz, Saint-Etienne et Mulhouse comme un bateau ivre. Et pour corser le tout, dans ces moments-là, il balançait dans la vie, à défaut de swinguer sur scène : il tapait sur les copains, critiquait les absents, dénigrait tout ce qui marchait, en voulait au monde entier de l'avoir laissé tomber, gonfler, boîter, mais c'était parce qu'il avait mal, juste mal au pied, et qu'il fallait bien trouver quelque chose à dire, un responsable à son sort, et qu'il n'était pas à la hauteur du rôle. La nuit, la douleur revenait, s'insinuait comme une vipère, remontait du bas jusqu'au bassin, et lui dévorait le ventre, comme une peste, une idée fixe, un regret. Les boxeurs connaissent ça : ils ont parfois des anciens combats qui se réveillent, sans savoir pourquoi, et qui leur rongent la tête, leur vident le corps. Ils refont le match dix ans après, seuls dans des chambres de bonne, et sans la bonne, ou dans des hôtels borgnes. Là, ils jouent tous les rôles. Ils encaissent, prennent les coups à distance, se retrouvent groggy des nuits après au souvenir d'une passe, d'un round de trop, et lui, ses matchs, c'étaient les concerts. *Live* in Guingamp ou *sold out* à Tarbes, ce soir dans votre ville et au Théâtre de Verdure. C'était son « syndrome des planches », comme il disait, la scène qui le travaillait, lui rongeait les extrémités, l'avalait par les racines. La terre qui l'appelait. Si seulement on l'avait amputé, les choses auraient été plus claires.

Il coulait, le savait et en prenait son parti avec une apparente bonhomie, une rage intérieure, et finissait désormais ses tournées chez des médecins ahuris qui lui prescrivaient l'abstinence et la sobriété : autant dire renoncer au rock, et se rebaptiser Perry, Al ou Matt, devenir marchand de soupe à NBC. *Catch a falling star*, mais pas lui, même s'il excellait en crooner. Alors, il en grillait une, en vidait un autre, en racontait une bien bonne – un souvenir, toujours un souvenir, plus ou moins vécu – et remontait dans le train de la nostalgie, direction Pontarlier ou Pont-à-Mousson, le plus Français des chanteurs anglo-saxons ou le plus étranger des artistes hexagonaux. Le pire était qu'il voyait ses petits frenchies refaire de la thune avec son tube alors que lui n'y parvenait plus, et se contentait de leur donner la réplique au Golf ou à la Loco, de hanter incognito les coulisses du Palladium : laissez-le passer, c'est Gene Vincent ! Jean Qui ? Gene Vincent ! Il est vivant ? La phrase la plus cruelle qu'il ait jamais entendue, ou plus exactement devinée, car son français laissait toujours à désirer, il n'avait jamais été de nulle part. Et de se répéter qu'il n'avait pas pris le bon virage, la voie James Dean. Sortir de scène était aussi important que d'y entrer.

Sa relation à la France était d'ailleurs curieuse, comme on dirait d'une mère nourricière : chanté par tous, d'Eddy Mitchell – son fan le plus pur et dur – à Johnny Hallyday, il s'y sentait de plus en plus chez lui, au point d'y passer quasiment inaperçu, un peu comme le portrait qu'on dépose sur la cheminée, le tableau de chasse qu'on épingle au mur, le type dont le regard vous dit quelque chose et avec qui on peut trinquer à tout. Le gamin vieilli prématurément, ou le cowboy à sourire adolescent, selon le moment de la journée et la nature du remontant : poster vivant. Il était l'homme qui a vu l'homme qui a vu l'ours, c'est-à-dire l'Amérique, le petit coin de drapeau étoilé en terre de France, l'idole des fifties perdue en pleines sixties. Un étranger qu'on estimait, exhibait, oubliait puis redécouvrait tel un parent éloigné. Un homme couvert de dettes à qui l'on devait presque tout, et qui souriait de plus en plus en public – il avait toujours été un bon gars, pas compliqué et prêt à lever le coude, gentil à jeun et ronchon à plein – et souffrait d'autant plus en privé. Pas aimé, pas toujours aimable, dans ses états seconds, instable, fragile, quasiment friable, avec cette guibole qui faisait désormais des siennes dès que revenait le froid, la solitude ou l'alcool, et qui le freinait autant qu'il la traînait, comme un boulet, un poids mort dans un corps fatigué, ce pied qui lui échappait, se défilait comme pour se sauver. Fini le style, la griffe, l'emblème : il redevenait à la trentaine un accidenté de la vie qui peinait à monter en scène et ne voulait plus en descendre, dans des tournées miteuses où l'on venait voir un fantôme, dans la cacophonie générale et la confusion financière qui va de pair, en pire. Un rescapé des guerres du rock, de ces plages noires de vinyle qui valaient bien les sables jaunes et vous faisaient gémir dans les transistors. Un diable noir tombé de sa boîte, qui aurait manqué d'air et fait la danse du crabe. D'autant plus qu'autour, cela continuait de pousser, de le pousser vers les oubliettes et les dictionnaires du rock, où tu meurs en entrant : *introducing* T. Rex, David Bowie, Lou Reed et autres French Variations. Exit Hendrix, Joplin and co. Il en avait parfois honte d'être encore en vie, un survivant de bientôt 35 ans, autant dire un ancêtre, comme ces pionniers de l'Ouest qu'on voyait à la télé. Il était le dernier marshal, avec son « sheriff » de paille. Le huitième mercenaire.

Alors, il décida de s'en faire une dernière, pour la route. De mettre en boîte des titres comme il les aimait, les sentait, les entendait. D'ailleurs, avait-il jamais fait autrement ? Poussé autre chose qu'une longue complainte, un éternel cri blessé ? Il n'avait jamais conçu le rock comme un métier, mais comme une mission, son art de vivre autant que de s'exprimer, et finalement de mourir, en « live » pour la beauté du jeu : sa chanson de geste à lui, où les mains en disaient finalement plus que les mots. Il l'incarnait, le figurait littéralement à une certaine façon de se cabrer, s'élancer, de se tordre ou grimacer, comme s'il lui avait fallu perpétuellement transcender son handicap, repousser son interprétation aux limites de la souffrance, exactement comme Eddie rabattait la guitare sur sa hanche ou Elvis ondulait du bassin.

Mais Gene faisait mal à voir, il touchait par sa peine, et ce n'était pas qu'une question de texte, de fille perdue ou de mauvaise étoile, de sale temps ou de route sans fin. Il y avait autre chose, ce « quelque chose en plus » dont parlait l'ami Eddie et qui était peut-être au fond Eddie lui-même, le symbole vivant de sa carrière ratée et de sa vie brisée. En disparaissant si tôt, en pleine vie et en plein talent comme un soleil se coucherait au zénith, le môme avait tout raflé, bouleversé, inventé et détruit à la fois, et le plus mort des deux n'était pas celui qu'on croyait. Eddie était le gagnant, le vrai survivant, ad lib, et Gene le loser de l'histoire, d'autant plus qu'il n'écrivait pas ses chansons et était aussi handicapé de ce côté-là. Il avait tout perdu en lâchant sa main, ce samedi-là dans le taxi, et surtout perdu la main. Alors Gene avait le blues, jour et nuit, chantait Eddie sans même y penser, avec des mots simples et vides, puisqu'il n'y aurait eu qu'Eddie pour trouver les bons, ajuster tout ça et y insuffler de l'âme. Depuis dix ans, Gene portait sur lui sa mort, le deuil d'Eddie : c'était le secret de son cuir et de ses cris, de ses bouteilles et ses délires. Il revivait toujours la scène, y compris sur scène, fermait les yeux pour ne plus la voir, mais elle tournait encore, se terminait invariablement de la même façon, et il s'en voulait de n'avoir pas su, pas pu, rien fait pour le sauver. C'était sa clef, son obsession et sa malédiction. Quelque chose qu'on ne pouvait pas écrire, à moins de parler de paradis perdu, de regards muets et tout ça, et il n'avait pas les mots. On n'apprenait pas ça chez l'Oncle Sam.

Mais avec le temps, on ne voyait, n'entendait plus que ça chez lui, comme une chanson interdite : le jour du taxi, la Ford Consul crème déchirant la nuit, balayant la pluie, défonçant le décor, et le dernier soupir d'Eddie, à quelques centimètres à peine. La seconde où le rock'n'roll était mort, et l'avait emporté avec lui dans ses sirènes. Depuis, sans le savoir, il n'avait jamais plus chanté que ça, l'instant où une vie bascule et où les yeux de l'autre ne vous voient plus, ne vous renvoient plus rien. La frontière des choses. Et à y regarder de près, toutes ses prestations avaient désormais quelque chose de douloureux, de crispé, de désespéré, comme ces jazzmen qui cherchent la note, tournent autour de l'accord sans l'atteindre tout à fait. Il était venu trop tard pour être Elvis et trop tôt pour s'appeler Morrison, était au rock'n'roll sa Porsche comme l'autre Vince – Taylor – en était la Cadillac, mais surtout il avait laissé partir Eddie Cochran, et n'avait parfois plus qu'une idée en tête : le rejoindre là-haut, au paradis de ses chansons. Prendre le taxi qui monte au bercail, *au-dessus de l'arc en ciel*, et jeter le passeport par la fenêtre. Reprendre sa bonne vieille Telecaster et passer enfin aux choses sérieuses, avec le « môme ». Devenir la *cinquième star* de ce titre fantôme que personne n'interpréterait plus jamais : dix ans déjà qu'il était un survivant.

On était en 1970, et il n'était pas très frais, même s'il ne se sentait pas plus mal que d'habitude. Il y avait en fait longtemps qu'il ne s'était pas senti bien, dans sa peau, sa vie, son couple. Qu'il n'avait pas respiré normalement, dormi comme tout le monde, et il aspirait maintenant à une vie de son âge, avec des mômes et des chiens, à se ranger un peu des voitures et des routes de nuit, des troisièmes mi-temps où l'on refait le concert et des groupies de la dernière marche. Marre du vide et du vent, des compliments au passé et des serments au miroir, tous ces grands mots d'un instant. Des poses pour la postérité locale et des autographes au néant, des micros qui bégaient et des lits de fin de nuit, des odeurs de loge et des pâleurs de salle de bain. Marre de cette fameuse vie d'artiste, qui était devenue sa petite mort, son supplice chinois à lui. N'avait-il pas été marié quatre fois en quinze ans ? Il rêvait d'une ferme et d'un coin du feu, et avant tout de repos, d'une vraie balade aux côtés de ses filles Melody Jean – qu'on avait curieusement donnée pour morte à dix-huit mois – et Sherri Ann. D'une de ces scènes du bonheur qu'on voit dans les vieux films avec Greer Garson et Fred McMurray, le soir à la télé, quand Walter Pidgeon revient de guerre ou que Jimmy Stewart referme la partition de Glenn Miller. Il enregistra pour un petit label un dernier disque, très personnel, où il racontait entre autres cette *histoire des rockers (story of the rockers)* dont il faisait désormais partie, comme on figure tout en haut d'une stèle, après Bill Haley et Fats Domino. D'autres étaient tombés raides ou à pic, crashés contre des pics ou des réverbères : lui avait fait un piqué dégressif, de quinze ans. Sa dernière tournée française fut une catastrophe : bâclée, plantée, bluesée. Il n'y avait guère que Vince Taylor pour faire pire que Vincent à ce moment-là, et il fallait en vouloir.

L'année précédente, il était rentré se reposer chez lui, aux Etats-Unis, où on ne le connaissait, ne le voyait plus guère, à part quelques hippies qui avaient jeté son dévolu sur lui, du côté du Fillmore East. C'était le début des revivals, où l'on ressuscitait les survivants et allumait des briquets pour les autres, on ranimait la flamme. Il participa même au festival de Toronto aux côtés de Jerry Lee Lewis, Bo Diddley, Yoko Ono et John Lennon qui reprendrait six ans plus tard sa fameuse chanson fétiche, dans son album hommage au rock, ferait danser une dernière fois autour du magasin fantôme la fille aux jeans rouges, désormais jaunis. Elle devait bien avoir deux gamins à ce moment-là, Miss Be Bop, et un mari pompiste quelque part sur la route de Tucson. Elle avait tant dansé sur les platines quand elle était devenue un standard.

Il termina le disque sur les genoux, et là, il ne posait plus. C'était plus qu'un flash-back : carrément un arrêt sur image, puisqu'il y succomba des suites d'un ulcère perforé, le 12 octobre 1971 : hémorragie interne. Il avait à peine 36 ans et en paraissait quinze de plus, comme disent les journaux. Bouffi, épuisé, usé, avec la tête de son père. La vie ne l'avait pas gâté : il avait perdu son meilleur ami, Eddie, à 21 ans, s'était brisé les os et détruit le foie, cassé le pied et brûlé l'âme au mauvais bourbon. Au Royaume-Uni, son dernier album s'appelait ironiquement *If You Could Only See Me Now*. On ne saurait mieux dire. Vincent Eugene Craddock rendit l'âme comme on dépose ses armes au vestiaire, à bout de souffle, de paroles et de rock'n'roll, après son dix-millième *Be-Bop-A-Lula*, qui portait désormais tout le malheur du monde et sonnait comme une marche funèbre. On lui avait pourtant répété, chez les *marines*, qu'aucun GI ne triomphe jamais tout seul de l'adversaire, d'un bastion ennemi, fût-il le meilleur de sa promotion... Et qu'on n'abandonne pas un copain au feu.

Là-haut, en faisant chauffer les nuages, Eddie Cochran l'attendait déjà avec une poignée de nouveaux titres qui auraient rendu fous tous les boss de Capitol, Liberty et tutti quanti réunis. Ce que la vie faisait de mieux. Il avait toujours su recevoir.

OTIS ON THE AIR

ou Le sprinter du blues

Lorsque, au lendemain de son accident, on remonta, avec un treuil, le corps d'Otis Redding de sa dernière demeure, un lac gelé du Wisconsin nommé Monona qui aurait pu le conserver mille ans, le chanteur apparut devant les objectifs tel qu'il avait toujours été : élancé, costaud, jeune, et désormais inerte, vidé de ce feu intérieur qui avait déjà brûlé toutes les planches. Eteint. Et cela faisait drôle, de le voir ainsi sans bouger pour la première fois, suspendu au-dessus du ponton comme dans le temps, transporté manu militari dans la légende à la suite d'un banal problème de moteur ou de météo. Stoppé net dans son vol, qui promettait d'aller haut et de briller encore plus fort.

Depuis toujours, c'est-à-dire une poignée d'années, on l'avait vu remuer, pulser, menacer quasiment le roi, James Brown, sur son propre terrain qui était la scène, en expédiant des versions incendiaires de hits comme *Shake*, *I Can't Turn You Loose*, *Mister Pitiful*, *Respect*, *Hard To Handle*, *Satisfaction*, *Day Tripper*, *Security*, qu'il interprétait un peu comme on court un cent mètres : en piétinant, soufflant, éructant, dans un jeu de scène qui n'avait alors pas d'égal et faisait corps avec sa voix. A fond la caisse, comme si chaque chanson était la dernière et chaque couplet une course contre la montre, au point qu'il pouvait même accélérer le tempo d'un morceau en cours de route, le commencer en ballade et le finir en rock, ou en doubler le rythme d'un soir à l'autre, jusqu'à le rendre méconnaissable. Se l'approprier carrément. Certains ne lui attribuaient-ils pas totalement l'hymne des Stones, tant il prenait à cœur ses fameux *« Get no »* devenus chez lui un gimmick vocal ?

Sans savoir pourquoi, Otis était pressé, speed, comme s'il avait eu la police ou la mort aux trousses, un train pour un gala à prendre ou simplement une immense fringale de réussir : « Je veux être une star et faire un tube », confiait-il sans ambages en 1965, et il fallait le voir converser, dialoguer, littéralement jouer avec les instruments – et notamment sa section rythmique de cuivres – pour savoir s'il était en forme, et surtout guetter son pied droit, en studio comme en scène, pour connaître sa courbe de fièvre. C'est à lui qu'on voyait s'il allait casser la baraque, faire sauter le potentiomètre, et quand il commençait à se tenir sur une jambe et à tourner sur place, à faire sa danseuse, c'est qu'il avait décidé de doubler le « godfather du rock » et d'en remontrer à ces Sam and Dave qui l'avaient précédé en américaine et lui avaient chauffé la salle. *« Gotta gotta gotta... »*. Il n'avait pas le temps, et gardait toujours en tête la voix – sa préférée – de Sam Cooke, disparu trois ans auparavant à 34 ans, qui lui soufflait : « Vas-y, petit, chante, fonce, comme si ça devait s'arrêter à la minute d'après : tu ne sais pas ce qui t'attend au bout du couloir ». Il fallait écouter les conseils des chansons : *Que sera, Heaven Knows, You Never Can Tell*, etc. Elles ne mentaient jamais, quand elles étaient bien faites. Et les siennes disaient sa vérité : *life is a short story*. Et dans sa carrière aussi, tout était allé très vite. Trop.

Otis vénérait donc Sam, le baladin de la soul, et la mort subite de ce dernier lui était tombée dessus comme un avertissement : abattu comme un chien dans un motel, en pleine nuit de trois balles dans le buffet, à la suite d'une affaire de cœur ou de cul, et achevé à même le sol à coups de tisonnier, alors qu'il rampait pour appeler à l'aide. La fille était blanche et Cooke était noir, comme d'ailleurs la patronne du motel, qui tenait le pistolet : cela faisait réfléchir, pour un type dont les principaux succès s'appelaient *Wonderful World* et *A Change Is Gonna Come*. Deux titres qu'Otis avait d'ailleurs repris, parmi d'autres chansons de Butler, Burke, Robinson et consorts : les classiques maison. Mais Cooke avait le charisme, ce charme romantique et un peu dandy qui lui ferait toujours défaut et le sourire glamour qui allait avec, ce côté Sidney Poitier des platines qui n'était pas son fort et vous tournait la tête en quarante-cinq tours.

Lui était plutôt du genre costaud, presque rustaud, à avaler des Wimpy, user des désodorisants forts et refuser de se défriser, quitte à porter de la soie et du mohair vert pour faire passer le tout, plus barbecue que cocktail, salami et crackers que petits-fours : nature. Un fils de la Géorgie, de cette bonne vieille Macon qui avait aussi vu grandir le Petit Richard et Mister Dynamite, dix ans avant, et vous fabriquait des stars comme d'autres des limousines, au kilomètre. Mais aussi un bon époux et un père de famille, qui s'était rangé tout de suite des voitures, marié à 20 ans à une fille de 15, qui chantait dur pour gagner sa vie, et ne risquait pas de finir à poil dans la nuit à courser une nymphette, comme son idole : pas le genre de la maison. Cooke avait fait ce que personne n'aurait osé faire, à part peut-être Chuck Berry, emprisonné naguère pour détournement, ou Mr J.B.'s, qui relevait les compteurs en scène et donnait des amendes à ses musiciens et choristes au moindre retard, et il le fascinait aussi pour ça, son culot monstre face au destin et sa sortie splendide à la Mohamed Ali. Amen !

La scène se passait à Watts, le 11 décembre 64, et la fille s'appelait Elisa Boyer. Impossible d'oublier ces détonations-là, à des miles et des mois de distance, car elles avaient tué le rêve de millions d'Afro-Américains, une sorte de compromis entre Nat et Ray, ouvert aussi les portes au jeune Marvin. Ces trois balles dans la nuit, dont Solomon Burke lui parlait volontiers puisqu'il était le dernier à avoir vu le chanteur vivant, avaient touché Otis en plein cœur et continuaient de le blesser, le déchirer, lorsqu'il rencontra à son tour le destin, trois ans après jour pour jour, et n'en revint pas, à l'âge où l'on se prépare à décoller. Cooke, c'était sa vie, sa coke, l'âme de ses ballades, tout comme Little Richard, cet autre enfant du pays, était la voix de ses tripes, sa part de rythme. Ses pères spirituels, des boxeurs du micro. Il les avait successivement imités, copiés, repris, dépassés.

Avec l'un, le Petit Richard, il avait appris ce rock des Noirs qu'on appelait déjà R&B et le goût des onomatopées, écrit *Shout bamalama* pour égaler son *Bama loo*, et même fait sa première partie, comme plus tard un certain Hendrix l'accompagnerait à la guitare : le lascar avait du flair. Avec l'autre, il avait acquis le swing et le velours, l'art de s'approprier les standards et même d'en faire : les violons en stéréo, qu'il remplaça par des sections de cuivre et autres cordes électriques, en attendant les chœurs devenus la spécialité de Marvin. Et avec Ray Charles, l'art des affaires, qui permettait de vivre des deux autres et de prouver que l'argent n'avait pas plus de couleur que d'odeur. Et tout cela en cinq ans, quatre albums et des centaines de galas, où il n'arrêtait pas de piétiner d'impatience au micro et de battre des records de vitesse musicale, comme s'il courait contre son propre groupe. Otis faisait des kilomètres en concert, s'échauffait, s'enflammait, et éructait autant qu'il renâclait, à la manière de son cheval bai : *« Gotta gotta gotta.... », « My my my... », « Fa fa fa fa fa », « Hit me »,* sur fond de ponts de cuivres et riffs de guitare, hérités du jazz et du rock. Il avait le feu, la main, et une sacrée suite dans les idées.

Le but était simple : passer des hit-parades noirs aux charts blancs, du rhythm'n'blues à la pop, des milliers aux millions d'exemplaires. Elvis n'avait-il pas détourné en son temps le patrimoine noir à l'usage des Blancs ? Il ferait l'inverse, serait le deuxième rocker noir après le petit Penniman, « mister Awobopalubopalopbamboom », qui faisait d'ailleurs malgré son pseudonyme un bon mètre quatre-vingts. Et prolongerait Cooke, auquel il empruntait chaque soir son célèbre *Shake*, en plus nerveux : ce mot-là faisait merveille sur les platines, était amoureux des pick-up et des transistors. Comme Sam, Otis excellait dans les ballades, les reprises de soul, mais sa passion était donc le rhythm'n'blues, dont il était devenu en trois ans la figure emblématique, face à une autre star montante de la même firme Atlantic, le bouillant Wilson Pickett. Né la même année que lui, en 1941, ce dernier travaillait avec le même guitariste-compositeur, Steve Cropper, et lui disputait les mêmes places dans les charts, avec ses hits *In The Midnight Hour*, classé en 1966, *Land of 1 000 dances*, *Mustang Sally*, etc.

C'était là, dans le studio Stax de Memphis, au 926 East McLemore, sur Beale street, que les deux se relayaient pour immortaliser leurs thèmes, sur fond de cuivres chauffés à blanc, que *Respect* répondait à *Funky Broadway*, que Percy Sledge venait de pondre le premier numéro un de la musique black au classement pop, c'est-à-dire blanc, *When A Man Loves A Woman*. Et que les 6 et 7 décembre 1967, soit trois jours avant sa mort, Otis enregistrait ce qui s'avérerait son testament phonographique : un morceau de trois minutes trente intitulé *(Sitting On) The Dock Of The Bay*, devenu un mois après son seul numéro un et un disque vendu à un million d'exemplaires. Ses derniers mots d'artiste, prémonitoires puisqu'il avait fini dans une sorte de baie, un énorme trou d'eau digne de celui de sa chanson, et hissé par un remorqueur, au-dessus d'un dock de fortune.

C'était là aussi que la nouvelle vague noire – ce qu'on aurait pu qualifier de « black rock » – succédait au vieux rock des années Chess et faisait la nique à la pop variétisée de la Tamla Motown de Berry Gordy, à William « Smokey » Robinson et « Little Stevie Wonder », à tous les girl's groups et autres boy's bands de l'époque, des Miracles aux Supremes en passant par les Four Tops qui scandaient chaque mot sur un son de caisse claire et enrobaient le tout de chœurs acidulés. The White black sound, comme on disait, où l'on avait remplacé ad lib le poing par un sourire. Toute une page d'histoire de la musique populaire américaine d'après-guerre se jouait ici, face à l'avènement du rock psychédélique et de la flower generation, et Otis en était le pivot, le leader, l'âme de Memphis contre celle de Détroit, le fils de l'Apollo et du Whisky A Go Go. C'est dire si un destin exceptionnel l'attendait : il avait non seulement tout le marché « noir » au bout des doigts, adoubé par Aretha (qui reprit son *Respect* et allait enregistrer un duo avec lui au moment de sa mort) et admiré par Ella, mais aussi tout ce public hippie, beatnik en mal d'identité et d'égalité, en quête de « paix et d'amour » qui portait le deuil d'un Kennedy, soutenait Martin Luther King, et n'était pas au bout de ses épreuves.

Et il voyait pousser autour de lui toute une génération de jeunes « frères » aux cheveux hirsutes, à la mode africaine, qui grimpaient déjà au rideau rouge et en redemandaient : Arthur Conley, Sly Stone, Joe Tex, Al Green, Lionel Richie, Richie Havens, Billy Preston, Lou Rawls, son copain Isaac Hayes, et bien sûr Jimi, le mangeur de guitares. Tous, ils y allaient de leur cri primal, leur boule de rage, leur poignée d'amour, et en face, il n'y avait guère que l'autre Jim, Morrison, également distribué par Atlantic Records, pour leur tenir la dragée haute avec son blues blanc, et puis, bien sûr, le déjà classique Van Morrison qui n'en finirait jamais d'appeler et épeler sa *Gloria* à la veillée. G.L.O.R.I.A. Autant dire que la voie était libre, puisque Burdon battait en retraite et que Cocker n'était pas encore là. Le seul à reprendre ses titres était encore... le Gallois Tom Jones, un paradoxe, et il lui préparait le terrain ! C'est dire s'il était né au bon moment et au bon endroit, sous la bonne étoile. S'il avait de la chance de connaître le gars dans sa glace.

Cinq ans. Il s'était imposé en cinq ans, entre sa première version de *These Arms Of Mine*, enregistrée en fin de session de son chef d'orchestre d'alors, le bluesman Johnny Jenkins, en 1962, alors qu'il leur restait à peine vingt minutes sur trois heures de séance, et ce *Quai de la baie* posthume. Et entre-temps, il n'avait pas arrêté de monter, progresser, avec son orchestre, Booker T. and the M.G.'s, mené par le clavier Booker T. Jones et le guitariste Steve Crooper : premiers groupes express (Upsetters, Pinetoppers, Shooters), un album par an, un concert par soir ou presque, du Whisky A Go Go aux routes d'Europe, Finsbury, Orchid Ballroom, Astoria, Olympia de Paris en 1966, le festival de Monterey en juin 67, et puis tous ces albums, *The Soul Album*, *Otis Blue : Otis Redding Sings Soul*, *The Dictionary Of Soul*, enregistrés souvent en... 48 heures, à cinq titres par jour sur un deux-pistes ! Les chansons venaient d'un coup, lui tombaient du ciel, en voiture ou en coulisses, pêchées en une demi-heure et aussitôt mises en boîte, et il se revoyait écrire lors d'une nuit chaude dans un hôtel à Buffalo *I've Been Loving You Too Long* avec Jerry Butler, cependant que, pas loin de là, Sam Moore décrochait le plus grand titre de sa vie en hurlant depuis les toilettes à l'intention de ses collègues musiciens : *Hold on, I'm coming (Attendez-moi, j'arrive !)* ! *Sic.*

C'était un temps béni, sans états d'âme ni questions, où l'on chantait littéralement ce que Dieu vous dictait, si possible avec des mots qui le louaient, puisque tout le monde avait plus ou moins commencé dans le gospel, et où l'on faisait la fête après le spectacle, c'est-à-dire après la fête ! Et Otis, fils de pasteur comme tous ses concurrents, cueillait, amassait et remerciait, car il était très bien élevé. A Bob Dylan, son autre idole du moment avec les incontournables Beatles, qui lui avait interprété peu de temps avant l'accident sa nouvelle création *Just Like A Woman*, il avait même promis de l'enregistrer à son tour, le plus tôt possible, et avait demandé des titres... sans trop de paroles, histoire de laisser de la place aux gestes ! Ses chansons étaient physiques, animales, vécues : des cris du cœur qui allaient au cœur, il ne fallait pas chercher le secret plus loin. Restait à franchir l'ultime étape, qui l'introniserait, le ferait entrer définitivement dans la cour des grands, entre R comme Robinson et T comme Tex : cette étape porterait le nom d'un grand champ de luzerne, noir de monde, au sud de San Francisco, et inaugurerait le temps des immenses festivals pop, avant Woodstock et White.

De toute évidence, Monterey avait été le seuil, le virage, la consécration de sa courte carrière : programmé entre les Byrds, les Mamas et Papas, Janis Joplin et les Who, avant le Grateful Dead et Electric Flag, il était entré en scène comme un dieu, en pull roulé noir et costume de mohair vert qui en outre brillait, leur avait balancé d'entrée de jeu son fameux *Shake* emprunté à Sam, comme on lance un uppercut, avait enchaîné avec *Respect*, puis les avait emballés avec *I've Been Loving You Too Long*, et achevés avec l'incontournable *Satisfaction*. 20 minutes de concert non-stop, sans un souffle d'air ni une seconde de pause, un marathon de notes et de mots dégoulinants de feeling et de swing qui avaient tétanisé le public et changé la face de son histoire, puisqu'il y était arrivé vedette et en était ressorti star, et qui lui avaient... cassé la voix, qu'il ne ménageait pas depuis ses dix ans de tournées. Le verdict était sans appel : des polypes menaçants, qu'il fallait opérer d'urgence, et qui le contraignirent à six semaines de convalescence, de silence et de retraite forcés, dans son fameux « Big O Ranch », qu'il appelait sa « ferme », près de Macon.

Là, au milieu de ses 160 hectares verdoyants, peuplés de vaches, de moutons et d'alezans, où il aimait chasser le gibier à cheval, courir avec ses chiens et s'asseoir au pied de sa piscine ronde, à l'ombre d'un saule qui semblait protéger toute la vallée, il avait récupéré lentement, en piétinant ses airs pour ne pas changer, mais seulement à la guitare, quasiment en piaffant, s'était refait une voix comme on prend son deuxième souffle, ou attaque un deuxième tour de piste. Il avait pris la mesure des choses, savait qu'il jouait sa carrière, donc sa vie. Toutes les conditions étaient désormais réunies pour qu'il explose, emporte le morceau et le garde longtemps : il était « le successeur », l'héritier naturel de James – en moins communautaire – et de Sam – en moins consensuel –, il était Otis Redding, et cela sonnait de mieux en mieux, sur les affiches et dans sa bouche, dans les yeux des fans et à l'entrée des théâtres : *here's, ladies and gentlemen, Mr O-tis Red-ding !* C'était lui, son tour, et il ne le laisserait pas passer. Dix ans d'expérience en 27 ans d'existence : une bonne balance, et le meilleur retour qu'un musicien puisse attendre de la vie.

Et il avait fêté en août sa guérison, avec une voix toute neuve et un moral d'acier, en donnant chez lui une fête où tout le métier, c'est-à-dire toute la Stax (fusion de **St**ewart et **Ax**ton, les fondateurs de son label), avait été convié autour d'un barbecue géant, au soleil brûlant de Géorgie. D'Aretha à Isaac Hayes, d'Albert King aux Staple Singers et aux incontournables Bar-Kays, musiciens maison, tout le monde était là, autour de ses collègues et associés, chanteurs, producteurs, managers : Jerry Wexler, Phil Walden, son manager, Jim Stewart, Nesuhi Ertegun, Steve Crooper, Booker T., Smokey Robinson, Arthur Conley, Sam and Dave, Jerry Butler, Jackie Wilson, Carla et Rufus Thomas, et des tas d'inconnus qui ne juraient que par lui et lui élevaient des statues avec les yeux. Otisland, en quelque sorte, comme il y avait l'autre, l'état de *Grace*, mais sans la morgue et les enluminures du King, sans rouler des caisses ou des mécaniques : il laissait ça au *Godfather*. Juste un gars du pays qui avait réussi et recevait ses copains, qu'ils aient eux-mêmes réussi ou non, avec sa femme Zelma et ses trois enfants, qui voulait rendre la monnaie de son bonheur. Un type capable de vous laisser parler, même quand il a quelque chose à vous dire, et de vous refaire un vieux standard qui l'ennuie si vous le lui demandez à plus d'heure.

C'était un beau jour d'un bel été, un parfait dimanche américain sudiste, le ciel était de la fête, avec un bleu cru de carte postale, on apercevait des gosses et des chiens à perte de vue, des petits orchestres improvisés se formaient aux quatre coins des champs et commençaient d'enchanter le soir, la musique se mariait aux rires, tout le monde plaisantait, chauffait, racontait sa vie, qui devenait passionnante après un dernier verre. Et le clan des Bar-Kays faisait le plein de plans sur la comète, autour de Booker T. et Steve, qui voyaient toutes leurs mélodies grimper comme des flèches au hit-parade et rejaillir triomphalement des radios : à peine touchaient-ils leurs cordes ou leur clavier qu'il en surgissait un succès, à croire que leurs instruments étaient en or et que Dieu avait fait des petits à l'intérieur ! Et fort de ces bonnes ondes et de sa nouvelle voix, Otis n'avait plus qu'une idée en tête : rechanter, encore et toujours, n'importe quoi mais vite, à commencer par tous ces titres qu'il avait mis en boîte depuis trois ans, commencés et parfois terminés, mais pas bien enregistrés en raison justement de sa voix cassée, usée. Dès que possible, il allait les reprendre, les graver tous d'affilée, et les entendre comme pour la première fois, des chansons toutes neuves qui n'attendaient plus que lui et allaient faire parler d'elles, mettre le feu aux radios et aux charts, envahir le pays et pourquoi pas le monde.

Sa découverte de l'Angleterre, lors de deux tournées en 1966 et 67, avait été une véritable révélation comme pour beaucoup de ses confrères, et après son passage à l'émission Ready Steady Go, il y avait été élu « musicien de l'année » par les lecteurs du Melody Maker et avait même battu Elvis Presley au hit-parade ! Devant Elvis, lui ! Ça l'avait galvanisé, et en mars et mai dernier, il y avait fait un tel malheur qu'il en avait fait sa seconde terre d'élection, et s'y réjouissait de tout, les gens, les coutumes, les artistes, le métier, sauf de la cuisine. Là-bas, il se sentait compris, aimé, reconnu, et il n'avait plus qu'une idée : y retourner le plus tôt possible, pour retrouver ce public qui les traitait comme des dieux, les couvrait d'autographes et leur soufflait leurs chansons avant même qu'ils n'aient ouvert la bouche. Un pays de rêve : les gens chantaient à ta place, et en les laissant un peu faire, ils t'auraient même envoyé tes futurs tubes !

Alors, comme mû par un instinct, il s'était mis dès la mi-novembre à réenregistrer ses titres inachevés, plus de trente au total, soit l'équivalent de trois albums qui, par une singulière ironie du sort, paraîtraient tous après son départ, au rythme d'un par an, comme s'il avait continué de vivre, c'est-à-dire de travailler. Presque une prescience. Trois disques en trois semaines, sans sortir ni voir le jour – à part ses virées au « soulfood » voisin, le « Fourways » – qu'il enregistra vingt-quatre heures sur vingt-quatre, avec des musiciens qui tenaient aux amphétamines et ne distinguaient plus le jour de la nuit quand d'aventure ils rentraient chez eux : un tour de force et un coup de folie, qui ne pouvait se comprendre qu'après coup. Il y avait là des brouillons, des démos, des départs et des chutes de morceaux, des instrumentaux sans paroles et des paroles sans mélodie, tout ce qu'un musicien peut trouver dans ses tiroirs lorsqu'il n'est jamais chez lui et s'avise de les ouvrir après des années de route, une vraie caverne d'Ali Baba. Et il était d'autant plus pressé d'en finir qu'il s'était fixé une *dead line*, devait impérativement terminer ses prises avant le 8 décembre au matin, date de son départ.

Il allait en effet enchaîner avec une tournée marathon de trois jours, le week-end du 8 au 10 décembre 1967 : direction Nashville, Cleveland et Madison, dans le Wisconsin, puis retour à Memphis et à Macon, au plancher des vaches. Le genre de virée promo qui te barbe au départ, te ravit ensuite, et te comble lorsque tu rentres chez toi avec quelques centaines de souvenirs et des kilomètres de frissons en plus, tout étonné d'avoir pu raconter et chanter autant de choses, serrer tant de mains et croiser autant de visages en aussi peu de temps. D'avoir vécu ta vie à 100 %, la vraie, quand tu es dans la peau de l'« autre » et que plus rien ne t'est interdit, que tu te défonces et te dépasses, te démultiplies. Avec lui, tout se décomptait ainsi, et il aurait pu sans problème figurer dans le *Livre Guinness des Records*, à la catégorie « chanson sportive », bien qu'il fût quasiment le seul de son style à ne pas avoir été d'abord boxeur : plus prosaïquement, il avait été comme tout le monde pompiste, foreur, livreur... Et aujourd'hui VRP de ses œuvres avec un parcours fléché qui le brinquebalait de plateau TV en podium radio, son meilleur sourire en bandoulière. Une galère nécessaire, et l'autre côté de son job.

Heureusement, les émissions et les shows se déroulaient en direct et en public, tout ce qu'il aimait. Il n'était jamais aussi convaincant qu'en *live*, parce que cela lui procurait le bon frisson et le rendait encore meilleur, à la fois chaleureux et prédateur, les caméras et les projecteurs lui ayant toujours donné une faim de loup. C'était comme ça. Et en plus, il appréciait Don Webster, l'un des présentateurs prévus, et voyageait avec ses proches collaborateurs, dans son avion privé, un bimoteur Beechcraft 18, qu'il n'avait hélas pas le droit de piloter, ne disposant pas encore de son brevet. Il se promettait d'ailleurs de le passer bientôt, malgré les mises en garde répétées d'Isaac Hayes et de James Brown, qui, en parrain avisé, en était déjà au jet privé et savait ce qu'il en était de vouloir tout faire à bord : pas bon pour la carrière.

Redding avait donc engagé un pilote, nommé Richard Frazer, et emmené avec lui son jeune « valet » de 17 ans, Matthew Kelly, et quatre membres des fameux Bar-Kays, guitare, clavier, sax, batteur, dont un tout nouveau venu, le trompettiste Ben Cauley, qui inaugurait ainsi leur collaboration et n'était pas près de l'oublier. D'autres, comme Hayes, avaient bien failli être des leurs, mais avaient étés retenus par un concert de Sam and Dave, artistes maison (Stax) qui se produisaient le lendemain à Memphis et qu'il fallait soutenir. La formation réduite – Redding tournait en général avec 8 à 10 musiciens – avait donc décollé dans la meilleure ambiance, sachant qu'il y aurait plus d'heures de blues que de sommeil au programme, et que les groupies du nord Tennessee ne devaient pas avoir grand-chose à envier à celles du sud. Otis, lui, était encore dans ses bandes, ses kilomètres et kilogrammes de démos, qui l'avaient renvoyé tout droit dans son récent passé et lui donnaient des tonnes d'idées d'arrangements, de gimmicks, de mélodies et même d'albums entiers à venir : il entrevoyait d'un coup ses dix prochaines années, une suite de disques à faire, avec une foule de concepts et d'expériences à tenter. Il s'y voyait, s'y projetait, s'y éclatait déjà, avec des orgues Hammond plein la tête et des riffs de Fender Stratocaster, version Cropper, les meilleurs du comté. A tous, les Beatles avaient montré la voie, avec leurs albums phares, et maintenant Hendrix et Morrison, qui prouvaient que tout était possible, des titres de huit minutes et des remixes aventureux. Il n'avait pas le droit de rester sur place : toujours avancer, piétiner, chercher. Progresser.

C'était donc presque sans y penser qu'il avait entrepris ce circuit express, obligé, et regardait disparaître par le hublot le sol si cher de ce bon vieux Memphis, dont la fameuse Pyramide sombre rapetissait derrière eux à vue d'œil, entre le Théâtre Capitol et l'hôtel Peabody, voisin de la Stax. Bientôt, il le savait, son passé et toutes ses salles d'attente de la gloire ne seraient plus qu'un souvenir, tant un grand avenir l'attendait : il en avait pris conscience à Londres, à Finsbury Park, face à des milliers de fans scandant son nom comme un sésame, avec un accent à couper au couteau : O-tis, O-tis ! Bis ! La France aussi avait remis ça en tapant des pieds, à en faire vibrer les balcons, lorsqu'il était venu faire un rappel à l'Olympia, en chœur avec toute la troupe : Carla Thomas, Arthur Conley, Eddie Floyd, Sam and Dave, que demander de plus au ciel ?! Les gens vous remerciaient d'être heureux ! Cela faisait un effet incroyable, une sensation inconnue et douce comme une pluie de fleurs, le genre de pied qu'on doit prendre en débarquant au paradis et en s'apercevant qu'ici aussi, il y a un piano et de bonnes bouteilles, et que la patronne aime le boogie. Après, il y aurait le Japon, l'Afrique, l'Amérique du Sud, le monde. Tin Pan Alley et

Hollywood, les Emmys et les Grammys, the good life. Mieux qu'un arc-en-ciel : toute une vie à gagner, et tant de chansons à y graver, des petits rêves de trois minutes qui pouvaient en plus vous décrocher la lune : *hey man ! It's good to be the singer...*

Il avait donc commencé par Nashville, première halte du trajet et une visite en voisin, et rempli son contrat – chansons-interviews-photos-autographes-sourire, cut. Puis il avait rejoint Cleveland où il participait à l'émission « Upbeat », présentée par le fameux Don Webster, enfin enchaîné dans la même journée avec un autre concert, à peu près identique au premier et aussi vite mis en boîte : entrée-show-rappel-photos-autographes-sourire. Ce qu'on appelait un week-end bien rempli, du travail de pro. Restait le dimanche 10 et la troisième étape, au Wisconsin. Au matin, il avait téléphoné très tôt à sa famille, pour les prévenir qu'il rappellerait après son arrivée à Madison, où il donnait son dernier show, plus tard dans la journée. Une prestation un peu plus fournie que les précédentes, avant le retour au bercail et une fin d'année studieuse. Son premier vrai Noël de star, puisque le précédent avait été consacré à enregistrer ses duos avec Carla Thomas, qui ne l'emballaient guère : il n'aimait pas « faire son Marvin », mettre trop de sucre dans le plat et jouer les neveux de l'Oncle Tom en se dandinant, devine qui vient chanter ce soir. Enfin, il prit la route, ou plutôt le ciel de Madison : plus de mille personnes l'attendaient là-bas à l'Orpheon Theater, en se répétant déjà le mot magique : « Sssshake ! » Des tas de mômes venus voir, rencontrer « Mister Pitiful » et autre « Tramp ». Chanter sans faire de balances ni de vraie répétition le dérangeait toujours un peu, mais là, il jouait à la chaîne, et devait faire avec. Juste le temps de prendre la température du lieu et de faire quelques essais de voix, *« One, two, three, I can't get no, I can't get securityyyy »*, et c'était en boîte, il fallait y aller.

En fait, avec sa petite famille, il se sentait de plus en plus dans la peau d'un vrai chef d'entreprise, ou en tout cas d'équipe, d'autant plus que son frère cogérait son management avec Phil Walden, et il ne détestait pas cette sensation enivrante qu'il avait découverte deux ans plus tôt, en créant en 1965 Jotis Records, son label, et Redwal, sa maison d'édition, qui n'allaient pas chômer. Ils avaient « signé » sans arrêt, des artistes qui en voulaient et faisaient dorénavant ses levers de rideau, en attendant de le dépasser. Le comble de l'ironie était que le premier succès de son poulain Arthur Conley, *Sweet Soul Music*, écrit et composé par lui, avait atteint la 2e place au hit-parade pop aux Etats-Unis – son propre rêve inaccessible – et fait presque autant en Angleterre, battant à plate couture les ventes de tous ses titres depuis le début, comme quoi nul n'était jamais prophète ni star en son pays...

Oui, décidément l'avenir lui appartenait en redécollant de Cleveland ce 10 décembre 1967 à 14 h 30, et il se réjouissait déjà de boucler cette tournée des popotes, de rentrer ce soir à Memphis et d'achever le mixage de ce dernier titre concocté trois jours avant avec Steve Cropper, qui parlait de baie, de dock et d'indépendance, d'un homme seul assis face à son destin qui regardait passer la vie, prenait son temps et tirait la leçon des choses, et qui sonnait tellement différemment de ses enregistrements précédents, fussent-ils à succès : *« Sitting' in the mornin' sun/I'll be sittin' when the evenin' come/ Watchin' the ships roll in/And then I watch 'em roll away again.../I'm sittin' on the dock of the bay/Watchin' the tide roll away/I'm just sittin' on the dock of the bay/Wastin' time... »*. Il ne faisait pas d'effort, pas d'effets, ne s'y écorchait pas la voix comme d'habitude, et la cassait encore moins, car la mélodie en était bien plus linéaire, soft et cool à la fois, et lui permettait d'exprimer cette sérénité qui en était le sujet même et reflétait sa philosophie actuelle : calme, exaucé, en communion et en paix avec lui-même. Bien dans sa peau et prêt à l'impossible, dans ce métier de fous. Il avait ce qu'il voulait et avait travaillé dur pour ça, déjà toute une vie en un quart de siècle. Pas compté les nuits blanches et les bides, les pains et les fours, tout ce qu'on appelait la vie d'artiste et qu'on regrettait après coup, jamais pendant. Les chèques en bois et les contrats léonins, les doubles billetteries et les cachets en cash, les amplis sans retour et les sonos pourries. Tout : il avait déjà tout vécu, et se disait pour rire qu'un jour ou l'autre, il raconterait ça dans un livre, écrit bien sûr par un nègre, à l'intention des jeunes générations. Après 25 ans, dans la pop, tu étais déjà un ancien, un raté ou une gloire, tu étais mort ou éternel. Il avait tiré le bon numéro, décroché le jackpot, et touchait parfois machinalement l'acier laqué de ses consoles pour bien se prouver que tout ça était vrai et qu'il n'allait pas se réveiller en sursaut, les mains nues et la salle vide, de l'autre côté du miroir avec plus personne dedans. Mais non, c'était bien là, réel, il était lui-même et partout où il passait, il attirait les regards comme quand, jadis, Little Richard pénétrait dans le studio comme on rentre chez soi, que les conversations s'arrêtaient et que les regards le suivaient à chaque pas : *Respect*. Maintenant c'était à lui, il *était* Richard et mettait un point d'honneur à ne pas en faire trop, en souvenir du gamin de Macon qui avait tourné naguère autour de la Limousine noire de la star, issue de la même ville, des mêmes églises et mêmes chœurs baptistes : le monde était petit. Hendrix avait fait la même chose, et plein d'autres petits Redding et Hendrix suivraient, parce que c'était dans l'ordre des choses, écrit dans le Livre. Déjà, ses enfants grandissaient et dévoraient ses instruments des yeux, comme des glaces au chocolat : il n'avait que 26 ans et tellement de souvenirs, de jours qui comptent à son actif. Tant d'étoiles dans le cœur.

Dans le ciel pâle de Cleveland, le Beechcraft ronronnait, et Otis, assis comme toujours à la droite du pilote tant l'aviation le passionnait, savourait le bruit, l'odeur de son appareil avec plaisir, comme d'autres goûtent les vapeurs des courses ou l'ivresse d'un tapis vert. Il se délectait, se décontractait, se déconnectait, repensait avec amusement aux derniers mots de son producteur Jim Stewart : « Acheter un modèle pareil sans pouvoir le piloter, c'est comme épouser une jolie femme sans avoir le droit d'y toucher : tu es fou ! » Il sourit. James Brown ne l'avait pas raté non plus : « Pourquoi se fatiguer à vouloir piloter son coucou quand tant d'autres gars sont payés pour le faire mieux que toi ? Laisse faire les professionnels et bientôt, c'est un jet que tu mettras entre leurs mains ! Contente-toi de piloter ton orchestre et fais gaffe aux trous d'air ! » Le vieux avait toujours son mot à dire sur tout, même sur votre nombre de sucres au petit déjeuner : c'était sa manière de se prendre pour Dieu. Et Isaac Hayes en avait remis une couche : « Fais pas ça ! Pense à Buddy et à Ritchie Valens ! Ils sont arrivés devant l'éternel en avion ! »

Qu'est-ce qu'ils avaient tous après son zinc ? Il n'y en avait pas de plus sûr sur terre, et de toute façon, il était immortel en ce moment : on ne lâchait pas prise quand on avait un tel jeu, un flush pareil, mieux qu'un carré d'as à Vegas. Il n'avait pas mis tant de temps à monter si haut, escalader la montagne pour en redescendre comme ça ! Au fond de la cabine, les autres plaisantaient, échangeaient des souvenirs tout chauds, parlaient boutique, et il repensa à ses bandes retrouvées : il y avait là assez de tubes pour tenir jusqu'à la prochaine guerre, du béton ! Personne ne s'en doutait, mais il était à cet instant l'homme le plus riche des Etats-Unis, potentiellement en tout cas. Mr Otis Rothschild !

Dehors le décor ne bougeait pas, ne changeait plus, comme si l'avion avait fait du surplace devant une toile peinte, un mur de baraque foraine, mais le compteur disait le contraire. Dans le vacarme des moteurs, le ronflement régulier des réacteurs, il devinait derrière lui des rires, des blagues, des projets, le même bonheur d'être vivant, de faire partie du club et de ne vouloir céder sa place pour rien au monde. Il les sentait avec lui, soudés, prêts à mordre l'avenir. Le ciel avait pâli, blanchi d'un coup, la température avait chuté et on était entré soudain en hiver, avec de la neige, de la bise et des frimas. *Remember Buddy*. Ils allaient traverser une turbulence, et il vérifia sa ceinture, jeta un coup d'œil au tableau de bord, puis au pilote qui ne quittait pas l'horizon du regard, tenait bon le manche à balai. Il était vraiment fier de son appareil. Avec les giboulées, leur champ de vision diminuait à vue d'œil, mais tout semblait OK, et il retourna mentalement dans son coffre aux démos, fouillant avec délectation entre les différentes versions – alternate takes, comme on disait – d'une même chanson qu'il avait réenregistrée dix-sept fois en trois ans. 17 ! Il y a comme ça des chimères, des choses qui vous échappent, vous glissent entre les doigts pendant toute une vie, à chacun ses Rosebud et ses Xanadu. Pourtant, il n'était pas loin du but, il le savait, et se promettait de s'y remettre dès son arrivée, parce que c'était là, juste caché dessous. La bonne version était derrière, tapie, et l'attendait depuis des nuits. Le froid commençait à pénétrer sérieusement dans l'appareil, à traverser la carlingue comme du papier à musique, et il s'emmitoufla un peu plus dans son manteau, et se félicita que le concert ne se déroule pas en plein air. Il aurait dû bouger deux fois plus !

Le cockpit effectua un petit soubresaut, quasiment imperceptible, qui leur donna un haut-le-cœur. On approchait de Madison, et le Beechcraft survolait à moyenne altitude une vaste étendue d'eau, recouverte d'une couche de glace, lorsque soudain, quelque chose arriva. Le réacteur gauche se mit à toussoter, bégayer, et à tourner court, en moins de temps qu'il ne fallait pour le dire, et l'avion bascula sur le côté, déséquilibré et emporté par son élan. Tout le monde se tut, se réveilla en sursaut, dans la carlingue qui tanguait, comme prise de roulis, et on sentit monter la peur, une terreur subite et sourde, inversement proportionnelle à la course folle de l'aiguille sur l'altimètre. Cauley ouvrit les yeux et ne comprit pas tout de suite. Devant lui, le saxophoniste, assis au milieu, s'écria en hurlant : « Qu'est-ce qui se passe ? », et, presque aussitôt, poussa un gigantesque « Oh, non ! » venu des tripes, cependant que le bimoteur piquait droit en direction des flots. NON. Moins d'une seconde après, il se crashait à la surface du lac.

Otis n'avait même pas pu dire un mot, tellement l'énormité, l'invraisemblance de la situation le saisissait, le laissait sans voix. Il n'était tout simplement pas possible que cela leur arrivât maintenant, à eux, et en l'espace d'un centième de seconde, il se dit qu'ils allaient évidemment en sortir, puisqu'on les attendait là-bas pour le show et qu'il n'avait pas le temps de mourir aujourd'hui : autre chose à faire dans le planning. Que demain, à la radio, on annoncerait qu'ils avaient « échappé de justesse à la mort », rescapés d'un accident inopiné, et qu'on enchaînerait avec leur nouveau single plus chaud, vivant que jamais. La routine du *road singer*.

L'instant d'après, ils avaient heurté la surface du lac avec une rare violence et été tous projetés à des dizaines de mètres, attachés même à leur siège et criblés de débris de verre et de multiples ecchymoses. L'eau était gelée, figée au beau milieu comme un miroir brisé, à ne pas mettre une loutre dehors, et tout le monde se noya presque aussitôt, commotionné par le choc, sauf le dernier arrivé, le trompettiste Ben Cauley, le seul à ne pas savoir nager et à s'accrocher désespérément à un coussin qui flottait dans l'eau glacée et le maintint tant bien que mal à la surface. Déjà, là-bas, on signalait la perte de contact radio, et on s'employait à les localiser, laborieusement.

Il était 15 h 28 ce dimanche-là, ils étaient à six kilomètres à peine de l'aéroport de Madison, et Otis disparaissait chargé de centaines de rêves, de projets et de bonnes ondes, à se demander s'il y avait vraiment quelqu'un pour surveiller le chantier, là-haut dans le ciel, un patron dans toute cette histoire. C'était, à vingt-quatre heures près, le troisième anniversaire de la disparition de Sam Cooke, son grand frère et son maître, l'homme sans lequel rien ne serait arrivé et qui périt pour sa part à 34 ans, et il avait prévu comme chaque fois de chanter deux ou trois chansons de lui, de lui faire un signe de Madison en ce jour mémorable. D'ajouter à son tour de chant *A Change*

Is Gonna Come pour lui dire bonjour, passer un dimanche chez les anges. Il n'aurait jamais cru le rejoindre pour autant.

Et là, en ce petit matin d'hiver, il balançait, swinguait dans le vide, accroché par les aisselles, hissé par les garde-côtes qui venaient de le repêcher vingt-quatre heures plus tard avec ses compères, après avoir dragué le fond du lac gelé, alors que son dernier titre encore tout chaud, *(Assis sur) le dock de la baie*, se préparait à s'envoler dans les charts, et qu'il entamait lui-même à 26 ans sa course dans l'éternité. A peine commencé, le show était terminé, stoppé net, sans raison particulière. Juste un accident du ciel, de transport aérien, comme il en est de la route, dans un métier où il est un espace professionnel, et où le succès se compte aussi en kilomètres au compteur.

Il laissait derrière lui trois enfants, qui se baptiseraient un jour les « Reddings » et chaufferaient, piétineraient à leur tour les planches de la gloire, un pont de Macon qui porterait plus tard son nom, et une pléiade de hits et de disques posthumes qu'il avait ourdis pendant ces trois dernières semaines, comme un malade.

Un mois après, son dernier titre se retrouvait au sommet des charts et y demeurait quatre semaines d'affilée, devenant le seul « numéro un » de sa carrière, la « chanson de l'année » et son premier et dernier million de ventes. De l'avis général, c'était un bon géant, bosseur, gentil et créatif, qui voulait aller loin, et y mit peut-être un peu trop du sien, pressa trop fort sur le champignon. Et si son disciple et « artiste maison », Arthur Conley, tenta de prendre la relève avec *Sweet Soul Music* et surtout *Funky Street*, ce fut pour se rendre compte qu'on ne remplaçait pas un Otis Redding, fût-ce au pied levé et au pas de charge, que les étoiles filaient bien au-delà du ciel, quand elles allaient à la vitesse du son. Quarante ans plus tard, la place est encore libre et le record tient bon : Otis court toujours.

SAM COOKE

ou Don Juan et la fille du motel

Le motel s'appelait « L'Hacienda », au 9131 Figueroa Street à Watts, South Central, Los Angeles, et la fille Elisa Boyer : une Franco-Eurasienne de 22 ans qui vendait ses charmes – indéniables – pour vivre en cette Amérique où tout ce qui était bridé était par définition un peu vietnamien, soit déjà suspect aux yeux de l'autochtone, où l'on défilait derrière Martin Luther King pour l'égalité des droits raciaux et où la mort récente du président Kennedy avait plongé chacun dans un désarroi sourd.

Le décor était donc un motel, pour ainsi dire de passe, la date le 11 décembre 1964, l'action un fait divers, un accident de la vie, et les protagonistes deux exclus de la société US dont l'un, de couleur noire, avait décroché le jackpot en vendant son blues, sa soul, c'est-à-dire son âme, à sa communauté, et l'autre, une petite immigrée, tentait de monnayer ce soir-là son corps avec son frère d'exclusion, de grimper avec lui à la courte échelle sociale, puisque, quand il y en avait pour un... Deux qui avaient a priori tout pour se ressembler, se rapprocher, et allaient pourtant ce jour-là s'affronter, se déchirer, se détruire sans qu'on pût jamais réellement savoir ce qui s'était passé dans ladite Hacienda à trois heures du matin, pour que le premier – l'artiste – finisse avec trois balles dans le corps sur la moquette de la gérante du motel : une Black quinquagénaire dénommée Bertha Franklin qui ne plaisantait pas avec les choses du sexe et avait pris peur devant le chanteur débarqué dans son salon en petite tenue, dans un remake afro-californien de Feydeau, made in Hollywood.

Une comédie de Boulevard au crépuscule. Elle avait pris son pistolet et tiré dans le tas, c'est-à-dire en pleine poitrine de l'inconnu qui s'était écroulé sans comprendre, répétant quelque chose comme « Madame, qu'est-ce que vous faites, vous m'avez tué ! » et avait encore rampé vers elle pour chercher de l'aide. Et elle l'avait achevé froidement à coups de tisonnier, convaincue qu'il en voulait à son argent, à son honneur ou carrément à sa vie, et qu'un individu de ce genre n'avait pas le droit de vivre ici-bas. En fait, l'intrus était venu s'acheter un peu d'amour, du sentiment express, et comme il s'était fait voler, détrousser et même déshabiller, il courait dans le plus simple appareil derrière sa petite cambrioleuse, et avait échoué chez l'être le moins sentimental qui pouvait se trouver à cette heure-là dans le comté : une gardienne de nuit sur le qui-vive, arme à la main et tabloïd en tête. On ne pouvait pas lutter, et le pire fut sans doute l'injustice du sort, tomber de si haut pour rien, juste une histoire de jarretelle et de faux frais. Il s'était fait avoir par la première qui en voulait à sa bourse et se faisait descendre par la seconde qui croyait qu'il en avait après ses sous.

Le quiproquo absolu, puisque les disques de l'homme gisant à terre trônaient encore en bonne place sur le pick-up voisin, mais comment aurait-elle pu se douter que le rêve flirtait ainsi avec la réalité, que le sang à ses pieds était celui d'une idole ? Sans le savoir, elle avait tué un symbole, descendu une étoile en plein cœur. Abattu Sam Cooke, l'homme que Mohamed Ali lui-même appelait « le plus grand chanteur de rock'n'roll du monde » – et il s'y connaissait en grandeur –, le pote à Ray et le héros du Harlem Square Club et du Copa. Le grand Samuel Cook, de Clarksdale, Mississippi. Et ce dernier, qui était avec Harry Belafonte l'autre figure dominante de la scène afro-américaine en ce temps-là, était tombé dans un « guet-apens du destin », le truc imparable qu'aucun scénariste local n'a vu venir et n'oserait même imaginer. La mort en goguette, un samedi soir sur le Sunset. Bullshit.

Avec son superbe physique, qui n'avait rien à envier à Sidney Poitier, sa voix de velours qui valait de l'or, ses ventes de disques qui dépassaient alors celles du jeune Elvis dans la même firme, RCA, Sam Cooke était en effet un emblème au même titre qu'un Ray Charles, une rock star doublée d'un big boss. A 33 ans, il dirigeait sa propre société de production (SAR Derby : Sam and Alex Records), d'édition (Kags Music), de management, faisant face aux mafias locales d'Hollywood, et était une PME à lui tout seul. Et si, en bon fils de pasteur (comme son collègue et disciple Otis Redding), il avait débuté avec ses deux sœurs dans le gospel, en l'occurrence les « singing children » à 9 ans, une manière comme une autre de prolonger une enfance de chœur, il en devint vite la star du genre, avec ses « Soul Stirrers », avant de devenir une star tout court : 1 million 700 000 exemplaires de *You Send Me*, classé numéro un en 1957, un million de *Wonderful World* en 1959, idem en 60 avec *Chain Chang*, numéro un au Top Ten R&B en 1961 avec *Twistin' The Night Away*, sans parler des autres, *Only Sixteen*, *Cupid*, *Shake*, *A Change Is Gonna Come*, *Bring It On Home To Me*, etc. Au total, environ dix millions de disques vendus. Peu d'artistes auront d'ailleurs été autant repris que lui, y compris après sa disparition, par Al Green, Otis Redding, Rod Stewart, The Supremes, Eric Burdon, les Rolling Stones, Cat Stevens, James Taylor, etc.

Exemple parfait de réussite, d'émancipation, d'intégration, le chanteur, qui occupait un joli cottage à Los Feliz, sur Ames

Street, avait déjà connu le mauvais sort en perdant quelques mois auparavant sa troisième enfant, qui s'était noyée à dix-huit mois dans la piscine familiale, quasiment sous ses yeux. La pire épreuve qu'un père puisse connaître, et le genre d'image qui ne vous lâche plus de sitôt, à chaque fois que l'on se repasse le film, c'est-à-dire à chaque fin de soirée. Et sans doute avait-il encore plus à cœur ce samedi-là de s'étourdir, s'éclater, repousser autant que possible les portes de sa nuit, cette minute où la vie vous renvoie tout votre passé à la figure. De fuir ses fantômes jusqu'au fin fond de la cité.

Ce soir-là, il allait donc dîner dans un restaurant italien de LA – chez Martoni's – avec des amis producteurs, lorsqu'un attaché de presse avait débarqué avec une fille comme il en était tant par ici : dans toutes les histoires, il y a toujours une fille, et c'est toujours là que les histoires se compliquent, virent au scénar et riment avec polar. Celle-là était plutôt quelconque, potelée et empotée, mais mignonne, une jeune Asiatique à patronyme français qui prétendait vouloir chanter, entrer dans le métier, par quelque moyen que ce fût et le regardait comme s'il avait été Bing Crosby et Al Johnson réunis. C'est fou comme les chanteurs attirent les chanteuses, particulièrement virtuelles, dès qu'ils entrent quelque part, et ont l'art de susciter des vocations spontanées. Eût-il œuvré dans l'architecture qu'elle se serait probablement découvert un intérêt tout aussi soudain pour cette discipline, lui aurait vanté son goût des formes et des espaces, mais là, c'était le studio, les démos, les radios et les DJ.

Toujours est-il que l'intruse, chanteuse ou pas, « ferra » si bien la vedette qu'il fit faux bond à son dîner, trop occupé à flirter au bar avec elle. Cooke aimait les femmes, et elles le lui rendaient bien, mais celle-là avait surtout l'air d'en vouloir, sans qu'on sache exactement ce qu'elle recherchait. Peut-être n'en savait-elle rien elle-même, au fond ? Une aventurière de la dernière heure ? Une groupie mal dégrossie, ou junkie en manque de dose ? Quoi qu'il en soit, son truc avait marché, la star semblait avoir des milliers de choses à lui dire, comme quand on retrouve une vieille copine ou qu'on rattrape le temps perdu, et nul n'osait plus les déranger devant leurs Martinis dry : Sam avait une nouvelle « girlfriend », sa fille du samedi. Alors ses amis s'éclipsèrent en lui donnant rendez-vous dans une boîte de Sunset Boulevard, le PJ's, où il promit de les rejoindre vers une heure du matin.

A ce stade de la soirée, il avait l'air affairé, entièrement à son histoire de cœur : on ne l'avait pas vu comme ça depuis longtemps. Il y arriva peu après leur départ, dans sa Ferrari rouge, et eut une petite altercation avec un client : la fille était toujours là, aussi inséparable de lui que le sont ces fans ou parasites qu'on croise en coulisses, qui se relaient de concert en dédicace sans qu'on les distingue même les uns des autres : même sourire appuyé, même regard troublé, mêmes gestes empruntés. Il appelait ça ses « boules de flipper », et il était joueur. Manifestement, l'artiste avait flashé sur elle et tentait de la rassurer, de la convaincre de finir la nuit avec lui, et elle semblait réticente. Un classique du genre, le plus vieux plan du monde. Il insista, promit de la ramener chez elle, et à deux heures et demie du matin, l'entraîna comme il se doit au motel voisin, « L'Hacienda », qui acceptait les gens de couleur (l'inscription d'entrée annonçait : « Everyone welcome », ce qui était un code), et il prit une chambre sous le nom de « Mr et Mrs Cooke ». Puis il la tira vers la pièce, toujours en train d'argumenter, de négocier. Il voulait et elle ne voulait pas, comme dans une chanson de Tin Pan Alley. Il disait « oui » et elle disait « non », promettait de « ne faire que parler » et elle tentait de s'échapper. Il avait vécu cette scène-là mille fois, et en connaissait le dénouement par cœur. Elle chercha – en vain – une issue dans la salle de bain, prête à sauter dans le vide, cependant qu'il se déshabillait à côté et se préparait à donner l'estocade. Et elle profita du fait qu'il y était allé à son tour pour s'échapper en subtilisant ses vêtements, afin de le neutraliser. Du moins serait-ce là la version officielle de la survivante, dont on ne savait plus avec le temps si elle était victime ou autre chose, quel rôle exact elle avait joué dans la mort du plus grand chanteur de soul des années 60, celui pour lequel n'importe quelle fan normalement constituée aurait probablement payé pour l'accompagner une minute dans sa chambre. N'importe quelle fille, sauf Elisa Boyer. L'énigme commençait peut-être là.

Une chose était sûre, quelle que fût la première partie de l'histoire : lorsque Cooke découvrit qu'elle s'était éclipsée, qui plus est avec ses propres vêtements, il n'eut qu'une idée, la rattraper, fût-ce avec une seule chaussure et un pardessus pour habit – tout ce qui lui restait –, c'est-à-dire à demi nu et en pleine nuit, et il se mit à la poursuivre en direction de la loge de la gérante, où il avait cru la voir entrer. Où donc aurait-elle pu se cacher à cette heure-là, dans un endroit aussi désert ? Cette dernière, une matrone black à qui il ne fallait pas en conter, était au téléphone à papoter, comme chaque nuit pour tuer le temps, avec la propriétaire du motel : l'heure des comptes, dans un boulot pas drôle, surtout en hiver ! C'est alors que Cooke, manifestement hors de lui, se mit à tambouriner à sa porte, en exigeant qu'on lui ouvre et invectivant la fille qui semblait s'y être réfugiée, en tout cas qui avait disparu de la circulation avec ses affaires.

Dans le patio bordé de bungalows, on n'entendait et ne voyait que lui, même si l'on eût été en mal de reconnaître l'homme des juke-box et des petits écrans dans cet énergumène vociférant. Une scène ahurissante et surtout incompréhensible pour qui n'en avait pas suivi la trame, et c'était le cas de Bertha Franklin. Cette dernière, qui n'était pourtant pas une mauviette et en avait vu d'autres, n'avait pas fait le rapprochement entre le Sam Cooke du fichier, débauchant une petite comme des dizaines de bourgeois en goguette, et le play-boy souriant de ses quarante-cinq tours qui devait les avoir toutes à sa botte, et surtout être charmant, bien élevé et bien habillé, en tout cas... habillé ! Rien à voir. Imaginait-on le vrai Sam Cooke débarquant dans un motel miteux de banlieue à trois dollars la nuit, pour ne pas dire la passe, se crêpant le chignon avec une fille légère et plutôt ingrate, et courant à poil dans la cour ? C'était pourtant le cas, et la dénommée Elisa Boyer avait autant flashé sur la liasse de milliers de dollars, malencontreusement exhibée par la star à la pizzeria, que sur son heureux propriétaire. Car le scénario était aussi calamiteux, quotidien que son décor et ses protagonistes. Une affaire de liasse et de fesses, pas de quoi pavoiser ni s'alarmer, sauf que quelque part, la mécanique foira, et qu'on ne saura jamais exactement pourquoi, puisqu'il ne subsiste que les deux témoignages féminins, par définition sujets à caution : elles risquaient des poursuites pour homicide, non-assistance à personne en danger...

A peine Cooke réussit-il à s'introduire dans l'appartement de la logeuse, à la recherche de sa monte-en-l'air, que celle-ci, affolée, s'empara d'un petit pistolet posé sur le poste de télévision – on ne savait jamais, avec tous ces rôdeurs – et lui tira dessus quasiment à bout portant. Dans l'excitation, elle le rata pourtant deux fois, mais la troisième balle – tirée à moins d'un mètre – fit mouche, en pleine poitrine, perforant ses poumons et son cœur. Il chancela sur place, stupéfait, en répétant mécaniquement « Madame, vous m'avez tiré dessus ! », comme s'il n'en revenait pas qu'elle eût osé, qu'elle l'eût fait, et qu'il fût la cible, comme si la situation était trop bête pour être vraie, puis s'écroula, et continua néanmoins de ramper en sa direction, comme pour lui faire comprendre. Que tout cela ne tenait pas debout, qu'il n'était pas un voleur ni un violeur, qu'il venait de se faire lui-même avoir et tout ça. Qu'il avait besoin d'aide et pas d'autre chose. Qu'il fallait appeler tout de suite les flics.

Mais déjà, ses forces faiblissaient, et il nageait comme en plein cauchemar dans une mare de sang, de *son* sang, avec une méchante douleur à la poitrine, lui qui contait fleurette à peine une heure auparavant à son envoyée du destin. Il agonisait et continuait de pester machinalement contre la situation, dans un état second. Il mourait, bon Dieu ! Au moins voulait-il expliquer à cette femme-là, noire comme lui, ce qui se passait, et il s'efforça de l'attraper, saisir sa jupe ou son soulier. La toucher pour qu'elle sache qu'il n'était pas un ennemi, juste un frère qui venait aussi du fond de la mine, du mauvais côté de la vie. Il ne fallait pas se tromper. Alors, saisie d'horreur et de panique, elle s'empara d'un tisonnier qui traînait par là et le lui abattit sur la tête, l'acheva en lui fracassant le crâne de plusieurs coups secs, comme on élimine un insecte. Elle l'anéantit, jusqu'à ce qu'il ne bouge plus, ne remue plus un seul doigt, qu'il soit hors d'état de nuire. Sur la platine, le dernier quarante-cinq tours de Sam traînait son blues : la vie était absurde, en ce temps-là. De notoriété publique, Bertha n'était pas une tendre, et elle ne s'en était jamais laissé conter par les mecs, fussent-ils des frangins. Mais un type qui l'attaque à poil en pleine nuit, ça, elle ne l'avait jamais vu ! Il n'était pas près d'oublier la leçon... Et l'Amérique entière découvrit l'existence, la bouille et le tempérament de feu de la tenancière de l'Hacienda, sur Figueroa Street. Il lui avait passé le flambeau, transmis une parcelle de gloire.

Quand la police arriva, le chanteur était déjà mort, en travers du salon, sans qu'on ne pût jamais comprendre comment il en était arrivé là, à l'issue d'une telle carrière et d'une soirée si prometteuse. Un invraisemblable pataquès, oui, mais lequel ? Personne ne voulait démordre de sa version. Au procès, Elisa, qui ressemblait à une Lolita sur le retour, bouffie et tirée avec ses lunettes noires, fit état de harcèlement et même d'une tentative de rapt de sa part, et Bertha, qui n'en revenait pas d'avoir tué un de ses artistes préférés, invoqua la légitime défense. Elle avait eu la peur, et donc la colère de sa vie : mettez-vous un peu à sa place. Les avocats plaidèrent le quiproquo, et il n'y avait pas grand-chose à ajouter. Le mystère appartenait plutôt à Elisa, qui se hâta de le garder tout entier, rien que pour elle, ravie d'un secret qui lui donnait enfin une raison d'être. Elle était devenue la dernière scène d'un héros national, presque une héroïne à sa façon.

Mais la réponse se trouvait peut-être au fond de ces livres noirs où la logique la plus implacable se conjugue au plus terrible hasard : Cooke, en début de soirée, avait donc extrait de son manteau pour payer la tournée une liasse de 5 000 dollars qu'il venait de retirer à sa banque, et Elisa, qui avait repéré le manège et faisait effectivement, selon certains, la retape dans ce genre d'établissement, aurait pu penser le détrousser, en profitant d'un moment de relâchement. Lui faire les poches entre deux et le soulager de sa petite fortune. Et pour être sûre de le neutraliser, le laisser en plan et ne pas être poursuivie, elle aurait imaginé de lui subtiliser ses vêtements en partant. Découvrant le subterfuge, il se serait néanmoins lancé à sa recherche dans le plus simple appareil, ou presque. Doublement blessé, lésé, dans son orgueil et son portefeuille, il aurait foncé, droit vers la seule lumière, habitation en vue. Peut-être même pour appeler les flics, mais pas de cette façon-là. Personne n'avait imaginé que la gardienne du motel gardait un pistolet chargé à portée de main, avait peur du noir et souffrait d'insomnie chronique, dans un job que, par ailleurs, elle ne supportait plus.

Pour corser l'imbroglio, l'Asiatique appela elle aussi les flics de son côté, depuis une cabine voisine, en prétendant avoir échappé à un rapt. Et la propriétaire de la logeuse, qui était restée en ligne pendant l'agression de son employée, entendit même toute la scène à travers l'écouteur, comme dans un bon vieil Hitchcock ! Inextricable. Et Sam Cooke ne se serait jamais douté que son destin l'attendait là, blotti un samedi soir sur le bord de l'avenue, dans les bras d'une fille qu'il n'avait même pas eue, comme si son dernier succès posthume, *A Change Is Gonna Come*, enregistré le mois de sa mort, avait vu étonnamment juste : *« It's been too hard living but I'm afraid to die/Cause I don't know what's up there beyond the sky/It's been a long, long time coming/But I know a change is gonna come.../Then I go to my brother/And I say brother help me please/But he winds up knocking me/Back down on my knees...* ». Les chansons, parfois, disent la vérité, à l'insu même de leurs créateurs.

A son enterrement, Ray le « Génie » interpréta le bien nommé *Angels Keep Watching Over Me*, et comme la nature a horreur du vide et que, sur terre aussi, on n'est jamais si bien protégé que par les dieux, sa veuve épousa ensuite une autre légende du R&B, le superbe Bobby Womack, qui était un de ses artistes maison et continua d'entretenir sa flamme au foyer, de cultiver l'âme, qu'on appelait ici soul, du disparu.

V I N C E   T A Y L O R

Ziggy à Paris ou
Le jaguar à la Cadillac

Si beaucoup de rockers sont morts en tombant du ciel, c'est parce qu'il avait failli se tuer lors d'un atterrissage de fortune que le jeune pilote Maurice Brian Holden passa au rock'n'roll et devint Vince Taylor, à cause de l'acteur Robert Taylor. Son prénom, lui, provenait d'un slogan des cigarettes Pall Mall : « in hoc vinces », qu'il fit hélas mentir. A quoi tiennent les choses, et parfois les hommes. Maurice, lui, faisait tout à l'envers : né à Liverpool, qui deviendrait le havre de la pop anglaise, il partit tout petit avec sa famille pour Hollywood, la patrie des acteurs, avant de revenir s'imposer comme chanteur sur la scène anglaise, puis française, et eut même dans sa formation des futurs membres des Shadows et un ancien chanteur des Beatles : le mythique Tony Sheridan. Un atypique de la marge, un jaguar sur la piste du Golf, dont le sourire étincelait comme une Cadillac neuve, mais cachait mal une fêlure, le cœur sous le cuir. Et une de ces comètes de la galaxie rock qui font à leur manière toute la beauté du ciel des années 60, si flamboyante et fugace qu'elle nous ferait presque croire à un extraterrestre tombé de son vaisseau.

C'est dans un coffee-bar de Old Campton Street, le 2 I's, fréquenté par Tommy Steele, Eddie Cochran, Gene Vincent, Fats Domino, et tous les autres qu'il fait ses débuts, et pose les bases de son groupe : les Playboys, avec Bobby Clarke, Bob Steel et Tony Harvey. Il a placé la barre haut : à sa manière, Vince veut réunir tous les rockers en un, être à la fois Elvis et Gene, le prince et le voyou, depuis ce jour où, face à une vitrine londonienne de vêtements de sports d'hiver, il est tombé en arrêt devant un mannequin entièrement habillé de cuir noir. C'est décidé : il sera comme ça, chaque soir en scène, sur les pochettes et les affiches, et fascinera autant qu'il inquiétera, blouson noir de la haute ou aristo de la zone, et, à la seule découverte de la tenue provocante, il sait déjà comment il en jouera, en rajoutera, en fera un atout en l'agrémentant d'une chaîne. Et il l'achète aussitôt, et la teste le soir même devant un public subjugué : ce sera en même temps sa botte secrète et le défaut de sa cuirasse, puisqu'il va désormais drainer tout ce que l'Angleterre, puis la France, comptent de fans de rock pur et dur, et aussi de voyous, teddies et autres motorcycle boys. Bien des parcours artistiques débutent – et finissent aussitôt – sur un quiproquo, et le monde du rock ne brille pas alors par son second degré : on le prendra donc pour ce qu'il paraît, et il le deviendra, à ses dépens.

Et dès la fin 58, il publie son premier, puis second quarante-cinq tours comportant en face B le titre qui restera le plus célèbre de son répertoire : *Brand New Cadillac*, dans le sillage du *Brand New Beat* de Gene Vincent, et qui, bien entendu, ne marche pas. Gene n'a-t-il pas lui-même fait figurer *Be-Bop-A-Lula* en face B de son premier enregistrement, deux ans auparavant ? Ces deux-là se suivent et se ressemblent. Et à l'instar de son aîné et parfois avec les mêmes groupes que lui – *cf.* les Dragons –, c'est en France que sa carrière éclatera et finira par avorter, parce qu'il s'acharnera lui aussi à défendre au même moment un rock sans concession, qui plus est en anglais, alors que tout le monde a mis de l'eau dans son whisky, jusqu'au King qui reprend *O sole mio (It's now or never),* et que l'Angleterre ne jure plus que par Cliff Richard et la France par Richard Anthony. Lui s'en tiendra à *Shaking All Over*, *Ready Teddy* et aux classiques : pas de titres originaux, qui l'eurent clairement identifié, assimilé, à part ses *Brand New Beat* et *Jet Black Machine*, et rien dans la langue du pays, qui ne vit plus qu'au rythme des adaptations, pour ne pas dire des trahisons. Cela fait beaucoup, pour qui n'a pas l'apanage de la distance – les Américains à Paris ne marchent qu'au cinéma, et encore en dansant – ni la proximité d'un rocker de fortifs. Celui-là est impressionnant, distant, presque hautain, ne se confond pas avec les autres, toute la basse-cour frenchie qui piaille à la télé, et sonne en même temps faux par rapport aux originaux, alors qu'il les surpasse parfois : allez comprendre...

Sa carrière bascule lorsqu'en juillet 1961, il remplace au pied levé – et ce n'est pas qu'une image chez un tel styliste – un copain venu se produire avec sa propre formation à l'Olympia. D'un seul coup, sa différence éclate : sa gestuelle féline, sa rage étudiée, sa violence contenue, son regard pénétrant, dessiné au mascara, ce côté sulfureux – ne parle-t-on pas partout d'un « démon noir du rock », à l'instar du « diable noir » de Gene ? – qui lui vaut un contrat chez Barclay, quand il était le Clark Gable du show-business et signait encore d'une poignée de main, de Brel en Ferré. C'est l'âge d'or des nababs, des poètes et des yé-yé, les années Coquatrix, Morisse, Stark, où on lance un disque comme une soucoupe, en quarante-cinq tours et une après-midi sur Europe ou Luxembourg. La France en grandes ondes et 625 lignes. Et il a tout pour lui : la gueule, la voix, la silhouette, le sourire, le son, sauf donc le répertoire, tellement « cuir et chaîne » (on ne dit pas encore « s.m. ») que cela en fait un artiste difficile à habiller, côté chanson. Lui faire chanter la mer et les vacances ne rimerait à rien, les cigarettes, whisky et pépées ont déjà servi, le vent tourne et les bases US retournent à la maison, et il a en outre un accent aussi épouvantable que son sourire est ravageur, lorsqu'il flirte avec Brigitte ou Sophie Daumier ! Et c'est pourtant ça qu'il lui faudrait composer, un Américain bien de chez nous, cow-boy d'Aubervilliers avec bonne franquette et mots d'auteur. Mais allez vendre ça à un type qui ne rêve que de casser la baraque, au sens propre du terme parfois, et donnerait à douter qu'Elvis n'ait jamais hanté à Paris, tellement il s'y croit.

Et les salles vont se succéder : Vieux Colombier, Folies Pigalle, Bal Tabarin, Golf Drouot, Palais des Sports, re-Olympia, Saint-Hilaire, Locomotive, Bus Palladium, jusqu'à une première partie des Rolling Stones, alors en gestation. Mais la gloire est un sacré métier, et c'est aussi en scène, c'est-à-dire sur son nuage, qu'il va peu à peu perdre pied : un certain 23 mai 1965 où, à la célèbre « Locomotive » de la place Blanche, il disjoncte et se met, sous l'effet d'acides, à haranguer la foule au nom du... prophète Matthieu ! Visiblement défoncé, l'artiste, qui dérive alors de flip en cure de désintoxication, a troqué son cuir légendaire pour un autre, blanc, puis pour une sorte de parure biblique, prétend être le Christ, ou même... Sacha Distel, ce qui ne lasse pas de surprendre ! Bref, Vince est mal dans sa seconde peau, dans ce cuir qui lui colle au corps, le serre de trop près et devient sa prison quotidienne. Il fait partie de ces fauves qu'on n'enferme pas, fût-ce dans une cage dorée. Il est fait pour l'espace, le cinémascope et les musicals, et, par un singulier paradoxe, ce voyageur a atterri au pays de Luis et de Tino : il y a maldonne. Enfin, l'heure est aux prises de parole, donc aux créateurs interprètes...

Car le problème de Maurice est clair : s'il a de toute évidence un réel talent, il est aussi celui qui vient trop tard : par rapport à Elvis, qu'il contrefait sans distance, à Eddie et Buddy, qui sont déjà morts et enterrés, à Gene, qui vient lui-même de rater la marche, et même à Johnny Hallyday, qui dérange moins et lui vole – noblesse oblige – le marché local, après qu'il l'ait un temps menacé. Il n'a pas la carrure, la joue loser, destroy et même has-been, à moins de 30 ans, et prend bientôt son rôle de beatnik autant au pied de la lettre que celui de rocker, prônant soudain la bonne parole face à un public qui peine à le reconnaître, soit parce qu'il ne le connaît pas, soit parce qu'il ne l'identifie plus. Et s'il lui arrive d'être encore très bon en petit comité, dans les clubs et les jams, il excelle aussi à se détruire en public, et quelquefois même à détruire son entourage : ses rapports passionnels, voire caractériels avec ses « Play-Boys », qui garderont toujours le même nom mais changeront souvent de visages, ou ses « Rockers », sont légendaires, un peu comme le seront à la fin ceux de Gene Vincent avec ses musiciens de fortune. Et bien qu'il soit plus proche d'un Presley première manière, Vince fait parfois figure de Vincent du pauvre, qui, lui-même, jouait les laissés pour compte du rock'n'roll : le mythe a ses victimes ; et ceux-là – l'homme à la patte raide comme lui-même – en deviendront les exilés, étrangers au paradis, interdits de hit-parade comme de télévision, parce que réputés trop rebelles, trop sauvages, trop purs. Ingouvernables. Alors ils se croisent, trinquent, s'échangent des musiciens, reprennent des standards ou revisitent leurs rares classiques, secouent leurs vieilles tempêtes pour la mille et unième fois en invoquant des filles fantômes à prénoms de refrains, à têtes de chansons, des Sally et des Molly que personne ne rencontrera jamais et qui étaient peut-être juste la voisine du parolier, en roulant des mécaniques déjà rouillées : *« If you're looking for trouble, you came to the right place »*. Le problème est que désormais, ce sont eux qui provoquent la bagarre, tellement ils sont à côté de leurs pompes bleues, et qu'elle n'est pas belle à voir, au milieu des sièges brisés. Alors, pour faire bonne figure, on casse à son tour les guitares, côté cour, mais le cœur n'y est plus, et lorsqu'on allume la radio, c'est encore les Beatles qu'on entend, ou les Stones, les fils de Chuck Berry et des Everly.

En ces années 65-66, où la musique passe du rock à la pop, des solistes aux groupes, du son au sens, Vince-Maurice tangue en pleine vie tel un funambule entre deux toits, et on le voit traîner au Quartier latin comme une ombre, une âme en peine, la dernière balle du Golf, une sorte de messie païen avec ses cheveux longs qui ne lui donnent plus l'air de rien, ou alors de tout le monde, un ange noir tombé de sa fresque. D'ailleurs, il est devenu blanc, s'enveloppe parfois d'une toge, de tuniques baroques, et ne se ressemble plus, au point d'interroger les miroirs quand il vient à se croiser, au détour d'une vitrine ou d'un ascenseur. Où est-il passé ? Ce rôle de hippie pop, trop poli pour être voyou et trop sauvage pour paraître sage, ne lui va pas, on a l'impression qu'il s'est déguisé, qu'il a composé avec son époque, et un rocker ne transige pas, c'est même à ça qu'on le reconnaît. Tout au plus prend-il quelques adjuvants, du courage à boire ou à fumer, et de ce côté-là, il n'est pas en manque. Son destin professionnel, il le sait, est derrière lui, et encore n'est-il même pas sûr d'en avoir jamais eu un. Elvis du Golf, Gégène de la rive gauche, il voit monter ces gars qui étaient naguère sa garde rapprochée, les Johnny Kidd et Tommy Steele, et même le sirupeux Billy Fury, qui a remplacé sa violence par des violons. *S'il n'en reste qu'un*, comme dit le transistor, il sera celui-là, mais c'est un autre qui le proclame. Plus bas que lui, on ne trouve guère aujourd'hui que Tony Sheridan, ce Beatle qui avait raté le train, avec Pete Best, et n'en finissait pas de compter les wagons. Tu parles d'une consolation ! Et il n'en peut plus de tomber en coulisses sur ces twisters désenchantés, déjantés de 25 ans à peine qui se résument à une onomatopée, yé-yé, se donnent du Mick, Willy, Larry, Danny and co – quand ils s'appellent Daniel et Michel comme tout le monde – et portent désormais si bien leur nom, Fantômes, Pénitents, Pirates, Vautours, Pingouins, pourquoi pas Fantôches, le tutoient avec insistance comme s'il avait été leur chef de file, *the leader of the pack*, le saint patron des maudits. Marre d'incarner l'espoir de has-been qui n'ont jamais été. Dans le regard des passants, les jours de Rive Gauche, il n'aperçoit qu'un souvenir de chanteur, de ceux dont on hésite à avancer le nom pour ne pas faire d'impair, et reconnaît ce déclic qui sépare celui qu'on était de ce qu'on est devenu, la pochette de l'homme, cette terrible seconde où l'autre essaie de se retrouver en vous. Le flash du temps, qui vous éclipse en pleine rue. Et tous ces nouveaux visages qui fleurissent en quarante-cinq tours dans les vitrines et le rendent encore plus étranger avec leurs dents de loups : Michel Delpech, Michel Polnareff, Michel Sardou, Michel Fugain... Que ne s'est-il appelé Michel ? Mick Taylor, mais c'est déjà pris...

Alors il multiplie les concerts de circonstance, de complaisance, devient le roi du plan foireux, encore pire que Gene, du show dont on ne sait jamais au début comment il va finir, ni même s'il va avoir lieu, se donne en spectacle à tous les sens du terme. Montera-t-il sur scène ce soir, et si oui, chantera-t-il ou prêchera-t-il, et s'il chante, ira-t-il jusqu'au bout ou quittera-t-il le podium à l'improviste, et dans ce cas, reviendra-t-il ou pas du tout ? Bingo ! Un à un, ses musiciens – « musicos », comme on dit par ici – le quittent, las de cette chute permanente, et d'autres les remplacent, qui le dévorent d'abord des yeux, éblouis d'accompagner une légende vivante, et n'en croient pas après leurs yeux, découvrant qu'elle est bien morte et foudroyée, que le dernier des rockers a perdu pied et marche quelque part là-haut, sur son petit nuage, en parlant à ses démons. C'est comme si on l'avait vidé, sevré de sa substance, et il peut passer en un même concert du meilleur au pire, de l'âme au néant, jusqu'à convaincre certains spectateurs de la vieille école qu'ils ont été floués et qu'on leur a présenté un imposteur, qui aurait emprunté son identité : un soir, il doit ainsi venir affirmer dans un état second après le spectacle qu'il est bien le vrai Vince Taylor, celui d'autrefois, et quasiment montrer ses papiers, au milieu d'ex-fans déchaînés ! Aucune scénariste n'aurait osé imaginer cela.

En réalité, Vince est un garçon sensible, un faux dur qui n'avait pas envie de tout ce cinéma et s'est composé dès le départ un personnage à la Jack Palance, scéniquement parlant, un masque et une cuirasse qui le dépassent et ne le reflètent pas. Un artiste délicat qui s'est glissé dans une peau, en l'occurrence un cuir, trop grande pour lui, s'est littéralement caché, enfoui sous cette écorce noire qui l'enserre et le ronge, qui ne le lâche plus telle une tunique de centaure, et eût probablement préféré faire une carrière d'acteur-chanteur à la Eddie Constantine, autre grand transfuge de la génération précédente qui s'était trouvé dans l'hexagone, vingt ans avant Mort Shuman. Mais Vince n'avait pas eu sa « Piaf », comme l'homme au chapeau mou, et si l'autre s'était enlisé dans le rôle de Lemmy Caution, lui avait flirté avec celui de Faust, l'âme damnée du diable et de Pygmalion, incarnés ici par le grand Barclay. Il s'était habillé en diable noir, en démon comme ils disaient, et en payait maintenant le prix, convaincu que, quoi qu'il fît, il devrait expier on ne savait quel péché. Le plus étonnant est qu'à la même époque, il croisait dans les arcanes du Bilboquet ou du Saint-Hilaire un autre zombie monté lui, au plus haut de la montagne et revenu de tout, et même qu'à peu de choses près, il aurait pu le servir à table : Jim Morrison, parfois en grand conciliabule avec Gene Vincent ! Pour subsister, il fait alors la plonge dans un restaurant de la Contrescarpe, le Pro-Nobis, chantant même en fin de soirée pour les clients... Il faut dire qu'il est entre-temps tombé sous la coupe de managers douteux qui l'exhibent dans des galas minables et qui, selon son biographe Jacky Chalard, le malmènent même lorsqu'il peine ou rechigne à monter en scène : un comble ! Il disparaît donc de la vie musicale dans les années 70 pour revenir dix ans plus tard, à l'approche de la quarantaine, à la une du Palace, à l'initiative d'un groupe de fans menés par le même Chalard, musicien et producteur de disques.

Mais le temps a passé, la musique a bougé et Vince n'a pas vraiment changé, même s'il a souffert et mûri : toujours imprévisible, instable, fragile, et secrètement meurtri de son singulier parcours, il en a assez de cette histoire de fous, de cette chute libre et de ces faux départs, de ces nuits revival et de leurs fantômes du paradis, de ces résurrections factices et des petites morts qui s'ensuivent, et rêve de normalité, de bonheur, de vie. D'une femme et pas de fans, d'un prénom et pas d'autographes interchangeables. D'être un homme comme les autres, avec des nuits sans fard et des matins d'espoir, des amis à dîner et des animaux fidèles. Alors, il tombe les chaînes, remise le cuir et le médaillon, se range des micros et studios et épouse une jeune Vaudoise, de dix ans sa cadette.

C'est là, à Epalinges, sur les hauteurs de Lausanne, qu'il va se trouver et passer ses sept dernières années, les meilleures de son propre aveu, jusqu'à ce que le cancer le rattrape en août 1991, à 53 ans. De maisons de repos en cures, il ne voulait plus entendre parler de son passé, de toutes ces galères qui avaient fini par inspirer un personnage de fiction tout aussi mythique que lui-même : le Ziggy Stardust de David Bowie, soit la star déchue par excellence. Incomprise serait d'ailleurs plus juste. Bowie, qui l'avait croisé dans sa jeunesse disait de lui en 1996 : « Il était à côté de ses pompes. Je ne sais pas si je le considérais comme une idole ou plutôt comme ce que je devais absolument éviter de devenir. »

Il faut dire que celui qui se prenait alors pour « le fils de Dieu » et recherchait l'Atlantide en plein Paris, en dépliant des cartes au sol pour déterminer le point d'atterrissage des OVNI (!), avait de quoi fasciner, inspirer et inquiéter. La même année, il venait juste de publier un nouvel album intitulé *Vince is alive, well and rocking in Paris*, ce qu'il était bon de rappeler, car il n'était pas sûr qu'il ne fût pas plus vivant dans le Bowie que dans son propre enregistrement : *« Ziggy really sang, screwed up eyes and screwed down hairdo/Like some cat from Japan/He could lick 'em by smiling/He could leave 'em to hang ».*

Un chat du Japon, Vince, pourquoi pas ? Sauvage, alors, et noir comme la nuit. Capable de poser au milieu des sièges brisés du Palais des Sports avant même d'avoir chanté, et un mois après aux côtés de B.B. à Saint-Trop' avec un sourire d'ange. Il était en tout cas le plus vrai des rockers, le plus authentique, et donc le plus exposé : l'un des seuls à savoir ce que cela voulait dire de se brûler, quand on boit à la source, qu'on est certifié d'origine.

JIMI HENDRIX

Le sorcier de Ladyland ou L'homme qui mangeait les Fender

Londres, Samarkand Hotel, le 18 septembre 1970. Chambre 22, 10 h 30. Jimi Hendrix est mort ce matin, au 22 Lansdowne Crescent, à Notting Hill, ou du moins il est mourant.

Avec sa compagne du moment, l'Allemande Monika Dannemann, patineuse blonde de 25 ans, il a joué et bu du vin rouge toute la nuit, et s'est endormi à sept heures, exténué. Lui habite plus loin, au Cumberland Hotel, dans une suite au cinquième étage à 17 livres, mais ce soir, il a fait le mur, et même le grand saut, dans la chambre en sous-sol de sa copine : il joue les étudiants, fait le palace buissonnier. Lorsque celle-ci descend s'acheter des cigarettes, à 10 h 20, il dort à poings fermés : il a avalé neuf comprimés de Vesparax, plus de dix fois la dose prescrite pour être sûr de se reposer, puisqu'un demi aurait suffi. Il en avait marre, il n'a pas compté. Il est au-delà de tout ça. La veille, il a déjà passé une nuit blanche avec le chanteur des Animals, Eric Burdon, qu'il est allé voir au célèbre Ronnie's Scott et a rejoint sur scène pour deux blues endiablés : *Tobacco Road* et *Mother Earth*. Sans sa guitare, pour une fois. Hendrix sans gratte, c'est un peu un roi nu. C'est à ça que Burdon se rend compte qu'il ne va pas bien : il ne l'avait jamais vu sans instrument, autant dire en civil.

La guitare, chez Jimi, c'est comme un prolongement du bras, gauche soit dit en passant, comme chez Paulo, l'ami « McCa », ce qui lui a vite fait inverser les cordes, adapter un modèle pour droitier, au contraire de ses collègues. C'est une sorte d'appendice naturel, d'excroissance positive. Une fille de perdue, dix guitares de retrouvées, on connaît la chanson. Plutôt lâcher sa nana que sa gratte. Et là, ce matin, il s'est étouffé dans son vomi, comme un nourrisson ou un ancêtre. Dégueulasse, minable, tout son contraire. L'effet conjugué du vin, des somnifères et des amphétamines, plus un sandwich au thon qui passait par là, qui ne passait pas, et l'image s'est figée. A quoi tiennent les fils, les cordes d'une vie. A jeun, il ne serait pas mort. Prise de panique, Monika a d'abord appelé Burdon, puis une ambulance, sur les conseils énergiques de celui-ci, qui a tout de suite compris. Branle-bas de combat : elle a pris peur, car Jimi a horreur du scandale, et détesterait sûrement ça, tout ce ramdam autour de lui. Mais il n'est plus en mesure de détester quoi que ce soit, il coule, se noie en lui-même, rejette en toussant ce qu'il avale dans un semi-coma, et s'étouffe à vue d'œil. Il va mal. Vingt longues minutes plus tard, l'ambulance arrive, charge le corps du musicien encore vivant à la sortie du petit jardin attenant, met la gomme, fait la course avec la mort à travers une capitale indolente, indifférente. Mais lorsqu'il arrive à l'hôpital St Mary Abbot's, à 11 h 25, il est déjà décédé depuis longtemps, et consacré mondialement comme un musicien de génie, à 27 ans à peine. Il a succombé pendant le trajet, pour avoir été assis au lieu d'allongé, prétendra-t-on ensuite. Querelle d'experts ou de fans. En tout cas, il a continué de s'étouffer en route, et le cœur a lâché à son tour, devant l'effort fourni pour respirer : le schéma classique, dont on n'imagine jamais en voyant partir les autres qu'il puisse un jour vous concerner vous-même. La mort est toujours affaire d'autrui quand on en parle.

Et Monika n'en revient pas : l'homme avec qui elle a fait la fête toute la nuit est là, allongé devant elle, rigide et froid comme la mort. Elle se répète que ce n'est pas possible, pas vrai, mais c'est bien lui, inerte et comme désarticulé, et elle n'en finira pas de porter ce deuil éphémère. Poursuivie par la rumeur et le remords, régulièrement accusée par les fans d'avoir laissé périr leur idole, ou même de l'avoir assassiné, harcelée par ses ex, elle mettra fin à ses jours en s'asphyxiant vingt-six ans plus tard au gaz d'échappement dans sa Mercedes, victime anonyme et posthume de la génération flower power. Après Jimi, elle avait vécu avec le guitariste du groupe de hard rock les Scorpions, Uli Jon Roth, mais on ne remplace pas un artiste de cette dimension : rien à voir, pas le même toucher. Elle n'aurait jamais cru que le rêve tournerait ainsi, lorsqu'elle avait croisé le chemin du guitar hero un soir au concert, ni qu'elle finirait en procès de succession avec la compagne précédente du *Voodoo Child.* Et Jimi n'aurait jamais pensé s'arrêter là, à cet âge-là, avec une guitare encore bourrée de bonnes ondes et de riffs d'enfer. On ne fait pas toujours ce qu'on veut dans la vie. Par un juste retour des choses, elle gardera toujours son dernier instrument, une superbe « Strat » noire, car il n'y avait jamais eu que deux passions dans la vie du musicien : ses copines et ses machines, dont il donnait le nom des unes aux autres, comme sa Danelectro Silverstone – les initiés traduiront – baptisée Betty Jean, suprême compliment.

Il fallait voir Jimi Hendrix ranger délicatement ses guitares, les décharger soigneusement du camion, pour se rendre compte à quel point elles comptaient pour lui, autant que ses compagnes de route, et à quel point c'était un homme attentif, racé, soucieux des êtres et des choses. Un type conscient des autres qui prenait le temps de l'instant, la mesure du monde, rien qu'à sa façon d'effleurer le bois comme on protège un enfant ou un animal. Il les caressait, les frôlait du bout des doigts, les cueillait comme des fleurs avec des attentions d'amant, les enveloppait du regard et du geste tels des êtres familiers, et le contraste entre sa silhouette dégingandée, façon Zampano, et la précision de ces gestes – il avait des mains souples et longues – était en soi un spectacle pour qui l'aurait épié. A vrai dire, rien ne le démontait, même s'il y avait de quoi s'affoler dans son impressionnante ascension et s'il fallait garder les pieds sur terre pour planer aussi haut avec un instrument : une Fender blanche 86-210 qui ne le quittait donc jamais d'un pouce, au cas où ils auraient eu quelque chose à se dire, comme ça, en pleine nuit. Où elle lui aurait soufflé un « plan », un gimmick entre deux trips ou un accord parfait. A se demander si c'était le même homme qui pouvait massacrer son instrument sur la scène de Monterey, y mettre le feu pour faire plus fort que les Who, passés juste avant, s'il y avait deux Jimi, et si le second n'aurait pas raison du premier. Le premier s'appelait d'ailleurs Johnny Allen, puis James Marshall Hendrix – son vrai nom –, était surnommé « Buster » et avait faillir devenir soldat, comme papa pendant la guerre. Il l'avait même été à 20 ans, en s'engageant manu militari dans les paras, et en prenant vraiment son pied à sauter des avions : une manière comme une autre de s'envoyer en l'air. Mais à 15, il avait vu Elvis en concert au stade de Seattle, chez lui, et dans la foulée, rencontré Little Richard, originaire de la même ville que lui, et qu'il accompagnerait dix ans plus tard... Et il écrivait de là-bas à son père : « Envoie-moi ma guitare dès que tu peux ».

Car aussi loin qu'on remontait, il avait toujours rêvé guitare, et à la réflexion, il semblait bien que la fameuse « Strat » – littéralement Stratocaster –, héroïne sonore des années 60-70, avait été créée pour lui, quand il avait 12 ans. C'est en effet cette année-là, en 1954, que débarque le célèbre modèle au pays des Gibson, Gretsch et Telecaster, et il faudra quelque temps avant qu'il ne soit popularisé par les Buddy Holly,

Hank Marvin et enfin... Jimi Hendrix. De mémoire d'enfant, ce dernier a toujours eu un manche entre les mains : de balai, pour commencer, histoire de contrefaire les maîtres dans sa glace, à l'âge où les gamins se voient en grand, puis de ukulélé à 15 ans, de Supro Ozark blanche *(sic)* à 17, de Danelectro Silverstone bronze – repeinte en rouge ! – à 18, au temps des « Rocking kids », avec laquelle il dormira carrément sous les drapeaux, et de Fender Duo-Sonic, de Jazzman Surnbust, de Telecaster, enfin de Fender Stratocaster – la Rolls Royce des rock stars – en érable d'abord, puis noire. *Sic* *. Mais il aura eu aussi, selon ses biographes, une Kay, une Eko, une Guild Starfire, trois Les Paul, une SG Custom, trois Gibson et on en passe, exactement comme un coureur collectionnerait les Formule 1, se mettrait de temps en temps au volant de l'une ou l'autre pour refaire son trip en huis clos. L'une d'entre elles ne porte-t-elle pas le nom de Gretsch Corvette ? Un vrai laboratoire, studio ambulant à lui tout seul : il aura passé sa vie sur des cordes, qu'il inversait donc en fonction de sa singularité, en adaptant vibrato, sélecteur de micros, boutons de volume, etc., et faisant feu de tout bois – distorsion, larsen, feedback – pour en tirer le fameux cri, sa note primale, Wiiiiiiiiiiiiiiiiiiiiiiiiiiiiiiiiiiiiiiiiinnnnnnnnnnng ! Et de temps en temps, il en brûlait carrément une, de Monterey à Miami ou à l'Astoria de Londres, autant dire dans les grandes occasions. Car ses rapports à l'instrument étaient aussi complexes qu'avec une vraie partenaire : il le parcourait, l'attisait, l'enflammait donc littéralement, et le mordait, le mangeait, avait appris très tôt à en jouer avec les dents pour se distinguer.

L'effet était garanti, surtout lorsqu'il se laissait tomber à genoux et semblait avaler sa machine, dont il tirait les sons les plus sauvages, des aigus stridents comme des plaintes ou des gémissements langoureux, un cavalier sur sa monture ou un amant à la tâche. Sa définition était simple : « Je veux

---

* Jimi Hendrix : the Voodoo Child. http://hendrix.free.fr

faire avec ma guitare ce que fait Little Richard avec sa voix. » Or, il en faisait des choses, avec sa voix, le Petit Richard, quand il ne minaudait pas ! Et pour cela, il fallait d'abord se débarrasser du Richard en question, trop petit pour lui, de plus en plus au fur et à mesure que sa réputation déclinait, que la pop dévorait, absorbait le rock : il le quitta donc un matin, comme il avait quitté les Isley Brothers, pour se présenter à un concours au célèbre Apollo, à Harlem : gagnant.

C'était l'homme des challenges, des performances, des one shots : génial aujourd'hui, nul demain, et encore génial demain en after show. Sa route allait du grand Sud à Londres en passant par New York, Woodstock, Monterey et Wight, et dura quatre ans, un septième de sa vie, et chaque concert en fut un événement, parfois même un disque, pas toujours officiel. Il avait ainsi accompagné au début toute la scène blues, de Ike Turner à Solomon Burke, Curtis Mayfield et B.B. King, et multiplié les guitares, les groupes : Rocking Kids, Rainbowflowers, Blueflames, Experience, et les femmes : Betty Jean, Mary Carpenter, Linda Keith, Kathy Etchingham – sa liaison la plus durable : 30 mois –, Monika Dannemann, Devon Wilson, et les autres, les passagères, qu'on ne compte pas plus qu'elles ne comptent. A la fois habité et étranger, possédé et détaché, et selon l'adage entouré et isolé, il donnait l'impression contradictoire de poursuivre un but et de se laisser porter, courir la gloire et la fuir, s'éclater et s'exploser, au sens de l'autodestruction.

Rien ne serait peut-être arrivé si un grand type cool, bassiste des Animals, le bon géant Chas Chandler, ne l'avait découvert un soir au « Cafe Wha ? », à Greenwich Village en 1966. A vrai dire, il n'y avait pas grand mérite à le remarquer : on ne voyait, n'entendait que lui, fût-ce de l'extérieur du club. Vu du dehors, un martien y jouait ce soir-là, avec des sons provenant d'un instrument non identifié et qu'on n'aurait pu assimiler à des notes, tant il faisait parler, crier, jouir sa six cordes à force d'échos et de distorsions : à peine si l'on reconnaissait de-ci de-là un morceau, un classique revisité ou un standard en gestation. Il le prit avec lui, l'emmena à Londres, le présenta à Eric Clapton, leader des Cream, qui en pâlit, lui trouva son trio – notamment un bassiste blanc nommé Noel Redding, comme l'autre –, et le managea pendant deux ans. C'est après que ça se gâta, quand Chandler s'en alla produire Slade et que Redding ferma le ban, que tout le monde se mit à compter sur Jimi comme sur une planche à billets et qu'il commença à en avoir assez de son rôle de provocateur attitré. Qu'il se retrouva enfermé seul avec son succès, ses guitares et ses trips, et se mit à se faire des films. Qu'il comprit où il en était. Côté cour, on lui réclamait sans cesse *Hey Joe* et *Purple Haze*, alors qu'il ne rêvait plus que d'acoustique, de classique et de symphonique, de moins d'effets et plus d'essentiel. Il attaquait *Red House*, *All Along The Watchtower*, *Little Wing* et *Voodoo Child*, et on lui demandait de rejouer *The Star-Spangled Banner*, l'hymne déchiré comme un drapeau, alors qu'il ne l'avait interprété qu'une fois et une fois pour toutes, et que c'était justement ce qui le rendait unique. A la longue, tout ça l'agaçait. Mais il n'était pas homme à s'énerver, ni à la ramener, plutôt à rigoler sous cape.

C'était un type calme, sensible et délicat, qui avait des manières, horreur de se donner en spectacle dans la vie et maniait un bel humour, un peu à froid par gaucherie. Un grand gaillard dont, au premier abord, on ne pouvait détacher les yeux de la chevelure, cette tignasse afro en boule, pour ne pas dire en éruption, qui tranchait étrangement avec le reste du personnage, ses vestes bleues tirées à quatre épingles, façon officier, comme sa folie scénique contrastait absolument avec sa vraie gentillesse, simplicité et réserve en privé. Il parlait lentement, souriait souvent, énigmatiquement, se taisait volontiers et semblait en permanence prendre son parti des choses, exerçant un vrai charme sur ses interlocuteurs, et notamment ses interlocutrices impressionnées par ses performances publiques. N'était-ce pas lui qui avait littéralement dévoré hier soir sa guitare en concert, puis l'avait aspergée d'alcool, enflammée et fracassée enfin contre un ampli, ce qui lui eût valu d'être interné ou emprisonné – en tout cas enfermé – seulement cinq ans avant ! Imaginait-on Hank Marvin ou Duane Eddy, B.B. King ou le vieux Django brûlant leur instrument ? En privé, il en riait et faisait presque mine de s'en excuser, comme s'il s'agissait d'un autre, d'un sale gosse, ou qu'il eût fallu en passer par là pour sacrifier à la mode, son image de marque, et préférait jouer dans sa chambre un bon vieux blues acoustique de Robert Johnson ou Muddy Waters, quand il n'était pas lui-même sur la trace d'une nouvelle « expérience », selon son mot favori. Ne travaillait-il pas à un projet d'album, hélas avorté, avec Miles Davis – au piano pour les répétitions ! – et Gil Evans, butant chaque fois sur le fait qu'il ne connaissait pas le solfège, n'écrivait pas la musique !

Plus il montait et plus il avait le vertige, voyait le monde en petit, relativisait sa carrière à l'aune des grands qu'il rencontrait : Zappa, McCartney, Hooker, Albert King, John Mayall, Buddy Miles, Stephen Stills... Plus il réussissait, plus il mesurait tout ce qui lui restait à faire, à apprendre pour s'envoler, s'arracher vraiment. Des tonnes de musique à soulever pour entrer chez les songwriters autrement qu'en guest star. Des siècles pour rattraper ses temps perdus, faire profession de son talent, se doter d'un doigté de gazelle et un toucher de papillon, comme un sportif cultive ses muscles et son souffle. Qui a dit que ce métier était une sinécure ?

En réalité, Jimi était un type simple qui n'oubliait jamais d'où il venait : d'en bas, et comment il était arrivé : par hasard. C'était un enfant de divorcés, fils d'un jardinier et d'une indienne cherokee, disparue prématurément après avoir quitté le foyer conjugal, et qui n'hésitait jamais à donner de l'argent ou du temps, par exemple pour aider un collègue qui « ramait » derrière lui, ou tendre la main à un loser : la proie idéale des parasites. Une sorte de grand frère à la fois débrouillard et distrait, matérialiste et mystique, animal et éthéré, en un mot musicien, qui semblait changer de monde et de dimension, sinon de visage, lorsqu'il enlaçait sa guitare et franchissait les quatre ou cinq marches qui vous séparent de la scène comme on passe de la terre au paradis. En parachutiste. Un grand gamin surdoué qui n'avait eu qu'une question, une seule, lorsque Chas Chandler lui avait proposé de partir en Angleterre : « Est-ce que je rencontrerai les Beatles et Eric Clapton ? » Chas avait éclaté de rire et promis, d'autant plus facilement que c'étaient tous ses copains, et qu'en professionnel avisé, il se doutait de ce qui allait arriver : lorsque Clapton découvrit l'oiseau noir, il en fut si béat d'admiration qu'il n'osa plus toucher sa guitare d'une semaine, et ne joua ensuite plus tout à fait de la même manière. Hendrix l'avait révolutionné à son tour, comme tout ce qu'il approchait, et il n'oublierait pas de sitôt ce samedi 1er octobre 1966 où l'homme électrique avait surgi de nulle part, s'était branché sur l'ampli de son bassiste, Jack Bruce, et avait envoyé la sauce, sur du Howlin' Wolf, cassé la baraque de la Regent Polytechnic School avec son prédestiné *Killing Floor*.

Ce jour-là, « Slowhand » avait pris le jus et une sacrée leçon, au point de se laisser pousser à son tour la tignasse et de tourner en rond sur sa platine pendant des heures avec des questions existentielles, du genre « peut-on faire encore de la musique après lui ? » Il venait de trouver son maître, qui ne jurait pourtant que par lui, et Stones et Beatles n'eurent plus que son nom à la bouche, ces deux syllabes que le tout Londres eut tôt fait de changer en Ji-mi, par commodité, comme on vous adopte. Il y a des jours qui contiennent une vie, la gravent dans le marbre ou la cire. Des secondes définitives, qui tiennent à une note ou un mot, et tous les directeurs artistiques qui refusèrent alors de « signer » *Hey Joe* – les mêmes sans doute qui avaient choisi naguère les Tremoloes contre les Beatles, et préféreront toujours les ressemblances aux évidences – s'en mordent encore les doigts, à chaque fois que la chanson jaillit de ses cordes, sur toutes les radios du monde, et vous lance en pleine figure son intro meurtrière : *Hey Joe, where you're goin' with that gun in your hand ? I'm goin' down to shoot my old lady*. Tout un métier qui rentrait, en force et avec rage : trois mois plus tard, il était numéro un.

C'est seulement lorsque Jimi comprit tout ça qu'il explosa autant sur scène et en studio qu'il implosait en chambre, à se demander s'il n'était pas un peu le messie, qu'il se mit à trouver le temps lourd et la foule oppressante, les femmes envahissantes et les nuits trop blanches, aveuglantes, courtes. Qu'il perdit les pédales et disjoncta discrètement, de Woodstock à White, de *Bold as love* à *Band of Gypsys*.

C'est qu'il y avait de quoi. A 26 ans, il avait été élu meilleur guitariste de l'année, puis meilleur artiste de l'année suivante (68), avait concurrencé le *Sergeant Pepper's* au sommet des Charts avec *Are you experienced*; pulvérisé les chiffres de ventes avec *Electric Ladyland*, fichu le feu au festival de Monterey, à l'Olympia (avec Johnny Hallyday !), au Finsbury Park Astoria, à l'Albert Hall, au Fillmore East, soulevé 500 000 personnes à Woodstock; fait tous les festivals et concerts qui fleurissaient soudain comme : Berkeley, Miami, Hawaï, Atlanta, White, Love and Peace, Copenhague; monté in extremis son propre studio – Electric Lady – à un million de dollars, fait le tour du monde et commencé à en explorer d'autres, plus acides. De plus en plus, il a recours à la drogue, aux drogues pour tenir, grimper encore, lutter contre ces ennemis intimes de la pop star que sont alors la pression, la dépression, le temps, le sommeil, tous les mangeurs de vie qui vous prennent de-ci de-là un peu de son, d'image, d'intimité, de sous, de concentration, de vous. Ces générations spontanées d'amis et d'admirateurs qui poussent presque automatiquement sur le chemin d'une vedette et se confondent autant qu'ils vous consomment à petit feu. Les paparazzi de l'intérieur. Et de plus en plus, les expédients censés lui faciliter la vie la lui compliquent. A Puttgarden, au Danemark, il n'arrive même pas à jouer, tant il est défoncé, annule le spectacle au dernier moment. Cette tournée, une de ses dernières, sera d'ailleurs une catastrophe avec plusieurs dates supprimées.

Dans son superbe studio tout neuf, inauguré officiellement trois semaines avant sa mort, il ne répétera, ne travaillera en tout et pour tout que quelques mois, à mixer et remixer des centaines de prises, traquer l'overdub et le feedback, et rechercher encore et toujours de nouvelles voies, désormais plus jazzy. Enregistrer une fois de plus à l'abri des regards, même proches, cette voix rauque qu'il n'aime décidément pas et qu'il couvrira de son autre organe, somme toute le vrai, la voix de sa Fender lustrée qu'il appelle ironiquement sa « Black beauty » et qui est au fond sa véritable moitié, son alter ego. Miss Stratocaster. Il faudrait retravailler tout ça : la composition, l'interprétation, le souffle, la tenue de scène, pour rentrer vraiment dans la cour des grands, faire la nique à Mr Dynamite, au Genius, au Bird et aux autres. Il n'a besoin de personne pour le savoir : il fait partie de ces artistes qui ont dès le départ perçu l'ampleur du chemin, et que cette conscience, ce poids écrase à certaines heures de la vie, parce qu'il n'est pas de mélodie assez forte pour exprimer ça, et qu'il ne vous reste plus alors qu'un certain sourire, la part des anges.

Curieusement, son propos est aujourd'hui d'en faire moins, de doser, mesurer ses effets, lui qui en a quasiment fait un art et est devenu le rêve ou le cauchemar de tous les amplis de la terre, selon les jours et la came. Autour de lui, des démos partout, des bobinos, des kilomètres de bandes correspondant à des centaines d'heures de concert, tant il n'est ici de musique que « live », c'est-à-dire vécue, des départs et ponts de chansons plus ou moins identifiés, datés ou non, qui n'arriveront peut-être jamais nulle part, tant il s'agit parfois des différentes épreuves d'un même morceau fleuve, forgé au fil des shows et savamment transformé, élaboré au contact du meilleur juge : le public. Des tonnes d'émotions, d'ondes, de feeling blotties dans des petites boîtes marquées d'une date, d'un lieu, d'un hôtel, d'une loge, et parfois de rien, quand c'était en voiture ou en bus, dans le noir ou le néant. Toute une vie d'artiste enfermée dans des magnétos, vidéos, et autres songbooks noyés au milieu des guitares, les vraies reines et propriétaires du lieu. Elles trônent, plastronnent, brillent au-dessus des consoles, des claviers, des cabines, comme des divas. Elles en imposent. De vraies fusées et ses boucliers, trophées d'on ne sait quelles guerres avec leur galbe et leur éclat. C'est ici leur royaume, la terre des six cordes et de la pédale Wha Wha. Et lui seul peut s'y reconnaître les yeux fermés, vous dire quelle est la bonne prise, la dernière version, la partie à refaire, le passage qui pèche ou qui pulse, face à ce royaume de musicien, ces trésors engloutis qui donneront après sa mort naissance à des tas d'enregistrements plus ou moins légaux. Au dernier coup de peinture du studio, Jim plane dans son espace, court dans les couloirs en riant, donne de la voix pour s'entendre en écho, a l'air d'un gamin à son premier Noël.

C'est à peine s'il y croit. Ce studio de star, il en a rêvé depuis toujours, mètre par mètre, détail par détail, il se l'est mis en tête, construit de nuit en nuit, y a tout imaginé, choisi, testé, et voilà qu'il y est, chez lui, à son heure, avec ses bandes, ses instruments, ses appareils et ses potes, en plein cœur de New York. Trois étages de locaux au 8th West Street, Greenwich Village, avec les studios proprement dits au rez-de-chaussée et au premier, les bureaux au second, l'appartement au-dessus, autant dire une petite usine, sa société et son havre, une première du genre chez un artiste, qu'il souhaite mettre à disposition de ses confrères en le leur louant à l'occasion. Pour la première fois, et quoi qu'il arrive désormais, il a réussi, gagné, et cette réussite est là, sous ses yeux, n'a rien à envier à un Abbey Road, un Olympic ou des Muscle Shoals, et il ne doute pas une seconde que les plus grands albums à venir de la pop, la soul et tout le restant vont naître, germer ici. A commencer par les siens, tous ceux qu'il a en tête et en magasin, qu'il aimerait trouver dans les bacs et créera donc, puisqu'ils n'y sont pas encore, toutes ses expériences à venir. Il aimerait partager ça avec une fille, mais il faudrait qu'elle soit musicienne pour bien comprendre, ressentir ce que ça fait, et ses filles à lui, les femmes de sa vie ne sont pas de la partie, plutôt muses qu'accompagnatrices, spectatrices qu'actrices. Elles vibrent, mais ne parlent pas musique : elles n'« entrent » pas. D'ailleurs, il n'a pas vraiment de femme dans sa vie, de vraie femme, de Mme Hendrix, il est seul, un homme à guitares, qui se pend à des cordes électriques et fait des sons bizarres. Un funambule sur ses six fils, sa route d'acier nickel.

Alors, ce seront ses frères, ses musicos, Billy Cox, Buddy Miles, Mitch Mitchell, Noel Redding, Eddie Kramer – le concepteur du projet avec lui et l'ingénieur du son en titre – qui partageront l'instant, son miraculeux cadeau ou caprice, selon son côté de la barricade ou de la console, et il se souvient encore du premier pas timide en entrant dans le studio terminé, de l'odeur, du son, de la lumière des lieux et surtout des ondes, de sa première visite d'amoureux à sa Ladyland, il y a quelques semaines. Du premier riff de guitare qu'il a essayé, de la première prise écoutée, de la vue qu'on a derrière la vitre de la cabine de prise de son et qui va devenir son Grand Canyon à lui, de la beauté des silences qui règnent ici. Déjà, il pense à toutes les nuits qu'il va blanchir, brûler, graver entre ces murs, à toutes ces notes qui vont lui tomber du ciel, à tous les plans et à tous les pains, et il les savoure d'avance, les projette, les fantasme, les goûte en connaisseur. A tous les coups, il va s'y éclater, c'est écrit-juré-signé, et y fabriquer des souvenirs qui feront vibrer la terre entière, avec ou sans remix, feront des millions de tours autour des platines, dans toutes les chambres des campus : lui qui n'oserait pas déranger un voisin... Avec un peu de talent et beaucoup de chance, il changera même le monde, pour quelques instants. L'avenir appartient désormais à la musique, et la musique, aujourd'hui, c'est lui, ladies and gentlemen, un musicien seul au monde, qui chasse une note parfaite dans le ventre de son antre.

Il est prêt, parade, pose avec le métier et la presse à son bel avenir comme on lancerait un paquebot à la mer : on est le mardi 27 août 1970, il a 27 ans, est le plus grand guitariste du monde, trinque avec Eric Clapton et vient de s'offrir un extraordinaire rêve éveillé, un Xanadu comme même Hollywood n'en fabrique plus et auquel il a donné le titre de son meilleur album. Et il se répète la formule magique, pour s'en convaincre : « Electric-Lady-Land, Electric-Lady-Land, E.L. ». Va-t'en rivaliser avec celle-là ! La lady du moment s'appelle Monika : pas la panacée ni une affaire vitale, mais comment s'accorderait-il une histoire vitale alors que la musique lui prend, lui suce la vie, qu'il n'enlève sa guitare que pour se coucher, comme on rend les armes, et encore la recherche-t-il parfois de la main en dormant, pour lui redire merci, l'effleurer une dernière fois ? Monika ne peut pas tout saisir, mais elle supporte, et c'est déjà beaucoup. Il n'en ferait pas autant. Là, au milieu de ses amis, des amplis et des jacks, des synthés et des pieds de micros, elle fait bonne figure, a le sourire qu'il faut, qui remplace les mots. Le comprend-elle pour autant ? Pas sûr, mais est-il vraiment compréhensible ? C'est qu'il a une drôle d'étoile, le genre de carte qui n'arrive qu'une fois dans la vie, et à un seul bonhomme, et c'est lui, LUI. A n'en plus dormir de bonheur, pour regarder sa fée électrique vibrer la nuit, briller en silence, dans le Village endormi. Respirer l'air de Lady Land, Madame la Terre...

Non content d'avoir chanté et joué partout, il avait aussi enregistré cette année-là avec Stephen Stills, Arthur Lee et l'incontournable Eric Clapton. Puis il avait repris la route, avec la tournée « Cry of love » en avril, Berkeley en mai, Atlanta en juillet, White début août. Il était partout, ne disait jamais non, puisqu'il ne respirait vraiment bien qu'en scène, chez lui. Et il allait encore remettre ça, au Danemark, avec le festival Love and peace de Fehmarn, une île allemande, le 6 septembre, où les choses faillirent mal tourner, à cause des fameux Hell's angels. Un concert chaud, chaud, au bord de la Baltique dont il naquit un enregistrement pirate, comme de presque toutes ses prestations : il y avait presque autant de disques de lui que de spectacles, un record et un cas, puisqu'ils étaient tous différents, à chaque fois uniques ! *Jimi at, in, on*... La blonde Monika, originaire du cru, était bien sûr à ses côtés. Enfin, il devait prendre un peu de repos à Londres, en attendant le Mexique et le Japon pour l'année suivante, autant dire la routine. Séances, shows, TV, interviews, séances, route, studio, plateau : la vie selon Hendrix. Quasiment un label déposé, dorénavant. A tel point que les pauses lui auraient presque fait peur, n'eût-ce été sa Dame Noire, la fille électrique de ses pensées. Lady Stratocaster. Sans elle, il était muet, vide, vain, une sorte d'handicapé. Sa guitare était sa vie, et il avait donc une vingtaine de vies à sa disposition, à demeure, comme le chat du proverbe. Et justement, il avait oublié de la prendre avant-hier soir, au concert d'Eric Burdon. Un copain d'autant plus cher que c'était donc son propre bassiste qui l'avait découvert, et qu'il leur devait bien ça, un bœuf entre amis, genre jam session. Aussi avait-il chanté comme ça, repris des vieux blues avec lui, accompagné par ses New Animals, et c'est peu de dire que l'ambiance était chaude, arrosée et tout – vous connaissez Eric ! –, mais il s'en voulait quand même, et se fit en rentrant la remarque que ces temps-ci, la Fender lui paraissait plus lourde, pesante qu'à l'ordinaire. Que sa chérie faisait certains soirs des tonnes, tout à coup, comme une vieille mama black de Harlem. Qu'il était pour une fois vraiment épuisé, vidé tel un sac en papier. Down.

Alors, ce jeudi 18 septembre, il alla comme promis passer la nuit au Samarkand Hotel, avec la belle Monika, qui trouverait sûrement les mots qu'il n'avait plus, parlerait à son cœur comme à un gamin. Ça, elle savait le faire, elle y était même experte, une sorte d'elfe blonde et de grande sœur zen. Il s'y rendit sans y croire, mais il tenait toujours parole, ou presque, et ne voulait surtout pas lui faire de peine, puisqu'elle n'y était pour rien, dans le poids de sa gratte. Il avait bien décidé qu'il rentrerait coucher chez lui après, au Cumberland, parce qu'il dormait mieux lorsqu'il était seul, mais franchement, là, il n'en avait pas le courage, tellement fatigué qu'il ne parvenait même pas à s'assoupir alors que, dehors, le jour des autres se levait et que les bruits de la vie recommençaient. Un jeudi anglais comme on les imagine, avec sa rumeur et ses vieilles manies, ses silhouettes grises et ses nouvelles du jour. Quelles étaient ces nouvelles ? Rien à foutre. Lui, il voulait dormir, juste dormir trois ou quatre heures, ce qui était quasiment un luxe et un maximum pour une pop star en tournée, enfin, une qui faisait autant de bruit autour d'elle, qui semait autant d'électricité et de décibels sur son passage : Mr. Bing-Bang en personne ! Trois ou quatre heures, c'est ça. Il lui fallait dormir « ça », au minimum, et, pendant qu'elle s'occupait à côté, il se mit à compter les secondes comme des siècles. Dormir, bon Dieu, il ne demandait que ça. Décrocher un peu. Lâcher prise. Pour un type qui avait jusqu'à 100 000 personnes par soir à ses pieds, ça ne devait pas être la mer à boire, de mettre la pause. Tiens, justement, il avait bu toute la soirée, du bordeaux, et avalé des machins, des bombes, pour conjurer la fatigue, qui le fichaient maintenant à plat. Repoussé aux aurores l'heure de se coucher, par lassitude plus qu'autre chose, et bu des litres pour atteindre une fois de plus son bout de nuit, comme quand il sautait en hauteur, jadis, et franchissait son seuil fatidique, un mètre soixante-dix-huit. Après, plus rien à faire, ça ne passait plus. Un mètre soixante-dix-huit : à chacun ses limites. C'était comme sept heures du matin. Même le soleil s'y mettait, maintenant. Lui, il aurait donné la lune pour une heure de vrai sommeil, et dans un état semi-éthylique, une sorte de coma fébrile, il se mit à rechercher les somnifères de Monika. Une marque qu'il ne connaissait pas, et il décida d'en prendre un par heure de sommeil. Il aurait bien dormi neuf heures, un bon chiffre, et avala le tout avec du bordeaux. Là, ça devait marcher. Mais il ferait sûrement un mauvais trip : il dormait toujours mal quand la beauté noire n'était pas là...

Le 4 octobre, deux semaines plus tard, Eric Clapton interrompit sa tournée pour venir jouer à ses funérailles, à Seattle, un blues déchiré qu'il ne se connaissait pas et qui lui redonna le frisson, celui des années Mayall, de l'électricité plein le cœur comme quand on retrouve une vieille connaissance. Il regardait courir sa main sur l'instrument comme si elle avait été habitée, visitée. Singulièrement inspirée. Comme si Jimi avait guidé ses doigts sur la Fender, depuis sa nouvelle demeure, branché à fond la sono et l'ampli, et s'était ingénié à lui rappeler ce qu'un musicien ne doit jamais oublier. Qu'il faut tout donner tout de suite, au cas où...

JANIS

Le « garçon le plus laid du campus » ou La cinquième rose

A remonter la courte vie de Janis Lyn Joplin, on pourrait quasiment décalquer celle de Jimi Hendrix, tant ces étoiles filantes de la galaxie pop, qui ouvrirent la voie Morrison et préfigurèrent un certain Nirvana, eurent des destins voisins, parallèles, comme si la musique de cette décennie avait eu le mauvais œil, que l'Amérique eût voulu se fabriquer des Rimbaud à la chaîne, en stéréo, et qu'elle eût besoin de sacrifices, au pays comme au front, à la scène comme à la guerre.

Même année de naissance à deux mois près et de mort à deux semaines près, mêmes racines de vieux blues, ici au féminin – Bessie Smith, Odetta, Big Mama Thornton, et le grand Leadbelly –, mêmes festivals fondateurs – Monterey, Woodstock –, même énergie scénique rebelle, même goût de l'alcool et des drogues, même durée de carrière éclair : quatre ans, même fin prématurée à l'âge où d'autres cherchent encore leurs mots ou leur premier contrat. Même postérité flamboyante, grandissante, démesurée : c'est autant la mort que le talent qu'on célèbre ici, l'injustice d'une course fauchée de plein fouet. L'œuvre avortée qu'on ne finira pas d'imaginer, en mieux à chaque fois : Jim et Janis étaient aussi grands par ce qu'ils auraient pu devenir, tout ce qu'ils nous avaient laissé entrevoir de leur avenir, que par ce qu'ils avaient été. C'était ce vide-là, quasiment un rapt de leur destinée, qui nous faisait le plus mal, et se ponctuait d'une éternelle interrogation. Pourquoi le génie mourait-il jeune, ou bien consistait-il justement à mourir jeune? Jimi vieux se serait-il appelé Buddy Guy, et Janis Bette ou Tina, Joan ou Joni, au chevet d'un Bobby McGee sur le retour? Tout le secret du métier, c'était bien connu, consistait à savoir sortir de scène, mais pas en tomber.

Naturellement, les ressemblances s'arrêtent là, car si Jimi était un type plutôt pacifique, calme et profond comme l'océan du même nom devant lequel il était quasiment né, Janis la Texane était bien plus speed, disjonctée, extravertie que lui dans la vie, et bien plus noire – au sens premier du terme – dans son œuvre et ses engagements, Jimi étant autant ignoré sur le plan musical par sa communauté que Janis s'en inspirait, s'en réclamait. Toute jeune déjà, elle prenait position pour défendre les droits des minorités, militait pour l'intégration des Noirs, dont elle avait elle-même intégré l'âme, l'esprit, et le rythme mieux que quiconque : son credo. Et son cri montant jusqu'au ciel de Woodstock n'était pas seulement celui d'une artiste et d'une femme, mais aussi d'une sœur de couleur, blanche en l'occurrence, priant à sa manière pour les siens. Une profession de foi venue de loin, peut-être de ce soir de 1955 où elle avait vu à 12 ans un débutant nommé Elvis Presley à la fête paroissiale de sa ville natale, ce nègre blanc qui lui parlait de cœurs brisés, de pompes et de lune bleues, lui susurrait dans le micro Shure des *I Love You Because* et *I'm Counting On You* comme autant de messages personnels, des mots qu'on n'oublie pas à cet âge-là et qu'on remporte chez soi dans la nuit telles des perles de pluie. *Pearls.* Il y a comme ça des hommes qui vous flanquent le blues pour la vie, surtout si elle est brève...

Au début, il y avait donc une petite Texane, fille de Texans travaillant à Port Arthur chez Texaco (elle s'en souviendra en créant plus tard *Mercedes Benz* et en bariolant de fleurs multicolores sa Porsche Cabriolet décapotable) qui hésitait entre peinture et musique, en l'occurrence le blues, faisait tous les clubs, folk-coffee houses et les fameux hootenanies du coin, de Austin à Houston, et décrocha pour tout diplôme à l'université le concours de... la personne la plus moche du campus ! Littéralement... « Le garçon le plus laid de l'université » *(sic)*. De quoi rendre féministe la plus cool des suffragettes, et Janis ne rigolait justement pas sur la question, n'était pas en reste de ce côté-là. Cataloguée parfois « femme à femmes », comme on aurait pu dire alors dans un titre de film B, et en réalité bisexuelle, elle ne s'en laissait pas conter, et rejoignit vite la beat generation, c'est-à-dire d'abord Venice, le quartier beatnik de LA, puis Frisco, à une époque – 1963 – où elle avait déjà tâté de tous les expédients, du speed, de la coke et de cette boisson forte louisianaise qu'on appelait le Southern Comfort : une liqueur explosive à base de whisky, de bourbon et de pêche venue tout droit de la Nouvelle-Orléans, qui se préparait en cocktail et se dosait à 40 ou 50 % d'alcool, selon les cas. Et dans tous les cas, avec elle, c'était 50 %, à deux litres par jour, du sérieux, du solide, et, comme aurait dit l'autre, une boisson d'homme capable de vous réveiller le plus endormi des volcans, alors une blueswoman en manque ! Janis, elle, mélangeait tout ça de à de beaux états d'âme, quelques bons comptes à régler, deux ou trois rengaines rentrées qu'elle retournait régulièrement contre sa famille et sa ville natale, puis repartait tout aussi naturellement s'y désintoxiquer de ses frasques, descendant même jusqu'à 40 kilos en 1965, avant de doubler quasiment de poids, comme on change d'humeur. Et, quand elle s'y attelait, elle ne lâchait plus le morceau, c'est-à-dire le micro, et mettait le public K.-O. avec son cri primal, sa longue plainte viscérale, gutturale, ses feulements larvés sur distorsions électriques, son blues du fond des entrailles et de l'Amérique de Johnson et Nixon, qu'elle vous assénait comme un uppercut au foie, du haut de son mètre soixante-cinq, avec son sourire insolent et ses lunettes rondes à la Lennon : « On ne peut pas sortir quelque chose de valable si on ne le ressent pas. Je ne peux pas faire semblant. J'ouvre juste la bouche et c'est là » *. Frappant le sol, déployant sa chevelure, se déhanchant, elle chantait en transes comme si elle était possédée, visitée, mettait le feu à la scène et malheur à qui était programmé après elle s'il n'avait pas des tripes d'enfer : la place était chère, et chaude !

Mais c'est en 1966, année hippie – Haight-Ashbury – et donc âge d'or de San Francisco, où tout le monde veut aller en chanson avec les Flower Pot Men, où les Grateful Dead et Jefferson Airplane sillonnent les nuages tels des dirigeables, des publicités pour un au-delà où l'herbe serait toujours plus verte et enivrante, que tout démarre vraiment pour elle, sur le plan professionnel ; un cycle implacable qui la conduira en quatre ans au sommet, puis au néant, selon un parcours désormais obligé de l'apprentie pop star made in USA. Avec le Big Brother and the Holding Company, un groupe local de moyenne qualité, elle enregistre un premier album chez un label indépendant, Mainstream Records, et n'obtient qu'un succès d'estime avec ses blues décalés en pleine époque psychédélique : *Blindman*, *All Is Loneliness*, tous ces titres qui sonnent comme des adages ou des prophéties... C'est néanmoins par la scène, et pas la moindre, qu'elle va s'imposer en 1967, au fameux festival de Monterey qui, de Jimi à Otis, révéla et initia plus d'une carrière, devant 70 000 personnes. Programmée entre Byrds, Mamas and Papas, Who et autres Canned Heat, Janis y débarque ce 16 juin avec une fabuleuse reprise de son idole Big Mama Thornton, *Ball And Chain*, une de ces chansons du dedans qui vous remontent comme une coulée de lave et vous assèchent le gosier pour la vie.

* *Janis Joplin*, par Jean-Yves Reuzeau (Folio biographies, 2007).

Et il n'en faut pas davantage pour que le plus célèbre manager de l'époque, Albert Grossman, l'homme de Dylan, Baez, Peter, Paul and Mary et les autres, aussi connu pour ses stars que son catogan, la prenne sous son aile et lui décroche un contrat de trois disques chez Columbia, justement la maison du grand Bob. Le premier enregistrement, *Cheap Thrills*, sorti en août 68, sera un coup de maître, vendu à un million de copies avec sa pochette de Robert Crumb et des covers tels *Piece Of My Heart* et surtout *Summertime*, et s'accompagnera d'un passage au non moins légendaire Fillmore East, dans la foulée de Jimi. Jusqu'au bout, ces deux-là ne se lâcheront jamais tout à fait, se renverront la balle, se feront des signaux de fumée, même si son véritable alter ego, compagnon de route et occasionnellement de chambrée, s'appellera Jim Morrison. En apprenant sa disparition, ce dernier ne s'y trompera d'ailleurs pas et prédira à un proche qu'il est le suivant, le troisième de la liste, et, en bon visionnaire, il tiendra parole. Pour le moment, ils se repassent le micro, comme on se transmet le feu, et ils ont la même façon d'interpeller, d'allumer le spectateur en le tutoyant, le réveillant. De leur propre aveu, ils diront faire l'amour avec leur auditoire, jusqu'à se faire interdire ou sortir de scène, et avoir besoin ensuite d'une dose, exactement comme après une étreinte démultipliée. Leur plus grand pied sur terre, qu'on l'appelle orgasme, shoot ou électrochoc, c'est le public : la vie est *live* ou ne sera pas. La sienne dure trois heures par jour, de 21 heures à minuit, et la démange les soirs de relâche : *born to sing.*

Les campus ont le frisson, la fièvre des platines : enfin une fille qui ne roucoule pas son folk baba sur des Gibson acoustiques, mais rock et roule au quart de tour sur des boogies de papa, les c... en plus. Du lourd, du hard, de la bonne. Seul problème : la chanteuse est instable, un poil caractérielle, et tellement pressée d'avancer, comme si elle n'en avait pas le temps, qu'elle renverse tout sur son passage, y compris elle-même. Alors, pour tenir physiquement et progresser artistiquement, repousser ces fichues portes qui se referment à chaque fois sur ses complexes, tabous et inhibitions (elle n'est pas née dans le Sud pour rien et a grandi dans des chorales d'église, en peignant des saints), elle boit, fume, sniffe, se pique, fait feu de tout bois, se gave de trucs qui la transforment chaque soir en Joplin, face à des pans d'Amérique subjugués, puis la recrachent après minuit en Janis, petit bout de femme éclatée comme un puzzle, écartelée dans le miroir, qui essaie de comprendre en riant trop fort où elle en est, voire même qui elle est. Inconnue un an avant, pour ne pas dire tricarde, cataloguée emmerdeuse, et promue trésor national et artiste culte un an après : il n'existe pas sur terre une seule drogue capable de t'injecter, t'inoculer un tel va-et-vient, up and down, mais quand tu atterris, attention à la décompression ! Tu ne te reconnais plus dans la glace de ta loge, subjuguée, métamorphosée, enfin belle et ravie. Stone. Heureusement, il y a ce fichu Confort du Sud – quelle trouvaille machiavélique que ce nom, une invitation à l'extase ! – pour te requinquer, te remettre en place, te rendre forme humaine, et depuis quelque temps, elle en consomme tellement que la firme lui aurait même offert un manteau de zibeline en remerciement, tu parles d'une publicité ! N'a-t-elle pas été interpellée par la police de Tampa (Floride) en novembre 69, pour tapage et outrage à agent, en l'occurrence un crétin qui l'empêchait de chanter ? L'affaire s'est arrangée de justesse, mise sur le compte de ses déprimes, mais elle faisait grise mine sur la photo de l'anthropométrie, cheveux défaits, regard hagard et nez en chou-fleur, avec sa barre de centimètres à côté : nom, prénom, âge, adresse, profession... Ça, l'icône de la jeunesse américaine ? La honte de sa vie, qui en compte pourtant quelques-unes. Arrêtée en état d'ivresse, pour désordre sur la voie publique, elle n'a de cesse d'être libérée pour noyer aussitôt tout ça, effacer ce jour maudit de son calendrier.

Et comme elle ne peut plus tenir en place, elle change même de groupe et reprend la route avec le Kozmik Blues Band, une formation soul/rhythm'n'blues inégale qu'elle dissoudra aussitôt après l'enregistrement de son nouvel album, le 30 cm de *Try* et *Work Me Lord*, à nouveau insatisfaite. Perpétuellement en manque, la dame, et ça se voit, elle en joue. Car elle ne rate jamais une occasion de se faire remarquer, Janis – on dit ici « Pearl » –, avec ses chapeaux fantasques, ses boas, ses toilettes en fleurs, ses petits seins qui pointent à l'appel, allument l'objectif, et carrément ce nu intégral devant l'appareil du photographe Bob Seidemann, en 1967, où le plus dérangeant est encore son sourire, plus provocant et insolent que jamais, une vraie gifle et le défi d'une génération, pire que si elle tirait la langue. Toujours le même, aussi décapant en photo, quand elle se tait et en dit si long, qu'à la radio, quand elle y va franchement et éclate d'un grand rire sonore de gorge qui claque comme un coup de fouet, lamine l'interlocuteur, et hérisse le poil de tous les culs-bénits du quartier. De la pure provoc. Dans ces cas-là, ils la haïssent, la vouent aux gémonies, et elle, elle en rajoute, jubile, sourit tant et plus avec la même petite étincelle derrière ses verres : subversive. Une fouteuse de m... pas méchante pour un sou, mais rebelle dans l'âme, en ces temps de libération et d'émancipation féminine, et qui vous fait comprendre que c'est quand elle veut, si elle veut.

Le problème, c'est que, ne s'acceptant pas toujours, elle ne supporte pas les autres, et en change donc tout le temps, les envoie à la casse et s'invente sans cesse de nouveaux amis, musiciens, collaborateurs, comme on varierait le décor. La vie est trop lente, monotone pour elle, elle en redemande, ne se satisfait pas de ces journées de vingt-quatre heures, avec leurs plages de sommeil et leurs temps morts, leurs salles d'attente et leurs violons d'ascenseurs, leurs feux rouges et leurs sens interdits, tous ces types en chapeaux mous qui attendent leur mort en devanture en sirotant leur bière. Elle trépigne, piétine, peste comme ces mômes de son enfance, quand elle jouait à Port-Arthur avec son frère et sa sœur et qu'elle voulait gagner à tout prix. Elle a soif, faim de musique et de public, et a autant de plaisir à monter sur scène que de mal à en descendre, crache chaque chanson comme la dernière, comme on jette une bouteille à la mer. C'est bien le mot. Pour y monter, il lui faut boire, histoire de se mettre en condition, et pour en descendre, se piquer afin de la garder, exactement comme quand elle vient de faire la « chose » et qu'elle a besoin d'un remontant : toujours le même rituel, même si elle est imprévisible. Janis est son pire ennemi.

Car « Pearl » soigne le mal par le mal, est le havre de toutes les contradictions, qu'elle poussera ad lib, comme le reste, les notes, les hommes, les spectateurs. Complexée par son physique, qu'elle juge ingrat, elle n'arrête pourtant pas de séduire, et selon son propre mot de « baiser », des dizaines de filles et milliers de garçons *(sic)*, quasiment tout ce qui passe, comme pour se prouver le contraire. Vocalement surdouée, elle fait le « complexe d'Aretha et Tina », qui ont à ses yeux le privilège de l'authenticité, de l'antériorité, sans parler d'Ella, ou encore d'Otis, en qui elle ne s'est reconnue que trop, et n'a qu'une angoisse : qu'on s'aperçoive qu'elle ne... sait pas chanter, notamment lorsqu'elle est amenée à le faire aux côtés des intéressés, à la fête de la Stax à Memphis ! Résolument bohème, elle caresse néanmoins des rêves d'embourgeoisement, parlera mariage et enfant jusqu'à la fin et revendiquera dans sa dernière demeure – une villa infestée de parasites comme seul le show-business peut en produire – un avenir de promenades en forêt, ballades au piano, chats et chiens au coin du feu, tout en serrant sa sangle et recherchant un coin de veine libre pour avaler sa dame blanche et en revisitant Zelda, son autre héroïne fatale.

Femme de records en tous genres, elle a pourtant le pire à son actif, six overdoses en un an et demi, entre juillet 68 et décembre 69, dont elle n'est revenue qu'à peine, à grand renfort de sel et d'eau glacée, et voit y succomber ses proches, de quoi en alerter plus d'un. Le jour où son amie Nancy part d'un mauvais trip, elle se shoote elle-même dans l'heure qui suit pour se consoler, ne plus y penser ou la retrouver ! Et quand on met en garde la femme, c'est la star qui vous remet en place : « Je ne veux pas vivre de façon peinarde. Je veux flamber sous la cendre. Je ne veux rien d'autre » *, tranche-t-elle lorsque le musicien Nick Gravenites, ami et mari d'amie, s'y colle une fois de plus. Que voulez-vous répondre à ça ? C'est la patronne, et elle paiera le prix, revendique ses contradictions qu'elle appelle des paradoxes. Détestant son passé texan, elle revient pourtant – le mois précédant sa disparition – fêter les dix ans de son école, à Port Arthur, et y fait naturellement scandale, à nouveau rejetée par ses ex-condisciples et toutes les autorités locales : elle les dénigre à la télé ! Et ainsi de suite. Janis vs Joplin.

Crevant de solitude et perpétuellement en quête d'alter ego, à force d'ego, elle change de compagnon comme de draps ou, dans son cas, de vêtements, et de musiciens comme de chemise, ceux-ci se confondant d'ailleurs avec ceux-là. Sait-elle à quel point l'une de ses idoles, Edith Piaf, agissait de même et ne s'en remit pas, à compter ses gardes du cœur à la veillée ? Rencontrant en 1969 sur une plage du Brésil l'homme de sa vie, un certain David Niehaus qui espère l'arracher à ses démons, elle n'aura de cesse de courtiser, héberger et materner son contraire absolu, ce Seth Morgan qui n'en veut qu'à sa gloire et n'aime même pas sa musique : un imposteur. Découvrant en 1970 « le » producteur idéal, l'auteur-compositeur Todd Rundgren qui aurait pu lui faire gagner temps et santé en la déchargeant de sa partie musicale, elle en engage un autre, etc.

Tout Janis réside dans cette perpétuelle contradiction, dualité qui la déchire et la déséquilibre : elle peut faire établir le même jour, peu avant la fin, un acte de mariage et son testament, comme si au fond ça allait de pair. Le reste est du même tonneau : alcoolique notoire, passant du fameux Sou-

---

* *Ibid.*

thern Comfort à la vodka, puis à la tequila, généralement orange, elle prétend boire pour échapper à la drogue, s'enivrer pour ne pas se défoncer, et comme elle est en manque du soir au matin, attaque son petit déjeuner au Bloody Mary! Puis elle enfile sa bouteille en bandoulière, se pare de ces effets et colifichets qui la rendent reconnaissable entre toutes – pantalons de satin, tuniques lamé argent, velours violets, dentelles, bracelets, broches, colliers de perles, sur fond de tatouages, une vraie boutique baba –, saute dans cette Porsche non moins peinturlurée qui la transforme en loup blanc californien, et arpente son boulevard de bars, une vie de comptoirs sertis de gin et de guacamole, en attendant l'heure du show, qui verra monter le trac en même temps que son degré d'alcoolémie. C'est sa manière : l'alcool pour cacher sa drogue et les hommes pour masquer ses femmes, qui sont parfois leurs propres épouses, et ces fards et fanfreluches turquoise pour habiller son noir, les bleus du blues. Et quand le manque se fait trop pressant, c'est la dolophine, une sorte d'équivalent de la méthadone, qui prend le relais, soutenue par les vodka-Valium et autres mélanges du jour, amphétamines et sucres variés, à la carte. « J'arriverai jamais jusqu'à l'âge de 30 ans », lâche-t-elle sur un balcon de Seattle à un ami qui l'interroge en 69 sur ses projets. Et à l'approche de la fin : « Je me demande bien ce qu'ils raconteront à mon sujet après ma mort. »

Elle seule sait à quel point elle dit vrai : déjà, à Woodstock, on a dû la porter littéralement en scène tant elle était ivre, une bouteille dans chaque main – champagne d'un côté, tequila et vodka de l'autre, non-stop pendant vingt-quatre heures – et une fois-là-haut, elle s'est demandé au micro « où était le public », pourtant vaste comme une capitale : 500 000 fans d'un coup! La prestation était si faible, hésitante, désespérante que l'avisé Albert Grossman refusa de la laisser figurer dans le film-fleuve tiré du festival. Il allait perdre Dylan et les Doors, savait désormais que tout pouvait retomber, à tout moment, et prit à titre personnel une assurance sur... la vie de son artiste, pour se protéger en cas de pépin ! Le ton était donné. Mais jusque-là, tout allait bien. Et, après son caprice de la Porsche, où un fan mal inspiré déroba un jour son infortuné chien George (!), jamais retrouvé, Janis s'offrit l'autre rêve de sa vie : une vraie maison, entourée de séquoias et d'eucalyptus au fond d'une impasse tranquille donnant sur West Baltimore Avenue, à Larkspur, dans la péninsule de Marin County.

Dans cette demeure rustique aux poutres apparentes, portes vitrées coulissantes, pièces immenses, avec meubles victoriens, piano, billard, tapis orientaux fixés aux murs et lustres imposants, et à l'extérieur balcons, garage, barbecue, banc, ruisseau et tout ce qu'il fallait pour n'avoir plus besoin de rien, elle se dédoubla donc, donnant d'un côté de monstrueuses fêtes à la limite de l'orgie, et aspirant de l'autre à alterner musique, yoga et équitation, entre deux livres de ses chers Tom Wolfe, Nabokov ou Fitzgerald. Pour la première fois qu'elle se sentait vraiment chez elle, et avait par ailleurs enfin trouvé « son » groupe, elle ne put s'empêcher de mélanger à nouveau les choses, et surtout les gens, tant l'art et la vie se confondaient totalement dans son cas. Et elle installa là quelques-uns de ces parasites dont elle voulait justement se séparer en quittant Noe Street et Haight-Ashbury et qui la suivaient ou l'entraînaient – allez savoir –, veillaient à ce qu'elle ne sorte pas du cercle, dénichaient où qu'elle aille un bar où la noyer davantage, tel ce Trident voisin de Larkspur, à Sausalito : son nouveau port d'attache ou de naufrage, après minuit. Littéralement « accro » à son passé, happée par un avenir qui promettait de plus en plus, elle n'avait jamais eu autant de cartes en main, y compris un grand folksinger blond aux yeux bleus et à la voix grave qui savait ce qu'écrire voulait dire et n'avait pas peur du mot succès : Kris Kristofferson. Il n'y avait qu'à se pencher pour cueillir le fruit de ces années-éclair où elle s'était imposée comme un homme, dans un métier et un répertoire d'homme. Qu'à faire le geste et se laisser souffler enfin, chanter après tant de routes, de nuits couleur de poudre et de compagnons glacés, blancs comme neige ou verts comme l'herbe, du shit au shoot, morts sur le rail ou tombés sur la ligne, en nourrissant le singe ou chassant le dragon. Qu'à poser enfin sur la table du salon le kit meurtrier qui ne la quittait jamais, comme on rend les armes en fin de western : sangle-seringue-coton-flacon etc, la pompe et la paille qui lui suçaient la vie. Il fallait jeter au sable ses colts d'or, tel le père de Peter Fonda dans ce foutu film, juste avant le mot « fin ». S'asseoir par terre en plein midi et compter les étoiles en fermant les yeux, sans tricher, comme au temps des billes. Remettre chaque soir sa vie dans les balances, poursuites et tout le toutim, en attendant ses retours de salle à la puissance mille.

Tout pouvait donc arriver désormais, le meilleur comme le pire, et c'est ce qui se passa : tout arriva. La dernière année de sa vie commençait, entre cures avortées et psys dépassés, amants d'un jour, sinon d'une heure, et maîtresses de rechange, un monde plein d'ex – amours, amis, secrétaires, guitaristes, confidents – où chacun emportait une part d'elle-même et où sa chatte n'aurait pas retrouvé ses petits. N'avait-elle pas recherché en vain le nom du père de son enfant à venir lorsqu'elle avait choisi d'avorter, trois ans auparavant, faute de trancher entre une vingtaine de candidats possibles ?! Jamais solitude n'avait été plus entourée, donc plus grande en ce paradis artificiel de la côte Ouest, avec tous ces Nick, Lynda, Peggy, Myra, Kim, Sunshine, Vince, qu'elle attirait, rejetait, rappelait, transformait ensuite en copains, fantômes ou souvenirs, selon l'humeur et la dose du jour. Quand ils n'en faisaient pas eux-mêmes des chansons, comme Leonard Cohen avec son *Chelsea Hotel n° 2*. C'est dans un ascenseur que le hasard les avait présentés, réunis quelques heures et détachés à vie, pour ce qu'il en restait : *« I remember you well in the Chelsea Hotel/You were famous, your heart was a legend/You told me again you preferred handsome men/But* *for me you would make an exception/And clenching your fist for the ones like us/Who are oppressed by the figures of beauty/You fixed yourself, you said, "Well never mind/We are ugly but we have the music" ».* Ce qui se traduisait en *live* et off the record par : « Je préfère les très beaux mecs, mais pour toi, je ferai une exception »*. Dans ce métier, rien ne se perdait.

Deux ans déjà, qu'elle avait appuyé sur le bouton du quatrième, étage ou ciel, face à l'auteur de *« Suzanne »* et du *« Partisan »* qui la dévisageait fixement et semblait lire en elle. Ne sachant trop quoi dire, elle lui avait lancé avec son sourire de petite fille, une de ses bottes secrètes qui ne servait que dans les grandes occasions : « Je cherche Kris Kristofferson » – son amoureux du moment – et il lui avait répondu, avec un aplomb complice : « Vous êtes bien tombée : je *suis* Kris Kristofferson ! » Elle l'avait cru. C'était un jeu d'enfant. Il avait rejoint sa chambre. C'est en la voyant partir au matin qu'il avait littéralement aperçu, reconnu sa chanson dans la brume : *« And that was called love for the workers in song/Probably still is for those of them left/Ah but you got away, didn't you babe/You just turned your back on the crowd/You got away, I never once heard you say/I need you, I don't need you ».* Au fond, cela valait bien tous les gamins du monde...

Intérieur nuit, en plein midi. Fin juillet 70, LA. Depuis trois mois qu'ils répètent dans son garage de Larkspur, elle se dit qu'elle n'a jamais eu de meilleur groupe que ce « Full Tilt Boogie Band », comme ils se baptiseront, et que cela fait du bien : la somme de ses deux expériences précédentes, moins la folie avant-gardiste du Big Brother et la surenchère du Kozmic Blues Band, ce qui n'est pas plus mal. Cette fois, elle y est arrivée, et savoure l'instant, la note, le son, et même le silence qui suit, en leur balançant que « s'ils la lâchent, elle

---

* *Ibid.*

les abat aussitôt ! », et ponctuant le tout du fameux rire en cascade, qu'on reconnaîtrait et entendrait presque à des kilomètres à la ronde. Janis se marre franchement et cela fait plaisir à voir, elle se ressemble à nouveau et on pourrait soudain parier sur elle, comme au début, la jouer gagnante aux prochains charts. En mai, elle reprend la route, le micro, et la fiole pour une tournée de deux mois : San Francisco, Louisville, en gilet brodé d'or, bas résille et plumes dans les cheveux, s'il vous plaît : tenue de soirée !

Mais l'événement est ce festival débridé qui traverse en train le Canada, de Toronto à Calgary et du 28 juin au 4 juillet, avec 150 artistes à bord, dont le Grateful Dead, The Band, Ten Years After, les Flying Burrito Brothers, Sha Na Na, et... Robert Charlebois ! Une gigantesque fête de huit jours, sans manger mais en buvant, sans dormir mais en s'allongeant autant que possible avec ces passagers en marche comme elle pour la grande aventure, leur Transamerica ou Pony Express, pour franchir leur mur du son et faire le plein de bonnes ondes, à transformer en musiques si affinités. Au programme, un concert par ville. C'est à qui emportera chaque soir le morceau, et elle n'est pas loin de le décrocher, comme le pompon volant de ses lointains manèges, au temps des carrousels. Mais ce n'est rien par rapport au succès qui l'attend à Honolulu – 7 000 personnes debout –, puis le 1er août au Forest Hill Stadium de New York – 12 000 spectateurs –, ni aux 18 000 fans en folie de l'Illinois et aux 20 000 du Peace Festival, au Shea Stadium, et enfin aux 30 000 du Harvard Stadium de Cambridge à Boston, le 12 : toute une ville debout à ses pieds ! Comment pourrait-elle se douter que ce concert est son chant du cygne, son ultime rendez-vous avec le public ? Qu'elle ne chantera plus sous ces étoiles, au moment où l'avenir lui tend les bras ? Qu'elle vient de passer la fameuse « ligne d'Eddie », au-delà de laquelle on devient un souvenir, une épitaphe, un chanteur pour dictionnaire des noms propres, *born-dead, 1943...* ? N'a-t-elle pas confié récemment son désir de voir publier l'histoire de sa vie, comme si elle était d'ores et déjà terminée? Le lendemain, mue par un étrange désir et comme pour boucler la boucle, clore le chapitre, elle retourne donc aux sources, à Port-Arthur pour assister à... une réunion d'anciens élèves, à l'occasion du 10e anniversaire de la promotion 1960 du lycée Thomas Jefferson, dont elle a fait partie. Dire que cela se passe mal est un euphémisme : posant pour la photo souvenir de groupe au milieu de ses ennemies d'enfance, camarades de classe devenues employées ou femmes au foyer, elle se montre plus provocante, insolente que jamais, tourne tout et tout le monde en dérision, et, pour achever le tableau, va littéralement insulter sa ville et même sa famille sur une télévision locale, comparant son Etat à la Louisiane voisine, qu'elle juge bien plus moderne et ouverte : l'injure suprême. Chauffée dès le matin au Bloody Mary puis à la tequila, elle ne fait pas de quartier, ni le détail, concluant qu'« une telle adolescence fait de vous une chanteuse de blues ». Et quand d'aventure on lui demande d'en pousser une pour calmer l'atmosphère, elle rétorque : « Vous plaisantez? On me paye 50 000 dollars pour faire ça! » Cette fois elle a coupé le cordon, en même temps que l'arrivée d'air. Elle est en roue libre, comme dans cet album du grand Bob...

Entre-temps, elle a participé les 25 juin et 3 août à deux émissions du populaire « Dick Cavett Show », sur la chaîne ABC : sa dernière prestation officielle et pas forcément la meilleure, avant d'entrer en studio, pour n'en jamais ressortir. Ses adieux à l'objectif.

Dès la fin juillet, Janis Joplin s'est donc installée au Landmark Hotel d'Hollywood, chambre 105 au premier étage, pour enregistrer aux studios Sunset Sound proches ce qui deviendra l'album *« Pearl »,* sous la houlette de Paul A. Rothchild, producteur des Doors, Crosby, Stills and Nash, Joni Mitchell, les Everly Brothers, Phil Ochs, etc. : une autorité en la matière. Dans le studio voisin se trame un autre disque phare : *« Sweet Baby James »,* de James Taylor, qui y travaille avec la non moins grande Carole King et n'est pas non plus en reste côté dope : on est en bonne compagnie, d'autant plus que les deux premiers LP des Doors – autant dire les meilleurs – ont vu le jour ici. *Light My Fire* et *The End*, *When The Music's Over* et *People Are Strange* viennent de là, de cette console et de ces micros, et il doit bien en rester quelque chose dans l'air, l'âme d'un frisson. Sentir planer sur elle l'ombre de Jim, qui se posa un jour sur son épaule, l'introduisit chez les poètes, la rassure et l'exalte. Elle n'est pas seule, doit faire mieux, écrire la suite de la légende, comme on signe le livre d'or d'un palace ou on paraphe un séquoia du jardin : « Ici j'ai gravé mon âme, en ce 3 octobre 70, et maintenant c'est à vous de jouer, de vous éclater... ».

En moins de temps qu'il ne faut pour les répéter, huit titres sont déjà en boîte, autant dire la totale, et de l'avis général, le disque, carrément dédié à sa passion des bars et de l'alcool – sur la pochette, elle doit initialement apparaître au recto et verso en train de servir à boire à ses musiciens ! – s'annonce comme son meilleur, avec des morceaux de choix : *Cry Baby*, *Mercedes Benz*, *Me And Bobby McGee*, de Kris Kristofferson, l'homme aux initiales qui traversera à son tour son cœur et son lit, sans qu'elle puisse cette fois le retenir : le seul qui lui ait finalement échappé, tout en lui restant fidèle. Un cas : un artiste, qui ne lui doit rien, et la paie en retour, *J.J. sings K.K.* Telle une Piaf pop, une Billie blanche ou une Judy blonde, elle a besoin de chaleur humaine, quelle qu'en soit la source, et aime comme toute interprète pure – à la fois sa faille et sa force – la brûlure des auteurs, leurs mains qui la façonnent, puisent ses émotions et font d'elle une chanson, la transforment en bon vieux blues au bout de leurs nuits blanches. Elle adore quand ils saisissent leur guitare et lui rendent son désir d'un couplet, un refrain qu'ils ne connaissaient pas une minute avant, qu'ils traduisent en notes leurs émois et qu'elle va ensuite raconter ça au monde entier, porter leur bonne parole ou leur poignée d'accords. C'est la seconde qu'elle préfère, où elle prend à son tour la mélodie en bouche et va la modeler, la développer, l'explorer. Le vrai secret de son métier et l'un des plus grands cadeaux de sa vie. Chanter, c'est-à-dire brûler.

L'album de sa consécration est désormais presque prêt, à deux chansons près. Dans ce genre d'entreprise, les idées de dernière minute sont souvent les meilleures, un peu comme on chercherait le « titre de l'œuvre » après l'avoir écrite. Bref, tout est là et il manque pourtant « quelque chose » pour souder le tout, une chanson-somme, pour ne pas dire testament. Son *House Of The Rising Sun* ou *With A Little Help From My Friends*, version seventies. C'est son ami, le songwriter Nick Gravenites *(« Born In Chicago »* pour le Paul Butterfield Blues Band, Electric Flag etc.) qui lui propose au dernier moment un morceau de sa composition au thème prophétique : *Buried Alive In The Blues (« Ensevelie vivante dans le blues »).* Rarement titre aura été autant écrit pour elle, du sur mesure et un terrifiant présent, qui sonne comme une épitaphe et deviendra son suaire professionnel. Elle doit en enregistrer les paroles début octobre, le temps de les finir et de peaufiner les rythmiques, tout ce qui fait pour elle une œuvre réussie : « Une chanson, c'est le rythme, c'est la batterie et la basse qui te bottent le cul » *.

Alors, Nick s'active à la tâche, refait, fouille la mélodie pour en tirer le meilleur, en atteindre le cœur. Encore deux séances, quasiment historiques tant sa formation musicale est vraiment la plus homogène et énergique qu'elle ait jamais eue, et cet album le plus personnel de tous : elle a cette fois-ci toutes les cartes en main, et la reine en prime. Elle y est, n'a en ce moment qu'un regret : sentir ces hommes qui glissent entre ses doigts comme du sable de Big Sur, ce bonheur qu'elle n'arrive pas à capturer ni apprivoiser, qu'elle effleure toujours en chambre et jamais plus d'une nuit, comme si elle était définitivement une femme de passe, de passage, celle qui ne dure pas. Une chanteuse en tournée des cœurs. Une tra-

* *Ibid.*

versière, flanquée d'un imposant tableau de chasse, digne d'un soir de Grammys : Hendrix, McDonald, Morrison, Kristofferson, Clapton, Cohen, qui dit mieux ? Depuis quelques semaines, elle sent bien que ce Seth, un faux poète et vrai faussaire installé chez elle qui se fait passer pour un fils de financier alors qu'il est juste un enfant de la balle, est en train de la trahir, la tromper à domicile, avec ses propres amies, et elle le vit mal. Alors, elle remet ça, la sangle et tout le reste, replonge bientôt dans l'héroïne après trois mois d'abstinence, c'est-à-dire d'alcool, aux alentours du 11 septembre. Et puis, le 18, la mort de Jimi l'achève, même si elle feint de prendre la nouvelle avec humour : « Deux stars du rock ne peuvent décemment pas disparaître la même année... Je me demande ce qu'ils raconteront à mon sujet après ma mort. »

C'est curieusement le moment où elle modifie son testament, initialement rédigé en faveur de son seul frère et de sa copine Linda Gravenites, pour léguer la moitié de ses biens à ses parents, un quart à ce même frère Michael et le dernier quart à sa sœur Laura. Elle prévoit de laisser le contenu de sa maison de Lankspur à sa « colocataire féminine du moment » et met de côté 2 500 dollars en vue d'une fête à sa mémoire, une fois ses cendres réparties dans le Pacifique, au large de San Francisco. Presque un adieu. Enfin, dans le même temps et contre toute logique, elle s'enquiert des dispositions à prendre pour établir ses actes de mariage avec le dénommé Seth, auquel elle prévoit d'ailleurs de ne rien léguer dans le fameux testament ! A croire que l'effet conjugué du triptyque héroïne-dolophine-alcool qui l'amène à prendre ces décisions lui en fait aussi perdre les moyens, et surtout qu'elle ne sait plus où elle en est, et le sait. Rien qu'à la regarder, on devine qu'elle est retombée dans la nasse, à la masse, plus bas à chaque fois, et s'accroche désespérément aux parois.

Reste ce dernier blues à finir, cette prise de voix que tout le monde attend pour achever l'enregistrement, après avoir réussi trois jours avant l'immense *Mercedes Benz*, un morceau d'anthologie a cappella. L'enregistrement de la partie musicale a lieu au soir du 3 octobre : plus de 20 personnes sont là, dont le soulman Bobby Womack, auteur d'un des titres du disque, et comme elle ne pourra « poser » sa voix sur la bande que le lendemain, Janis enregistre ce samedi-là un... message d'anniversaire collectif pour son ami John Lennon, qui fête ses 30 ans le 9 octobre suivant : *« Hello, John, this is Janis, etc. »* A la fin, tout le studio reprend en chœur avec elle le traditionnel *« Happy birthday »* et retentit de son fameux rire sonore, sa griffe, son label. Quand bien même elle ne se serait jamais présentée qu'on la reconnaîtrait : il n'y en a qu'une comme elle, à l'ouest du Texas. Lorsque l'ex-Beatle recevra la bande, c'est une morte qui lui parlera, une voix de l'au-delà. Le ciel ou l'enfer qui éclatera de rire dans ses baffles avec un ricanement sinistre et ces airs d'invitation au voyage qui flanquent le blues : frisson garanti à vie. Lui-même aura à peine le temps de fêter sa prochaine décennie : les horloges tournent vite dans ce métier.

Ce soir-là, elle écoute donc ses « rushes musicaux », différentes prises qui l'emballent : vivement demain qu'on en finisse, qu'elle casse la baraque. Et si c'était une face A, la chanson tant attendue qui vous fait fusionner avec les gens, vous ressemble tellement qu'elle parle aussi d'eux, à force de conviction ? Une seconde, elle y croit, puis décide de téléphoner chez elle avant de rentrer à l'hôtel, sur le coup de minuit : pas de Seth à l'horizon, il a encore découché. Alors, elle se rend avec deux de ses musiciens dans un bar voisin, le Barney's Beanery, fréquenté par le gotha rock de l'époque, les Alice Cooper, Jim Morrison ou même Leonard Cohen qui viennent sabler là une session ou se détendre au billard. Elle, ce sera comme d'habitude : vodka orange, tequila orange, blues orange, et ce besoin de leur dire qu'elle n'est plus rien sans eux, à la fois un cri d'amour et de désespoir. Une demi-heure après, ils se séparent dans le hall de l'hôtel Landsmark, au 7047 Franklin, Santa Monica, et chacun rejoint sa chambre. A peine a-t-elle atteint la sienne qu'elle rejoue sa petite infirmière, déploie son attirail infernal sur le lit, se pique vite fait, presque machinalement, comme on prendrait ses gouttes ou son calmant. Son médicament contre la vie. Là, c'est de la pure dynamite qu'elle vient de s'administrer. Et elle redescend en habit rouge de bohémienne qui lui va jusqu'aux pieds pour demander au veilleur de nuit, un certain George Sandoz, de lui faire de la monnaie de 10 dollars afin d'acheter un paquet de Marlboro au distributeur automatique voisin, dans le patio.

Manifestement, elle n'est pas pressée : la nuit est son royaume. Pendant une quinzaine de minutes, il parlent de la journée écoulée, de ce disque qui la ravit et des aléas de son métier, des clients de l'un et des fans de l'autre, puis elle se rend à la machine et remonte dans sa chambre. Elle pose le paquet de cigarettes sur sa table, en prend une, se déshabille, enfile une chemisette. Il est une heure quarante du matin, quasiment un début de journée pour elle, mais il faut se reposer si elle veut que sa voix se repose aussi, tutoie le bon Dieu tout à l'heure. Être au top demain, quand les guitares et claviers gronderont derrière elle et la feront à nouveau décoller vers le succès. Redevenir la Pearl qui va donner son nom à l'album et des ailes à toutes les filles de la beat generation, en leur montrant que « c'est possible », comme dirait Jerry Rubin. Elle soupire, se sent bien, aimerait discuter le coup, de tout et de rien, appeler quelqu'un, mais qui ? Le syndrome de Marilyn. Elle n'a jamais su se coucher avant le lever du jour, surtout quand la journée qui précède a été bien remplie. *Ensevelie dans le blues* : il fallait y penser ! La clef est toujours au pied de la porte, la réponse dans la question et la solution dans le problème, comme on disait « là-bas » : il faut juste savoir sortir de soi pour l'apercevoir enfin, se voir avec les yeux de l'autre.

Désormais, elle sait qu'elle « tient » son prochain disque, et tout ce qui va avec. Il est là, à trois pâtés de maisons, enfermé dans ses bandes et ses piles de cassettes : à portée de main, succès inclus. Elle le sent, en savoure déjà la sensation, le frisson des chansons dans sa gorge, avec une rare jouissance et l'éternel sentiment de désenchantement, de dépossession qui accompagne chaque fois l'aventure, ce post-partum tant redouté des artistes, qui est aussi le signe de l'œuvre achevée. Encore quelques mètres, juste quelques minutes de bande : un titre, un tout petit titre et le tour est joué. Demain sera un beau jour, un grand dimanche de sa vie : penser à fêter ça dignement avec les garçons, « après ». Soudain, c'est le court-circuit. Son crâne explose littéralement, elle se cabre, s'éclate, s'effondre d'un coup au pied du lit en heurtant au passage un meuble qui lui brise le nez. Pas le temps de comprendre, de réagir, tenir. Rien.

Allongée entre le lit et la table de nuit, elle ne bouge plus, ne respire plus, ne vit plus. Jamais elle n'a été aussi immobile, bouleversante, humaine, juste une femme qui gît, saigne sur la moquette, sa cigarette à la main et de la monnaie dans l'autre, les bas remontés sur son pyjama, le bras gauche transpercé par tous les serpents de Frisco. Elle est là, informe, anonyme, presque nue et absolument seule, comme écrasée par une force inconnue, le poids de son destin ou la loi des séries, au seul rendez-vous qui compte. Et puis, plus rien, que le petit mot fatidique tant redouté par ici, autant que jadis celui de « cancer » : overdose. La dose en plus, en trop. « On aurait dit qu'elle venait juste de s'écrouler, de faire une chute », déclarera le policier qui arriva en premier, quelque... 20 heures plus tard. Presque une journée.

Car alors que ses propres musiciens occupent les étages au-dessus, personne ne remarquera sa disparition de tout le dimanche. A dix-huit heures, tout le monde l'attend au studio, où l'on ne la voit pas venir, sans trop d'étonnement. Elle est connue pour ses humeurs, sa versatilité, alors on guette la porte en rongeant son frein. A 19 h 30, Seth essaie de la joindre, pour qu'elle passe le chercher en voiture à l'aéroport, et, en, désespoir de cause, se tourne vers son manager, John Cooke, qui réside chambre 223, dans le même hôtel, et se prépare à regagner à son tour le studio. Persuadé qu'elle est déjà en route et flanqué de deux roadies, il découvre avec surprise sa Porsche fleurie sur le parking du Landsmark, et s'aperçoit alors que les rideaux du premier sont toujours tirés, et qu'elle n'a pas rendu sa clef au concierge. Il en réclame immédiatement un double, monte et découvre la vérité : Janis est morte depuis plus d'une demi-journée, sous ses pas, et personne n'a rien vu venir, soupçonné, tellement cela allait de soi. Aucun artiste pop n'avait écrit, ourdi son destin à ce point, la question étant plus de savoir « quand » et « où » que « comment ».

Aussitôt on prévient le conseiller juridique, le manager – Albert Grossman –, un médecin, les studios – Paul Rothchild –, la police, etc. C'est à 21 h 10 que le sergent Sanchez constate le décès. Autour d'elle, pas de traces de drogue, mais les incontournables leurres, un triptyque infernal vin-tequila-vodka, plus des capsules de Dalmane. Sur elle, 94,70 dollars, deux bracelets pour cheville, une boucle d'oreille dorée, un collier rouge, une clef et un portefeuille : l'inventaire d'une seconde. A la morgue, on la dépose dans le tiroir n° 9, avec les habituelles constatations : 27 ans, 61 kg, 1,67 m, soit deux centimètres de plus que sa taille réelle : un corps froid parmi la fournée quotidienne, un peu plus blond ou négligé, dont on ne sait déjà plus s'il pianotait ou tapait à la machine, des traits froissés au passé. Le lendemain, une investigation plus poussée menée par le coroner en chef Thomas Noguchi, médecin légiste de Marilyn, Ted Kennedy, etc., mettra en évidence des sachets rouges d'héroïne, d'autres de marijuana, des seringues, des tablettes de médicaments, un kit complet de toxico avec coton ensanglanté, sangles et cuiller souillée : la totale, la panoplie du parfait popsinger. L'autopsie établit que la quantité d'héroïne ingurgitée cette nuit-là n'était pas énorme, mais dix fois plus pure que les produits habituellement vendus sur le marché : le chimiste était en vacances ce week-end.

Qu'elle avait succombé, par-delà la congestion officielle des procès-verbaux, à son cocktail favori tequila-Valium-héro*.

Elle était en fait morte par surprise – « Une fusée détruite en plein vol », selon Jerry Garcia du Grateful Dead –, si l'on peut dire à propos de quelqu'un qui avait tant joué avec le feu, venait de rédiger son testament et déclarait les derniers temps à un journaliste : « Je ne durerai peut-être pas aussi longtemps que d'autres chanteurs, mais je pense qu'on peut se détruire aujourd'hui en s'en faisant pour demain. »

Après la cérémonie au Memorial Park de Westwood Village, et la dispersion de ses cendres sur le Pacifique, une fête fut donnée en son souvenir le lundi 26 au Lim's Share, un club de San Anselmo. Le carton d'invitation à la « death party » stipulait : « Drinks are on Pearl » (« Les boissons sont pour Pearl »). Elle avait toujours eu l'humour noir.

Sitôt le drame annoncé, tout le monde s'était réuni au studio pour écouter religieusement l'album final. Il fut alors décidé d'y conserver la musique de la chanson inachevée, *« Ensevelie vivante dans le blues »,* où son silence devenait soudain assourdissant. On y attendait en vain sa voix durant les 2 minutes 29 du titre et on avait paradoxalement l'impression de l'avoir entendue à la fin, comme s'il n'y avait eu plus qu'elle en studio et qu'elle fût tapie au coin du pont, du refrain, à guetter l'auditeur avec son sourire des bons jours, ses mines espiègles.

Sorti en février 1972, l'album désormais intitulé *« Pearl »* et composé de onze titres, dont l'instrumental et l'impressionnante version de *Mercedes Benz,* aussi courte qu'efficace, resta neuf semaines en tête des charts. Et il lui valut, à l'instar de son idole Otis Redding avec son tube posthume *(Sitting On) The Dock Of The Bay,* le premier n° 1 au Billboard de sa vie et un standard aux multiples reprises : *« Me and Bobby McGee »*, de son frère de cœur Kris Kristofferson : *« Busted*

---

* *Ibid.*

flat in Baton Rouge, waiting for a train/And I's feelin' nearly as faded as my jeans/Bobby thumbed a diesel down just before it rained/It rode us all the way in to New Orleans/Freedom's just another word for nothing left to lose/Nothing, that's all that Bobby left me, yeah/Feelin' good was easy, Lord, Bobby he sang the blues/I said feeling good was good enough for me and my Bobby McGee... ».

Bingo ! Pour une fois, un homme de sa vie avait tenu parole, en la lui donnant pour longtemps. Kris le taciturne, le beau ténébreux du Texas, un ancien boxeur et pilote de l'US Air Force devenu chanteur et acteur, lui avait rendu la monnaie de sa pièce. Elle avait toujours été une bonne muse, qui savait choisir ses Pygmalion comme ses chansons, qui était la vie même en amour, et un sacré numéro. C'est le reste qui était plus compliqué... Le reste. Et ses meilleurs souvenirs d'amants étaient souvent des faces B, comme d'autres gardent une photo sépia à la place du cœur. Mais le cow-boy aux standards fit plus, en lui consacrant l'année suivante une chanson entière, « *Epitaph* » qui interpellait tous ceux qui l'avait conduite à cette extrémité et se partageaient aujourd'hui les restes de la somptueuse Larkspur : « Il est trop tard pour l'aimer et la laisser toute seule » *.

Sur les hauteurs de Frisco, chacun voulait désormais son éclat de perle, sa part de la maison des bois, achetée juste un an plus tôt pour abriter ses amants, ses chiens, ses guitares et ses tableaux, et puis son secret, le poids de ce métier qui écraserait les meilleures épaules. Elle avait toujours prédit qu'elle « aurait une demeure à flanc de colline et deux gamins », mais n'avait pas eu la force de grimper si haut, de se faire une vraie famille si tant est que la sienne en fût une, de se muer en mère et tout ça, car le bonheur des autres la dépassait. C'était, selon son propre père à l'époque, une « femme bien plus seule qu'on ne le pensait », et sûrement plus qu'elle

---

* *Ibid.*

ne le croyait également : les téléphones muets vous révèlent ça, à certaines heures de la vie. Qui confiait elle-même « faire l'amour avec 25 000 personnes sur scène et rentrer après chez elle, seule ». Qui est tombée un jour de cette marche, toujours plus haute qu'on ne croit, qui sépare la scène de la vie, lorsqu'on s'en retourne après minuit à la racine des choses, qu'on doit endosser une fois encore son vrai blues et son histoire d'avant, rentrer dans sa peau jusqu'à la prochaine fois...

Un mois avant sa disparition, elle avait visité la tombe de son idole, Bessie Smith, disparue prématurément et à laquelle elle avait offert l'épitaphe suivante, sur la stèle demeurée jusque-là anonyme : « LA PLUS GRANDE CHANTEUSE DE BLUES AU MONDE NE CESSERA JAMAIS DE CHANTER. BESSIE SMITH 1895-1937 ». Comme toujours dans ces métiers, la vie n'était jamais qu'une affaire de repérages.

JIM MORRISON

Un dernier blues à Paris ou Le Lézard des Beaux-Arts

1) Le mythe : Un bateau ivre entre deux rives

Il fallait voir Jim Morrison traverser Paris comme sur un fil, héros éthéré, improbable, méconnaissable, le regarder serpenter, arpenter la ville et de temps en temps tituber, s'arrêter net et chanceler au soleil, comme sous l'effet d'une vision, puis repartir de plus belle vers nulle part, c'est-à-dire le premier bar qui se présenterait, pour comprendre ce que génération perdue voulait dire, deviner pourquoi il en était arrivé là comme d'autres rejoignent leur cimetière des éléphants. Lui, c'était le quartier des poètes, ce carré fantôme du Père-Lachaise dont il avait entendu parler dans ses livres, qui semblait vous donner vos lettres de noblesse, c'est-à-dire d'écrivain, et qu'il avait entrepris de rejoindre à pied, en avion et en fumée, à un âge où il aurait dû être déjà mort.

Depuis trois mois qu'ils habitaient rue Beautreillis, dans le IVe arrondissement, à deux pas du fameux cimetière de ses fantasmes, qu'ils s'étaient mis en quelque sorte dans leurs meubles, Pam et lui avaient l'impression de vivre un roman adolescent, l'argent et la gloire en plus, une sorte de « Love story » *pop en espérant bien que la fin de celle-là serait plus heureuse, et se donnaient des airs et des manies d'étudiants. Il aimait Hendrix, Huxley, les alcools forts et la coke, et elle, elle l'aimait, lui, et le suivrait jusqu'au bout... Ils jouaient à flirter, vagabonder, chiner, planer, lire, et même à étudier. Ils s'ingéniaient à passer inaperçus, comme par exemple dans le métro, ou, parfois, à se faire reconnaître, avant de disparaître d'un bond, pas vus, pas pris, étaient-ce bien eux ? Ils faisaient les fous, et, n'eût-ce été cette coupable industrie qui consistait à pister ou, selon les cas, fuir les dealers, qui les flairaient à des kilomètres à la ronde comme on traque une proie, ils auraient pu se déclarer totalement heureux, légers et purs telles ces plumes d'ange qui pleuvaient parfois du ciel de Notre-Dame. Mais n'était-ce pas justement être heureux, en ces années 70, que se shooter, se défoncer, faire la nique au néant en déclamant les symbolistes, de frôler l'éternité en foulant le plancher des poètes ? Dès qu'il était descendu de l'avion, il avait eu conscience de marcher sur les traces de ses pairs, de toucher terre comme on rentre au bercail. D'être ici chez lui, bien plus qu'au prétendu « pays ».*

Jim, bien sûr, n'était pas dupe puisqu'il payait sans cesse, à la chaîne, pour entretenir cette illusion, et qu'il n'eût pas hésité à acheter des calèches ou des comptoirs à absinthe pour faire plus vrai, couleur locale ou historique, se croire autrefois ou se sentir Hemingway. Mais la rousse Pam, toujours ailleurs et toujours là, le ramenait sans cesse à leur rêve, vivre comme un siècle avant, dans un Paris postromantique, et jouer aux funambules sur les décombres encore brûlants des barricades, comme au temps de la Commune. Et il faisait un détour par le Procope pour voir si Wilde n'y était pas, par un malicieux hasard, blotti à la terrasse et sans un sou vaillant, incapable même de payer son verre sous la pluie pour pouvoir s'éclipser. Un clochard céleste.

Dans le quartier, tout le monde les connaissait sans les reconnaître, les croisait d'un regard ou les effleurait d'un sourire, et l'on se répétait à la dérobée qu'il était « poète et américain », sans savoir quel était le plus beau compliment des deux, ni toujours faire le rapprochement avec la pochette jaune acajou de L.A. Woman *ou avec ces* Cavaliers dans la tempête *(*Riders On The Storm*) qui n'en finissaient pas de galoper en tête des hit-parades sur une mélopée quasi funèbre, une sorte de litanie incantatoire comme il les adorait. Son ultime disque, enregistré quatre mois auparavant dans une ambiance glaciale en Californie et qui embrasait les platines dans des fumées étranges. Son testament phonographique, avant de passer aux choses sérieuses...*

Personne ou presque dans l'immeuble, sauf les initiés, ne soupçonnait qu'il fut la voix des déjà légendaires Light My Fire *et* The End, *le créateur envoûtant de* People Are Strange, When The Music's Over *et autres testaments pop, la bande-son d'une ultime guerre coloniale US et la dernière gerbe de la flower génération. Nul ne pensait aux Doors en le rencontrant, fût-ce parce qu'il avait doublé de volume, pris cet éternel air stoned et ce faux air revêche de guerrier apache, la seule défense qu'il ait pu élaborer contre l'armée de parasites et paparazzi qui le cernait, le coursait « là-bas » du matin au soir, quand il se ressemblait encore. Alors, il était devenu énorme, difforme, s'était donné des allures de roadie ou de garde du corps, de biker hard ou de Hell's angel sur le retour pour se perdre de vue, redevenir l'autre, juste un Américain à Paris. Il avait l'air d'un vieux lion bouffi, d'un félin tapi, repu, dont la fente fuyante du regard ne laissait plus rien paraître et qui guettait par instants sur le boulevard les proies de ses futures nouvelles, aussitôt effacées qu'écrites dans sa tête, en une seconde lumière. Un prédateur engourdi, tassé, ramassé, aux aguets de passants invisibles, fantômes familiers connus de lui seul : il voyait des choses derrière des choses, le noyé dans le nageur comme dans cette vieille histoire. Il était au-delà, derrière les Portes, avait toujours contemplé le monde d'une planète inconnue, dont il aurait hérité de la distance, du mystère et la fixité.*

Et les jours passaient, filaient, de galerie en librairie, de bibliothèque en cinémathèque, de fantasmes en souvenirs. La vie s'en allait, se déroulait comme ces petits films qu'il gravait en super 8, ces bandes-son où il enregistrait plus des soliloques que des chansons, ses rêveries de chanteur solitaire. Il avait retrouvé en France des amis, quelques cinéastes et journalistes complices qui ne lui prenaient pas la tête avec ses ventes et ses mixes, ses vapeurs de Miami et nuages de Frisco. Des gens de la vie, avec lesquels il pouvait parler de tout sauf de « ça » – de charts et de box-office, de titres à dollars –, du monde comme il allait.

Quand il était lancé, il avait son mot à dire sur tout, se révélait un interlocuteur féru de sciences, d'économie, de philosophie, de littérature et de nourritures plus terrestres. Il avait pensé à tout, tout vu, bu, vécu au moins une fois dans ses périples intérieurs, sans qu'on ne sache plus si son art relevait de la connaissance ou de l'expérience, de la fiction ou de la réalité : il vous parlait de Blake, Byron, Chester ou Quincey comme s'il les avait connus en personne. Il vous faisait revivre Conrad et Melville, telles des rencontres de la veille, boulevard Saint-Michel à minuit, invoquait Baudelaire ou Rimbaud comme des vieux frères de plume, vous traversait, regardait au-delà de vous quand il vous racontait ses mondes, revisitait ses ombres et fantômes illustres. Il jouait avec vous comme un chat, une araignée dans ses fils. Incomparable, insaisissable, inénarrable quand il entreprenait de vous séduire, vous apprivoiser, vous captiver. Vous hypnotiser façon naja. Il s'insinuait en vous. Laissait planer entre ses mots de ces silences lourds qu'on éclaire d'un regard. Continuait de s'infiltrer, glisser en son interlocuteur. Vous résumait la vie d'un mot qu'on eût tout de suite voulu noter, retenir à la façon d'un éclair d'été. Répondait à des questions que vous n'auriez pas su formuler.

Mais Jim n'était pas dupe, il n'était plus dupe de rien, à être allé si loin, si haut et si vite, et il consacrait désormais autant de temps à créer, ou plutôt chercher à créer, qu'à boire, la Seine entière s'il le fallait, convaincu que l'idéal – c'est-à-dire l'idée et son mot juste – était toujours sur l'autre rive et que seuls y parvenaient les marins ivres. Il buvait au lieu de dormir, fumait au lieu de rêver, planait au grand jour entre Louvre et Panthéon, se défonçait pour trouver des idées, perdait alors l'usage de ses mots comme d'autres de leurs membres, et jusqu'à la parole tant il était stoned, et devait tout recommencer. Il ne vivait plus, si l'on pouvait dire, qu'en état second, dans des conditions parfois proches du coma éthylique, et ne se réveillait, n'en revenait plus guère que pour se chercher des modèles de dérive, entre Baudelaire et Nerval, Satie et Artaud.

Il coulait avec délectation, jubilation dans ses bouteilles et ses doses, comme un plongeur qui aurait décidé de ne pas remonter. Et les yeux mi-clos et la gorge sèche, désespérément sèche, il comptait avec une extrême minutie les secondes de sa chute, en s'efforçant tantôt d'y entraîner sa « Pam », qui ne se faisait pas prier, puisqu'elle était de longue date une junkie pure, accro à tout et surtout à lui, tantôt de lui sauver la mise en la repoussant, l'invectivant, la chassant de son nuage.

Dans ces moments-là, pathétique, il voulait qu'elle descende du train, lui criait d'arrêter et de se faire soigner, désintoxiquer, et donc de s'éloigner un peu, juste un peu de lui. Il voulait qu'elle s'écarte, car elle lui cachait le soleil, même en pleine nuit, et il savait bien qu'un jour, il s'y poserait, comme on venait de faire sur la lune. « Un grand pas pour l'humanité... » : Tu parles ! Cela faisait des années qu'ils y allaient, eux, qu'il y était monté cueillir quelques visions d'après-minuit. Pam et Jim, Jim et Pam, à Paris : il passait des après-midi à lézarder, écouter des radios qu'il ne comprenait pas et dont il réécrivait la langue, aimait cette sensation d'étrangeté, sa vie martienne dans une ville imaginaire. Et lorsqu'il n'en pouvait plus de ses quatre ou huit murs, il descendait dans la rue Beautreillis, à six heures, et avalait le ciel à grandes gorgées, chemise ouverte et yeux fermés : il s'imprégnait, se lavait la tête de ses nuits blanches, prenait des allures de christ – ou plutôt de messie sauvage – pour traverser les rues et les quais sans plus rien voir, comme on marcherait sur la ville.

Avec sa chevelure et sa barbe fournie, ses yeux fixés par la drogue et ses gestes lents, lourds d'insomnie, il pouvait aussi bien apaiser qu'inquiéter, attendrir qu'exaspérer, et il arrivait qu'on le rattrapât en catastrophe au milieu de la circulation, ou qu'il s'aventurât à enjamber un balcon, descendre d'un quai « juste pour voir », pour savoir. Pour traverser la ligne, entrer en marge, puisque tout n'était au fond que littérature, les oiseaux et les trains, les visages et les mains, rien que des lignes de vie, tout ça, des pages à peupler et des portées à meubler, à noircir de serments et de sentiments. L'écume des hommes. Avec lui, les miroirs étaient faits pour être traversés, les limites repoussées et les portes poussées, tout lui était devenu source de poèmes, de chansons, d'illuminations. Il était déjà ailleurs, dans cette parenthèse parisienne qu'il entendait bien refermer à sa manière, à son heure, et qui fondait entre ses doigts comme neige au soleil, à l'approche de l'été 71. Mort de Vilar et de Stravinsky, Losey à Cannes et Fernandel ad patres, il s'en fichait, il n'était déjà plus là, plus des leurs, de l'affiche et de service. Et on l'évitait maintenant autant qu'on l'invitait alors, il y a seulement deux mois, quand il jouait à « Jim live in Paris », qu'il n'était pas down and out, comme dans cet Etranger, *posé sur sa table de chevet, près de son lit à la manière d'un portrait de jeunesse.*

Tous les jours se ressemblaient quand on les passait de nuit, intra muros au comptoir, que la ville n'était plus qu'une longue succession de tavernes et qu'on répétait à qui voulait l'entendre : « Please, show me the way to the next whisky bar. And don't ask why... » *(« S'il te plaît, montre-moi le chemin vers le prochain bar à whisky/Et ne demande pas pourquoi »). Autant demander sa mort, si l'on y ajoutait les doses et les dopes, les trips et les clashs. Ses jours de feu follet, sur les pas de Rigault, Crevel et les autres, qu'il ne connaissait que de visage, de regard, de fraternité, comme on croise son destin dans une photo, à la une de chez Maspero, et que l'on perçoit dans une seule image tout le désespoir du monde, le cri béant du never more. Le pire était quand il apercevait son reflet à lui dans les mêmes vitrines, en surimpression, et qu'il ne se reconnaissait presque plus, sinon par déduction : il s'arrêtait un instant, se dévisageait d'un air hébété, désenchanté, recherchait au fond de ses yeux le gamin caché de Melbourne, Floride, le passager de Santa Fe, qui découvrait à 5 ans la mort allongée au bord de la route – un Indien accidenté dans une collision –, puis poursuivait son chemin comme dans cette chanson de Piaf, « une ombre de la nuit ». Shadow of the night.*

C'était ce qu'il était, désormais : le père de son personnage d'il y a trois ans, après seulement trois mois de roue libre, sa saison en enfer. Son propre amiral Morrison, par analogie avec son officier de père. Quelle serait son Abyssinie ? Quelles cendres sur ses lauriers ? A partir d'un certain point, plus rien n'existait, ne comptait, et sortir de chez lui devenait parfois aussi compliqué, héroïque que d'y rentrer, chaque pas, geste lui coûtait et s'avérait une petite épreuve en soi, une traversée secrète du désert, à lutter contre ses démons, pire qu'une armée de fans. C'était maintenant le diable qui voulait son autographe, Faust qui guettait son retour. Par moments, il avait peur de tout et tournait dix fois sa clef dans sa porte comme pour conjurer ses sorts, s'assurer qu'on ne l'avait pas suivi, à moins qu'au fond il ne le souhaitât, pour ne pas dormir seul avec « elle », son ombre. Malgré ses efforts, Pam le renvoyait à sa solitude, à son état, à son trou noir, celui où il plongeait chaque nuit à bout de sommeil, de rêves, de lui-même. Il finissait, comme un livre s'achève ou un film s'éteint, et éprouvait au seuil de la vie ce sentiment de plénitude et de lassitude mêlées que l'on peut lire parfois sur le visage des anciens, de ceux qui ont vu et n'attendent plus rien. Il avait dix mille ans. Il avait fait son temps, à force de minutes si denses, intenses qu'aucun mot ne pourrait jamais les rendre : va-t'en raconter un voyage dans la cinquième dimension, comme aurait dit McGuinn ! Et ce qui devait arriver arriva, puisque c'était écrit, qu'il l'avait écrit : sa mort était devenue son dernier poème. Et comme tous les poèmes, on pouvait la lire de différentes manières, entre les lignes ou dans le texte, et même l'imaginer. L'écrire et la réécrire.

2) Les faits : les deux morts de James Douglas, « American traveler »

Robert Mitchum bondit sur le cow-boy et lui décrocha un superbe direct au menton, qui l'envoya rouler dans la cabane. Mais l'autre ne s'avoua pas vaincu pour autant, et se releva précipitamment en cherchant son colt. Alors l'acteur plongea sur lui et ils roulèrent au sol, s'affrontant au corps à corps dans la poussière et se rendant coup pour coup. Une bagarre hyperréaliste comme on en voyait rarement à Hollywood en ce temps-là, qui sentait la sueur et la poudre. Malgré l'âge du film, vingt-cinq ans déjà, l'image était superbe, un noir et blanc contrasté comme on les aimait, avec un son métallique qui rendait bien la dureté de la situation, une superbe partition de Max Steiner et un dialogue qui ne se payait pas de mots. Raoul Walsh n'avait pas fait les choses à moitié : *La Vallée de la peur* était décidément un bon film, et l'Action Lafayette un vrai rendez-vous de cinéphiles. Et cette minute valait d'être vécue.

Dans le célèbre cinéma du IXe arrondissement, Jim Morrison, blotti incognito dans sa mezzanine tel un gros chat, ce siamois persan qu'il était devenu, au fond de la salle 1 avec sa compagne Pamela Courson, voyait sans le savoir le dernier film de sa vie, un vieux western – *Pursued* – avec Mitchum dans le rôle de Jeb Rand et la bien lointaine Teresa Wright qui tremblait pour lui au long de ses trois bobines. Un classique de 1947, tout en muscles et en nerfs, sans un gramme de parlote ni de mélo, avec des relents freudiens pas faits pour lui déplaire. Il avait lu le plus grand bien du film et voulait en avoir le cœur net. L'ironie du sort voulait qu'il ait refusé quelques mois auparavant un film avec ce même Mitchum, *Pourquoi sommes-nous au Vietnam?* d'après l'œuvre de Norman Mailer, qui dénonçait l'engagement américain en Extrême-Orient.

On était le 2 juillet 1971 à Paris, à la séance de vingt-deux heures, rue Buffault, et dans moins de sept heures, James Douglas Morrison, 27 ans, comme disait l'état civil, serait mort dans de tristes, sinistres conditions. Ce soir-là, il avait officiellement dîné seul dans un restaurant chinois voisin, avant de passer chercher Pamela pour l'emmener au cinéma, aux termes du rapport de police. Moyennant un petit subterfuge vestimentaire, il pouvait prendre indifféremment le taxi ou le métro sans que personne ne le reconnût, alors même que toute la jeunesse française avait acheté religieusement ses six albums avec les célèbres Doors, le groupe le plus sulfureux de son temps, et s'ingéniait à copier ses poses lascives, félines, de panthère noire du pop. En mal d'anonymat et d'autonomie, en proie à la justice américaine et au FBI pour ses multiples débordements, notamment scéniques, où il pouvait s'exhiber sans retenue, il s'était littéralement réfugié à Paris depuis le mois de mars, parvenu au sommet de sa gloire, dans l'espoir d'y écrire « sérieusement », c'est-à-dire sans le support d'aucune autre musique que la poésie. L'art pour l'art, comme on aurait dit ici, chez les Parnassiens. Comme à la même époque un certain Brel qu'il n'avait jamais entendu, il ne voulait plus tricher, et le show-business, c'était justement l'art de l'esbroufe, un poker menteur.

Donc il s'était évadé après un dernier opus, sans savoir

qu'il allait échouer, naufrager là tel un corsaire moderne et y reposer toute une éternité, à deux pas de ses idoles de bibliothèque, du seul Oscar qui ait jamais compté, de ces capitaines de bateaux ivres qu'il se récitait par cœur et qui l'hypnotisaient du fond de leur nuit. Mais si le port final était certain, terminus le Père-Lachaise, Sixième Division, le voyage – on disait alors le trip – était-il bien celui qu'on avait raconté ? Jim Morrison, par ailleurs fils d'amiral (le plus jeune de toute l'US Navy, à 47 ans, selon les manchettes) avait-il vraiment péri d'une syncope dans sa baignoire, au fin fond d'une nuit parisienne, comme un marin d'eau douce, ou au terme d'une traversée plus corsée, d'une ultime tempête romantique ? Était-il mort en bon cinéphile, des chevaux plein les yeux, ou seul au bout d'une nuit glacée, à bord de sa dérisoire coquille de noix ? Avait-il jamais été dans ce cinéma légendaire, aujourd'hui disparu au profit d'une épicerie ? Jamais vu la bagarre de Mitchum ? Jamais existé ?

Seuls, quelques-uns avaient la réponse, et si tous s'étaient tus, certains comme Pamela le feraient désormais définitivement, puisqu'elle lui avait emboîté le pas trois ans plus tard, au même âge, ainsi que leur dealer et ami, Jean, disparu dans sa foulée. On ne vivait pas vieux dans la pop en ce temps-là, et l'on faisait de beaux cadavres, des fantômes de 20 ans dont traîne encore le regard, au détour de Saint-Germain. Pour être parti si vite, Jim avait laissé son livre ouvert, à la terrasse de la Coupole, et ses idées n'en finissaient pas de voler, briller dans la nuit telles des lucioles d'été ou les feux follets du cimetière voisin, dernière demeure de ce Baudelaire qui avait grandi pour sa part près d'un général et empoisonné à vie les *Fleurs* du Montparnasse.

Trois mois avant, en mars, Jim Morrison avait en effet décidé de refermer les portes, de la musique, de l'Amérique, et du fric, c'est-à-dire des Doors, et venait de l'annoncer à ses partenaires à l'issue des séances de mixage de la chanson *Riders On The Storm*, sur l'album *L.A. Woman*, qui sortirait au début avril. Quasiment méconnaissable sur la pochette crépusculaire, où il apparaissait sombre, barbu, bouffi, il avait mille bonnes raisons pour cela, la première étant que la justice américaine le poursuivait et l'interdisait de scène depuis ce fameux concert à Miami le 1er mars 1969 au Dinner Key Auditorium de Coconut Grove, où il aurait simulé une fellation, exhibé son sexe devant les 12 000 spectateurs et incité son public à la subversion. Comme si toute prestation de l'artiste n'était pas déjà une exhibition, une provocation en soi... Quatre chefs d'inculpation – outrage aux bonnes mœurs, comportement obscène, ivresse publique et attentat à la pudeur – avaient été retenus contre lui. Après les incidents précédents à New Heaven, puis à Chicago, il était devenu la bête noire des programmateurs, réputé incontrôlable dans ses moments d'ébriété, et avait donc fini par passer, physiquement, de l'ange pervers au biker hirsute, avec un regard insaisissable et flou qui semblait vous défier en permanence, quand il était surtout embrumé par tout ce qu'il ingurgitait et ne percevait plus guère que son monde intérieur, à des années-lumière de là. Une manière comme une autre de briser son miroir, de casser cette image de démon, d'ange exterminateur qui planait sur ses premiers disques et l'étiquetait à vie entre acide et happening dans l'iconographie de la pop music. Avant même d'être rocker ou performer, un homme en cuir de plus, il se voulait songwriter, et surtout poète, un mot presque imprononçable par ici à part chez Dylan, et il fallait que cela se voie, que ça crève les yeux. Il s'était donc fait une tête d'Hemingway rock, qui allait partir sur les traces européennes de l'autre et transformer l'essai. Car, de toute évidence, il ne faisait pas le même métier que ses confrères, ne s'était jamais senti à sa place au milieu des groupies et roadies et donnait depuis toujours à ses œuvres un ton récitatif qui tranchait sur le son des radios et faisait beaucoup de son succès, en écho à l'orgue de Ray Manzarek remplaçant la traditionnelle basse. La marche funèbre des Doors, le blues des seventies.

Alcoolique, instable, et bientôt junkie, il était devenu monolithique, étranger, avec cette fixité des statues antiques, traînait dans le show-business comme un OVNI, une sorte d'ectoplasme insidieux qui ne se ressemblait que lorsqu'il s'ouvrait, s'allumait d'un sourire. Alors seulement, on le reconnaissait, il redevenait le Jim des débuts, il y avait à peine quatre ans, quand l'espièglerie n'avait pas viré à la perversité et l'insolence à la confusion. Quatre ans, six disques, 200 concerts, cinquante chansons ou morceaux, d'éternité, d'absolu, de fin du monde, comment les appeler ? Des Morrisongs, peut-être, parfois longues comme du Léo Ferré 70 par chez nous et autant hors format : contre toute attente, les radios avaient choisi la version intégrale de *Light My Fire*, d'une durée de 6 minutes 30, contre les 3 minutes 30 proposées par la maison de disques, et celle de *The End* durait 11 minutes 40 ! Pas un thème, un titre, même mineur, qui ne fût fondamentalement inquiétant, voire morbide, justement à cause de leur étrange alliage sonore – voix-orgue –, ce mariage jazz-pop inédit qui ralliait aussi bien Kurt Weill que Jack Kerouac, son premier compagnon de route littéraire, semait le malaise et le doute chez l'auditeur, invitait à des voyages ou des vies parallèles. Jim poussait, ouvrait des portes sur l'abîme. *People Are Strange*, *Love Me Two Times*, etc. : c'était le secret des Doors, le vertige des corridors, et qui s'y aventurait n'en revenait pas tout à fait, pas le même, basculait dans des trous noirs comme on sauterait par la fenêtre.

Et il n'était pas sûr qu'il n'ait pas plongé lui-même dans la foulée, qu'il ne se soit pas jeté exprès à la mer en traversant l'Atlantique pour gagner la France, dont la seule évocation le fascinait à cause de ses lettres, ses valeurs, ses artistes, de son nom même qui était un prénom. S'il était un endroit au monde où un créateur devait se sentir chez lui, c'était bien là-bas, à Paris, et il se préparait à en savourer chaque seconde, chaque pas, convaincu qu'on y respirait la liberté, l'inspiration, la sérénité. Qu'on s'y décuplait, s'y réalisait et s'y apaisait tout à la fois : il voyait ça comme des vacances et une expérience, ce qu'on appellerait aujourd'hui une résidence. Sa compagne, Pamela Courson, qui y séjournait déjà depuis trois semaines, avait repéré les lieux, et notamment leur futur appartement du Marais, qu'ils allaient sous-louer pour 3 000 francs par mois à un jeune mannequin, Elizabeth Larivière, alias « Zozo », et il y partait autant par envie que par lassitude, prêt à disparaître et à renaître, puisque l'un entraînait l'autre. D'instinct, il savait que cette aventure allait le changer, lui arracher ces masques qu'ils s'efforçaient de lui coller, pour effrayer la galerie. Et il n'avait qu'une idée en débarquant à l'aéroport d'Orly, ce mercredi 12 mars : faire le vide de ces quatre années, et en même temps provision d'images et de sensations, donc de chansons.

En bonne star, il descendit à l'hôtel George V, jetant son dévolu sur le bar Alexandre voisin, puis emménagea quelques jours après sous le patronyme de James Douglas – en fait, ses deux prénoms – au 17 rue Beautreillis, dans le IVe arrondissement, où une connaissance leur avait donc sous-loué une partie de son appartement, au troisième étage d'un immeuble bourgeois du XIXe siècle, situé à deux pas de la Bastille. Dans le quatre-pièces avec meubles anciens, cheminée de marbre et au plafond nuages blancs sur ciel bleu, Jim occupait une chambre côté cour, aux couleurs chaudes et ensoleillées, et disposait d'un bureau à dessus de cuir installé près de la fenêtre, qu'il déplaçait en fonction de la lumière du jour.

Très vite, il s'intégra au quartier, à la manière d'un étudiant étranger et bohème : se réveillant généralement en fin de matinée, il faisait ses courses rue Saint-Antoine, achetait son *New York Herald Tribune* sur les boulevards, ses boissons au « Vin des Pyrénées », sept numéros plus bas, déjeunait immuablement en face, au « Beautreillis », où ses éclats avec Pamela firent vibrer plus d'un mur en fin de repas. Rapportait des fraises du marché, sa baguette chaude, du bois pour faire du feu et écoutait la voisine de palier faire ses gammes. Et il prit très vite l'habitude, aux dires de l'hôtesse, de travailler l'après-midi sur la vaste table du salon, qu'il recouvrait de livres et de grands cahiers jaunes, son champ d'action et son horizon, et où il passait des journées à écrire et à lire. Et à boire, au terme d'un rite immuable : c'était ainsi qu'il voyait l'écrivain, entre l'encre et l'alcool. Un homme qui traverse et avale le monde, et bien qu'il en perçût le côté cliché, il lui paraissait difficile de ne pas y céder. Il était là, dans cette ville habitée d'esprits et de légendes, et entendait bien s'en imprégner. Et il se plongea très vite dans la capitale comme dans un océan familier, une vasque bienfaisante, sur les traces de souvenirs qui tenaient du fantasme et sortaient tout droit de ses lectures. Ce n'était pas le Paris des guides qu'il arpentait, mais une cité de roman, une ville secrète connue de lui seul, remplie d'ombres et de poèmes cachés, et il y chassait ses fantômes, tel un collégien tombé dans sa bibliothèque.

Son territoire d'élection fut tout d'abord l'île de la Cité voisine, le Marais tout proche, l'incontournable Quartier latin. Il rejoignait la Bastille, arpentait la rue des Rosiers, s'immergeait parfois dans les Halles; traversait le pont Marie jusqu'à l'île Saint-Louis, où il buvait ses bières; poussait jusqu'à Notre-dame ou à la Sorbonne, via les bouquinistes, échouait au Flore, chez Lipp ou aux Deux Magots, où il vidait d'autres bières, avait ses rendez-vous avec Madame Stella Artois ou Kronenbourg. Toute sa vie il avait trop bu, trop mangé, donc grossi. Et retour au bercail par le pont des Arts, puis le métro de Louvre à Saint-Paul, enfin la rue Saint-Antoine, en passant par la légendaire place des Vosges, où l'on ne pouvait se sentir que prince exilé. Il y avait son banc, son rendez-vous, ses habitudes, près du bac à sable. Ses mystères, qu'on aurait pu appeler absences. Ses émois devant l'Hôtel de Rohan, la maison d'Hugo devenue musée, où le poète dominait les Lettres Françaises de son deuxième étage, contemplait naguère les mêmes jeux d'eau et statues que lui, avec Lamartine et Dumas.

Vêtu tantôt de sa veste en daim, sa chemise habillée et d'un pantalon de velours côtelé, tantôt d'un simple treillis kaki, il y écrivait face aux jeux d'enfants des poèmes érotiques sur des cahiers Clairefontaine, y déjeunait au restaurant voisin, « Ma Bourgogne », donnait de l'argent aux musiciens de passage. Tout de suite, il s'y aventura seul, et bien sûr à pied, en bon Américain à Paris, que seuls distinguaient de ses confrères les grandes feuilles blanches dépassant de son caban, ces journaux intimes et multiples carnets à spirale sur lesquels il annotait ses sentiments, et qu'il transporta les derniers temps dans un grand sac blanc de la Samaritaine ! Il s'arrêtait régulièrement, s'asseyait au cœur du parc, écoutait ce que lui soufflait la ville, pas tant le décor d'avril, mais tout ce qui se cachait dans ces murs, derrière ces façades, l'âme des choses. Il remontait la vie à contre-courant. En se concentrant bien, au bout de quelques verres, de cette rivière de bière, vodka et whisky qui l'emportait sur les quais, le poussait de comptoir en terrasse, l'avalait de jour en jour, il lui semblait dialoguer avec ses illustres aînés, parler boutique avec les maîtres.

Et puis il y avait ce cimetière, le Père-Lachaise, où il avait recherché tout un après-midi le Quartier des poètes, comme on rentre chez soi. Tout le monde était là, Wilde, Apollinaire, Eluard, Ernst, Molière, Musset, Nerval, Proust, Balzac, Isadora Duncan, souvent morts à des âges où l'on commence à peine à vivre, à croire qu'on se promenait dans un livre d'histoire, et il aimait s'asseoir et lire près d'une tombe, comme pour toucher du doigt le fin mot des choses, les secrets d'un monde perdu.

Jim avait cette année-là la fibre nostalgique, et marchait – au sens propre du terme – à travers la capitale sur les traces de Miller et d'Hemingway, posait à l'écrivain qu'il était à la une de la Rive Gauche, l'œil vague et un étrange sourire aux lèvres, avec une Pam qui le dévorait des yeux comme s'il avait été Rimbaud ressuscité. Ne la surnommait-il pas avec ironie sa « compagne cosmique » ? Il avait tant vécu de vies, d'expériences, et surtout écrit de merveilles en si peu de temps qu'il pouvait effectivement prétendre s'asseoir à la table des dieux, rêver dans le ciel de Saint-Germain et siroter des alcools improbables, la vie lui ayant accordé un fabuleux crédit, un compte ouvert à la National City Bank. Naturellement, tout se payait, généralement cash dans ce métier, et il savait bien que, si l'homme de Charleroi n'avait pas fini milliardaire, mais trafiquant d'armes et même amputé d'une jambe, il aurait lui aussi son purgatoire, le prix de ses extras, la facture des années Elektra en quelque sorte. Il avait fait en quatre ans et six disques ce que les autres artistes mettent une vie à réussir, dans le meilleur des cas. Il attendait donc l'addition, en se demandant s'il aurait assez de zéros sur son compte. Mais quand et comment ? D'ici là, il fallait vivre, tenir, enregistrer littéralement le monde par tous ses sens, les pores de sa peau, les portes de son cœur, pour le recracher ensuite sur du papier ou du vinyle, se nourrir de tout ce qui passait, vibrait autour de lui. Jouer les voleurs de vie pour en faire de la poésie pure, comme il en était de la coke ou de l'oxygène, tout ce qui se consomme et vous consume, vous entraîne vers le haut, ces paradis qu'on prétend artificiels. Ne parlait-on pas de lignes pour désigner à la fois l'écriture et la dope, à se demander laquelle était la plus dangereuse, indispensable à l'autre ?!

Les premiers temps, tout s'était bien passé, de manière quasi idyllique. Et il y avait de quoi : il venait de se rappeler qu'il était jeune, beau, célèbre et multimillionnaire, et qu'il n'avait rien d'autre à faire que se payer du bonheur, ainsi bien sûr qu'à Pamela. Celui-là se monnayait en poudre blanche, venue d'Orient ou d'Asie, et il assistait avec indifférence à l'incessant trafic de ses dealers, ces copains flous et caméléons qu'elle avait le don de se faire où qu'elle aille et qui finissaient toujours à minuit autour des mêmes flammes et des mêmes cuillères, dans une ambiance tamisée et une bande-son cotonneuse : sa famille nuageuse. Elle avait notamment retrouvé un ancien amant français de Los Angeles, hollywoodien à tous les sens du terme, le fringant comte Jean de Breteuil, qui partageait aujourd'hui la vie de la chanteuse-comédienne Marianne Faithfull et se partageait lui-même entre Paris et le Midi, voire l'Afrique du Nord, pour son commerce d'héroïne, dont il faisait usage à titre personnel et fournissait au passage tout le monde, à commencer par la fameuse rue Beautreillis *, en direct de la French Connection. On prétendait même qu'il avait « fourgué » sa dernière dose à Janis, en octobre dernier à LA. Un type plein de charme au physique d'aventurier, sinon d'acteur, mais qui avait mal tourné, plus par désœuvrement qu'autre chose, vivait la nuit et brûlait sa vie et celle de ses proches par les deux bouts, se levait en fin d'après-midi pour aller en boîte et en ressortait au petit matin pour se coucher. Une figure de la jet-set, au temps de la Locomotive et du Palladium, au charisme et à l'entregent certains. Tous les soirs, on était sûr de le trouver sur son chemin, quand on y avait goûté, et il vous aurait vendu l'enfer avec le plus charmant sourire et une éternelle œillade complice, comme pour dire : « Nous savons que nous en sommes, bienvenue au club. » Il ignorait discrètement Jim, qui s'était longtemps tenu à l'écart de ça. Son truc à lui, c'était l'alcool, le whisky et tout ce qui pouvait se consommer autour, et il s'y mettait dès le matin, enfin, le réveil, attaquait au Chivas, puis enchaînait par sa tournée des bars, c'est-à-dire des bières, qui rimait avec ses balades solitaires, ses haltes poésie et ses pauses photos ou films, puisqu'il s'était muni d'une petite caméra super 8 et enregistrait ce qui lui passait par la tête, par les yeux comme un vulgaire touriste made in USA.

Car lorsqu'il n'écrivait pas, Jim se filmait, se faisait filmer sans cesse, « au kilomètre », partout où ils allaient : Jim et Pam à la campagne, au musée, dans les châteaux de la Loire, en Corse, comme s'il avait voulu retenir ce temps qui coulait dans l'objectif, lui qui se définissait déjà comme un vieux rocker, presque un has-been, et qui écoutait Joni Mitchell,

* « Les derniers jours de Jim Morrison », de Michaëlle Gagnet (Sunset Presse, 17 juin media - Serial Producteurs TV, 2006).

James Taylor et Buffy Sainte-Marie à la veillée. Quand il était à jeun, c'était un homme calme, discret, courtois et presque maniéré, qui pouvait allumer un cierge à Notre-Dame et rêvait d'acquérir une vieille église dans le sud de la France, le problème étant qu'il finissait rarement à jeun...

Avant de partir de Los Angeles, il avait réalisé deux courts-métrages avec un photographe américain, *Feast of Friends* (d'après un de ses poèmes) et *HWY*, et espérait les faire projeter à la Cinémathèque de Chaillot, avec le concours de réalisateurs rencontrés là-bas, Agnès Varda, Jacques Demy et Alain Resnais. Il avait donc de quoi faire, et passa les premières semaines à revoir ses connaissances, refaire le monde autour de bonnes tables, fêter l'anniversaire de la fille de la cinéaste – s'écroulant à ce qu'on disait sur une table – et même rejoindre en train et en voiture avec elle le tournage de *Peau d'Ane*, que Demy réalisait à ce moment-là en extérieurs à Chambord. Il y avait là Catherine Deneuve, François Truffaut et plein d'autres, et l'arrivée du roi Lézard en pleins décors moyenâgeux ne manqua pas de panache, à lui faire croire que la France en était définitivement restée à son âge d'or et qu'il était effectivement entré dans un conte de fées. Allongé dans l'herbe du château, au soleil d'avril, on le voyait rire, plaisanter et signer des autographes d'un air mi-blasé, mi-amusé. Ce jour-là, il était encore Jim Morrison, *live in Europe*, et de retour à Paris, il avait ainsi épuisé son cercle d'amis, de plus en plus réduit pour des raisons professionnelles. Lui continuait d'écrire, de boire, de marcher dans la ville et d'y rechercher en quelque sorte des âmes sœurs, qui ne pouvaient être qu'américaines, et se retrouvait ainsi à faire le bœuf avec des musiciens des rues, avant de rejoindre la comédienne Zouzou, devenue une amie des derniers jours, ou d'autres. Mais le charme se rompait, chacun retournait à sa vie, à ses obligations, et il se rendait bien compte qu'il était seul, étranger au paradis, et surtout qu'on le reconnaissait de moins en moins dans la rue, distance oblige.

Il avait atteint son but, redevenir un inconnu, certes plus fortuné que les autres, et commençait à le vivre mal, qui plus est aux côtés d'une femme infidèle, puisque accro à la pire des maîtresses : lady héroïne. Leur couple était d'ailleurs spécial, puisque chacun vivait sa vie de son côté, et prenait l'autre à témoin, pour confident, au terme de ses périples buissonniers, Pam n'étant pas en reste de ce côté-là avec ses gigolos, ses dealers de passe. Et Jim commençait à s'ennuyer, se faire du spleen, comme si, avec son appétit boulimique de tout, il avait déjà épuisé Paris. Fuir, là-bas fuir, dans un endroit où, par définition, il ne se retrouverait pas et où son propre nom n'évoquerait rien, sous des traits si différents qu'il hésiterait lui-même à se reconnaître. Il ne fallait pas moins d'un désert pour cela, disparaître quelques jours en poussière, se fondre dans un horizon quelconque. Déjà, ses journées finissaient à l'Hôpital Américain, où il crachait tous ses poumons en sang à force de s'étouffer, d'exhaler son asthme et de rechercher en vain un second souffle, comme l'autre jour, à la terrasse de l'Astroquet, à Saint-Germain : le grand air lui ferait du bien.

Et ce fut le Maroc, par la route et même le chemin des écoliers, en berline Peugeot de location et avec auto-stoppeurs par-dessus le marché ! Un singulier road movie à travers la France, la Corse, l'Espagne et enfin l'Afrique du Nord : Lyon, Toulouse, dont il admira l'architecture rose ; Madrid et son Prado, où il consacra des heures entières à Jérôme Bosch ; Grenade et son Alhambra, sa fontaine aux lions ; Gibraltar, Tanger, Marrakech, Fez, Casablanca, à explorer les souks de la Medina et les jardins de la Manara, déguisés en aventuriers, et jouer les riches étrangers, entre villas de luxe et palaces étoilés. Lui recherchait l'avant-guerre, les pas de Gide, et elle plus prosaïquement de nouveaux dealers, pour s'assurer de la qualité du voyage, de la profondeur du rêve. L'aventure débuta le 10 avril et dura trois semaines, qu'il consigna dans son journal, pour les revivre ensuite : une petite éternité où les visages et les heures se confondaient, où il n'avait jamais été aussi loin du groupe et de sa légende, de celui qu'ils avaient fait de lui. Au fin fond des patios calcinés, entre fleurs d'oranger et fontaines ombragées, il était juste Jim, ressortissant US en vadrouille avec sa petite amie, un carnet de chèques fourni et une bonne descente. Mais il n'est jamais facile de s'oublier quand tout vous ramène à vous, à commencer par la radio de l'hôtel, et il continuait d'entrevoir régulièrement l' « autre » qui l'attendait, tapi dans la discothèque d'une boîte ou dans les bacs d'un disquaire, à la lettre « D » comme Doors. Où qu'il aille, ses cavaliers de l'orage le suivaient, avec leurs gens étranges et leur parade douce. Alors, il faisait mine de s'étrangler, riait dans sa barbe et s'éclipsait dans la foule en entraînant son égérie, non sans éprouver la jubilation secrète d'être parvenu jusque-là avec leur séance planante d'un lointain studio, tel un message d'outre-monde.

Et puis ils étaient rentrés le 3 mai, remplis de sons et d'odeurs, de flashes et de trips qui lui donnaient parfois l'impression d'avoir marché sur la lune et curieusement des envies de pièce théâtrale, puis d'opéra rock. Il revenait d'un autre temps, et décida pour le prolonger de descendre à l'Hôtel, rue des Beaux-Arts, adresse mythique où s'était éteint un authentique paria et un de ses auteurs de prédilection, Oscar Wilde, sur un mot fameux : « Je meurs au-dessus de mes moyens. » Toute sa vie, il avait nourri à l'égard de l'Irlandais rebelle une sorte de fascination coupable, un peu comme on se projette dans un miroir, et avait revécu à sa façon la lente chute de l'écrivain à travers les rues de Paris, du Procope au café de la Paix, de Berneval à Bagneux. Il l'avait imaginé, imité, campé. Et là, soixante-dix ans après, au deuxième étage du numéro 13, avec son atrium, sa rotonde, son hammam, sa piscine et ses suites thématiques, il occupait la même chambre, la 16, dormait avec lui, marchait sur ses pas, et en arrivant devant sa porte, il cherchait encore à imaginer ce qui s'était passé derrière. Ce que l'autre avait fait, pensé, ressenti en descendant aux enfers. Les dernières heures d'Oscar Fingal O'Flahertie Wills Wilde, à 46 ans, en ce 30 novembre 1900, après trois années de débâcle et de dénuement qui suivaient deux ans de travaux forcés, et dix de succès : il connaissait ça. L'écho du néant. Il avait beau en rire, la chose le troublait, à chaque fois qu'il traversait l'étroit corridor, et notamment la nuit, lorsqu'il peinait à s'endormir et écoutait mystérieusement le plafond muet, à la recherche d'un signe.

A cette heure-là, entre trois et quatre heures du matin, plus rien ne bougeait dans l'hôtel Hôtel, comme on disait, on percevait à peine la rumeur du Quartier latin voisin, et il guettait le silence de Wilde, son ombre ou son revenant, sa respiration suspendue, dignes d'un vieux film avec Gene Tierney. Il se disait qu'en ne pensant qu'à ça, qu'à lui, il y aurait peut-être un souffle ou un murmure, le spectre de George Sanders ou de Rex Harrison qui flotterait par là, et plongeait dans son verre pour accélérer le processus, caressait le galbe de ses bouteilles comme des lames de couteau. Il ressentait à fleur de peau ce qu'avait dû éprouver l'artiste lorsque, banni par son pays, fui par les siens, conspué par la foule, il avait quitté sa famille et traversé la Manche, sous le nom de Sébastien Melmoth, pour se terrer finalement ici, jusqu'au fond de ce lit, et probablement ronger son frein, tourner en rond de la même manière, en chassant ses propres fantômes, Douglas, Queensburry, Taylor et les autres. Jim avait beau sortir, sillonner le quartier et se réfugier dans la boîte dans le vent, le Rock'n'Roll Circus, située dans la rue de Seine voisine, où avait en outre séjourné son autre idole, Baudelaire, il n'en revenait pas. Il rôdait autour de l'Hôtel, et finissait toujours ses nuits sous ce maudit plafond, ce passé omniprésent qui finissait presque par l'écraser, et le fit carrément sauter par la fenêtre, un jour qu'il avait forcé sur sa dose. Tombé sur le toit d'une voiture garée au-dessous, il s'en tira avec une foulure et boita pendant quelques jours, encore plus pathétique qu'avant. Mais dès le lendemain de l'incident, il replongeait dans la discothèque, s'abîmait dans les nimbes du Cirque, ses arènes tragiques, et c'est peut-être là que sa vie bascula vraiment, prit le mauvais tour qui aboutit à l'issue fatale, un mois et demi après.

Dirigé alors par l'animateur de radio Sam Bernett, le club était avec Castel, l'Open One et le Palladium le lieu branché de la capitale : une gigantesque cave abritant jadis une imprimerie et capable d'accueillir six cents personnes, avec ses fresques murales multicolores de rockstars habillées en clowns, son escalier en pierre de taille tapissé de rouge, son impressionnante piste de danse, son bar à vue panoramique, son restaurant « in », son salon de thé oriental – tapis, coussins, poufs et chandeliers au programme – et sa porte communicante avec L'Alcazar voisin, 62 rue Mazarine. Un palace souterrain, amarré près des quais et dont le nom était inspiré d'une émission mythique de la BBC avec les Rolling Stones. Immense, kitsch, classe, c'était « le » lieu parisien par excellence, où il fallait être vu pour exister, avoir la « carte », et l'on y croisait et écoutait à l'occasion aussi bien Johnny, Mick, Jimi ou Jimmy Page du Led Zep, que les Pink Floyd, Cat Stevens, Johnny Winter, Rory Gallagher ou les Beach Boys, Magma que Martin Circus, à la fois Vince Taylor et Gene Vincent, flottant entre rue Saint-Jacques et rue Saint-Benoît, rue des Saints-Pères et Montagne Sainte-Geneviève. Là, de la Seine à Montparnasse, le royaume de la nuit se divisait en deux tribus, deux mondes qui se mélangeaient rarement, le peuple du whisky contre celui du hash, voire du LSD, mais il arrivait de temps en temps que quelqu'un franchisse la ligne, et même n'en revienne pas, et Morrison fut de ceux-là. Peut-être, au fond, pour tuer son embarrassant colocataire, enterrer Wilde et son blues victorien. Effacer l'ennui des après-midi du Quartier, quand le monde de la nuit dormait enfin, récupérait de ses frasques psychédéliques et attendait le moment de se réveiller, à l'extinction des feux. Ici, tout marchait à l'envers, et l'on n'aurait pas vu traîner dans la journée un seul de ces fêtards qui jaillissaient au coucher tel des revenants. Le parcours de Morrison était alors invariable, tanguant de bar en boîte jusqu'à l'heure du spectre, en cette rue des Beaux-Arts dont il prononçait goulûment le nom avec un accent rauque du Middle West. Et le manège dura quinze jours, entre bouquinistes et péniches, qu'il regardait défiler comme un gamin. La vie parisienne le fascinait, dans son imagerie la plus caricaturale. Enfin, las de tourner en rond et de croiser la même faune, babas, hippies, beatniks and co, il émigra à nouveau, et s'en revint le 11 mai rue Beautreillis, changea de rive comme d'horizon.

Désormais, Paris se refermait sur lui et avait entrepris de le dévorer, comme elle l'avait fait avec les autres, ces auteurs qui vivaient dans sa tête, rôdaient à l'étage supérieur. Imperceptiblement, sa vie s'atrophiait, s'amenuisait, et à la liesse juvénile des premiers jours, où il s'étonnait de tout et de tout le monde, succédait une sorte de dépression larvée, maligne, qui lui avait coupé toute envie d'écrire et le poussait à s'abîmer désormais dans le premier bistrot venu, comme s'il était en permanence mort de soif. Il flippait, s'enfermait des heures entières dans le noir ou dans les toilettes, se regardait interminablement dans la glace sans même se voir, recommençait à téléphoner au pays pour le seul plaisir d'entendre quelqu'un parler sa langue, discuter de tout et de rien avec des voisins imaginaires. Il sortait de sa poche des billets pour payer sans s'apercevoir qu'il en semait tout autant derrière lui, dans les moments de grande ébriété, et entraînait parfois une foule de parasites dans son sillage.

Enfin il y avait cette solitude, au début imperceptible, qui grandissait chaque jour, s'élevait telle une chape, nourrie par la barrière de la langue, la différence de coutumes et quasiment le décalage horaire avec son entourage français ; des gens de cinéma qui partageaient ses soirées, mais s'en revenaient ensuite à leur propre vie ou activité, ce qui était somme toute la moindre des choses, et le laissaient planté là, seul au milieu de ses journées vides, bouteilles vides, encriers vides comme ses pages restant immuablement blanches, dorénavant. Il s'y était d'abord plongé avec délectation, une façon nouvelle d'effacer Los Angeles et ses hordes – « Là-bas, on est loin de tout, alors que Paris est au cœur de l'Europe », répétait-il – et s'en retrouvait aujourd'hui prisonnier. Presque autiste, dans un monde où tout lui échappait, où son seul moyen de communication avec l'extérieur était le billet vert, qui se passe de mots. Jim se noyait, mais ne s'en apercevait pas plus que ces nageurs qui s'aventurent un peu trop loin, brasse en avant, et se réveillent soudain au large face à leur destin, en se pinçant pour que tout cela ne soit pas vrai. Il perdait pied, titubait, tombait même de tout son long sur le premier banc venu, comme si, livré à lui-même et libéré du groupe, il était soudain dépassé par le poids du rôle et l'ampleur du projet. Il avait mis la barre si haut qu'être Jim Morrison avait désormais quelque chose d'insurmontable, comme quand Valery Brummel s'attaquait à son propre record de saut ou que Cassius Clay remettait son titre en jeu. Sa parenthèse européenne se transformait progressivement en épreuve, et ce printemps parisien en pire périple de sa vie, sa saison en enfer. Et il n'y avait pas d'issue, que ces sorties de secours qui vous recrachent dans la nuit, vous noient dans des foules fluctuantes et indifférentes.

Alors il s'en retournait au Flore, à la Bulle et au Bilboquet, descendait d'un trait tout ce qui lui tombait sous la main, et enchaînait avec le bar du Circus, en se répétant à chaque pas qu'Ernest et Henry, Scotty et Gertrude Stein, Anaïs Nin et Zelda étaient aussi passés par là, que c'était son chemin de Damas et la clause cachée du contrat, celle où tu rembourses les frais, avec le pourboire en prime. Le bizutage local du poète. Et il en rajoutait, battait ses records de *babies*, de doubles, de scotches, de cuites et de défonces, comptait les roses de la bouteille, et finissait ivre mort chez des inconnus, notamment journalistes, chassé par les videurs qui n'auraient pas donné cher de sa vie et savaient qu'il reviendrait le lendemain avec le même air absent et sourire béat, tel un boomerang. Plus la force de lutter, de résister, de freiner : pris à son propre jeu autodestructeur, prisonnier du filet. Il aurait bien lancé des SOS, envoyé des fusées, mais à qui, et d'ailleurs, comment les voir de là-bas ? Il n'allait pas appeler l'Amiral à la rescousse, rameuter sa flotte de souvenirs ! *Lost in France*, le titre avait de quoi lui plaire, et il se laissait porter au gré des événements, de ses égarements, cette lente dérive en bord de Seine qui prenait des airs de suicide et un parfum de quatrième dimension, au point de se rechercher à la radio pour trouver un peu d'air. *Jim Morrison is bad and dying in Paris*, tu parles ! Tenir, mais jusqu'à quoi ? Le pire était que les spectacles qu'il voyait le renvoyaient tous à sa condition, à sa solitude, tel ce *Regard du sourd*, de Bob Wilson, découvert le 11 juin, qui lui donnait le vertige, ou ces films de Bergman, qui le ramenaient à lui-même, et que la seule main qui aurait pu le sauver l'entraînait à son tour vers le fond, inexorablement, à chaque fois que les volets se refermaient. Dans ces moments-là, Pam était en voyage, ailleurs, là-bas, derrière sa porte close, et il ne fallait pas la déranger, de peur de la faire tomber, glisser du nuage : « Je suis du côté de la vie, elle de la mort », résumait-il.

Et il repartait dans sa bouteille, plongeait à la recherche du bon génie, écrivait sur ses pages des mots incompréhensibles qui tiendraient le lendemain du hiéroglyphe, lorsqu'il chercherait à les lire. Il s'endormait tout habillé avec sur la poitrine un petit magnétophone en marche dont la bande enregistrée recracherait à son réveil des borborygmes, telle une voix d'outre-tombe. Oscar de Profundis, Jim ex nihilo. Il s'accrochait aux tables quand elles tanguaient trop, se demandait ce que fichaient tous ces tremblements de terre à Paris, ces nuées d'insectes sous son lit. A LA, au moins, la terre s'ouvrait de temps en temps, comme ce 9 février dernier au matin – 6,5 sur l'échelle de Richter ! –, vidait d'un trait vos piscines et avalait votre statue ou votre Oscar, puis tout continuait comme avant, le soleil faisait son boulot et les flics leur ronde, tout rentrait dans l'ordre, reprenait à la bobine suivante. La vie était jouée d'avance.

Ici, rien ne tournait rond, les gens parlaient trop vite, faisaient plein de gestes et ne buvaient même pas d'alcool au petit déjeuner, à se demander s'ils avaient jamais entendu parler de leurs propres poètes et des paradis artificiels. S'ils connaissaient leurs classiques. Tout était à refaire, restait à écrire. Chaque page à remplir, chaque jour à raconter. Il était là pour dire, et l'envie le démangeait même de reparler à un micro, avec les copains, mais il n'y en avait plus guère par ici. Plus que lui sur les photos avec des inconnus, posant malgré eux pour la postérité, et généralement ivre, éméché, hébété.

Le 16 juin, il débaucha donc à tous les sens du mot deux musiciens de fortune, compagnons de beuverie ou passagers de sa nuit qui massacraient en terrasse du Flore Crosby, Stills and Nash, et avec lesquels il entreprit d'enregistrer des maquettes, qui tenaient plus du délire que de la création proprement dite : titres a cappella, sans queue ni tête, prises brouillonnes, tentative désespérée de se ressembler, se rassembler ; et au final pâles chansons d'ivrogne qui n'avaient plus de Jim M. que le nom sur les bandes et auraient été plus dignes des Fantômes que des Doors, un ersatz de studio où personne au monde n'aurait fort heureusement pu le reconnaître. Il avait d'ailleurs signé « Jomo and the Smoothies » ! Cela s'appelait « Orange County Suite », une sorte d'ode à Pamela, et était pourtant bien tourné : il ne savait pas écrire mal. Bien sûr, ce n'était qu'un bœuf, une session pour rire, virant progressivement au sinistre, mais les Portes étaient bel et bien refermées, et il y apparaissait si défait, égaré, que le document en devenait plus accablant, parlant qu'une interview : un groupe de lycée aurait fait cent fois mieux, et sa quête sonore s'avérait pathétique, inaudible. Suicidaire. Le problème n'était même plus d'avoir quelque chose à chanter, mais de pouvoir le chanter, et il était descendu trop bas pour l'avouer, a fortiori le clamer. *Down and out.* Alors il se laissait aller, couler doucement au bord de ce fleuve mythique qu'il contemplait des minutes entières, noyé dans ses bocks, et puis il rentrait s'immerger, s'absorber dans les vapeurs du 17, les nimbes du troisième étage, où il croisait des ombres hésitantes, des inconnus aussi stoned que lui. Ses fantômes du Marais. Oscar avait-il vu, pensé ça dans ses ultimes pérégrinations, ou bien était-il lui aussi mort vivant, à ce stade de sa chute ?

Il flotta encore quelques jours dans cet état quasi comateux – en tout cas éthylique – à certaines heures, se dit qu'après avoir marché sur les traces de Scotty, Henry, and co avec son Anaïs de banlieue, il emboîtait désormais le pas à cet *Etranger* et ce *Feu follet* qui dormaient près de lui, ces héros français d'entre-deux-guerres à la dérive qui traversaient le monde comme des zombies. Retourna sur ses bancs et dans ses galeries où il passait désormais inaperçu, sinon pour un clochard. S'allongea des après-midi entières sur son lit avec des livres éternellement ouverts à la même page, car il en devinait la fin et n'avait plus faim de rien, toute honte bue. S'enfuit à la mi-mai en Corse – dix jours gris et interminables – et début juin à Londres, à l'hôtel Cadogan où... avait été arrêté jadis Oscar Wilde. Remonta incognito la rue de Rivoli avec son sac Samaritaine qui contenait ses films, son dernier enregistrement, son journal intime, sa vie en bribes. Ses ultimes poèmes : « Derniers mots, sortez de moi ! », « Quand je regarde en arrière », « Paris journal », « American night », « Wilderness »... Retourna en catastrophe à l'Hôpital Américain en crachant une « substance rose » qui ressemblait comme deux gouttes d'eau à cette « barbe à papa », l'héroïne chinoise pure et dure qu'ils consommaient désormais à tout-va. Visita le Louvre et l'Hôtel de Lauzun, 17 Quai d'Anjou, autre adresse de Baudelaire, devant lequel il écrivit quelques mots sur le poète : il avait alors rasé sa barbe et ressemblait à un revenant, au vieux Jim des débuts, d'avant la nuit. Engagea pour mettre de l'ordre dans ses affaires une secrétaire canadienne prénommée Pearl, qui tapait l'après-midi ses lettres sur une machine Olivetti, pendant qu'il tournait autour d'elle. Traversa la Seine tant de fois à tâtons qu'il ne savait plus où il habitait, à quelle rive il appartenait, désormais incapable de donner sa propre adresse aux taxis qui l'emmenaient au bout de sa nuit : mais avait-il encore une adresse sur terre, qui ne fût pas un bar ou une alcôve ? Ne résidait-il pas finalement au 56 rue de Seine plus qu'ailleurs, dans ce Cirque du rock qui portait si bien son nom ? S'en revint donc la mort dans l'âme au club dans le vent où plus personne ne prêtait guère attention à lui, puisqu'il faisait partie des meubles, le plus célèbre pilier de comptoir à la cantonnade : « C'est bien lui, là-bas ? O mon Dieu ! Que lui est-il arrivé ? »

Alors, il reprenait forme humaine, se déguisait en lui-même, maquillait son blues et parvenait encore à donner le change, à contrefaire l'« autre », comme à ce dîner du 26 à la Coupole avec une compatriote journaliste, ce 28 juin où il partit visiter Chantilly – un château de plus à sa collection, mais qui ne se buvait pas – et déjeuner à l'Auberge de L'Oise, une table locale à Saint-Leu d'Esserent, avec Pam et un familier, Alain Ronay. Un fidèle et l'ami de la dernière heure. Ce jour-là, il était en forme, décontracté, souriant, presque conforme à son image de naguère, et on aurait eu du mal à soupçonner les tourments qui l'habitaient, ces vertiges qui le chaviraient. Sa course au néant. Il plaisantait, savourait, s'enquérait de tout et... buvait. Encore et toujours, plus que jamais, sans que l'alcool ne lui fît plus rien, à force d'en avoir ingurgité, mélangé, rejeté. C'était devenu un réflexe, un geste presque naturel chez lui que de rechercher un verre partout où il allait, de le remplir, le vider, et de recommencer, ad lib, de boire sans même plus se saouler, jusqu'à en simuler parfois l'ivresse, de traverser chaque journée dans un état second, « borderline ». Il avait désormais soif en permanence, d'inspiration, d'espoir, d'oubli. Il voyait arriver cet été, le plus long de sa vie et le premier loin de son pays, comme on s'engage dans un tunnel sans fin, sans issue. Il ne savait plus quoi faire de lui, où se perdre sans se retrouver (comment passer un jour, une heure loin de soi, sans son image ni son son, quand on ne peut plus se supporter : tel était désormais son problème), et commençait à détester ces parasites de fortune qui l'envahissaient, pour glaner quelques billets verts ou grammes de poudre blanche. Voler ce qui lui restait de lumière. Lui arracher ses dernières ailes.

Le 29 juin, il dicta une lettre à l'intention de son comptable pour lui confirmer sa rupture avec son passé – refermer définitivement les Portes derrière lui, le contrat avec Elektra étant arrivé à son terme –, et lui réclamer des subsides : 3 000 dollars de l'époque, qui en représenteraient 25 000 aujourd'hui. Puis il écouta une bande de l'album des Stones *Sticky Fingers*, qui n'était pas encore sorti et l'impressionna. La musique bougeait, au moment où il s'arrêtait, mais elle n'inventait rien. Son dernier témoignage à lui serait un album solo de poèmes, enregistré le jour de ses 27 ans, qui ne paraîtrait que huit ans plus tard. Chez Agnès Varda, Bernardo Bertolucci écrivait son *Dernier Tango* crépusculaire, et à deux pas de là, Jim jouait le rôle en vrai, s'abîmait dans un Paris de paille, où il ne reconnaissait plus rien de ses Godard et Truffaut de cinémathèque. Une ville de façade qu'il valait mieux aimer de loin, rêver que vivre, et qui le quittait à grands pas.

Le 1er juillet arriva, avec ses cortèges de départs en vacances, et en vingt-quatre heures, la capitale se vida comme en plein exode. Il avait quasiment dormi toute la journée et s'était heurté pour terminer à Pam, dans leur petit restaurant voisin, face à de jeunes étudiants allemands qui l'avaient vu sur scène à Francfort trois ans auparavant et n'en revenaient pas d'être là. N'importe quoi. Il voulut changer de table, elle refusa, ils se renvoyèrent une fois de plus leurs fautes, leurs vérités à la figure, les amants et la drogue de l'une, l'oisiveté et l'immaturité de l'autre, pour en arriver toujours à la même conclusion : ils faisaient fausse route, ce qui se traduisait par : il n'aurait pas dû la suivre. Et il s'était précipité droit devant lui, direction Odéon, jusqu'à la terrasse du Mazet, rue Saint-André-des-Arts, où il avait commandé un croque-monsieur et du bordeaux, et une fois de plus bu, dit et fait n'importe quoi comme on lance des bouteilles à la mer. Il n'en pouvait plus de mourir en vie, de déchirer le type des affiches et des pochettes, d'anéantir le fils de l'Amiral. Désormais sa sensation de solitude était totale, oppressante, comme s'il avait été d'un coup le dernier homme sur le boulevard Saint-Germain, ce jeudi à cinq heures du matin. Seul sur le fil jaune de la chaussée, il chavirait, tanguait comme un funambule, avançait en riant tout seul, une éternelle fiole à la main tel ces joueurs de western qui sirotent leur mort entre deux quintes. Il progressait, glissait de son fil imaginaire en pestant, remontait sur sa ligne jaune, et continuait de traverser on ne savait quel précipice. Ecrasé par la chaleur estivale, il soufflait d'un air si abattu qu'il en devenait émouvant. Il rendait l'âme et les armes, se disait qu'il venait de bien loin et avait tant marché, chanté et bu qu'il se serait bien allongé là, au pied du Panthéon ou de la Sorbonne, à attendre paisiblement la fin du monde, de son monde. *This is the end*, comme dans sa chanson, qui d'ailleurs durait onze minutes et n'en finissait jamais. *Lost in a roman, wilderness of pain/and all the children are insane/ waiting for the summer rain/there's danger on the edge of town...* Là-bas, à l'autre bout de la terre, des milliers de soldats verts qui étaient ses compatriotes et les élèves de son père pataugeaient dans la boue et le sang, crapahutaient au levant sur la mélopée de sa voix, et il était ici à jouer son dernier blues à Paris, avec ses cent kilos de stress, ses trous d'air et ses toux déchirantes. A répéter sa mort, danser sur le fil de la vie, avec la lune en poursuite. Une Mercedes blanche passa alors près de lui, jusqu'à le frôler de son souffle, et disparut dans l'obscurité, en direction du Luxembourg. Chez Cocteau, c'eût été le destin qui repérait les lieux, faisait son marché.

Ce 2 juillet 1971, il déjeuna place des Vosges aux alentours de treize heures avec son ami Alain Ronay *. De l'aveu

* *Ibid.*

même de celui-ci, il était tendu, déprimé, et toussait sans cesse. Tremblait de tout son corps et parlait d'une voix saccadée, aux abois. Il n'avait en fait quasiment pas dormi de la nuit et trouvait le poids de sa vie encore plus lourd que d'habitude, avec le geste lent et un regard impénétrable de puma tapi au repos. Ce trimestre français lui avait paru durer une éternité, et il en avait plus qu'assez de tourner en rond autour d'une chimère, de zigzaguer aux mêmes heures dans le même quartier, avec ce parcours fléché qui le menait irrémédiablement d'un bar à un autre bar, d'une boîte à un cimetière. De projeter dans sa chambre noire, sur le mur de son appartement éteint, ses errances cahotiques de la journée, le film de sa chute en super 8, exactement comme on se regarderait mourir à petit feu, loin de sa terre et de son horizon. Car il avait beau avoir croisé des êtres rares, une incroyable collection de leaders et losers, il demeurait un visiteur, un martien, la star qu'on était aussi content de rencontrer que de quitter, à cause de son éternel malaise, de l'angoisse insidieuse qu'il distillait. Cela tenait à rien, à ses silences, sa lenteur ou une certaine fixité du regard, mais finissait toujours par vous gagner et vous embarrasser, et il était le premier à sentir qu'il vous perdait. Avec le temps, il s'y était habitué, mais redoutait toujours ce moment où l'interlocuteur décrochait à vue d'œil, où il retrouvait sa solitude imposante, rentrait dans sa tour d'ivoire et buvait pour se donner une contenance. Il y avait ainsi très peu de gens à qui il se livra, et il avait discuté ce jour-là jusqu'à la fin de l'après-midi, en se défaisant peu à peu devant Ronay consterné. Ensemble, ils avaient une fois de plus traversé le Marais, remonté leur éternelle rue des Rosiers où Jim avait acheté au pied levé un pendentif à forme d'étoile et chaîne d'argent pour Pam. En sortant de la bijouterie, il s'était écroulé en spasmes sur un banc, plus livide que jamais. Il haletait, suffoquait, mais ne voulait plus entendre parler d'hôpital ni de médecin, rien. Ça irait, il se sentait déjà mieux : un bon steak et il n'y paraîtrait plus. Alors, ils avaient rejoint « Ma Bourgogne », place des

Vosges, où, au troisième verre de rouge, il se portait comme un charme et parlait à nouveau au futur, c'est-à-dire cinéma et littérature. Revigoré, il avait voulu ensuite se procurer un film de Fritz Lang en 16 millimètres, dans une boutique rue des Tourelles, et passer chercher ses bottes californiennes données à agrandir chez le cordonnier voisin. Et là, ça l'avait repris, en pire. Il avait été soudain submergé par une crise de hoquet, la salive aux lèvres et les yeux exorbités, qu'il avait réprimée en se tenant longuement la tête en arrière et en respirant à fond, littéralement à bout de souffle.

Cette fois, il avait peur : deux crises consécutives, cela faisait beaucoup, n'avait aucune raison de s'arrêter, et il serait seul à la maison en ce début de soirée. Que faire si... ? Il avait alors tenté de retenir Alain par tous les moyens, l'invitant à boire un verre, puis deux à la Bastille, les plus amères des bières, puisqu'il était de toute évidence passé de la coke à l'héro, sur les traces de Pam, et que nul ne pouvait plus l'en guérir. Ne pas rester seul, à aucun prix : il avait peur de lui-même, peur de sa peur et tout ça. Mais l'autre devait rejoindre Agnès Varda et s'était finalement éclipsé, sur le coup de vingt heures. Jim l'avait laissé partir, en confiant qu'il allait voir tout à l'heure un vieux western, dans un petit complexe cinématographique du IXe arrondissement : l'Action Lafayette était, avec le Champollion, son cinéma préféré. Se faire une toile qui lui parlerait du pays, dans la langue du pays. Et c'était là que débutait le scénario le plus invraisemblable de la scène musicale, un film dont les protagonistes étaient en outre des gens de cinéma et qui n'en finirait pas d'alimenter la rumeur. Son synopsis tenait en quelques mots : comment était vraiment mort James Douglas, alias Morrison, retrouvé le 3 juillet 1971 à cinq heures du matin, étouffé dans sa baignoire à Paris, sachant que la version officielle, légale, différait totalement de sa version officieuse, qu'il avait eu en quelque sorte deux sorties, la moindre des choses pour une star ?

Une chose était sûre : les pompiers étaient arrivés sur place ce samedi à 9 h 24 du matin, et avaient trouvé le corps affalé dans la baignoire, un filet de sang sous la narine droite, puis l'avaient aussitôt transporté dans la chambre voisine. Là, allongé par terre, ils lui avaient prodigué les premiers secours, en vain puisqu'il était mort depuis longtemps, puis l'avaient couché sur le lit et recouvert d'un drap en guise de linceul. A 9 h 45 avait suivi l'inspecteur Jacques Manchez, du commissariat de l'Arsenal, qui avait recueilli la première déposition de Pamela Courson, vêtue d'une djellaba de soie blanche, et à dix-huit heures, le docteur Max Vassille, qui avait examiné le défunt et conclu à une mort par arrêt cardiaque, donc naturelle, en l'absence de troubles coronariens. La boucle était bouclée, mais la question restait : comment, quand, où ?

Pour passer de son fatidique IVe arrondissement au XXe voisin du Père-Lachaise, Jim emprunta donc plusieurs chemins, et eut à sa manière plusieurs morts, finit plus en caméléon qu'en lézard, avec une fin qui relevait autant de la fiction que de la réalité : rien de plus normal pour un artiste qui voulait faire œuvre de sa vie, à la Wilde. Quelle fut donc sa bonne mort, le film réel de ce vendredi soir à Paris, entre *Vallée de la peur* et *Homme au bras d'or*, en un temps où la capitale brillait encore des affiches de *More*, *Panique à Needle Park*, et autres drug movies ? A quelle seconde est mort Jim Morrison, pour être resté si vivant dans les mémoires ? Il n'est pas de secret mieux gardé, mieux partagé que cette dernière image, Jim nageant les yeux mi-clos vers son néant, que tout le monde a en tête, à défaut de l'avoir jamais aperçue. Car quiconque l'avait vu une fois en scène, en photo ou ailleurs, l'avait forcément vu défoncé, entre deux mondes, sur le fil du rasoir, pendu à son fil de micro comme à une planche de salut. En transes. Il n'avait jamais chanté qu'en sursis, en état d'urgence, ce qui donnait à ses prestations ce tour inquiétant, ce parfum de fin du monde qui vous enivrait. Le métier avait pris sa part et la vie avait fait le reste, vite.

Si l'on se réfère à la déposition de Pamela Courson à l'officier de police, Jim alla donc dîner seul ce soir-là en bas de chez eux, dans un restaurant chinois, puis revint la chercher et l'emmena voir le film de Walsh à l'Action Lafayette, en prenant un taxi à la station Saint-Paul. Et il n'est pas impossible qu'il vit ce film-là peu avant de disparaître, un jour ou l'autre, que ce fut en tout état de cause sa « dernière toile »... Une bonne sortie pour un cinéphile, mais pas forcément pour un 2 juillet. Puis ils rentrèrent chez eux vers une heure du matin, au « 17 rue Beautreillis, troisième étage côté droit », comme dit si bien le procès-verbal. Là, elle avait fait la vaisselle dans la cuisine pendant que Jim se projetait à côté ses petits films tournés ces derniers mois dans les rues de la capitale, ses choses vues derrière ses lunettes noires. Des visages, des ponts, des ombres, des silhouettes et des regards, des manifs et des monuments, la vie en marche capturée quelques secondes, et parfois son fantôme dans une vitrine, confondu à la poussière du temps. Depuis son arrivée à Paris, il avait eu divers problèmes respiratoires, qui avaient nécessité l'intervention de SOS Médecins, à la rue des Beaux-Arts, et lui avaient valu un traitement contre l'asthme, aussitôt négligé. Mais, ajoutait le rapport, il ne s'en plaignait pas et ils s'allongèrent donc tous deux sur le lit pour écouter cette nuit-là de la musique jusqu'à environ deux heures et demie du matin. L'électrophone s'arrêtant tout seul, ils s'étaient alors endormis, « sans avoir de rapport sexuel », à ce qu'elle précisait. Jim était mort en solitaire.

Vers trois heures et demie, elle avait été « réveillée par le bruit que faisait son ami en dormant, comme s'il s'étouffait ». Elle l'avait secoué, lui avait proposé d'appeler un médecin : en vain, il préféra prendre un bain chaud dans la salle de bains contiguë, mais l'appela au bout d'un moment, car il avait envie de vomir. Elle lui apporta un récipient où il se libéra par trois fois, rejetant d'abord des aliments, puis du sang, des caillots *(sic)*. Il lui dit alors qu'il se sentait « bizarre, mais pas malade », que ça allait mieux et qu'il allait finir de prendre tranquillement son bain, maintenant qu'il était soulagé. Constatant qu'il avait « repris des couleurs », elle se recoucha et se rendormit sans trop d'inquiétude. Un moment après, s'apercevant que Jim ne l'avait toujours pas rejointe, elle se rendit dans la salle de bains et le trouva dans la même position, immobile avec la tête hors de l'eau, appuyée sur le rebord de la baignoire comme s'il dormait, et un mince filet de sang coulant des narines. Elle le secoua, tenta de le ranimer et de l'extraire de la baignoire, sans y parvenir tant il était devenu lourd, et, comprenant soudain ce qui se passait, téléphona en catastrophe au fidèle Alain Ronay, pour qu'il appelle une ambulance. Une demi-heure après, ce dernier arriva chez elle avec leur amie commune, Agnès Varda – orthographiée dans le rapport « Anièce Demy », puisqu'elle était la compagne du cinéaste –, et ils prévinrent alors les pompiers et la police. Mais il était trop tard, depuis bien longtemps, et l'homme qui gisait là et n'avait quasiment plus d'âge ni de visage – au point que le médecin légiste faillit inscrire « 57 ans » sur son constat ! – avait été emporté par le poids le plus lourd qu'une épaule pût supporter : vingt-sept ans de vie ardente, trépidante, discordante, dont cinq de show-business, de studio, de tournées, d'écriture, d'excès en tous genres. Une vie d'artiste dans les seventies.

Une version plus réaliste de cette version déjà contestée voulait qu'ils se soient défoncés cette nuit-là en buvant du whisky au goulot, écoutant les Doors et se faisant des rails d'héroïne « sur un bureau avec leur carte de crédit » *, que Jim se soit emporté et soit sorti nu sur le palier en vociférant, tombant face à une voisine réveillée en sursaut et effrayée ; qu'il ait effectivement succombé ensuite dans sa baignoire à une overdose, que Pam ait tout fait pour le ranimer en le giflant frénétiquement, désespérément comme pour le punir,

* *Jim Morrison*, par Stephen Davis (Flammarion, 2005).

en le suppliant de revenir et lui parlant longtemps après son décès ; qu'elle ait ensuite jeté leurs réserves de drogue dans les toilettes et brûlé en catastrophe des documents embarrassants sur leurs activités « coupables » – lettres, journaux, adresses – dans l'âtre avant l'arrivée des secours ; qu'elle ait téléphoné à de Breteuil avant Ronay et attendu plusieurs heures avant d'appeler officiellement à l'aide, le temps que tout le monde pût prendre ses dispositions, et le comte Jean prendre avec sa Marianne le premier avion pour rejoindre sa mère au Maroc. Que c'est Agnès qui aurait prévenu les pompiers avant de foncer sur les lieux dans sa vieille Coccinelle, que.... Qu'importait le flacon puisque l'ivresse était là, et que le résultat était le même : catastrophique. Un corps sans vie avec deux ecchymoses sur la poitrine, la tête tournée vers la gauche et un semblant de sourire aux lèvres, plongé dans une eau rose foncé à force de vomir son passé, de crouler sous son destin. En couverture de l'édition intégrale des *Fleurs du mal*, un Baudelaire sans âge aux airs crispés d'Artaud avant la lettre n'en finissait pas de le fixer, l'inviter au voyage depuis sa table de nuit. Le vol était terminé.

L'acte de décès fut donc établi le jour même à 14 h 30 à la Police Judiciaire de Paris, sans aucune demande d'autopsie. Et Jim, dont la dépouille fut conservée trois jours dans l'appartement dans de la neige carbonique, puis revêtue pour la première fois d'un costume de ville avant fermeture du cercueil, fut enterré le mercredi 7 juillet à onze heures du matin au Père-Lachaise, accompagné de huit proches seulement et en huit minutes, un comble pour qui drainait des foules entières d'admirateurs de par le monde. Il y avait là Alain Ronay, Agnès Varda, son manager Bill Sidons, sa secrétaire Robin Wertle, mais pas de service religieux ni de pierre tombale, et, pour toute homélie, Pamela qui lut un court extrait d'un de ses poèmes : « Voici qu'arrive la nuit avec sa légion pourpre/Retirez-vous maintenant dans vos tentes et dans vos rêves/Demain nous entrons dans la ville où j'ai vu le jour/Je veux être prêt ». Sur le permis d'inhumer, il apparaissait sous le nom de James Douglas Morrison – ce qui empêcha momentanément tout rapprochement avec sa « véritable » identité d'artiste – et Pam était créditée comme sa cousine. C'est seulement deux jours après que fut annoncée publiquement la nouvelle par le manager, pour éviter tout débordement intempestif, que le monde entier entreprit de défiler devant la 6e division, allée 5, rangée 2 du cimetière, comme on ferait un pèlerinage. En apprenant qu'il était poète, le directeur des pompes funèbres avait proposé de l'installer à la division 89, face à un autre écrivain martyr : Oscar Wilde, ce que Ronay s'empressa de refuser ! Il l'avait suivi assez loin comme ça !

C'était là la version officielle, mais une autre avait cours, qui finit par prendre le dessus et a nourri depuis une abondante littérature. Cette même nuit du 2 juillet, à partir de quatre heures du matin, la nouvelle courut dans les clubs du Quartier latin que Jim Morrison venait de mourir. Elle fut même annoncée au micro dans une boîte voisine de la Montagne Sainte-Geneviève, « La Bulle », par le DJ de l'époque, Cameron Watson, un transfuge du Circus mis au courant par deux clients de passage qui étaient aussi des dealers occasionnels. Et l'information se répandit dans le microcosme comme une traînée de poudre, si l'on peut dire : « Morrison était mort d'une overdose ». Le dimanche, un animateur, Jean-Bernard Hebey, l'annonça sur RTL. Personne ne confirma ni n'infirma, mais on se transmettait de bar en coulisses le scoop, qui n'en était déjà plus un : « Morrison... Morrison... Décédé ». Sa mort hantait les salles de presse et les comités de rédaction, le club très fermé des consommateurs de « dope », mais demeurait invérifiable, bien qu'un scénario plus précis des événements commençât à voir le jour, à se répandre rue des Beaux-Arts.

Car c'était là, à deux pas de son « Hôtel » mythique, de chez Oscar le maudit, que tout s'était noué, dénoué comme il se doit, comme il était écrit : Morrison était mort, certes, mais « chez Wilde », Rive Gauche, et le rapport de police eût été bien en mal de le mentionner. Invoquait-on un fantôme ?

Le fait est pourtant que ce jour-là, comme beaucoup d'autres jours, Jim Morrison finit sa soirée, cinéma ou pas, dans son club de la rue de Seine où il y avait foule, de quatre à cinq cents personnes, et où il salua sur le coup de une heure le tenancier, Sam, et vint s'installer à sa place habituelle, face à un torrent de bière et de vodka : on ne se refaisait pas *. Comme d'habitude, il avait élu domicile près du bar à vue panoramique, et se fondait si bien au décor, avec sa veste de treillis kaki de l'armée américaine et ses bottes camarguaises, s'immergeait tellement dans la musique ambiante, omniprésente, planante qu'il ne savait plus si elle provenait de l'extérieur ou de l'intérieur, de ce qu'il fumait ou de ce qu'il entendait, et pour un peu se serait cru sur une autre planète. Discrétion et anonymat garantis, même si tout le monde y connaissait et guettait tout le monde, mais on laissait sa célébrité à l'entrée, comme son chapeau, puisqu'il n'y avait parfois ici que des célébrités, incognito comme il se doit passé une certaine dose de nuit et d'alcool. A deux pas du fameux « Rimzim », le salon oriental tenu par un certain « Baron de Lima », il s'était affalé au comptoir, dans les vapeurs d'essences, d'encens et de patchouli, et avait immédiatement entrepris de réchauffer son ambiance, à l'aide des habituels expédients : son dieu Chivas valait bien la déesse Civa.

Ici, personne ne le dérangeait, ou alors pour partager un nuage, un bon plan, et il lui arrivait de se réfugier alors dans la cabine du DJ, qui comptait parmi les meilleurs du genre et s'éclatait aux platines. A première vue, il n'avait l'air ni mieux ni pire que d'habitude, juste un peu flou, vague et sonné, plus exactement « chargé », comme quelqu'un qui revient de loin et donnerait n'importe quoi pour avoir la paix,

---

* *Jim Morrison, the end*, par Sam Bernett (Privé, 2007).

s'allonger sur la banquette et faire un petit saut dans les nuages. Cette journée avait été l'une des plus longues de sa vie, et il avait cru ne pas en voir la fin, tant il avait bu, toussé, traîné la patte autour de son pâté de maisons, avec dans la poche droite son bouquet de feuilles blanches, désormais dérisoires, qu'il semait quasiment sur son chemin sans même s'en apercevoir. Le poète perdait ses plumes, et le paon du Fillmore ses couleurs vives, pour ne laisser derrière lui qu'un vieux gamin du Middle West bouffi et repu, las d'avoir tout eu, lu, bu, d'être venu et d'avoir perdu. Une silhouette épaisse à la démarche incertaine qui se découpait dans la pénombre comme au ralenti et trébuchait sur ses chimères en maugréant dans sa barbe, enfin rasée, saluait des visages sans nom et se frayait un passage parmi des corps hébétés, des couples occupés, sur fond de nappes jazzy : la routine. Était-on lundi ou samedi, à Paris ou à Frisco, et même était-il le chanteur des Doors, il n'aurait pu l'affirmer avec certitude à ce moment-là, mais l'important était qu'il fût là, à cinq cents mètres de l'autre, de cette vraie tombe de l'Irlandais qu'était l'« Hôtel » voisin, et il se promettait de ne plus le perdre de vue. Dans sa confusion, il décida aussitôt de boire à sa santé et commanda, et recommanda. Et il s'enfonça doucement dans ses nimbes avec le sentiment diffus de rentrer chez soi, de passer à ces choses essentielles qu'étaient l'ivresse, le goût des mots et la beauté des silences, hors le trou noir du public et ses never more. Les plages blanches de ses pages, dorées de ses vinyles, dont il fallait noircir chaque sillon, peupler l'immense solitude d'un sang d'encre.

A cet instant, il se sentait las, loin mais bien, entre deux nuages, et parlait à des gens qu'il n'était pas sûr de reconnaître, mais qui le dévisageaient encore comme celui d'avant, le garçon des pochettes et des shows frénétiques, et lui demandaient de ses nouvelles comme on retrouve un disparu, on questionne un grand brûlé du rock. On interroge toujours un artiste sur ce qu'il devient, ce qu'il prépare, comme s'il devait faire en permanence la preuve de son art et justifier de son activité, son utilité. Lui se laissait vivre, au risque d'en mourir, et il n'avait jamais imaginé que le simple fait d'exister eût demandé un tel effort, que traverser une journée fut parfois un tel exercice, un pareil voyage, sans flashes ni guitares, juste avec soi. Le poids de soi. Le sien était devenu immense, à tous les sens du mot : vingt kilos de trop, avait diagnostiqué d'un ton docte le toubib de la salle : « Vous vous étouffez, mister Morrison ! » Il avait failli répondre qu'il étouffait de tous ses cris, ses silences et ses impatiences, de ces signes que la vie lui faisait et qu'il ne pouvait lui rendre, de ce pays qui l'oubliait et cet autre qui l'avalait, de ces bouffées de mots purs qui l'asphyxiaient bien plus que son prétendu asthme, de ces souvenirs qu'on n'efface qu'en s'effaçant soi-même, mais cela aurait été trop long à expliquer, et on ne négociait pas avec la médecine. Qu'est-ce que l'autre aurait pu comprendre à son Amiral de père, à sa conservatrice, sinon castratrice, de mère, au secret bien gardé des Morrison, qu'on emportait jusque dans la tombe ? Il y a des choses qui ne se disent pas, ne s'écrivent même pas, et c'était ce qu'ils appelaient la poésie. Il crevait de poésie, bien que le mot lui parût pompeux, bon pour les académiciens et les écrivains de la télé. Lui, c'était du brut. Ça le brûlait, le dévorait du dedans, et plus il buvait pour éteindre ça, plus le feu reprenait. Il aurait fallu des millions de bouteilles, de litres de whisky pour noyer une telle soif, boulimie de dire, plus que la terre ne pouvait en fournir, et aucune cave n'était à la hauteur. Alors, il répétait d'un air blasé et vaguement démoniaque son sésame : « S'il te plaît, montre-moi le chemin vers le prochain bar à whisky. Et ne demande pas pourquoi » *. Le pire et le dernier de ses refrains. Un gimmick d'enfer.

Et puis le gars l'avait alpagué, un grand type sans visage aux airs de passe-muraille qui venait d'entrer avec son minuscule copain – une demi-portion qui paraissait encore plus

* *Les derniers jours de Jim Morrison, op. cit.*

petit à ses côtés – et qui se dirigea droit vers lui, comme s'ils avaient eu rendez-vous. Dans toutes les boîtes, il rôdait un type comme ça à partir d'une certaine heure de la nuit, et il ressemblait toujours à ça, c'est-à-dire à rien, le genre de gars que l'on aurait un mal fou à décrire par la suite, en cas de besoin. Signe particulier, néant : porteur de néant. Il s'était retrouvé là, assis à côté de lui, sans même qu'il l'ait vu venir, et lui vendait sa salade dans un sabir franco-américain, des regards à la dérobée et tout le tremblement. 30 ans à peine et des doigts de prestidigitateur, pour faire apparaître la marchandise et disparaître les billets. C'était soi-disant un ami du comte Jean, en fait un de ses fournisseurs, qui arrivait de Marseille avec une livraison pour l'aristo et ne savait trop à qui remettre le colis, en l'absence de correspondant. De l'héroïne pure en provenance d'Orient – *China White –,* via le Vieux Port, quasiment non trafiquée puisqu'elle était dosée à 90 % au lieu des 30 % habituels, et qui devait donc être coupée ou retravaillée ultérieurement, après réception. Au total, cela faisait un petit sachet d'environ 100 grammes, qui passait presque inaperçu sous la table, remplissait la main d'un honnête homme, mais il y avait là de quoi défoncer tout un régiment, pendant une semaine. Dans ses nimbes, Jim contemplait l'objet avec curiosité, moins par envie que fascination de ce qui constituait l'équivalent d'une bombe, et ne put résister au désir de s'en procurer un peu, pour 2 000 francs de l'époque. C'était beaucoup, suffisamment pour s'envoyer en l'air pour le restant de la nuit et même du week-end, et nettoyer une bonne fois pour toutes ce sacré mal de vivre que lui avait finalement collé la Capitale, avec ses mauvaises vibrations. Une dose qui aurait fait rêver Pamela et lui donnait envie d'essayer, juste pour voir l'effet que cela faisait, de grimper en plein Paris dans Apollo 13 et de décoller pour la Grande Ourse. De se mettre sur orbite plus haut que tous les missiles de son maudit paternel ne pourraient monter, pour regarder du grand plafond ce peuple de fourmis.

Mais pas question de faire ça ici, en public, sous peine de

se faire sortir et embarquer, alors il se souleva et se dirigea d'un pas hésitant vers les toilettes de l'endroit, où il avait croisé en trois mois tant de fantômes, Vince, Mick, Keith, David, Marianne and co, recherchant leur nirvana entre deux cuites et redemandant à la sortie le chemin pour la terre. Dans son poing gauche, noué comme un cep, le précieux butin qu'il palpait et étreignait, telle une dernière conquête, la clef de toutes ses portes. Il traversa un couloir, qui menait à la rue Mazarine voisine, puisque la boîte, qui devait devenir l'année suivante le Whisky à Go Go, donnait aussi du côté de l'Alcazar. Pratique pour qui voulait éviter d'être aperçu ici ou ainsi, ou encore souhaitait s'éclipser avec tel ou telle partenaire : ni vu ni reconnu. Sans parler des inévitables dealers qui pouvaient du coup se « blanchir » en traversant l'endroit et procédant à leur petit commerce : tout le monde s'y retrouvait, même si officiellement, il n'y avait jamais trace de trafic ni de stupéfiants dans le coin. Tout allait donc pour le mieux dans le meilleur des mondes, et les descendants du Golf et de la Cavern venaient parachever ici des adolescences tardives : abattre leur dernière barricade et réinventer cette Californie chère à Etienne Roda-Gil, autre habitué des lieux, qui n'en finissait pas de briller dans les yeux, brûler dans les têtes de ceux qui ne la verraient jamais qu'en bord de Seine. Ceux-là ne connaîtraient la côte Ouest que sur la Rive Gauche, et le roi Lézard qu'en poussah fatigué, effondré dans un pouf à l'encens. C'était ainsi, l'envers du décor, où Paris se donnait des airs de coulisses américaines, et les toilettes du Cirque un parfum planant de Fillmore West, avec une pop star plus vraie que nature devenue son fantôme du paradis.

Jim poussa la première porte venue et s'enferma dans les lavabos avec sa précieuse cargaison, un ticket pour l'horizon, de quoi se gonfler le crâne d'azur et d'oxygène pur, pour qui manquait d'air, se faire un *2001* à lui tout seul. Avait-il jamais vu son film auparavant, foulé les velours grenat de l'Action Lafayette et regardé Mitchum rouler dans la poussière, lui-même n'aurait su le dire à cette heure-là, tant le monde lui paraissait loin, minuscule, et évanouie cette triste journée de sa vie, l'été le plus noir qu'il ait jamais connu. Son vingt-septième. A peine le temps de naître et de humer l'air du soir, de faire quelques pas sur la route et d'imaginer un monde derrière l'horizon, bien sûr sans horizon ni frontières. Il ouvrit délicatement le sachet, aperçut la poudre d'une pureté éblouissante, d'une finesse parfaite, de l'or blanc, la fit glisser entre ses doigts comme une caresse, une promesse, et se dit que ces secondes-là allaient compter double, triple, qu'il allait toucher le ciel et s'évader enfin de ce corps, ce rôle qui lui pesait des tonnes.

Il se pencha, s'imprégna, ferma les yeux et, dans son dispositif de fortune qui aurait consterné les autres, restés si loin derrière, se mit à aspirer, tirer méthodiquement sur la petite colline blanche comme on mettrait le feu à une mèche, on ferait sauter un verrou. A se faire une ligne, comme on se creuse la tête, on va chercher des mots jusqu'au fond de soi, et qu'ils vous dictent des messages inconnus, nos plus secrètes lignes de vie. A sniffer sa bouffée de rêve, prendre son rail pour ailleurs, en effaçant d'un trait tout ce qui n'était pas la seconde présente, le lent cheminement de la poudre à travers ses narines, ses sinus, ses neurones, comme une tempête, une explosion nucléaire sous son crâne. Une bombe H en plein Paris. Sa petite apocalypse, qui s'en revenait désormais toutes les semaines, puis tous les soirs, mais jamais comme ça, avec cette violence et cette démesure.

Il lui sembla que les murs du Cirque allaient s'ouvrir, fondre ou s'enfoncer, le sol de la pièce couler à pic avec tout ce qu'il y avait dedans, les toilettes, les gens, et même la rue, tout ce quartier torride avec son hôtel hanté, que tout allait finir sur place dans un gigantesque sabbat et qu'il en piétinerait les cendres avec la cape de Wilde. Qu'il allait voir fuir dans la nuit tous ses fantômes quotidiens, plus terrifiants que les gargouilles de Notre-Dame, ces diables ricanant qui le scrutaient de là-haut depuis trois mois et envahissaient ses rêves au premier sommeil. Les démons de l'Amiral, tapis dans son ombre depuis tant d'années, toutes ces peurs d'enfant qui le tenaient par la main. Il vit les ampoules clignoter, les lumières étinceler, puis décroître, enfin s'éteindre, le plafond se fendre et les murs se refermer progressivement sur lui, comme dans un vieux péplum, Maciste contre Hercule et tout ça. Le silence imploser, bourdonner, résonner de toutes ses fanfares, et ses oreilles exploser, ses mains lui échapper et ses yeux lui sortir de la tête, dans un ramdam d'enfer. Toutes ses chansons hurler ensemble, en même temps, et les visages lui revenir, se confondre. Il avait la sensation de se défaire, se désagréger, et son cœur s'était mis à battre, tambouriner frénétiquement comme s'il voulait sortir, en chœur avec ses tympans, ses tempes qui cognaient, à croire que son cerveau avait décidé de s'échapper également, que son corps, soumis à un tel régime, avait choisi de le laisser tomber, qu'il fichait le camp de toutes parts et aurait un mal de chien à rentrer entier. Manifestement, quelque chose ne tournait pas rond avec cette came, et il se sentait mal, cloué sur cette céramique glacée avec des frissons, des spasmes, et surtout ce boucan qui résonnait dans son crâne, comme s'il avait eu le plus grand studio du monde et tout un orchestre free en tête. Il essaya de se lever et retomba violemment sur le carrelage, pris de syncope, sentit le sol se dérober comme s'il avait sauté du ciel et que la terre eût soudain disparu.

Vers deux heures et demie du matin, prévenu que la porte des toilettes pour hommes était anormalement bloquée de l'intérieur, le directeur du club la fit défoncer et le découvrit inanimé, affalé sur la cuvette des WC avec « la tête entre les genoux et les bras ballants », en proie à une overdose foudroyante : « Son visage est gris, les yeux fermés, il y a du sang sous son nez, et une bave blanchâtre comme de l'écume autour de la bouche légèrement ouverte. Jim ne respire pas » *. A ce moment-là, il ne bougeait plus, était déjà ailleurs, et un médecin présent affirma qu'il était mort. Mais les deux dealers,

* *Jim Morrison, the end, op. cit.*

venus à la rescousse, arguèrent qu'il n'était qu'évanoui, qu'ils s'occupaient de tout et savaient quoi faire.

Devant son état et le risque de compromettre l'avenir de l'établissement, les responsables ne se firent pas prier pour se débarrasser de l'encombrant colis : il est des publicités dont on se passe volontiers. On s'agita autour de lui, prévint des proches, qui le transportèrent rapidement à l'extérieur, par la sortie de secours, rue Mazarine. Soutenu par les épaules, porté par deux personnes, il ne réagissait plus et pouvait aussi bien être mort qu'évanoui, Jim Morrison que n'importe quel junkie de série. Il semblait peser des tonnes, ne disait mot, avait les yeux clos : le voyage avait été rude. Les inconnus, qui le déposèrent à l'intérieur d'un véhicule et n'étaient, selon d'autres sources, pas des habitués de l'endroit, à en juger par leur tenue vestimentaire plus classique, connaissaient en revanche bien son univers, puisqu'ils le ramenèrent chez lui, au beau milieu de la nuit. Peut-être des amis du spectacle, les premiers noms cités étant ceux de Jean-René, Agnès, Jean de Breteuil et sa compagne Marianne. La suite appartient une fois de plus à la fiction, décidément chère à un personnage qui adorait mystifier son public et ses interlocuteurs, qui s'inventait suffisamment de vies pour s'être aussi payé sa mort, même sans l'avoir voulue. Et la question de revenir, inlassablement : qu'est-il advenu à Morrison après trois heures du matin, dans cette hypothèse-là, confirmée par le témoignage officiel de Sam Bernett en 2007 ?

La vérité tient sans doute en une scène sinistre, pathétique, qui se déroule en milieu de nuit dans la lumière crue de l'appartement réveillé en sursaut, lorsqu'on ramène chez lui, et donc à Pamela, le corps du chanteur, déjà mort. Les amis de Jim, eux-mêmes pris de court par la brutalité de l'événement, n'ont pas d'autre solution que de le faire survenir – c'est-à-dire mourir – à son domicile, pour éviter trop de questions indiscrètes. Ils débarquent donc en catastrophe vers trois heures et demie du matin rue Beautreillis, glissent le corps dans l'ascenseur, le hissent au troisième étage, le portent à travers le palier et l'introduisent dans l'appartement. Prévenue quelques minutes avant par téléphone, Pamela n'a d'autre solution que prendre en charge le corps de son compagnon, dont tout laisse à penser qu'il est déjà décédé à ce moment-là. Il est en effet improbable qu'on ne l'ait pas conduit à l'hôpital dans le cas contraire. A moins qu'on n'ait sous-estimé son état de santé et pensé le ranimer en le déposant dans son bain. Le moyen traditionnel de lutter contre une overdose est en effet de plonger l'intéressé dans un bain froid, pour l'empêcher de s'endormir et provoquer un sursaut.

Après un probable conciliabule, où chaque seconde, chaque geste compte, c'est ce qui sera finalement décidé : on déshabille Jim et on l'immerge dans de l'eau froide, pour contrecarrer le symptôme fatal ou contrefaire le fil des événements. Est-il encore là, des leurs à ce moment-là ? Malgré tous les efforts, la hâte, l'énergie du désespoir, l'issue fatale ne saurait tarder de toute façon. On met au point un scénario, on met en scène son décès. On réécrit sa dernière scène. On pense à tout, on remonte le film des événements. On tâche de fondre les deux versions. Il est bien mort, mais chez lui. Comme il ne porte aucune trace d'injection, ayant toujours eu horreur des piqûres, mais que son état de délabrement physique est manifeste, avec ses problèmes d'asthme et de boisson, il ne sera pas difficile de conclure à l'évidence : l'artiste est mort de son mauvais état de santé et de ses nombreux abus : trois mois de suicide progressif, dont un de chute libre. A un ami qui dînait avec lui le jour de la mort d'Hendrix, neuf mois auparavant, il avait lancé en faisant aussi référence à la disparition récente de Janis Joplin : « Tu as en face de toi le troisième de la liste ! »

Au lendemain de sa mort, gardée officieuse pendant près d'une semaine, Jean de Breteuil quitte précipitamment la France pour Marrakech – où réside sa mère – avec Marianne

Faithfull * : ils ne souhaitent pas s'exprimer sur le sujet, et le comte, héroïnomane, disparaîtra également d'une overdose la même année à Tanger. Il sera suivi deux ans plus tard de Pamela Morrison elle-même – comme elle se présente désormais, devenue l'ayant-droit de l'artiste –, qui décédera dans les mêmes conditions et au même âge : 28 ans, en 1974. Le cycle se termine.

Comme aucun des protagonistes n'accrédita ou n'infirma la thèse officielle, bien que tout le monde convienne en privé d'un « secret », donc d'un autre dénouement que la version publique, et que les plus proches témoins avaient disparu, le dossier se referma là et les supputations continuèrent d'aller bon train, pour ou contre la version légale ou pirate.

Une chose était sûre : James Douglas Morrison était bel et bien décédé ce 3 juillet 1971 au matin, à Paris, il avait été enterré à la sauvette quatre jours après, en petit comité, l'antistar par excellence, et un mythe venait de naître, qui défraya autant la chronique qu'il déferla sur sa tombe, coqueluche de tous les fans et autres messes noires, jusqu'à ce qu'on y dérobât dans les années 80 le buste en marbre à son effigie apposé là en souvenir. Le roi Lézard dormait désormais dans la cour des grands, non loin de la fameuse stèle d'Oscar Wilde, lui-même objet de mille attentions plus ou moins catholiques. Ses parents y firent graver l'épitaphe en grec « FIDÈLE À TON ESPRIT », et il ne se passe guère d'été, et notamment de 3 juillet, sans que des mains inconnues ne déposent au pied du tombeau quelque hommage profane, des vers et des roses, un salut ou adieu furtif au temps des Portes, au dernier poète romantique, égaré si loin de son siècle et de son pays.

Au fond, il ne s'était donné tout ce mal, les Doors, le top, la dope et le reste, que pour ça, cet éternel plan-là : s'offrir une bohème, se racheter une adolescence à Paris, une place de

---

* *Les derniers jours de Jim Morrison, op. cit.*

trois mètres sur deux au Quartier des poètes, chez un Père qui le comprendrait sûrement mieux que son Amiral Morrison, lequel réclama son corps à cor et à cri, en vain, à défaut d'avoir son âme, et ignora lui-même le fin mot de l'histoire. Et dès qu'il avait posé le pied sur le sol du vieux continent, il n'avait plus eu qu'une seule envie : s'y allonger, en fermant les yeux pour mieux voir, et y attendre paisiblement l'éternité dont on parle à la fin des livres, se reposer de ces épuisantes enfances qui s'acharnent à rendre les hommes adultes.

BOBBY DARIN

Le cœur à rebours ou Le syndrome de Frankie

Quand on dévisageait Bobby Darin, on pouvait deviner sans peine quel genre d'enfant il avait dû être, dans sa cour de récréation ou à la pension, au temps du Bronx, des dimanches à Harlem. Fier, têtu, bon prince et parfois mauvais joueur, mais pas rancunier pour un sou. Solitaire bien sûr, mais volontiers volubile, démonstratif : latin. A la fois sociable et sauvage, enjôleur et hâbleur, avec juste ce qu'il faut de frime et une petite moue rebelle de Photomaton, un sourire des pommettes qui chavirait les cœurs : *touché*. Le gars qui gagne toujours vos billes, mais vous les rend magnanime à la sortie. Gentleman à ses heures, seigneur des losers, dissimulant sous un trop-plein d'attentions, de gestes et de superlatifs un vieux doute qui l'amenait à rêver d'être un autre, à se projeter dans les affiches comme dans un miroir. Et avec lui, cet autre s'appelait toujours Frank Sinatra. Un Rital comme lui, crooner swing comme il les aimait, acteur comme il rêvait de le devenir, homme-orchestre et mentor, tout ce qu'il aurait aimé qu'on dise de lui au bout du chemin : « Je voudrais être un type bien et un bon professionnel » (« My goal is to be remembered as a human being and as a great performer »).

Et à la fin, on put presque le dire, à cette nuance près qu'il n'avait que 37 ans, plein de vies derrière lui et pas mal de faux départs, un cœur fragile et une tonne de médailles, tant musicales que cinématographiques, accrochées au revers, plein de standards en commun où il s'efforçait de dépasser l'original, et une vie privée plutôt dissolue qui le rapprochait vraiment de son modèle. Robert Walden Cassotto, alias Bobby Darin, avait en effet mis le paquet, appuyé sur le champignon, touché à tout, et mélangé le reste avec le même bonheur, au gré des âges et des modes : rock, variété, jazz, chanson, country, folk, musical, ciné, télé... Qui donc aurait pu commencer par *Splish Splash*, continuer par *Mack The Knife* et terminer par *If I Were A Carpenter* ? Il voulait tout, tout de suite et à la fois, jouer et chanter, animer et écrire, pour lui et pour les autres, la batterie et la guitare, la blonde et la brune, et finissait par ne jamais rien tenir, rien garder, qu'une poignée de sable qui se transforma en cendres. Il suffisait de lui mettre un instrument entre les mains, une mélodie en tête et une caméra en face pour qu'il démarre au quart de tour, avec une idée fixe : dépasser l' « autre », Frankie, le gars d'Hoboken, lui damer le pion et le coiffer à l'arrivée. Être le roi. Comme d'autres rêveraient d'être Presley, il se voyait Sinatra, et, comme de bien entendu, il ne pouvait y avoir deux parrains au pays du show-business, deux dieux au paradis. Alors, il passa la main, car il n'avait jamais été très patient, pas doué pour les seconds rôles et les politesses : il n'en avait pas le temps, à la manière d'une Ferrari ou d'une Maserati. Il faisait partie de ces gens qui ont toute leur vie rendez-vous, sans jamais savoir lequel, qui vous croisent en vous disant à chaque fois qu'ils voulaient justement vous voir, puis disparaissent jusqu'à la prochaine, comme happés par le destin. Un diable dans sa boîte ou plutôt, dans le cas présent, un génie dans sa bouteille.

C'était même son secret, de courir toujours derrière tout, de gagner du temps sur la vie, de compter ses tours et lutter contre l'aiguille du compteur, celle qui flirte avec la ligne jaune, depuis qu'il avait eu à 8 ans cette mauvaise fièvre rhumatique, qui l'avait laissé exsangue, comme un petit vieux, et lui avait mis le cœur à zéro et l'espérance à plat. Une sérieuse alerte, qui survenait après la perte de son père, l'année de sa naissance, et lui donnait un avant-goût amer de la vie, un peu comme un premier whisky. Ça vous écorche la gorge et puis on s'habitue : il faisait avec. Il vibrait, swinguait, picolait, aimait avec un cœur d'occasion, à l'essai, et ne savait jamais trop, quand il emballait ou enregistrait, s'il n'allait pas y laisser la peau, rester sur le carreau. Et ce sentiment curieux lui donnait des ailes, des fulgurances, un charme enfantin. Puisqu'il n'y avait rien à perdre, c'était qu'il avait tout à gagner : Emmy Awards, Golden Globes, nominations aux Oscars, et il rafla le tout. Comme il n'avait dans sa biographie qu'un temps imparti, exactement comme dans un show TV ou un concert, il donna le maximum : 29 albums originaux et 69 quarante-cinq tours en 15 ans, explorant tous les styles dans une dizaine de firmes qui allaient de Decca à Atlantic et de Capitol à Motown, 13 longs-métrages qui ne marqueraient certes pas les mémoires ni les rétines, des centaines d'émissions TV en tant qu'invité, animateur, producteur, acteur, homme à tout faire. Il était l'homme pressé du roman, indissociable du mot standard, donc crooner, au sens le plus swing du terme, et à défaut de pouvoir s'assurer un destin, il s'en était offert plusieurs, convaincu qu'il en atteindrait au moins un. Et comme souvent dans ce cas-là, sa carrière débuta par un quiproquo, ce qui se paye toujours plus tard.

En 1958, alors qu'il n'a que 22 ans et rêve d'écrire pour les autres, son premier succès, *Splish Splash,* est perçu comme son style, alors que c'est son seul rock, écrit en dix minutes, tout comme quelques mois plus tard son célèbre *Dream Lover*, devenu l'hymne des sixties, le rangera au rayon des juke-box et surprises-parties, en fera un chanteur pour draguer, lui qui s'y donne tant de mal. Un million d'exemplaires chacun, et une belle erreur sur la personne, qui corrigera vite le tir. Le voilà donc lancé comme tous les teenagers de l'époque, ces ados gominés à prénom seul qu'on place dans les films à côté de la star pour les introduire sur le marché, ou la remettre en selle. C'est en effet le temps des Dion, Fabian, Ricky, Ritchie, Bobby, Buddy, Danny, Pat, Frankie and co, des mômes à banane montés en graine et souriant à tout ce qui bouge, en stéréo et quadrichromie, des garçons de plage gravant en Technicolor leurs succès dans le sable, des serments haute fidélité de deux minutes trente, entre fin de Corée et début du Vietnam. Dans ce décor, Bobby Darin jure, tranche sur les autres Bobby, par sa maturité, sa qualité musicale, son sens du rythme, et il le prouve dès l'année suivante en enregistrant ce qui restera son titre emblématique, une reprise pop du célèbre *Mack The Knife* extrait de *L'opéra de quat' sous* de Kurt Weill et Bertolt Brecht, dans le cadre d'un album entier de standards, à la *Ole blue eyes*.

Cette fois, ce seront deux millions de copies vendues, cinquante-deux semaines au Top Ten dont neuf à la première place, en tête du Billboard, et deux Grammy Awards pour la même année 59 : meilleur disque et meilleur nouvel artiste, touchant aussi bien les jeunes que leurs parents. C'est une première du genre. Et il transforme l'essai, en se produisant dorénavant dans les cabarets à la mode : Flamingo, Sands, Hilton à Vegas, Cloister à LA et Copacabana à New York, où il ne se contente pas de chanter, mais joue aussi les hommes-orchestres, remplace quasiment chaque musicien. La voie royale, ou si l'on préfère le Boulevard des Italiens, made in USA, et l'envie d'être tout le monde, à défaut d'aller au bout de soi : de prendre le meilleur de chaque vie. En ce début 1960, il est enfin le boss, le petit prince face au King, en 61 le plus jeune artiste à avoir son propre show télévisé, et en 64 nommé aux Oscars, ce qui est ici presque aussi important que de les avoir, et bombardé dans la foulée acteur le plus prometteur aux Golden Globes. Plus moyen d'allumer sa télé sans tomber sur lui-même, de remonter l'avenue sans se croiser dans les vitrines, d'acheter un journal sans avoir de ses nouvelles. Et bien sûr de ne pas se voir briller à l'affiche de tout Broadway, en lettres hautes comme votre villa de Santa Monica. De quoi faire de vous le plus grand piéton de la Cinquante-Deuxième, vingt-quatre heures sur vingt-quatre, juste pour vous sentir exister et avoir confirmation que l'univers n'est jamais qu'un cercle tracé autour de vous, que c'est bien vous qui faites la pige à *James Bond et Cleôpatre* sur les tramways de votre enfance.

A moins de 30 ans, Bobby, qui se dit condamné à partir tôt en raison de sa malformation cardiaque et n'a plus une seconde, un générique ou une première à perdre, avoue désormais vouloir devenir *« plus grand que Sinatra »*, comme on rêverait d'aller plus haut que l'Himalaya, et il emboîtera souvent le pas au maître, avec toujours cette obsession de la fin, de la « panne générale » qui hantait en France un Boris Vian, pour des raisons similaires. Même maison de disques, que l'autre vient de quitter – Capitol –, mêmes reprises, mêmes clubs, même petite taille, même cour version sixties, même niaque vengeresse et canaille. Ce que l'autre a fait, il le fera aussi, et même mieux puisqu'il écrit et compose, avec le sentiment puéril de marquer des points à chaque note, de graver à chaque sillon une victoire sur l'inconnu, qu'il ne connaît que trop. Comme certains batifolent en décapotable ou posent au bord du Pacifique, il arpente jour et nuit ses plages noires, en forçat des studios, convaincu que si tout devait s'interrompre à la seconde d'après, si cette chanson devait être sa dernière, ce serait forcément la meilleure.

C'est *sa manière*, sa marque de fabrique : enregistrer chaque mot comme s'il était ultime, une sorte de testament professionnel. Cracher chaque couplet, chaque refrain comme un adieu, même le plus léger. Guetter chaque prise comme on va à un rendez-vous, sans cesse repoussé, ne jamais s'oublier, se lâcher, se perdre de vue. Vivre sur le qui-vive, produire en état d'urgence, et ne s'endormir que d'un œil, de préférence sur le côté droit de la poitrine : on ne sait jamais. Quand une femme en veut à son cœur, commence à lui dérober ses émotions, il se protège, se couvre comme un boxeur : un coup de pompe est si vite arrivé. Il prend facilement froid aux sentiments. Ce n'est pas évident de conquérir chaque jour l'Amérique, traverser la vie avec un cœur qui peut ne plus répondre, vous renvoyer la balle, si le cœur lui en dit soudain. Avec un signal d'alarme qui vous clignote tout le temps en pleine poitrine, dans un métier de tensions, de crises et de frissons, de bas et de haut-le-cœur, le plus grand poker menteur de Californie où mieux vaut l'avoir bien accroché, et même ne pas en avoir du tout si l'on veut survivre. Et il a beau ne pas y penser, faute justement de temps à perdre, il s'est rendu compte qu'il y réfléchissait quand même, vingt-quatre heures sur vingt-quatre, que l'idée de la chose ne le quittait plus, même en rêvant : qu'est-ce qui se prépare là-dedans, quelle pause ou quelle panne, quelle grève surprise ou coupure de son ? Quand donc est programmé le top départ, la fameuse seconde ? Combien de temps, de Noëls, d'aurores, d'albums et de trains pour l'été ? Combien de nuits à attendre la nuit ? Pour conjurer ses démons, il compose, enregistre, joue, grave en image et en son tout ce qui peut l'être, tel un Sinatra de poche. S'ingénie à reprendre derrière lui les mêmes standards, au moment où l'autre les réenregistre lui-même pour son nouveau label, Reprise. Lui pique ses orchestrateurs et ses musiciens, ses fans et ses vannes. Sa clientèle. Lui fait les poches et les pochettes, les façades et le fonds de catalogue. Et accuse le coup, d'une pointe d'aiguille, de saphir dans le thorax, quand l'autre met dans le mille, décroche le jackpot avec *Strangers In The Night* ou *My Way*. Touché, et le souffle coupé, mais jamais le micro : il repart à l'assaut du Top. Né pour ça : pour vivre, c'est-à-dire chanter.

Et les succès s'enchaînent : *Queen Of The Hop, Multiplication, Things, Early In The Morning, You're The Reason I'm Living,* et même *Milord* et *La Mer (Beyond The Sea)*, évoluant bientôt vers un autre genre, le folksong, avec le fameux *If I Were A Carpenter* et *Simple Song Of Freedom* du tourmenté Tim Hardin. Des perles noires qu'il ajoute à sa collection, en se disant égoïstement que celles-là, Frankie ne les aura pas, qu'il lui laisse provisoirement le jazz, McKuen, Jobim, Duke et Deodato, et emporte le protest song, qui n'a jamais été le fort du petit homme, ni sa tasse de cognac. Rarement on aura vu un artiste varier autant les plaisirs, les publics, des hit-parades de ses débuts aux grands hôtels où il revisite le répertoire des classiques et fait le show-man à merveille, devient un Rat Pack à lui tout seul. Comme un grand. Après tout, ne mesure-t-il pas quatre centimètres de plus que l'homme de Little Italy, qui ne fait jamais qu'un mètre soixante-dix, avec ses ergots et ses talonnettes ? Et comme l'autre fraye un temps avec la famille présidentielle, via Peter Lawford, Bobby s'y met à son tour, d'autant plus volontiers qu'il est un vrai démocrate et en a pris un coup dans le buffet quand les quatre détonations ont retenti à Dallas. Il en garde encore le frisson. On n'est pas surpris de le voir s'engager alors aux côtés de Robert Kennedy, peu avant l'attentat fatal, et revenir sur scène avec moustache et cheveux longs dans un répertoire contestataire, en plein combat pour l'égalité des droits raciaux.

En 1968, année charnière de sa vie, il découvre même comme dans une sitcom, un mélo de gare, que celle qu'il croit être sa mère, Polly, est en réalité sa grand-mère, et que sa sœur, Nina, de dix-neuf ans son aînée, est en fait... sa mère ! Cherchez l'erreur. Il en gardera la secrète conviction que l'erreur, c'est justement lui, et ne s'en remettra plus, persuadé en bon Italo-Américain qu'à toute faute il faut un responsable et qu'il fait justement un coupable idéal. Sa mère pour sa sœur, pendant 30 ans ! La nouvelle le laisse sonné, estomaqué. Déboussolé.

Il a alors perdu ses repères, changé de maison de disques, brouillé son image, noirci son répertoire, en pleine révolution musicale, et même s'il anime son propre show à la télévision, le succès – le vrai – n'est plus là, et le temps où il rêvait d'avaler Sinatra déjà un souvenir. L'autre s'est refait une jeunesse avec Mia Farrow, 20 ans, et une virginité avec la commission d'enquête du FBI, et c'est tout juste si on ne lui a pas proposé le rôle du *Parrain,* où il se serait lui-même bien vu en Brando, initialement filmé par Preminger : n'y avait-il pas inspiré le personnage du chanteur Johnny Fontane, supporté dans le film par Don Corleone ? Basta. A trop en faire, Bobby est usé, épuisé, désenchanté et traverse sans conviction des séries B : *Le Shérif aux poings nus*, c'est lui, avec un titre original idéal pour nos mercredis, *Gunfight In Abilene*, et une musique de son cru, et puis ce *capitaine Newman* qui lui vaudra d'être nommé aux Oscars. Mais il a tourné aussi avec Cassavetes *(La Ballade des sans-espoirs)*, Robert Mulligan *(Le Rendez-vous de septembre),* José Ferrer *(La Foire aux illusions)*, comme on pousse la porte d'un autre destin, juste pour voir, avant de changer de taille d'écran et de choisir le plus petit : il se méfie de ces chanteurs acteurs qui débarquent en plein désert à cheval pour en pousser une, sortent une guitare débranchée entre deux tipis comanches, et roucoulent en faisant tourner leur barillet. Il ne veut pas être le crooner de service, qu'on habille en GI pour allumer la caissière du coin et faire passer le justicier sur le retour, le complément de programme souriant à l'autre bout du cinémascope. C'est un métier trop sérieux pour en rire, et puis rien ne vaut le ring, c'est-à-dire la scène. Bien sûr, il y a toujours son éternel sourire, sa voix et son bagout, la pommette gourmande et ce regard à la dérobée qui a l'air de vous donner rendez-vous à la sortie, pour continuer le film. Ses mimiques et ses moues adolescentes, encore actives sous le brushing et les liftings du temps. Son p... de métier. Il n'a pas fait quinze ans les shows de Johnny Carson, Jacky Gleason, Andy Williams, Dean Martin, Flip Wilson et... Bobby Darin pour rien ! Il sait s'y prendre, côté entertainment, et décroche même un contrat sur NBC, où il aura un rendez-vous régulier avec le public, comme beaucoup de ses confrères. Eux aussi commencent à ramer, galérer sérieusement, les Dion DiMucci et Frankie Valli, les enfants de la *Petite Italie*, poussés par la génération soul qui virera bientôt au disco : personne n'est parfait.

Mais il a divorcé de Sandra Dee, sa partenaire et compagne, et la mère de son fils, et papillonne autour des spots tels ces débutants avides de lumière qui mangent la caméra des yeux. Le spectacle, il en a besoin pour vivre, pour respirer, pour chanter, et là, il étouffe : tant de choses à dire, écrire, produire, et si peu de temps pour tout faire... Combien de titres devant lui, de shows, de secondes jusqu'à la fin ? Parfois il compte les heures, en orbite au milieu de ses disques d'or comme un vaisseau perdu dans sa galaxie. Jamais l'autre n'en fera autant. Il peut dormir tranquille. En 1971, on l'opère une première fois à cœur ouvert pour corriger les dysfonctionnements de son enfance. En vain : on ne réécrit pas ainsi le début de l'histoire. Deux ans plus tard, le 20 décembre 73, il meurt pendant une nouvelle opération, laissant derrière lui un enfant de 12 ans, quelques centaines de chansons et un rêve inachevé : devenir plus grand que la vie. Bobby Darin ne sera jamais vieux, et claque des doigts dans notre mémoire comme on égrène les secondes, comme on bat le tempo du cœur. Vingt ans plus tard, Sinatra s'éteindra le jour anniversaire de sa naissance, en forme d'hommage involontaire, *from a king to a kid.*

Et c'est un véritable acteur, Kevin Spacey, qui rentrera trente ans après dans sa peau pour lui redonner vie, se mettra lui-même en scène pour retrouver enfin l'esprit du « Copa », le soir où Bobby swingua *Hava Naguila* et fit jaillir une fois de plus de son chapeau le couteau de ce bon vieux Mackie, dans le Berlin frelaté de l'entre-deux-guerres... Celle-là, « l'autre » avait beau la chanter, « il » ne l'aurait jamais, parce qu'elle était à lui, qu'il y avait mis toute sa vie, en trois minutes et douze secondes, et peut-être laissé sa peau, et qu'il en frissonnait encore de là-haut, à chaque fois qu'elle tournait sur le grand pick-up. Et le vieux s'était senti obligé d'ajouter un couplet à la plume de Brecht :

« Old Satchmo, Louis Armstrong, Bobby Darin
Did this song nice, lady Ella too
They all sang it, with so much feeling
That old blue eyes, he ain't gonna add nothing new »...

C'était le plus bel hommage qu'on pût lui rendre, sa carte du club et la confirmation que Dieu l'avait accueilli au saint des saints, ad libitum.

MARC BOLAN (T.REX)

Dieu avait une guitare rouge ou L'enfant qui avait touché le ciel

En sortant de Putney Bridge, à Londres, et en roulant pendant cinq cents mètres environ sur Barnes Common, vous trouverez un virage serré et tomberez à votre droite sur une barrière bordée d'arbres, désormais recouverte de photos, bibelots, et autres modestes hommages à celui qui s'y fracassa une nuit de 1977.

C'est là qu'il y a une trentaine d'années, le 16 septembre, le chanteur Marc Bolan – contraction des premières et dernières syllabes de Bob et Dylan, une manière comme une autre de se faire un nom – s'écrasa dans la voiture de sa compagne et choriste, Gloria Jones, peu après quatre heures du matin. Il occupait la place du mort, rentrait retrouver leur petit garçon de 2 ans, avait toujours répété qu'il n'atteindrait pas 30 ans et se préparait justement à les avoir deux semaines plus tard, non sans appréhension.

Lui qui avait connu des débuts foudroyants avec son groupe T.Rex, pour Tyrannosaurus Rex, dans les années 70, qui avait lancé le glam rock et littéralement inspiré Bowie,

Iggy, Ferry et tous les autres, sans parler du cirque à Gary Glitter, se voyait aujourd'hui débordé de tous les côtés, à gauche comme à droite, et contraint de devenir présentateur d'une émission télévisée où il recevait justement ses anciens concurrents, désormais triomphants. Un comble, pour qui avait fait un art du paradoxe et n'avait jamais eu le culte de la seconde place, la vocation d'un spectateur : « Ni Dylan ni Lennon ne sont meilleurs que moi, et ils le savent » lançait-il en 1971, à l'aube d'une série de succès qui avaient de quoi faire tourner la tête. Il est vrai qu'il allait signer coup sur coup *Ride A White Swan, One Inch Rock, Jeepster, Telegram Sam, Metal Guru* et *Get It On*, en deux ans à peine, tous numéro quelque chose au hit-parade, et que personne ne pourrait ensuite en faire autant, à commencer par lui-même ! Ce n'était pas tous les jours qu'un poète de 23 ans passait des ballades folk éthérées à un gros son de boogie rock électrique, avec un look androgyne qui en annonçait d'autres, et il retomberait dès 1973 aussi vite qu'il s'était envolé, n'en finirait d'ailleurs plus de glisser de disque en disque, inexorablement, jusqu'à ce fichu arbre planté sur son chemin comme un point d'exclamation du destin : jusqu'où allait-il descendre comme ça, détruire la légende du *Cygne blanc* ?

Car son dernier album – *Dandy in the Underworld (Un dandy dans le milieu)* – ne décollait pas, pas plus que le précédent ni celui d'avant, et pour comble de rage, il voyait naître un courant musical, le punk, qui révolutionnait le show-business et la société exactement comme il avait bouleversé lui-même le paysage du *swingin' London* sept ans plus tôt : des mômes de 20 piges coiffés comme des Iroquois et sapés comme des as de pique qui croyaient avoir tout inventé, notamment la révolte, et s'adressaient à lui comme à un vieux croûton – 29 ans, il avait 29 ans et 11 mois, pas 100, les gars ! – pour ne pas dire à un dinosaure ou un tyrannosaure ! Ils ne savaient pas, ce qui était en soi une force et un moyen de ne pas douter : il avait lui-même fait ça en son temps à Cliff

Richard, sauf que Cliff était encore là vingt ans après, top of the pop, ils auraient dû y penser ! Alors, il perdait de la vitesse, et accélérait, même s'il n'était pas au volant, plus le tenant du titre et même pas le challenger, et d'ailleurs ne conduisait pas dans la vie. Là, c'était sa femme, Gloria, une ancienne de chez Joe Cocker, qui pilotait, et il se demandait ce qu'il fichait à quatre heures du matin dans cette Golf mini 1275 GT, serré comme un hareng, lui qui avait une passion déclarée pour les Cadillac, limousines et autres véhicules de maître, *rien que pour ses yeux* !

Après avoir écrit, produit, enregistré tant de bons titres en si peu de temps, de *Hot Love* à *20th Century Boy* et *Children Of The Revolution*, inventé un son, un look, créé un groupe, et même révélé un producteur – Tony Visconti – que le jeune David Bowie s'était empressé de lui subtiliser, cet érudit, passionné de Tolkien, Cocteau, Max Ernst et Fritz Lang (notamment *Metropolis*), féru de William Blake et Ray Bradbury, ne savait plus trop où il en était. Pour avoir tout eu tout de suite, il oscillait entre une vie plus rangée, avec femme et enfant, et ses rêves de jeunesse, ces fantasmes d'âge d'or qu'il allait remiser *backstage* avec ses disques de la même texture. Off the record. Il perdait pied, commençait à se prendre pour Ziggy Stardust, l'homme qui avait raté sa vocation, et se disait qu'après sa tournée avec les Damned et une ultime tentative, juste une, pour retrouver le succès de son album *Electric Warrior*, il allait tout laisser tomber et passer à autre chose. Ecrire pour d'autres, produire, réaliser, filmer, écrire tout court : n'avait-il pas publié au tout début de sa carrière un recueil de poèmes très remarqué?

Il y avait comme ça deux ou trois choses dont il était fier, et qu'il racontait à l'envi : par exemple qu'à 13 ans, il était allé voir chanter Eddie Cochran à l'Hackney Empire, lors de l'enregistrement de l'émission télévisée « Oh boy ! » en avril 1960, et qu'après le concert, il avait rencontré l'idole en coulisses, et porté sa guitare – la célèbre Gretsch fauve – jusqu'à sa limousine, juste quelques instants, quelques mètres infinis et au ralenti, sous l'œil amusé de la star. Des scènes pareilles ne s'oublient pas, et grandissent même avec le temps. Elles flamboient. C'était l'une de ses dernières apparitions publiques. Quand il avait entendu la tragique nouvelle, quatre jours après seulement, il avait regardé ses mains avec impuissance, à la recherche d'une réponse : il n'avait pas compris, et pris tout naturellement la suite, comme on remplit une mission. Endossé sa première Fender comme on entre dans la peau du personnage. En trois ans et 45 000 tours sur sa platine, Cochran lui avait appris en même temps qu'un petit guitariste juif anglo-saxon swinguant dans la langue de Shakespeare – c'est-à-dire lui, Mark Feld, de Barnes, London South West – avait toutes ses chances de réussir dans le show-business, et que... ce n'était pas vrai, puisque sa fin prématurée allait prouver le contraire et préfigurer la sienne, comme dans une parabole.

Puis il y avait eu Hendrix, son autre idole furtive, elle aussi foudroyée, à se demander comment son père spirituel de Dylan avait pu survivre. Toute sa vie, il avait retenu la leçon, la théorie de l'or et de la poussière, que tout était à la fois là et inaccessible, à portée de main et hors de prix. Chaque nuit ou presque, il s'endormirait en revoyant le sourire d'Eddie, sa lumière noire, ces quelques secondes volées au temps, dont on ne savait plus s'il les avait vécues ou rêvées, écrites ou réécrites, en entendant cette voix d'adolescent qui lui lançait de là-bas, de là-haut, avant le grand saut dans les ténèbres : « So long, boy ! You're a nice guy ! Have a good trip ! » Aucun parent, aîné ne lui avait jamais parlé, reparlé comme ça, avec autant de simplicité et de vérité, d'homme à homme. Passé ainsi le relais à travers le superbe étui nacré, lourd et léger comme dans un songe, l'instrument encore vibrant, brûlant, fiévreux de la prestation « live » devant ce parterre de mômes qui hurleraient à vie ce cri strident de deux syllabes, grave-aigu : « Ed-die, Eddie, Eddie... ! » Eddie... Lui, il l'avait frôlé, touché, gardé pour lui jusqu'au dernier plan, à la dernière note, d'un rock au suivant, d'une route à l'autre. De Chippenham à Barnes, 1960-1977. Les banlieues londoniennes ne leur réussissaient pas. Mais il ne s'endormait jamais sans sa phrase, ces mots de fin du monde gravés en lui comme un talisman, une prière païenne : « Boy... ». C'était lui, le garçon dans l'ombre du petit géant, et l'un des derniers visages d'Eddie. Le meilleur résumé de la vie qu'on ait jamais fait.

Et dès qu'il avait pu jouer quelque chose chez lui, cela avait été *Something Else*, *C'mon Everybody, Jeannie Jeannie* et tout ça. C'est de là que venaient ses fameuses lignes de basse de *Get It On*, un savant medley, cocktail maison d'Eddie et Jimi, mais personne n'y avait pensé. Il était tombé dans le rock comme dans une potion, à genoux devant les posters de Bill, Elvis et Buddy, entré en carrière comme dans un roman : bassiste à 12 ans dans le groupe « Susie and the Hulla Hoops », trois gamines dont la chanteuse – la dénommée Susie avec un « S » – s'appelait en réalité Helen Shapiro et placerait six mois plus tard deux tubes au hit-parade, à 14 ans à peine. En 1960, la valeur n'attendait pas le nombre des années du côté de Soho, elle ne l'accompagnait pas non plus d'ailleurs, et ce succès prématuré et éphémère, joliment intitulé *Walkin' Back To Happiness*, lui avait donné des idées et des ailes, d'autant plus que les autres gosses du coin s'appelaient Keith Reid, futur Procol Harum, Stephen Georgiou, alias Cat Stevens, David Jones, un jour Bowie. Une sacrée cour de grands, dans les écoles publiques d'alors. Et puis il était devenu « mod », comme Rod et David, disciple de lord Brummell, et même mannequin à 17 ans. Enfin folk singer à la Donovan, et artiste chez Decca.

C'était si loin, tout ça : de l'autre côté du succès. Et il avait tout vécu depuis, même sa mort professionnelle : « J'étais quasi au bord du gouffre. J'avais fait huit dépressions nerveuses et j'étais devenu fou cinq fois. On ne pouvait pas faire ce que je faisais et rester sain d'esprit. J'ai été pratiquement alcoolique pendant un an. J'ai passé six mois dans le sud de la France, assis au soleil toute la journée à boire du cognac. Je me remplissais les narines. Il n'y a rien de plus destructeur que le succès dans l'industrie du spectacle. A 14-15 ans, vous prenez votre guitare et vous rêvez de devenir la plus grande star de rock du monde entier. Quand vous êtes en pleine ascension, les gens sont trop heureux de vous donner des conseils, mais personne ne vous dit jamais quoi faire une fois que vous y êtes arrivé. C'est là que le rêve peut tourner au cauchemar »*. On n'a jamais mieux défini le « Métier », comme on dit pour signifier que les autres n'en seraient pas un. Et Bolan de se demander parfois pourquoi ses guerriers, gourous et dragons avaient marché et pas ses druides, elfes et farfadets précédents, pourquoi son concept « Zinc Alloy and the Hidden Riders of Tomorrow » n'avait pas eu l'écho de *Ziggy Stardust and the Spiders from Mars*, pourquoi David B. gagnait toujours contre Goliath en ce bas monde, et pourquoi il était de ce côté-là du manche de la Fender. Pourquoi la roue tournait soudain, dans ces mauvais virages que le rock met parfois sur votre route, entre flash-back et come-back, tribute et revival.

En attendant, il venait déjà de terminer son prochain album, plus énergique et musclé que jamais, *heavy* comme il disait, et le bœuf qu'il avait enregistré une semaine avant pour son émission « Marc » avec l'ami David lui avait manifestement fait le plus grand bien, sur un blues ample où ils avaient retrouvé à deux guitares le feu sacré des seventies, la seule école de musique qui fût. Il n'était pas mort, bon sang ! Dans un métier où l'on devient célèbre à 20 ans et anonyme à 25, ce n'était pas rien ! Il pouvait encore se toucher du doigt comme on touche du bois, descendre à l'improviste sur les boulevards et être reconnu, identifié sans qu'on cherche le nom qui allait avec le visage, entrer dans un magasin sans avoir à présenter ses papiers, même en pleine nuit ! Il aimait bien Londres, surtout à cette heure floue entre chien et loup, ce passage de la veille au lendemain, où l'on croisait des

---

* *Dictionnaire du rock*, par Michka Assayas (Bouquins-Robert Laffont, 2000).

ombres indécises, des formes du néant comme dans les tableaux de Jérôme Bosch. Il adorait flâner, se faufiler, faire l'inconnu dans des librairies ou des clubs, aller regarder chez Rough Trade si ses disques étaient toujours bien en place, s'il respirait encore dans les bacs, entre « B » et « T », et divaguer à Soho, comme on remonte le temps, comme un Français en goguette. Jouer à quand on allait le reconnaître, ce petit jeu pervers des stars, en espérant que ce fût le plus tard possible et en s'affolant si ça ne venait pas assez vite, en mesurant le temps qu'ils mettraient à comprendre.

Il avait lu quelque part que l'acteur Jeff Chandler était comme ça, au temps de sa liaison avec Esther Williams : il s'habillait en femme, descendait dans la rue et s'ingéniait à passer doublement inaperçu, en tant que star et en tant qu'homme. Un truc de fou, digne de l'Actors Studio. A chacun ses fantasmes : lui, c'étaient les vêtements, qu'il collectionnait et dont il changeait jusqu'à trois fois par jour – on était mod ou on ne l'était pas, et on était sûr de le trouver chez Bilgorri, à Bishopsgate ou Ace, sur King's Road, à la recherche de « pantalons de satin, de vestes lamées ou d'escarpins à boucle, de paillettes et de platform boots »*. Puis les voitures de luxe – six, bien qu'il n'eût donc pas de permis – et enfin ses guitares étalées, éclatées aux murs de son studio comme des toiles de maître, son tableau de chasse musical : 26 au total, dont un choix de Gibson, Stratocaster et même des vieilles Les Paul dont il jouait presque avec les yeux, de loin, en imagination. Mais il les aurait toutes troquées contre la Gretsch de Cochran, ce jour-là à Londres, son royaume pour cet Empire. Goodnight Eddie. Oui, la nuit, il redevenait une ombre, un inconnu, et il aimait ça, il écumait la vie jusqu'à plus soif. Et ils avaient passé la soirée du 16 septembre chez Morton's, au 28 Berkeley Square, un club privé de Mayfair où l'on pouvait dîner au premier et boire un

---

* *50 ans de looks*, par Marc-Alexandre Millanvoye et Tania Bruna-Rosso (Scali-Nova, 2004).

verre relax au second, goûter sur des sofas aux meilleurs vins d'une cave exceptionnelle sans être dérangé par personne qui ne fût membre du lieu, un membre n'ayant bien sûr jamais une idée aussi déplacée. Le genre d'endroit – « a private heaven » – où tu pouvais oublier au terme d'une journée de promo que tu étais une star, surtout si tu l'étais moins qu'avant et qu'un importun risquait de te le rappeler à tout moment.

Ils prirent le Railway Bridge, remontèrent Queen's Ride, jusqu'au niveau du B 306, sur une route dégagée. Il connaissait le chemin par cœur, ne rentrait jamais à moins de deux ou trois heures du matin. C'étaient ses heures. La vraie vie était de nuit, dehors et à cent à l'heure, miles ou décibels. *Trash and destro*y. Et ils allaient voir ce qu'ils allaient voir : Bolan sur tous les fronts. Déjà, en janvier dernier, il avait entamé sa plus grande tournée depuis les années 70, et sorti son avant-dernier album, *Futuristic Dragon*, un titre à la T.Rex, avec *London Boys*, suivi à l'été de *I Love To Boogie*. Tout un programme. Et enfin, début 1977, ce superbe *Dandy in the Underworld*, plus ses six shows pour la chaîne de télé Granada, la même que feu Cochran, dont il avait à son tour repris le fameux *Summertime Blue*s, comme on fait une encoche à sa guitare, et un album à superviser pour sa femme Gloria, et encore un en gestation pour lui-même. C'était peu dire qu'il ne chômait pas, qu'il en voulait, même s'il était rentré dans le rang et voyait toutes ces Formule 1 de la new wave le dépasser, entre deux stars disco. Même les vieux frères Gibb s'y étaient mis, damaient le pion à la bien nommée Donna Summer. Ne l'avait-on pas rebaptisé le « grand-père du punk », à l'instar du parrain du funk ? C'était pourtant vrai qu'il avait tout inventé, à commencer par le Glam, et le payait dix ans après. Elton le lui avait bien dit, que dans la vie on ne vous pardonne jamais ce qu'on vous doit. Johnny Rotten à la radio, quatre heures cinq au compteur et quatre-vingt-dix kilomètres à l'heure. Demain à midi, un tournage, et puis, direction le studio, pour mixer. Dire qu'il y en avait encore pour croire qu'il s'amusait : tu parles !

Soudain, dans un virage, à Barnes Common, Gloria perd le contrôle du véhicule qui bondit sur le bas-côté, brise la rambarde et va s'écraser contre un sycomore endormi, le premier d'une longue rangée en lisière de la route. Toute vie est histoire d'échéances : cet arbre l'attendait depuis toujours. Le choc est sec. Marc, assis à la droite du conducteur, a tout pris, encaissé, comme dans son vieux rêve, l'homme à la guitare fauve, en route pour le ciel, et il va être à son tour éjecté de la voiture, projeté dans le fossé, tué sur le coup. Trois pas vers ses dieux. La portière est défoncée, le capot fracassé, les tôles boursouflées, le pare-brise en miettes : il n'avait aucune chance. Tout est arrivé si vite qu'ils n'ont eu le temps de rien, pas même de se rendre compte : la fraction de seconde où tout bascule, s'enchevêtre, le fin mot d'une vie. Cut. Le moteur ronfle encore, la machine soupire, sa route s'arrête là, et s'il avait vu, s'il avait su, il eût sans doute pensé à une autre scène, un taxi dérapant dans l'ombre dans le même périmètre avec deux autres chanteurs à bord, Eddie et Gene, et un seul survivant, il y a des années-lumière de ça. Il aurait songé aussi à Buddy Holly, qu'il avait toujours admiré, pour son jeu comme pour ses compositions. Mais il n'a rien vu venir, il est mort en vie, plein d'avenir, de rendez-vous et de projets, des plans à faire péter la comète de Bill Haley, la planète Presley et Tin Pan Alley. Il est parti en marche.

Il allait revenir, il le savait, c'était écrit. Il le fallait, avec toutes ces choses à dire et à partager, tous ces mots qui lui restaient en tête, toutes ces vies à vivre encore, qu'il était le seul à savoir et à voir défiler, filer chaque nuit derrière ses vitres, ses traversées de la nuit. Le monde entier l'attendait, il le sentait, la vie commençait, recommençait demain. Son fils Rolan était le plus beau bébé du monde, et il débordait d'albums et de concerts, de succès inédits qu'il connaissait déjà par cœur, de chansons parfaites qui leur diraient enfin tout, ce qu'il était vraiment, ce qu'il était devenu, en quelques notes et si peu de mots. Ce n'était plus qu'une question de planning, de dead line et de play list, une affaire de semaines. Mais il pouvait dormir tranquille, parce que son heure était venue et qu'il avait des milliers de standards au bout des doigts, de rocks sur le feu, des mélodies plein ses guitares, des idées partout où il regardait, toutes ses bonnes fourmis de la nuit, et un seul mot à la bouche : le « Roi de satin » est bien vivant ! Les Dinosaures ne meurent jamais, ou bien ils renaissent un jour de leurs cendres, tel Goliath chassant David de la vallée d'Elah...

E L V I S

Seul sur le toit du monde ou Le prisonnier du Hilton

L'homme qui ne rentrait plus dans les miroirs

Elvis Presley dévisagea un moment le type en face de lui dans la glace, cet inconnu pathétique et difforme qui s'efforçait de lui ressembler comme dans un miroir grossissant, souriait douloureusement en coin comme il le faisait si bien naguère, prenait la pose en peignoir avec le geste pesant et imprécis de ces Texans obèses qui le faisaient hier ricaner.

Il tanguait, butait, soufflait à chaque pas comme devant une épreuve, et se dit que cette fois-ci, il était bien mort et enterré : fini. Laminé par toutes ces colonies de groupes qui lui avaient succédé – Beatles, Stones, Animals, Who, Procol and co – et lui rendaient toujours des hommages appuyés en débarquant sur le sol américain (règle numéro un : se méfier par-dessus tout des honneurs et des éloges, car ils signifient que vous êtes dépassé, passé, trépassé), gâté par toutes ces sucreries trafiquées qu'il avait ingurgitées durant sa vie, beurre de cacahuètes, brownies, doughnuts, etc (règle numéro deux : résister aux pots de confiture quand on a la taille de les atteindre, de se les payer tous, et la fabrique avec), et surtout par toute cette guimauve musicale, ces centaines de chansons de films sans queue ni tête qu'on lui avait fait ingérer pendant 10 ans, et qu'il avait gardées sur l'estomac, en travers du gosier et du cœur, qui lui sortaient par les yeux et le bide. Personne au monde n'avait dû chanter autant de conneries, de saloperies acidulées, un vrai torrent de clichés, banalités, insanités, et s'il jetait l'éponge aujourd'hui, s'étouffait en direct sur scène et dans sa salle de bain, au vu et au su de toute l'Amérique, ce n'était pas à cause de la dope, mais de cette daube qu'il avait dû avaler et déglutir en public, de toutes ces âneries qu'il balançait depuis 20 ans au bon peuple avec un sourire contrit ; car c'était resté un bon gars qui ne voulait pas d'histoires, même à chanter. Il se dévisagea et fit mine d'ajuster une mèche, esquissa une pose désormais grotesque, éclata de son grand rire sonore de vieux gosse, qui en faisait trop pour se sentir exister. Jamais il n'aurait cru ça de la vie, lui qui n'avait qu'à claquer des doigts pour que toutes les filles tombent dans la salle, qui jouait de leur corde sensible comme de sa guitare, leur déclinait chaque soir toute la gamme des sentiments. Jamais il ne l'aurait crue capable d'une telle trahison, après lui avoir tant donné. Jamais il n'aurait pensé en arriver là, à la forme, pour ne pas dire la chose, dans son reflet, qui n'avait plus de pelvis qu'une vasque flasque et figée.

Il avait 42 ans, dont une moitié en public, de l'or à chaque doigt, toutes les femmes de la terre au pied de son lit, et il allait mourir, couvert de solitaires, attifé comme une folle, et pire que tout, il le savait, le voyait, l'attendait : c'était écrit dans sa glace, plus sûrement qu'à l'encre indélébile, dans cette masse de chair inerte qui débordait, suintait, l'appelait au secours de partout au beau milieu de la nuit. Même plus moyen de voir sa queue ou de remettre sa chaussure, de s'asseoir ou de se relever normalement. Le King ne se reconnaissait plus, ne se ressemblait plus, et ne ressemblait d'ailleurs plus à rien, à part à un Blob, une laborieuse caricature d'Halloween qui l'aurait pris pour modèle ; il peinait à marcher, s'exprimer, dormir et même manger, avalait quotidiennement une cinquantaine de pilules légales, sans parler des autres, ne pouvait quasiment plus baiser et ne voyait plus guère d'avenir en face de lui, sinon une véritable implosion ou indigestion de stress. Il pesait aujourd'hui 140 kilos et plus de 100 millions de dollars, se teignait les cheveux, se bourrait chaque soir de somnifères, chaque matin d'amphétamines, et faisait chaque jour du slalom dans son salon entre ses trous de mémoire, ses ulcères et ses rhumatismes, ce qui au fond n'était pas une mauvaise chose pour son moral : à quoi bon se souvenir de ce qu'il avait été dans l'état où il se trouvait maintenant ? Comment pouvait-il décemment encore s'afficher comme « Elvis Presley », à des gens qui marquaient un temps d'arrêt et peinaient effectivement à le reconnaître, puis lui parlaient comme on présente ses condoléances, on évoque un disparu ? Des pauvres types qui le conjuguaient au passé, quand ils ne fuyaient pas carrément son regard, gênés de voir détruire à ce point leur meilleur souvenir, l'image de leurs 20 ans qui étaient aussi les siens ? Les pires étaient ceux qui n'étaient pas prévenus, et croyaient presque à une mauvaise blague, un sosie douteux ou un quiproquo. Là, il passait tout de suite à autre chose, fermait immédiatement le cercle. A coup sûr, ils l'avaient bien eu, leur garçon du bagne et leur roi Créole, mis en pagne et en garçon de plage domestiqué, sevré, blanchi, gonflé, dans une cage dorée où on le pourvoyait à foison, en filles, en alcool, en came, en dollars, en dorures et hélas en ce qu'ils appelaient chansons, pour ne pas dire « chansons de Presley », une catégorie à part, fabriquée en série, sur mesure et à consommer tout de suite. *Bullshit*. Et ils ne l'avaient pas raté, depuis 1960 et son *O sole mio* rebaptisé *It's Now Or Never* pour les sourds : Jamais ! Mis en coupe réglée, aseptisé, dévitalisé : lobotomisé du rock comme on extirpe une tumeur, on éradique un virus. Remplacé par *Bossa Nova Baby* et même une version rock, enfin, twist, d'*Auprès de ma blonde* ! Qu'importait le flacon pourvu qu'on ait le feeling...

Le pire était qu'il avait vécu tant de vies, fait tant de bonnes choses au début et de mauvaises à la fin, avait tellement changé de look, de poids et de répertoire au cours de sa carrière, avait été si prolifique, inégal, chargé, plagié, qu'il donnait l'impression de mourir à plus d'âge, et sûrement pas à ce qu'il est convenu d'appeler la force de l'âge. Il succombait à des années, des kilos, des chansons de trop, et surtout au fait de n'avoir jamais su dire « non », pour ne pas contrarier. De ne pas vouloir déranger. Trop bien élevé pour ça, un gars qui n'avait jamais tout à fait admis d'en être arrivé là, au sommet du sommet, s'excusait tout le temps de tout, et avait donc fini par se taire. Bien sûr, il devait en souffrir, mais ne savait que sourire – presque le même mot – pour le dire, jusqu'aux frontières du rictus, n'avait jamais été doué pour les paroles : pas les mots pour ça. Et d'ailleurs qui lui aurait déniché la chanson qui dirait justement ce que lui avait fait le métier ? Sinatra, peut-être, avec son *My Way*, mais cette dernière disait justement le contraire, que l'autre avait toujours fait ce qu'il voulait, alors qu'on avait toujours fait ce qu'on voulait de celui-là, qu'il était leur chose, en passe de devenir leur monstre, une sorte d'*elephant man* ou de fantôme du paradis à lui tout seul ! Alors qui le sauverait, dans cette réserve naturelle, ce Disneyland du rock qu'était devenu Graceland, sa propriété et son havre ? Qui lui tendrait une main qui ne fût pas couverte de bagues, d'ailleurs payées par lui pour s'assurer du geste ? Qui se souciait encore d'Elvis Aaron Presley, en ce milieu d'année 1977, où arrivaient punk, funk et disco sur la planète, prêts à saboter ses standards comme de sales gosses, *à leur manière* ?

Lui-même se détournait de sa glace quand l'autre, l'étranger du miroir, faisait mine de lui parler, et si le splendide animal de *Jailhouse Rock*, le beau ténébreux de *Love Me*

Tender, bref, l'Elvis sauvage des premiers jours avait vu, entrevu ne fût-ce qu'une seconde ce que la vie allait faire de lui 20 ans après, le quadragénaire bouffi, cynique et suant des derniers temps, le mastodonte pathétique de ses 40 ans, il n'en aurait pas cru ses yeux et se serait tué sur-le-champ, aurait fui Hollywood et Memphis comme la peste, traîné en justice le colonel Parker, qui ne l'était d'ailleurs pas, et certainement renié l'Amérique. Il aurait fermé le ban. Tout comme si le jeune Michael des « Jackson Five » avait croisé une seule fois dans les yeux le mutant décoloré, siliconé et refait qu'il deviendrait plus tard, il aurait changé de métier, de pays et d'identité. Et si Elvis à sa grande époque avait su que sa fille épouserait un jour ledit Alien, il en aurait mangé sa chemise, son micro et son acte de naissance. La Quatrième dimension était là, et c'était lui la *guest star*, *introducing the King of Dinosaurs* ! *Devil in Disguise...*

Ce n'est pas qu'il ne s'en rendit pas compte, qu'il ne s'aperçut pas des arrangements, des parasites, des couteaux dans son dos et des dessous-de-table, des chansons truquées et des filles achetées, qu'il ne vit pas qu'on le manipulait, dépréciait, détroussait, qu'on lui faisait chanter n'importe quoi, jouer n'importe qui, dire d'importe quoi quand il pouvait s'exprimer, qu'on le traitait en marionnette, en figurant de luxe, en un mot qu'on le prit pour un plouc, le fameux *redneck* de la légende qui chantait où on lui disait de faire, et remerciait le public en prime. Il savait tout ça depuis le début, car c'était une sorte de grand fauve docile, de félin repu qui ne demandait qu'à se reposer, c'est-à-dire à chanter sur ses lauriers et qu'on ne le réveille pas trop de son conte de fées. Un type remuant mais qui ne voulait pas bouger, et surtout pas avancer. Un gars du Sud pas compliqué qui n'aurait jamais pu en espérer autant, avait sa dose, sa part du gâteau et se fichait bien que le monde pût s'écrouler derrière lui – d'ailleurs, existait-il seulement un autre monde que cette bonne vieille Amérique, un autre centre que le Tennessee ? –

pour peu qu'il chantât, et qui aurait chanté n'importe quoi pour peu qu'il pût rire et danser dessus. Et si d'aucuns ne retenaient de Dylan qu'un certain chapeau, lui était en train de devenir une paire de Ray-Ban montée sur toge, un has-been adulé des rombières avec ses capes pailletées, sa quincaillerie tape-à-l'œil et ses franges kitsch : le contraire et le fantôme du gosse de Tupelo, qui avait garé un jour de 54 sa camionnette devant les studios Sun pour offrir à la fête des mères un enregistrement de sa voix à sa bonne Gladys. Au moins ce gamin-là savait-il le prix des choses, avait-il trouvé la clef du monde sous le paillasson du studio, et réalisé en sortant son rêve d'ado : chanter au final pour les ménagères de l'ère Eishenhower, des Gladys par millions. *« Happy mother's day » !*

Sa « vraie » carrière avait duré cinq ans, lambiné dix, repris cinq, puis foncé dans le mur et la caricature après ses shows monstres d'Hawaï en mondiovision et son divorce en 1973. Après, il était devenu fellinien, une sorte d'ersatz de crooner-rocker-country man, de clown blanc riant tout seul et traversant le pays comme une contre-publicité pour l'Amérique routière, un chanteur bibendum gonflé à l'hélium et à la coke qui n'arrivait même plus à se produire sérieusement tellement il devait lui-même trouver la situation grotesque, s'il se voyait encore avec ses yeux de 20 ans entre deux lignes, deux rails et deux rampes, et s'entendait à son âge faire ses déclarations rock de midinette : « Es-tu toute seule ce soir, est-ce que je te manque ce soir, regrettes-tu qu'on se soit séparés ? » *(« Are you lonesome tonight, do you miss me tonight, are you sorry we drifted apart ? »).* Il entrait en scène sur Zarathoustra comme une fusée au rancart ou un vieux Mirage des familles et en ressortait sur Faust, mourait en direct et en toute conscience sans que nul ne s'en inquiétât, et surtout pas ce père d'emprunt qui se baptisait Colonel et n'avait jamais eu aucun grade ni uniforme. A chaque fois que l'artiste avait manifesté le désir de prendre des risques, tenter une sortie, l'imprésario avait veillé au grain : pas de tournée en Europe, pas de film digne de ce nom, ou quasiment, jusqu'à ce projet de remake avec Streisand en 1976, *« A star is born »,* qui l'aurait peut-être sauvé ou fait partir en beauté, mais où l'autre avait dit « niet », à la joie de Kris Kristofferson, second choix de la star-productrice. A cet âge et à ce moment de sa carrière, il aurait pu y être bouleversant, donner le meilleur de lui-même, amorcer peut-être un second souffle au lieu de s'essouffler en trois dimensions devant l'Amérique profonde : devenir branché. Les Sex Pistols n'allaient-ils pas faire une version trash de *My Way* ?

Au lieu de quoi il était reparti sur les routes, en avait repris pour des kilomètres, lui qui connaissait désormais les Etats-Unis comme sa poche et les sillonnait en jet de luxe, un avion de 30 places baptisé « Lisa Marie », du prénom de sa fille : 1 194 shows en huit ans, 20 millions de spectateurs, un million par concert télévisé, 120 millions de disques ici, plus d'un milliard au total, de quoi remplir le *Livre des Records* et vous dégoûter l'artiste le plus convaincu, et il ne l'était plus. Il chantait pour respirer, étouffait entre les concerts, refaisait surface en scène, comme ces poissons rouges et presque artificiels qu'il gagnait tout gosse au tir dans les baraques foraines. Prisonnier du sac, du paquet-cadeau : du costume étoilé de ses shows. *Busted.*

De quoi pouvait-on rêver après « ça », quand on empruntait son propre boulevard pour rentrer dans sa propriété de 24 pièces sur 13 hectares, achetée à 22 ans avec son premier million de dollars ? Qu'on y passait ses nuits à manger, déconner, se défoncer et somme toute s'ennuyer, entre billard, frigo, piano et piscine, sans autre but que Vegas, où il avait descendu en tout 800 shows, en tambours et trompettes, et surtout en paillettes, panoplie plaquée or, une vraie gonzesse ? Même Howard Hugues, qui avait beaucoup donné et reçu en la matière, n'aurait pas résisté à ce régime, se serait fait sauter le caisson ou aurait fait sauter sa banque. Et Elvis était trop gentil garçon pour faire des bêtises, trop bien élevé, surtout si c'étaient des péchés : feu sa pauvre mère n'aurait pas aimé, alors il se suicidait au sucre, à la dope, à toutes sortes de poudres blanches et parfois légales qu'il prenait à tout propos et en surdose pour se rassurer, pour s'occuper. Oh, certes, il n'était pas seul : près de cinquante personnes vivaient autour de lui, vivaient surtout de lui, du comptable au jardinier en passant par le masseur, sept jours sur sept et vingt-quatre heures sur vingt-quatre, dont certains depuis le début : une petite cour pour un roi d'opérette, un chanteur sans divertissement. N'y manquait que cette femme à l'imposante chevelure et au superbe nom, Priscilla Beaulieu, fille de vrai militaire pour sa part, qui l'avait quitté pour son prof de karaté, et qu'il avait cueillie, accueillie à 14 ans comme une sœur, au temps des garnisons, mais faisait-on l'amour à sa petite sœur ? Leur fille se posait encore la question en les voyant face à face sur le bord de sa cheminée, posant à l'éternité comme dans un mauvais soap télévisé. Alors il perdait ses cheveux, ses dents, sa forme tel un vieux showman, et les gens venaient désormais plus pour l'entendre que pour le voir, ou alors pour savoir où il en était... N'avait-il pas pris 30 kilos – 30 ! – en ce seul début d'été 1977 ?! Lui qui avait incarné le charme brut n'osait plus se regarder dans la glace, pour ne pas briser le miroir, faire mentir ses souvenirs. Comment pouvait-il croiser une seule seconde le reflet de sa loge et se montrer ensuite, monter en scène autrement que comme dans une arène, une baraque de foire ?

Et pourtant, il continuait à chanter, se produire plus que jamais, comme pour conjurer le sort ou nier les évidences, faire la nique à la mort et une fleur à son percepteur : il venait de terminer une mini-tournée de dix dates, du 17 au 26 juin, au Market Square Arena d'Indianapolis, toujours complet, et il allait remettre ça pour 14 concerts, encore à guichets fermés ! On venait voir le phénomène, on s'en parlait, on en rajoutait, on n'en croyait pas les photos. On racontait qu'il avait atteint les 200 kilos, on brûlait des cierges pour lui, on frémissait quand il apparaissait et on détournait même les yeux, *« Mon Dieu le pauvre garçon – qu'est-ce qu'il lui était arrivé – et d'abord était-ce bien lui – le héros de nos vingt ans – à coup sûr il était malade – comment pouvait-il se montrer dans cet état-là – à ce stade, ce n'était même plus obèse qu'il fallait dire – mais trouver un autre mot inconnu – vous aviez vu ses mains ? – Il devait avoir du mal, etc. »*. Et puis soudain, la voix surgissait, revenait du fond des âges, du cœur des fifties, plus veloutée et profonde que jamais, plus mûre et virile, avec ce sourire canaille entre les mots qu'on n'avait même plus besoin de voir pour l'imaginer, parce qu'il nous avait bercé depuis toujours, et cette chaleur toute sudiste qui vous envahissait, vous montait de bas en haut, et en plus ce secret parfum de désespoir qui flottait par-dessus tout ça ; parce que quand même, ça faisait mal à voir, faire les mêmes gestes et bouger dans ce corps-là, ça ne devait pas être simple, un vrai Muppet Show, et qu'on préférait l'écouter les yeux fermés pour avoir le son et l'image d'origine !

Et c'était reparti, oui, Elvis était Elvis, et qu'importait si celui-là faisait trois fois son volume, trois tonnes de stress ou de graisse, et s'il n'aurait lui-même jamais serré jadis la main à ce type gonflé au beurre de cacahuètes et au sirop d'érable, s'il brûlait sous nos yeux nos dernières illusions et ses dernières cartouches, explosait son pelvis dans des ceinturons dignes de ceintures de chasteté : si, comme disait Lennon, il *« était mort en endossant l'uniforme »,* 17 ans auparavant ! Sans doute l'était-il davantage, mort, en perdant sa mère, en 1958, trois ans après ses débuts, car rien n'avait plus jamais été comme avant depuis, déjà vingt ans ! Peu de gens le savaient, mais c'était un faible, un « yes man » qui s'était laissé dériver sur ses coussins de billets verts, embobiner dans des mauvaises toiles, un fils à maman qui avait vu défiler tous ces groupes, les Beach Boys, Beatles, Doors, Byrds, en chantant autant de sucreries qu'il en consommait, comme si son micro était une friandise, et avait aujourd'hui mal au ventre comme au temps des confitures, mais en plus grave ! The real

American boy ! Un rocker emporté comme tout le monde, malgré les apparences, dans le charter des sixties, dans le même avion ou taxi mortel que les autres, et dont la doublure, le jumeau professionnel, aurait juste survécu pour la galerie, plus Jesse Garon qu'Elvis en somme...

Bien sûr, il y avait eu le retour du *« Elvis 68 NBC Special »,* avec le cuir et la Fender, la moue et la mèche, les vannes et les Jordanaires, le coup du flash-back « live » et en direct. Mais l'autre y avait vite mis le holà, avait refourgué le tout à Vegas et l'avait enfermé dans sa suite dorée du Hilton, où il grossissait à vue d'œil, tournait en rond et vivait caché dans le frigo, simplement parce que ce n'était pas lui ! 5 000 pieds au dernier étage pour lui tout seul, au 3 000 Paradise Road, dominant la Californie et l'Amérique entière, avec balcons, salle de jeux, de bains, de musculation, piscine, cuisines, minigolf, Dieu pour seul voisin du dessus et 3 200 chambres au-dessous, le grand jeu. On y avait même construit au rez de chaussée la salle de spectacle de 1 700 places rien que pour l'accueillir, à côté du casino comme de bien entendu, et il n'avait chaque soir qu'à bondir d'une de ses trois baignoires à Jacuzzi dans l'ascenseur pour rejoindre la scène qui l'attendait cinquante étages plus bas, du jamais vu ! Autant dire qu'il leur tombait du ciel, descendait tout droit du paradis, et aurait pu se produire en pyjama ou à poil, sauter du lit et monter sur les planches, en s'excusant de vous recevoir ainsi et en faisant tinter les glaçons ! Pour un peu, il aurait pu chanter sous sa douche et faire payer pour voir le tableau ! On ne résistait pas à ça, même le plus grand rebelle n'aurait pas refusé, même pas Castro ni Khrouchtchev, et il avait dit oui, plongé pour 837 concerts, une paille, 837 jours et nuits de suite royale au milieu des étoiles ! C'était d'ailleurs à cette époque-là que Parker avait revu ses tarifs à la hausse : 50 % sur les bénéfices, un vrai hold-up ! Et quand Elvis avait voulu le virer, l'autre avait juste répondu aux intéressés : « Qu'il vienne me le dire lui-même ! » Le prisonnier du dernier étage, International Hotel, suite 420, s'était tu : on ne tuait pas le père dans ce pays, ou alors sur le divan, et il était monté trop haut pour s'abaisser à ça, flinguer le vieux Tom revenait à tirer dans sa glace, et il savait le prix de son image, la cote des icônes !

Hilton, 420 : Cinquante étages pour aller au turf, quand d'autres taillaient la route, épongeaient les stades, levaient les torchons. Seul sur le toit du monde, couvert de bijoux et de gris-gris, était-ce bien le garçon sauvage de *Blue Suede Shoes* et *Heartbreak Hotel* ? Celui à qui les Beatles auraient pu demander de ne pas faire cliqueter ses bracelets pendant qu'il chantait ?! L'homme qu'on ne filmait jadis qu'au-dessus de la ceinture chez Ed Sullivan, et désormais au niveau du cou ? Certains soirs – car il ne vivait (et c'est beaucoup dire) que la nuit – il détournait les yeux en apercevant à la télé ces mômes embourbés au Vietnam, et se disait qu'il préférerait être là-bas, n'importe où plutôt qu'ici avec cette vie sous serre, ces bonheurs portatifs et tous ces gadgets humains, avec leurs bonjours formatés et sourires d'encarts publicitaires ! Dire qu'ils avaient essayé pendant dix ans de le réunir dans un film avec John Wayne, comme Ricky Nelson : autant recoudre les deux moitiés de la bannière, the Jack and the Kid ! Si le Shérif prenait 100 dollars, le Roi sauvage en demandait plus qu'il ne pouvait compter de zéros. Au cinéma, il n'avait pas eu de chance, malgré Michael Curtiz et Don Siegel, un bon *Jailhouse Rock* et 30 navets dans la foulée ! « Tes films sont les tournées que tu n'auras pas à faire », qu'ils lui disaient : mais il aurait aimé les faire, ses tournées, au Japon, à Paris, pour peu qu'on lui dise où acheter sur place de la bonne coke, de la pure, et quelques produits locaux du beau sexe ! Ici, il n'y avait qu'à sonner, sauter dans l'ascenseur et rentrer en scène, appuyer sur l'entresol pour les faire applaudir, à vous dégoûter du show-bizz. L'usine, quoi. 113e soir, 114, 115...

Alors, il reprenait un instant la guitare, le clavier, et se faisait un vieux gospel, un blues du pays, sa seule thérapie et son vrai SOS, comme un signe à sa mère disparue. C'était un nègre blanc, qui vieillissait pareil : en rondeur. Et puis il cherchait une fois de plus le sommeil, chaque nuit au même moment, vers quatre heures du matin, et ne le trouvait qu'à six-sept heures, toujours au même endroit, dans un tube de Lexomil ou de Seconal, après une bonne ligne qui le faisait rire tout seul et se répéter : « Tu sais quoi ? Je suis Elvis ! EP ! Qui sont tous ces gens qui me sourient ? Et qui sera ma reine ce soir ? A qui le tour, maintenant ? Mon royaume pour un frisson ! » Il ne s'assoupissait pas, il s'effondrait, s'enfonçait dans les ténèbres comme le gamin qu'il n'avait jamais cessé d'être, qui appelait Gladys et Vernon au secours, priait un père appelé Dieu, payait un gradé d'opérette et qui voulait devenir aujourd'hui aussi gros que la grenouille, sa manière à lui de crier qu'il avait mal et souhaitait rentrer. *Going home.*

C'est que les nuits étaient blanches, longues et vides dans ce palace, à compter là-haut les étoiles pour s'endormir, tutoyer les anges entre deux clins d'œil de Boeings, pendant que sous ses pieds une ville entière venait miser au bandit manchot, foncer sur le chemin de fer ou frissonner à la roulette : contrefaire la mort, jouer sa vie aux dés. Là en bas, à partir de minuit, c'était black-jack et baccara, mais rien à faire, c'était lui qui avait raflé le jackpot une heure avant avec ses couplets refrains : *« Wise men say only fools rush in/But I can't help falling in love with you »* : bingo ! Chaque soir, il ramassait les jetons : *« We can't go on together/On suspicious minds/And we can't build our dreams/On suspicious minds »*. Cash. *« As the snow flies/On a cold and gray Chicago mornin'/A poor little baby child is born in the Ghetto »*. A partir d'une certaine heure, dans l'ascenseur, tout le monde se regardait avec les mêmes yeux, des airs de zombie ou de revenant, de vrais possédés du hasard, et, lorsqu'il y entrait, on n'osait même pas le frôler, de peur de se brûler ou de franchir une ligne invisible, à croire qu'il était désormais d'un autre monde. *The Thing* ! Alors, Elvis riait, se renfrognait ou prenait la pose, trois secondes chrono auprès de tous ces clones qui venaient le voir du monde entier, le croisaient comme par hasard flanqués d'un photographe chargé de les immortaliser, graver l'instant et tirer la prise, sans qu'il pût seulement retenir leurs visages ou leurs noms, Américains de pacotille ou rockers de série : des nains. Des Rois, vassaux par centaines, made in UK, Germany, France, Italy qui se projetaient en lui comme au Majestic, devant l'autel ou l'écran, et auraient pu se signer au lieu de le faire dédicacer, devaient ne plus oser se laver la pogne après avoir, dans les jours bénis, effleuré la sienne. Parfois, il ne savait même pas quelle langue ils parlaient, tant ils bégayaient d'émotion ou lui resservaient sa vie et son œuvre sur un plateau, comme s'il n'avait pas été au courant. Ils lui récitaient ses succès, remontaient sa discographie, radotaient leur couplet comme à un jeu télévisé ! Lui se contentait de monosyllabes, de silences et de hochements de tête évasifs, derrière ses vitres fumées, et mâchonnait un peu plus pour ne pas avoir à articuler. Il s'en foutait royalement, noblesse oblige, ne les distinguait même plus, du stade de carrière où il en était arrivé, et n'était pas en outre du genre expansif, en public : la scène était faite pour ça. Et puis il repartait dans sa cour de récréation avec ses jouets de grand, ses cannes et ses canettes, ses coupes et ses fillettes, ses montres et ses gourmettes, en or pour qu'on les voie de loin, qu'on mesure bien le chemin parcouru depuis ces étoiles dont la poussière le recouvrait, l'ensevelissait. Il fallait que ça brille, comme ses disques au mur, il n'arrêtait pas de se déguiser en Presley pour être sûr que tout cela était bien vrai, et n'en aurait d'ailleurs pas mis sa main au feu. Rosebud : tout était si dérisoire de l'autre côté de l'écran, l'horizon si pâle au bout des génériques.

Toute sa vie, il avait rêvé d'un vrai film, d'une carrière à la Frankie, dont on finissait par ne plus savoir s'il était chanteur-acteur ou le contraire, et le seul bon rôle qu'il avait obtenu, et son préféré, avait été écrit pour James Dean : ce chanteur du *« King Creole »* qui était au départ un boxeur !

Ça, il avait bien aimé, parce que c'était lui sans être lui et que le metteur en scène avait dirigé Errol Flynn, *Robin des Bois* et tout ça ! Il y avait eu aussi *Le Rock du bagne, Les Rôdeurs de la plaine...* Après, il s'était imité, parodié, gâté, dévalué auprès de nymphettes en maillot couleur chair dans des séries que n'aurait même pas tournées Bob Hope à la grande époque : dix ans de décapotables, de bikinis, de ukulélés, de transparences et de mauvais play-backs, de mambos rocks et de calypso jerks, de slow twists et de madison tristes où il aurait tout aussi bien pu chanter l'annuaire en walloff ou en swahili ! Personne n'aurait vu la différence, tout le monde s'en fichait, alors qu'à dix bornes de là, des musiciens de 20 ans écrivaient l'avenir, ajoutaient des pages à l'album, franchissaient les murs du son avec des amplis déchaînés, des riffs d'enfer. Que ne venaient-il l'arracher à son Hilton pour un bœuf à la mode Sun, version Apple 70, et d'ailleurs ils y venaient tous, en s'excusant presque : Lennon, Page, Wilson... On avançait à pas feutrés sur la moquette, on se faisait annoncer au Roi, dédicacer une pochette, un portrait, et l'on repartait ravi et perplexe dans le vrai monde, celui des trips et des décibels : des vrais gosses, devant Dieu le père, ou le grand-père, l'homme de *Hound Dog* et *All Shook Up*. Un Roi fantôme dans un château de cartes.

Lui, il voyageait en solitaire, derrière les grilles de sa Terre de Grâce, se couchait le jour et se relevait la nuit, dînait aux aurores et dormait à midi comme dans une autre dimension, et ne baisait même plus, croisant parfois sa fille entre deux portes de son Presleyland, tout de dorures et de marbreries, de stuc et de toc digne d'un faux prince arabe : une planète de platine ! A peine s'il osait lui demander des nouvelles du monde : il ne voulait pas savoir, pour ne pas voir où il en était, faisait son Howard Hugues, l'homme à la tour d'ivoire. Plus d'âge et presque plus de visage. Sa vie se comptait désormais en concerts monstres, à tous les sens du mot, où il apparaissait de plus en plus difforme, bouffi, décomposé, comme pour dire aux gens : « Voilà, c'est moi, vous me reconnaissez ? Regardez, voilà ce que vous avez fait de moi ! Je suis l'image de l'Amérique ! » Et de leur chanter *Love Me Tender* en pot vraiment pourri, pour bien faire passer le message, et cet hôtel des cœurs brisés qu'il connaissait désormais par cœur et qui portait un nom de VIP, le Hilton. The Freaks tour. The Tower Inferno. C'était ça, la solitude : faire du skate entre ciel et terre au cinquantième étage à minuit, un poker face à l'éternité, un ping-pong sous les étoiles avec soi-même. Cette fois, il avait fait, passé son tour, raté le coche et la Porsche-citrouille qui vous transforme en héros, il attendait l'heure comme on prend rendez-vous pour une opération délicate. Il savait, avait la clef et pas de billet retour, et le camion qui aurait pu le ramener au bon vieux temps du rock'n'roll était bel et bien à la casse. *Sold out.*

Et justement, ce lundi 15 août 1977 au soir, le chanteur se rendit très tard avec sa petite amie du moment, Ginger Alden, chez son dentiste, un certain Lester Hoffman, pour se faire... détartrer : en fait, avec tout ce qu'il avalait, ingurgitait comme substances toxiques, ses dents se déchaussaient une à une, dénudant ses gencives, et il en souffrait, tout comme sa teinture fondant sous les spots lui brûlait les yeux. Il en était là. Puis il revint avec sa petite cour à sa propriété où il fit de deux heures à quatre heures du matin... une partie de racket ball, une sorte de tennis de table à lui, et interpréta pour se détendre quelques gospels au piano. Chaque fois, c'était le même rituel, les rires appuyés et les pains au clavier, les intros téléphonées et les refrains inachevés. Il prépara aussi son voyage du soir, un vol pour Portland, dans le Maine, où il devait chanter le lendemain mercredi. A 4 h 30, il prit son lot de pilules habituel, un singulier cocktail à base de Seconal, Placidyl, Valmid, Valium, Demerol, le rêve à la carte, de quoi assommer un rocker ou un bœuf : pas lui. Pour échapper à un destin pareil, fût-ce quatre ou cinq heures, il fallait les grands moyens, d'autant plus qu'il y était accoutumé, quasiment immunisé. Deux heures après, il ne dormait toujours pas, et remit ça, et encore vers huit heures, selon la légende qui lui tenait désormais lieu de biographie. Il voulait être en forme à son réveil, éviter le « casque » des mauvais jours, la sale migraine qui fait fuir le soleil. La chasse au sommeil était devenu un de ses sports favoris, et il en perdait tous ses moyens : dans ces moments-là, il était comme un moteur qui ne veut pas s'éteindre, en panne de vie, se disait qu'il avait tout et passait à côté de tout. Il se regardait les yeux grands ouverts, figé sur ce lit de trois mètres sur trois comme s'il était déjà mort, depuis longtemps, et contemplait la femme allongée près de lui en égrainant des souvenirs, d'autres corps qui se confondaient toujours en un seul. La vie tenait en une seconde. Existait-il un type plus seul que lui au monde à cette heure-là ? Il aurait payé cher pour le voir et lui dire un mot. Marilyn avait dû connaître ça, pendue à son dernier téléphone. Il avait désormais sa carte du « club ».

Vers 13 h 30, sa compagne se réveilla dans un lit vide : plus d'Elvis. Elle partit à sa recherche à travers l'appartement et le retrouva allongé dans la salle de bain, en pyjama, inerte avec un livre tombé à côté de lui. Un livre sur la vie. Il avait eu une crise cardiaque en allant aux toilettes, s'était écroulé sur la moquette et avait dû lutter un moment, étouffer, peut-être appeler ou tenter de le faire, avant de lâcher prise et regagner les plaines éternelles. *Lord Have Mercy :* triste fin pour un roi, fût-il du rock. Vers trois heures de l'après-midi, les secours l'emportèrent vers l'hôpital de Memphis, et il fut déclaré officiellement mort une heure après, à seize heures. Le prisonnier de la tour s'était enfin échappé : ce dieu noir qu'il invoquait chaque soir au piano l'avait entendu.

Dès le lendemain, dans la grande tradition de Rudolph Valentino, 80 000 fans se réunissaient le long du boulevard qui portait son nom depuis cinq ans, au Highway 51 South Memphis, pour se déclarer orphelins. Mais beaucoup pensaient qu'il était parti trop tard ou trop tôt, et qu'il faudrait du temps pour oublier ce qu'il était devenu et retrouver le rebelle platine des années Sun, RCA première manière, le neveu de l'oncle Tom Parker, qui n'était ni donc ni Tom ni colonel. Pour ranimer le jeune homme de Tupelo, qui avait le feu dans la peau et des anges dans les yeux, le sourire le plus meurtrier du comté, le plus poli des voyous ou son contraire.

Et à son enterrement, digne des meilleures sorties, ils furent aussi des milliers à accompagner le cortège, le corbillard argenté suivi de six motards et de 16 voitures noires, façon limousines, qui remonta le boulevard Presley sur cinq kilomètres, jusqu'au cimetière tout proche. De toute façon, on l'enterra à la maison, car c'était le plus sédentaire des hommes et qu'il n'avait jamais eu qu'une seule idée depuis 20 ans : rentrer et rapporter ses chansons à sa mère, cette galette d'or qu'il s'était payée pour son anniversaire. Cela s'appelait *« My Happiness »* et – un titre prémonitoire – *« That's When Your Heartaches Begin »*, datait de 1953, et la secrétaire du studio, qui se prénommait Marion, avait même noté sur sa fiche, de manière tout aussi visionnaire : « EP : voix à écouter, bon chanteur de ballades » *(sic)*. Ce jour-là, il avait offert à la brave Gladys un cadeau hors de prix : son destin. C'était après que tout s'était gâté. Personne ne douta jamais qu'elle l'attendît là-haut, et l'incitât dorénavant à trouver un job sérieux. Elle l'avait toujours dit, qu'il n'y avait pas d'avenir en musique pour un garçon honnête !

JOHN LENNON

Traquenard au Dakota ou La théorie des lignes brisées

1) L'homme envahi

Qu'est-ce qui fait que deux lignes de vie que rien ne devait recouper se croisent, se heurtent et se brisent soudain, comme deux véhicules partis le matin des deux bouts d'un pays vont se percuter le soir, avec le destin pour moteur ? A quel moment de sa vie Mark David Chapman, 25 ans, de Fort Worth, Texas, décida-t-il qu'il allait tuer John Lennon, 40 ans, de Liverpool ? Sûrement même avant d'y songer, de se l'avouer, et en tout cas de reconnaître qu'à force d'interpeller l'idole dans toutes les glaces de sa vie, en ce dernier trimestre 80, il s'était pris un peu pour lui et rêvait d'en finir avec lui-même.

Toujours est-il qu'à partir de ce moment-là, où il s'était dit que l'âme des Fab Four pourrait s'éteindre et qu'il pourrait être l'instigateur de cette disparition, l'auteur de la mort de l'auteur en quelque sorte, il n'avait plus pensé qu'à « ça », comme à un sentiment mystique et plutôt mystérieux. D'autant plus qu'à son avis, cette âme s'était évanouie depuis longtemps, musicalement parlant, et que l'homme qui prétendait aujourd'hui à ce titre, qui disait être le créateur de Help ! *et* Imagine*, n'était plus qu'un imposteur, pour ne pas dire un impausteur. Il fallait donc remettre de l'ordre dans les choses, les officialiser, car ce fils de militaire détestait la confusion, les faux-semblants, tout comme aurait fait le vrai John, s'il avait été encore là. Celui-là n'était qu'un figurant, un fantôme, l'ombre maladroite d'un géant, qu'il fallait effacer définitivement pour que sa légende puisse enfin se déployer, respirer, vivre à la mesure de ce qu'il avait représenté, que Lennon redevienne enfin Lennon et n'enregistre plus de faux disques avec n'importe qui, pour le fisc ou la galerie. Il devait tuer Lennon.*

Le genre d'idée qui vous prend la tête et ne vous lâche plus, quand vous avez la tête fragile. Qui devient votre dernière pensée du jour et la première du suivant, du coucher au réveil en passant par vos cauchemars, sans qu'on puisse s'en soulager en la confiant à autrui, fût-ce dans un journal intime. En fait de livre, il n'avait d'ailleurs que deux références, deux titres à sa bibliothèque : la Bible *et cet* Attrape-Cœur *de Jerome David Salinger, qu'un ami lui avait fait découvrir à 16 ans – l'âge même du héros – et dans lequel il s'était projeté, reconnu immédiatement. Le paumé de l'histoire, ce Holden Caulfield qui vous interpellait dès la première ligne et tournait en rond dans une Amérique sans but, qui lâchait pas à pas prise et se parlait à lui-même faute d'interlocuteur, c'était lui. Pas un frère ou un sosie, ni un modèle, mais littéralement lui, en chair et en nerfs, sans qu'il pût savoir comment l'écrivain fantôme avait su, appris, compris tout ça de lui, où il était allé pêcher son histoire avec encore plus de détails qu'il n'en connaissait lui-même : « Je ne vais pas vous faire ma saleté d'autobiographie ni rien. Je vais juste vous parler de ce truc idiot qui m'est arrivé au dernier Noël. Juste avant que je tombe malade et qu'on m'envoie ici pour me retaper ». Ici, c'était New York, et on approchait des fêtes. Autant dire son histoire. Tout le reste parlait de lui à la première personne, de sa famille et de son enfance glauque, à se demander vraiment comment ça se pouvait, et il serrait le bouquin contre sa poitrine comme un cœur de rechange, une seconde peau plus tenace que la vraie. Certaines choses ne s'expliquent pas. N'y manquait que ce meurtre, écrit en filigrane, qui en constituerait le dernier chapitre, puisqu'il portait l'ouvrage en lui autant que sur lui, histoire de le compléter à sa façon, à son heure, avec sa « fin » à lui. Ce n'était pas le moindre de ses paradoxes : il allait commencer sa vie en en détruisant une. Tuer une légende. « Culturellement et musicalement, les Beatles ont changé le monde. Et moi, je les ai changés, eux »* (sic).

Car Mark souffrait de névroses obsessionnelles, à ce que disaient les professionnels, et c'était devenu « son » idée fixe, son TOC et son truc, et, à regarder la tête qu'avait fait sa femme lorsqu'il avait évoqué récemment le sujet, juste pour dire qu'il y songeait parfois et n'en ferait bien sûr jamais rien, il ne se voyait pas déclarer à un « psy » : « Bonjour, je m'appelle Chapman et je suis l'homme qui va tuer John Lennon. Vous savez, l'ex-chanteur des Beatles ? C'est mon groupe favori ! » On l'aurait tout de suite enfermé, et du coup, il n'aurait jamais pu le faire, et aurait sans doute tenté de se supprimer à la place, comme il y avait quatre ans, sur cette plage au nord de l'île... Pourtant, la phrase lui plaisait, lui parlait, au point qu'il se la répétait tout bas, en silence dans les rues et dans les magasins, quand il y déambulait à la manière d'un Taxi Driver. *« Je vais tuer Lennon, je dois tuer Lennon ». Elle sonnait juste, un peu comme on se dit qu'on doit faire ses devoirs, même si ça coûte, ou penser à ne pas oublier quelque chose d'important, payer ses impôts ou rembourser un créancier : il aurait presque pu l'écrire sur le frigo, dans son planning ou sur son pense-bête s'il n'avait craint d'être lu par hasard, par un visiteur. Lundi : penser à tuer Lennon ; Mardi : tuer Lennon ; Mercredi : as-tu tué Lennon ? Jeudi, etc. Il était né pour que l' « autre » meure, pour reprendre une vie comme d'autres en donnent une, et ce n'était pas plus compliqué que ça.* Born to Kill, *mais une seule personne et dans les règles, comme un contrat, car tout le monde vous l'aurait certifié, y compris à l'hôpital psychiatrique où il séjournait de temps en temps pour des bêtises et avait fini par travailler : il n'aurait fait de mal à personne, un vrai garçon serviable et attentionné, aimant son semblable et son prochain comme vous-même. A part ce John Winston Lennon, qui était devenu à sa manière l'homme de sa vie, sa bête noire, son « attrape-tête », omniprésent dans son quotidien, son appartement, sa discothèque, etc., qui avait élu domicile en lui et l'empêchait de plus en plus souvent de s'endormir ou de réfléchir tellement il parlait, chantait, pensait dans son crâne. Son Horla et son Hyde. Vous imaginez ? Un fantôme, un intrus, un cambrioleur qui l'avait peu à peu envahi et vivait en lui et bien souvent à sa place, qui le rendait fou et dont il fallait se débarrasser de toute urgence s'il voulait survivre, recouvrer la raison, redevenir libre et normal. Lennon disparu, on verrait bien à ce moment-là ce qui se passerait, guérison ou rémission, et il reprendrait peut-être ce traitement entrepris après sa tentative de suicide, au gaz d'échappement dans sa voiture, en 1977, et interrompu après sa dépression... Ils l'avaient questionné, cuisiné sur sa vie, mais il n'avait fort heureusement pas « lâché le morceau », rien dit sur qui-vous-saviez, d'ailleurs de quoi aurait-il eu l'air, et l'aurait-on seulement cru ? Après tout, il n'avait jamais rien fait jusque-là qui pût compromettre son avenir, ni celui de quiconque, il envisageait seulement de le faire, et on ne condamnait pas une intention, un meurtre par anticipation. La sanction ne viendrait qu'en cas d'exécution, qui signifiait pour lui « libération » : allez donc vous y retrouver. Quand quelqu'un ou quelque chose vous pénètre, vous hante, vous ronge, il faut bien réagir, se défendre, non ? Alors il allait le faire, et n'importe quel jury américain digne de ce nom le comprendrait, parce que ce qu'il vivait était un calvaire, un enfer et une épreuve indicible. Vous saisissez ?*

Et ce n'était pas faute d'avoir recherché des solutions : il avait beau s'être converti à 16 ans aux « Chrétiens nés de nouveau », s'y être fait des amis, et même des petites amies, comme cette Jessica qui semblait le fuir au fur et à mesure qu'il s'en rapprochait, ou cette fidèle Judy qui devint sa première et dernière vraie passion, rien n'y faisait, n'éteignait le visage et n'effaçait la voix, l'image fixe et menaçante de son quotidien : lui. LUI. L'homme qui s'était prétendu plus célèbre que le Christ, JL vs JC. *Il avait beau fermer les yeux, les rouvrir, les refermer : l'« autre » était là, de l'aube au crépuscule, et veillait sur lui, le surveillait. L'attendait. Caïn Lennon. Une vraie traque et un ennemi intérieur, supérieur, qu'on n'effaçait pas d'une feinte, d'un coup de gueule ou d'un claquement de doigts : une menace vitale, qui aurait mérité qu'il déposât plainte, mais qui aurait accepté de l'enregistrer, de poursuivre une personnalité aussi emblématique pour harcèlement, et quelles preuves fournir ? L'autre savait y faire, le prendre à revers, l'obséder sans jamais paraître. Et lorsque, à la faveur d'une fête, d'une visite ou d'une distraction, le symptôme s'apaisait et l'oubliait un peu, qu'il se laissait aller à redevenir un jeune homme de son âge dans une cité et une île de rêve – Hawaï où il résidait aujourd'hui, après Atlanta naguère –, qu'il s'aventurait enfin à sa vie comme tout un chacun, la voix se réveillait et lui enjoignait à nouveau l'ordre fatidique, incessant, angoissant et venu d'on ne savait où : « Tue-le ». « TUE-LE, Mark ! »*

Mais il ne voulait pas faire ça n'importe comment, et en digne graine de gradé, il avait décidé d'élaborer une stratégie quasi militaire. En deux mois, d'octobre à décembre 1980, il allait donc faire trois voyages successifs à New York, ses repérages d'automne en somme, avant de se décider à régler enfin ce qu'il considérait comme un sérieux problème, un cas d'extrême urgence : on ne supprimait pas ainsi un rêve, a fortiori quand c'était le sien, et il avait grandi, vécu avec les Beatles depuis tout petit, et allait aussi passer à l'acte pour cette raison : préserver le mythe.

Fils d'un sergent de l'armée de l'air – Air Force – et lui-même gardien assermenté, donc vigile, à Waikiki Beach, l'usage des armes à feu ne lui faisait pas peur, mais la violence oui, depuis qu'il avait vu tout jeune ce même père battre sa mère, une jeune garde d'enfants, dans la pièce d'à côté, et qu'il n'avait pas su, osé répondre à ses appels au secours, pas plus que sa sœur cadette de sept ans, la petite Susan. Ces cris ne l'avaient plus lâché depuis, et ça en faisait du monde, dans sa tête d'adolescent qui n'aspirait qu'à effleurer les filles et, dans le meilleur des cas, les effeuiller en leur chantant ces airs qu'il n'aurait su écrire lui-même, Julia, Girl, Lucy, Angela *et tout le reste ! Ses vraies femmes à lui, depuis toujours, parfaites comme des héroïnes et pures comme du Lennon première manière : le vrai, le seul. Le bon. On ne se refaisait pas : il était du genre fidèle, presque collant, pas groupie pour un sou mais gardien du temple, ou plutôt de l'église, qui variait parfois : ob-ses-sion-nel, comme ils disaient, et il aurait préféré « traditionaliste » ou un truc dans ce genre, mais il n'écrivait pas les dictionnaires ! Pas Salinger pour un sou.*

A part ça, il ressemblait à tout le monde, vu du dehors, c'est-à-dire à rien ni personne, et c'est pour ça que les enfants l'avaient surnommé « Nemo » au centre aéré, ça ne s'inventait pas. Depuis des années, il était « Personne », celui qu'on appelait quand on avait besoin de quelque chose et qu'on n'avait personne sous la main, qui rendait service, trouvait la solution, avait le bon mot : le type cool sur qui on pouvait compter en toutes circonstances et qui, en outre, aimait les Beatles et pouvait les jouer sur le bout des doigts. Un gars qui appréciait Lennon à ce point-là ne pouvait pas être entièrement mauvais, comme aurait dit le vieux W.C. Fields. Et Nemo servait, assistait, remerciait, réparait les bêtises des autres et ne présentait jamais l'addition : comment leur dire ? Mais il savait bien qu'un jour, par définition, il deviendrait QUELQU'UN, même s'il était celui qui rate ses clichés, qui détraque les Photomaton, qui déborde du cadre à cause de son volume ou de sa maladresse, le garçon pas gâté qu'on acceptait d'autant plus volontiers à table et en vacances qu'on le savait inoffensif : entendez avec les filles. Avec lui, semblait-on toujours se dire, on ne risque rien de ce côté-là. Ce n'est pas lui qui dérangera l'ordre des choses, plutôt mourir. On verrait ça plus tard. Et il savait ce qu'on allait voir, puisqu'il partait là-bas pour ça, juste pour ça : rencontrer son double et briser la glace. Rentrer dans l'histoire par la porte dérobée, exactement comme il avait infiltré jadis ce roman de J.D. Salinger, l'homme aux initiales, l'écrivain si fantôme qu'il aurait presque pu être lui, ou en tout cas son héros. Plutôt Antihéros, d'ailleurs.

Six heures avant l'événement fatal, John Lennon avait dédicacé son nouveau disque à son futur meurtrier, et à l'issue même du drame, on avait retrouvé sur Chapman son exemplaire du livre fétiche, contresigné par lui-même au-dessus du titre, en guise de testament. « Ceci est ma déclaration. L'Attrape-Cœur ». Ce n'était pas tous les jours qu'un personnage attaquait un auteur dans les rues de New York, tuait le père spirituel au revolver et rentrait s'asseoir sagement dans son best-seller, mission accomplie, en attendant la fin des temps. Oui, décidément, ces trucs-là n'arrivaient que dans les livres...

2) L'idole et l'antihéros : Comment tuer l'auteur de sa vie (lorsqu'il vous a « pris le cœur »)

Le 27 octobre 1980, le Texan Mark David Chapman entra dans une armurerie d'Honolulu et acheta pour 169 dollars un revolver calibre .38 à cinq coups, très précisément un Charter Arms à canon court facile à dissimuler, dans le but d'assassiner le chanteur John Lennon, symbole de son adolescence et de la révolution culturelle à l'occidentale : une décision qu'on ne prenait pas à la légère et qu'il avait longuement mûrie, pesée et ressassée. Il s'y était même repris à trois fois. On ne joue pas avec ces choses-là.

Dans la vie, c'était un jeune gars rondelet au visage poupin d'angelot qui contrastait avec un regard étrangement dur, presque hargneux de sale gosse entêté derrière ses lunettes à double foyer, et des cheveux mi-longs de faux étudiant. Un ado attardé de 25 ans qui en paraissait 18 et avait connu de sacrés problèmes psychologiques depuis ses 15 ans – parents divisés, troubles mentaux, fugue, dépression nerveuse, tentative de suicide, usage de stupéfiants... – et qui n'avait que deux certitudes : *L'Attrape-Cœur* était le meilleur livre du monde et il allait tuer Lennon, aussi sûrement que la terre était ronde et l'Amérique blanche. Il avait même emprunté des sous pour ça, pour l'arme comme pour ses voyages de reconnaissance à New York, car l'affaire lui tenait à cœur et supposait un investissement. Il ne savait pas encore quand et où il remplirait sa mission, mais il savait désormais comment, et pouvait effleurer la gâchette rigide dans sa poche avant droite, en imaginant la scène de sa vie. Lui, Lennon et le coup de feu, la balle en or des westerns.

Certes, il savait déjà où résidait l'artiste quand il se trouvait aux Etats-Unis, et quand il y était : au septième étage côté est du fameux Dakota Building, à New York, celui-là même qu'on voyait dans *Rosemary's Baby* face à Central Park et à la 72e Rue, avec sa brique jaune et son marbre rose, sa statue d'Indien et sa porte cochère, ses tennis, jardin et piscine ; derrière quel rideau de quelle fenêtre élevée, éclairée il vaquait à certaines heures ; où il en était en ce moment puisqu'il allait sortir un important album solo. Solo étant une façon de parler, puisqu'il en partagerait l'affiche et le générique avec sa moitié, la Japonaise Yoko Ono, un peu comme un chanteur bicéphale, John Yoko Lennon. Mark aussi avait « sa » Japonaise à lui, Gloria Abe, une responsable hawaïenne d'agence de voyages épousée l'année précédente après un tour du monde ensemble, comme pour rester fidèle à l'idole jusqu'au bout de la nuit. Fidèle en tout, et donc exigeant, sinon intolérant... A ce qu'il avait lu, le disque s'appelait *Double Fantasy*, et le monde entier attendait cela, puisqu'il n'avait pas fait, en tout cas publié d'enregistrement depuis son 30 cm de standards rock'n'roll, en 1975. Un bail, et un événement. Une occasion rêvée. « Le » moment d'agir. Le 30 octobre, vêtu pour la circonstance d'un costume et d'un pardessus neufs tant le rendez-vous était d'importance, il prit l'avion pour New York avec quelques milliers de dollars en liquide et son inquiétant bagage. Nos vies sont pleines de passants bizarres qui les traversent en équilibre, les tiennent entre leurs mains et parfois même à un fil.

*
* *

C'était plus qu'un retour, quasiment une renaissance, après un aussi long silence : cinq ans d'absence, et même plus si l'on considérait que son album de reprises, *Rock'n'roll*, n'avait été qu'une heureuse parenthèse, un clin d'œil à Gene Vincent, Buddy Holly, Sam Cooke, Chuck Berry et les autres. Une récréation. Juste assez pour lui donner l'envie de remettre ça et l'amener à se demander à quoi il pouvait encore servir. Était-il resté à la hauteur de l'auteur qu'il avait été, encore Lennon, toujours vivant, avait-il vraiment faim, envie de spots, de micros, de fans et tout le cirque ? De rabâcher, radoter sa vie à des gamins qui auraient pu être les siens, répéter à tout-va que les Beatles, c'était mort et enterré, de l'avant-guerre, que Paul était Paul et que lui, il s'appelait John, artiste soliste, que la roue avait tourné et que le passé était derrière, même plus dans le rétroviseur depuis qu'il avait changé de route ?

Il s'était posé la question, droit dans les yeux, maintenant qu'il était riche à milliards, qu'il habitait depuis 1975 cet appartement « traversant » de 12 pièces au sommet du monde, avec boiseries rares, pelouse privée et vue sur Manhattan, se retrouvait père d'un gosse de 5 ans, était coté en bourse, roulait en limousine blanche, et continuait pourtant d'incarner un rêve feutré de révolution, de paradis perdu pour des enfants tombés, revenus de toutes les barricades. Un prince des désenchantés. Il s'était franchement demandé s'il avait encore quelque chose à dire, à apporter, une seule bonne raison de descendre dans l'arène, avait aussi fait le tour des regards, des oreilles amies, et s'était répondu oui. Il fallait. C'était son devoir.

Parce que cette prison dorée lui pesait, qu'on le donnait volontiers pour mort, que l'autre l'agaçait avec ses mélodies sans histoire, ses sons sans sens, et que la nouvelle génération n'avait pas forcément repris la parole, à part l'énergique Springsteen qui refaisait le monde à tour de bras et appelait un chat un chat. Que la maturité était là et qu'il voulait parler de son équilibre retrouvé, sa quarantaine rayonnante, son bonheur au foyer, et puis que Yoko avait également des tas de choses à partager, à faire entendre, et besoin de lui pour ça. Qu'il voulait que son fils le voie en scène, se souvienne de lui en chanteur, au présent et pas en flash-back perpétuel. Qu'il pouvait à nouveau déménager, rock and roller un peu, comme au bon vieux temps, au début du rêve, avec la banane, le cuir, et tout le reste. Qu'il en avait marre qu'on lui balance *Yester-*

day – l'œuvre majeure et intégralement de son ex-collègue – à chaque fois qu'il pénétrait dans un club après minuit, en croyant lui rendre hommage et lui faire plaisir, que tous les pianistes de la terre lui jouent de concert « celle qu'il n'avait pas eue », tout en la cosignant (le monde se divisait ainsi en deux types de pianistes : ceux d'*Hier* et ceux de demain, c'est-à-dire d'*Imagine*) ! Qu'il était lui aussi *well and alive* in NY, et debout. Que c'était sa vie et qu'on ne tire pas un trait sur son histoire, pas plus qu'on ne s'efface dans un miroir, qu'il en avait assez de s'entendre traiter d'ex-Beatle dès qu'il allumait le poste et voulait donner des nouvelles de lui, ici et maintenant, avec un son et un feeling d'aujourd'hui. Que des tas de mômes de 20 piges le pistaient encore dans la rue avec un crayon et un papier, et qu'il voulait y écrire autre chose que des souvenirs, leur offrir de l'avenir, remonter dans le train et montrer un peu le chemin. Parce que. *Just because...* Ces trucs-là ne s'expliquent pas. Tu te réveilles un matin et tu en as soudain envie, comme hier, dans le studio numéro 1 ou sur le toit du 3, Abbey Road, tu sens qu'une chanson se cache dans ta guitare, et encore une autre, une autre et puis une autre, et c'est reparti : tu as l'éternité entre les doigts, et tu ne la lâcherais pour rien au monde. *You get it*. Et *Go steady go*.

*
* *

D'une certaine manière, il ignorait encore qu'il allait faire ça, parce que c'était dur de se l'avouer, et que l'idée même lui en faisait peur, mais il savait au moins deux choses : il avait un problème et Lennon n'en avait pas, or Lennon était son modèle, une sorte de maître et par conséquent son problème, et il ne supportait qu'il l'ait laissé comme ça, sans solution, ni salut. Car il en était forcément responsable. La solution était donc d'éliminer Lennon pour le punir, de ne pas avoir été à sa propre hauteur, de ne pas être resté Lennon, avec les Beatles et tout le reste, enfin, il se comprenait...

On ne pouvait pas chanter *Imagine* et devenir capitaliste, tout comme le rappelait cet article vengeur d'*Esquire* publié au début octobre sous le titre : *« Où êtes-vous, John Lennon? »* et le sous-titre *« A la recherche du Beatle qui a poursuivi pendant 20 ans l'Amour et l'Illumination pour ne trouver que les vaches, la télévision vingt-quatre heures sur vingt-quatre et l'immobilier » (sic).* L'évocation par le journaliste Laurence Shames d'un *« homme d'affaires de quarante ans qui a 150 millions de dollars sur son compte en banque... de bons avocats qui lui permettent de mettre son argent à l'abri du fisc... une propriété à Long Island, un fils qu'il adore et une femme qui intercepte ses coups de téléphone, bref, un type qui ne fait plus rien d'extravagant, plus d'erreur et plus de musique »* l'avait révulsé, touché de plein fouet. Il avait renchéri en empruntant le 17 octobre à sa bibliothèque une biographie de John Fawcett, *John Lennon : One day at a time*, peu complaisante à l'égard de l'artiste. C'en était trop. *« J'ai trouvé un livre sur John Lennon. Je l'ai lu et j'ai découvert certains aspects de sa personnalité. Et son hypocrisie m'a profondément révolté. Je n'étais pas en colère, mais déçu par tant d'hypocrisie. Puis j'ai décidé que j'allais tuer John Lennon* * *». Sic.*

Car, depuis sa conversion, le mensonge était devenu son obsession, une véritable paranoïa qui lui avait fait prendre en grippe les faussaires de tout poil, c'est-à-dire une bonne partie de l'humanité et du monde médiatique en particulier. Une histoire qui venait de loin : ce dégoût de l'hypocrisie était la hantise de son double de papier, Holden, perpétuellement confronté à la perte de l'innocence enfantine, à la chute dans l'âge adulte comme du haut d'une falaise, au fil de ses 252 pages de vie, et il l'avait attrapé comme un virus : *« La falaise représente le passage de l'adolescence à l'âge adulte. Quand un enfant tombe de la falaise, il devient adulte. Et neuf fois sur dix, il ne devient qu'un hypocrite... Et c'est ce*

---

* *Mark D. Chapman, l'homme qui a tué John Lennon* (Derek Jones, 1988).

qui m'est arrivé. Je ne toucherai jamais le fond. Je continuerai à tomber toute une éternité. Je suis tombé de la falaise, mais je ne suis jamais devenu adulte * *»*. Et la perspective d'un album composite, hybride, et forcément indigne de ce qui précédait ne faisait que le conforter dans cette décision. Il fallait supprimer Lennon, pour son propre bien, dans son propre intérêt, pour qu'il demeure une star et ne devienne pas un chanteur comme les autres, qui plus est donnant la réplique à sa moitié qui semblait devenir son tout. Il fallait mettre bon ordre à tout ça, et qui d'autre que lui, Mark David, qui suivait John depuis toujours, l'avait interprété à la guitare au temps de son premier groupe, pour le faire ? Qui ? D'une certaine manière, il allait exaucer le rêve secret de millions de fans, en finir avec cet imposteur qui avait pris le nom, le visage et même la voix du vrai Lennon, probablement mort lui aussi sur la fameuse route de l'Abbaye, l'avenue de la Pomme, et désormais sous influence, pâle copie de l'original...

Alors, cela faisait trois fois qu'il revenait « planquer » ici, s'embusquer au pied de l'immeuble en se demandant comment il allait procéder. La première, c'était en octobre et il avait juste repéré les lieux, guetté les allées et venues du couple vedette, et noté jusqu'à la sortie de la nurse, Helen, avec le dernier fils du chanteur, Sean, âgé de 5 ans : il aurait même été jusqu'à adresser la parole à cette dernière, sous un prétexte fallacieux, et faire un compliment au jeune garçon en lui serrant la main, mais allez savoir avec un mythomane !

Il était d'abord descendu au Waldorf Astoria, mais avait opté très vite pour la YMCA de la 63e Rue, à Central Park Ouest, une auberge de jeunesse plus à sa portée. La seconde fois était en novembre, il s'était presque décidé et avait pourtant changé d'avis au dernier moment, après avoir vu entre deux filatures le premier film de metteur en scène de

---

* *Ibid.*

Robert Redford, *Ordinary People*, qui montrait des gens simples en difficulté, un peu comme lui, sur fond de psychanalyse, et l'avait fait réfléchir. Et s'il se trompait sur toute la ligne, s'il se soignait plutôt, s'il revenait chez lui comme à la réalité, et n'y pensait plus ? Oui, mais c'était l'autre qui pensait à lui, ne le lâchait pas, l'avait en tête tout le temps : qui décidait, pas le contraire ! Rien à faire, il voyait quasiment ça comme un cas de légitime défense, maintenant, une attraction fatale. Et la troisième serait la bonne, car l'hiver approchait, les affaires du chanteur reprenaient, et il devait remplir sa mission, sous peine de le perdre de vue, de ligne de mire. De rester son otage à vie. Il était prêt, avait passé tant de temps devant l'immeuble de grès pâle, appelé ici brownstone, qu'il aurait pu y pénétrer les yeux fermés, donner les horaires de rondes du gardien, dire sans se tromper qui y arrivait ou en sortait à quel moment, y compris dans l'entourage de la star. Il savait désormais tout, absolument tout ce qu'il fallait savoir sur sa vie publique, à commencer par le fait que cet album était un navet, un sous-produit indigne et faible, qui déshonorait le nom de Lennon, donc ses fidèles...

*
* *

Et il y était allé, sans savoir exactement où, comme au premier jour, et s'était réveillé à la tête d'un bon disque, comme on a envie d'en acheter, qui ne devait rien à autrefois et faisait la part belle au bonheur, à sa femme, à son univers, comme on ouvrirait à l'aube une fenêtre sur l'Amérique, vue de l'intérieur. Un album « fait à la maison », tout en haut du mont Dakota, avec les moyens du bord, histoire de voir ce qu'il avait dans le ventre et de ne pas se cacher derrière un mur de son, se déguiser aux couleurs de l'époque. Un produit local où, en tendant l'oreille, on aurait pu percevoir derrière les instruments le bruit du chat ou le rire du petit, les blagues des potes et le parfum du bonheur, où les chansons allaient de soi, coulaient de source et passaient de l'un à l'autre comme un bon verre ou un joint.

C'était David Geffen, ex-producteur de Bob Dylan, Neil Young, Cher, les Eagles et tout nouveau patron de... Geffen Records, avec Donna Summer, qui lui en avait donné l'idée et avait lancé la machine, aux abords de l'été 80. Chiche ! A vrai dire, Yoko y avait mis du sien, comme d'habitude, et John avait dit oui, à la condition que ce soit un disque à deux voix : six, sept chansons chacun, les deux faces d'un couple, ce qui ferait grincer quelques dents, mais donnerait la meilleure image, en tout cas la plus fidèle, de lui. Sa vérité d'alors, et, pensait-il, de toujours. Un échantillon de ce qu'il vivait, et dont la une spectaculaire de *Rolling Stone*, lui roulé nu en boule, dans une position fœtale, contre elle allongée et vêtue, rendrait bien compte : Annie Leibovitz ne les avait pas ratés, pas plus qu'aux séances légendaires du couple nu de *Two virgins*, il y a douze ans.

Tout était alors allé très vite, comme font les choses attendues de longue date, les rendez-vous avec le destin. Au printemps, John était parti aux Bermudes avec son fils Sean, et avait commencé à écrire des chansons, qu'il fredonnait au téléphone à Yoko restée au pays, en l'occurrence à la maison rose, leur balcon sur l'île aux gratte-ciel. Ils s'appelaient en musique, et adoraient ça, leur ping-pong de hits au-dessus du Pacifique. Sitôt les maquettes terminées, ils étaient entrés en studio en août, avec le producteur d'Aerosmith, Jack Douglas. Il y avait là 25 morceaux au total, accouchés, pondus – pour ne pas dire crachés – en trois semaines, de quoi faire deux bons albums, avec des titres conçus en famille comme *(Just Like) Starting Over*, *Beautiful Boy (Darling Boy)*, *Woman* et carrément *Life Begins At 40* !

En fait, c'était leur premier disque en commun depuis le laborieux *Some Time in New York City*, en 1972, un double album brouillon qui avait amorcé le début du déclin de John, et le risque était là, de désorienter à nouveau les fidèles. Voire de susciter critiques et polémiques, qui ne manquaient pas de s'abattre sur Yoko dans ces moments-là. John était donc aussi enthousiaste qu'inquiet, attentif au son et au choix, à l'ordre des titres. Il redécouvrait son métier, avec cette même part d'appréhension qui caractérise les débutants et ne devrait jamais quitter tout à fait un artiste, jusqu'à la dernière heure. Il repartait à zéro, avec toute l'expérience du monde, et se frottait aux musiciens, aux techniciens, comme à un nouveau groupe, essayant, tentant, testant cinquante, cent plans de Steinway ou de guitare, de cordes ou de claviers qu'il mettait de côté, redécouvrait ensuite, etc. Il revivait, renaissait de ses cendres, et c'est bien ce que racontait la photo du fameux magazine : *back and proud.*

*
* *

Bien sûr, il y avait encore eu *Imagine, Mother, Jealous Guy, Working Class Hero* et tout ça, mais c'étaient les premiers albums solo, il y avait dix ans, et depuis, plus rien de bon, qu'une star à la cuisine pendant qu'elle comptait les droits, les royalties et tout ça dans son bureau au plafond de nuages peints, haut de quatre mètres. Répartition des tâches : de quoi ridiculiser le rêve de deux générations, et donner raison à tous ces épiciers du disco qui alignaient leurs boîtes à rythmes et autres caisses claires avec des voix de castrats !

Non, vraiment, il ne pouvait pas laisser passer, faire ça, il fallait intervenir, marquer le coup, frapper fort. Et quoi de mieux qu'un coup de feu, au vu et au su de tout le monde ? L'idée même l'épouvantait, car il avait en réalité horreur des armes à feu, même dans son travail, et puis John aurait détesté ça, tout le contraire de ce qu'il pensait et professait à loisir, mais c'était pour son bien : il devait mourir. D'autant plus qu'en éliminant une personnalité pareille, comme on tue un père encombrant, il en trouverait peut-être une lui-même, la sienne, il respirerait enfin un peu. C'était ça, faire d'une pierre deux coups. Il allait exister en éliminant un type qui n'existait plus, vivait sur son passé, vieillissait à petit feu entre yoga et séances bidon, ce n'était que justice. Supprimer pour se faire une place.

Restait à mettre au point les conditions matérielles de l'exécution, enfin, l'attentat, disons... l'opération : l'opération Lennon. Son raid secret sur Manhattan. Et d'abord, il lui fallait des balles explosives, adaptées au Charter Arms, qu'il irait chercher jusqu'à Atlanta, chez un ami policier, le 8 novembre. Il en rapporta cinq, le contenu d'un chargeur. Pour ce qu'il avait à faire, cela suffisait largement, et il s'entraîna même au tir dans le bois voisin, où il y avait été initié autrefois : il était fin prêt.

*
* *

C'est en enregistrant son disque, ou plutôt leur disque, puisque c'était expressément un album de John ET Yoko, et en commençant à en faire l'inévitable « promo », que John mesura combien il avait changé, se sentait aussi bien dans sa création que dans sa vie, d'autant plus que celle-ci reflétait celle-là et la nourrissait en retour. Il n'avait plus rien à prouver, à démontrer, à vendre, pouvait aussi bien échouer que transformer l'essai, emporter le morceau, et c'était justement cette décontraction, ce faux détachement, cette bonne distance qui allait lui réussir et l'inspirer. Il en était sûr, maintenant, à certains détails qui ne lui ressemblaient pas trop jusque-là : il entrait dans la suite de sa vie, attaquait son second souffle avec des ailes, et se trouvait même rajeuni dans ses miroirs d'interview, retrouvait sa tête d'artiste, des faux airs de Liverpool, des allures de jeune rocker plus dupe qui le ravissaient.

Il en voulait et ça se voyait, mais n'en faisait pas trop, savait qu'après Buddy, Eddie, Gene, Elvis et les autres, il n'était au fond qu'un passant, qui s'attardait un peu plus longtemps devant la vitrine à contempler le dernier bébé de

Monsieur Fender, un gamin qui pouvait se payer en même temps le père Noël en personne s'il le voulait, et avait appris à ne pas le faire. L'enfant sauvage du Dakota, qui ressemblait plus dans sa tête à un canyon sauvage de Randolph Scott qu'à un mur de pierre rare sur la City : les mots sont trompeurs. Il allait mieux, respirait mieux, dormait mieux, et n'avait pas touché une de ces saletés depuis une éternité. Un homme neuf. Il ne s'évitait, ne se fuyait plus, et riait même de lui à l'occasion comme d'une bonne blague au destin, quand il parcourait sa bio et concluait qu'il devait être une sorte de miraculé, le survivant du rock'n'roll. Celui qui avait échappé à tous les crashes et toutes les seringues, qui n'était pas tombé du ciel ni entré dans un platane, et regardait les autres foncer dans le mur. Le dernier des Mohicans, planté en plein Yucatapan avec sa moitié de vie extrême-orientale.

Ainsi pouvait-il justement évoquer les Beatles en interview sans ressentir ce petit picotement, ce soupçon d'agacement ou de lassitude qui l'avait amené à fuir son métier, et en tout cas ces parcours obligés de l'après-vente. Là, il était cool, clair, positif, et s'entendait avec surprise et bonheur énoncer une vision du monde, de sa carrière et de l'existence qui avait visiblement évolué, et lui donnait encore plus raison d'avoir attendu. Il allait mieux, et le public le ressentait, qui commençait à acheter, écouter et aimer le disque pour les bonnes raisons. Et il savait déjà que ce succès-là, qu'on lui prédisait depuis trois mois, lui ferait plus de bien que tous ses triomphes passés, parce qu'il venait du fond, du fin fond de son histoire. C'était du bonus, un plus, un cadeau du ciel qui l'avait déjà gâté, et une manière de tendre la main aux gens sans se pousser ni se presser, comme on salue des vieux copains perdus de vue. Et les autres ne s'y trompaient pas, qui lui présentaient disques, photos, livres, sans jamais lui mettre la pression, ne lui tapaient pas familièrement sur l'épaule, mais le reconnaissaient des yeux. Grâce à elle, à eux, à ce gamin et à ses rires feutrés, ses jeux de toujours et ses questions toutes neuves, il pouvait enfin communiquer, et ne s'en privait pas. Il allait presque vers les gens, une prouesse quand on connaissait sa réserve naturelle, et avait envie de leur demander des nouvelles, comme s'ils avaient été les héros du jour. Et plus d'une chanson récente lui paraissaient des épures de ses anciens succès, comme s'il avait enfin l'âge des vrais sujets, le temps de l'essentiel : « *Woman*, faisait-il ainsi remarquer, c'est *Girl* quinze ans après »... Et John était toujours Lennon, quand il se croisait dans un regard ou un reflet. C'était le principal.

*
* *

Bien entendu, la première règle avait été de n'en parler à personne – fors sa compagne qui n'y crut pas, ne le connaissant que trop – et de repérer donc les lieux, les allées et venues, son emploi du temps : se mettre en embuscade, et attendre le bon moment, comme on règle un angle de tir. La méthode Oswald, en quelque sorte, sauf que lui, il serait le vrai tireur, l'homme qui a tué le mythe. Mark David Chapman, avec un seul N, s'il vous plaît. L'éternel anonyme des Photomaton, le perdant des baraques foraines, l'abonné au mauvais numéro.

Dès novembre, il se posta face à l'immeuble avec son pistolet chargé et guetta la star, dont il avait appris qu'elle se déplaçait en limousine blanche, avec son éternelle compagne. Des heures durant, il scrutait le septième étage, dont les fenêtres s'allumaient au crépuscule, puis la sortie, et encore le septième, indéfiniment, en malaxant dans sa poche la crosse du Charter Arms qui était devenu sa seule réalité, à la manière d'une boussole ou d'un trousseau de clefs. Et l'affaire faillit bien se faire avant terme, dès le 10 ou le 12 : deux fois de suite, il les vit arriver, s'engouffrer précipitamment dans le building, et les rata. Il fallait faire vite, s'approcher, inventer un stratagème. Le prétexte en serait bien sûr le disque, sorti le

17 novembre. Comme tout le monde, il s'était rué dessus et n'avait pas été déçu : c'était médiocre ! A se demander si ce Lennon-là avait encore quelque chose à voir avec l'autre, s'il n'allait pas descendre un sosie, un double, Mr Lennonono en personne. Curieusement l'œuvre lui donna le sentiment *« que Lennon avait compris quel était son destin et que leurs deux pouvoirs allaient enfin converger*[*] *»*. Il fallait faire vite, maintenant, parce que l'artiste commençait à être assailli par une nuée de fans, journalistes, copains, passants, et que bientôt, il ne pourrait même plus l'apercevoir, parvenir jusqu'à lui, à moins qu'un autre ne caressât le même dessein !

Il décida donc de se munir d'un exemplaire du trente-trois tours, avec la mémorable pochette noire et blanche, qu'il trouvait inférieure à l'âge d'or, au temps des Fab Four et du merseybeat, et dissimula dans un manteau le calibre .38, ainsi qu'un volume de son livre fétiche, cet obsédant *Attrape-Cœur* de Salinger. Plus que jamais, le roman de sa vie, qui disait sa passion de l'enfance et sa haine des grands : trente ans après, il était devenu ce Holden Caulfield qui enterre son adolescence dans les rues de New York, à deux pas d'ici, promène son âme en peine sur Madison Avenue et tutoie le lecteur comme son frère d'infortune. Il le portait comme un talisman, une amulette ou une carte d'identité, son signe de reconnaissance et un reportage visionnaire sur son périple : « J'ai marché, j'ai marché, et je n'en finissais pas de penser à la môme Phœbé qui allait au musée le samedi comme j'avais fait. Je me disais qu'elle verrait les mêmes trucs que j'avais vus et c'était *elle* à présent qui serait différente. En pensant à ça j'étais pas vraiment triste mais j'étais pas non plus follement gai. Y a des choses qui devraient rester comme elles sont. Faudrait pouvoir les planquer dans une de ces grandes vitrines et plus y toucher. Je sais que c'est impossible mais, bon, c'est bien dommage. Bref je marchais je marchais et j'en finissais pas de penser à tout ça ». *(L'Attrape-Cœur)*. Il

---

* *Ibid.*

n'aurait su mieux dire. Ainsi, il était paré, habillé pour l'hiver : ne restait qu'à passer à l'acte, délivrer John de Lennon, et pouvoir enfin respirer lui-même, dans un monde sans lui. Faire justice et se faire justice, au nom de tous, et il ne doutait pas que, s'il avait encore été de ce monde, le créateur de *Revolution, A Day In The Life* et *Lucy In The Sky With Diamonds* aurait été de son avis, l'aurait même remercié, supplié de le délivrer de sa nouvelle vie.

On était le 8 décembre à New York, face au Dakota Building, il y était revenu deux jours plus tôt après un bref séjour au pays, et cette date allait à coup sûr devenir plus célèbre que le 7, avec Pearl Harbour, il en aurait mis sa main au feu. Sur sa dernière feuille de présence avant de quitter son job, le 23 octobre, il avait carrément signé... John Lennon à la place de son nom ! Et au taxi qui le ramenait de l'aéroport, il avait froidement déclaré qu'il était ingénieur du son et venait d'enregistrer une séance avec Paul et John, pour la première fois réunis depuis dix ans, et qu'il transportait la précieuse bande dans sa serviette. Il aurait dit ou fait n'importe quoi pour se rendre intéressant, exister un peu. Et il avait demandé nonchalamment au chauffeur « où allaient les canards de Central Park pendant l'hiver » : la même question que posait Holden à son propre taxi, sur la même route, dans l'édition de 1951...

Le compte à rebours était commencé, et à partir de là, tout ce qui allait se produire était en quelque sorte écrit. Par exemple qu'il passerait le week-end à contempler le manège de Central Park, couronné d'enfants, comme à la page 180. Comme l'« autre », il avait pris une chambre minable, dans un hôtel bon marché : en l'occurrence une auberge de jeunesse, YMCA. Comme lui, il avait erré de place en place, dans un week-end de fin des temps. Comme dans le « Livre » de sa vie enfin, qui ne faisait plus qu'un avec sa Bible, il s'était offert cette nuit-là les services d'une call-girl, qui resta dans sa nouvelle chambre du Sheraton, à l'angle de la 7e Avenue et de la 52e Rue (l'autre étant décidément trop bruyante) jusqu'à trois heures du matin et qu'il paya au double du tarif, 190 dollars, sans y avoir touché. Mark voulait juste parler. Il en avait gros sur le cœur.

On était le jour de Pearl Harbour, et il aurait aimé confier à quelqu'un, à cette fille ou à un écouteur, à la lointaine Judy ou même à son écran télé ce qu'il déclara plus tard au magnétophone du poste de police, d'une voix d'outre-tombe : « *J'avais tout. Une femme formidable, un appartement magnifique. En surface, tout était parfait. Qu'est-ce qui s'est passé ? Je n'en sais rien, j'étais à nouveau déprimé. J'ai démissionné de mon poste. J'ai acheté une arme, je suis venu ici et j'ai tué quelqu'un. Voilà ce qui s'est passé : du paradis à l'enfer en un mois* [*] ». Pas du Salinger, ni du Caulfield, même pas du Mailer ni du Michener, mais sa parenthèse à lui, ses dernières nouvelles du néant.

*

* *

C'était peu dire que John avait une journée chargée devant lui. Autant la création l'excitait depuis toujours, et contre toute attente plus que jamais, autant la promotion lui était toujours pénible. Mais il s'y prêtait de bonne grâce parce que Yoko veillait au grain, ne le lâchait pas d'un pouce, l'accompagnait partout, et que le management lui avait préparé un parcours royal, avec les meilleurs interlocuteurs, la crème des journalistes, des gens avec qui on pouvait discuter en adultes et pas en boutiquiers, qui avaient vraiment écouté l'album et qui surtout n'en rajoutaient pas avec les Beatles, Paul et lui, etc. Des adultes, si tant est que ça rime avec ce métier. Et puis, d'une certaine manière, la scène médiatique lui manquait, et il s'en rendait compte maintenant.

Sa journée avait donc commencé par un petit déjeuner matinal au Fortina, son café favori, et un tour chez son coiffeur, Veez A Veez, sur la 72e Rue : courts devant et longs derrière, à

---

* *Ibid.*

la rocker. On faisait les choses sérieusement ou on ne les faisait pas, et il fallait quand même se ressembler, se correspondre dans le miroir. De ce côté-là, il était plutôt tranquille, il assurait, avait l'air du fils de John Lennon ! Il s'était retrouvé.

Puis il était revenu au Dakota à pied, en milieu de matinée, pour y donner une interview avec Yoko à RKO, une radio qui le trouva particulièrement en verve et décontracté. C'était une bonne semaine qui s'annonçait, il avait même l'âme à la confidence, avec cette voix chantonnante qui surprenait toujours un peu au début, et ponctuait ses anecdotes de ce sourire qui avait subjugué deux générations de fans, mais avait gagné en charme avec la maturité, l'âge. Mince, élancé, grave sans se prendre au sérieux, et prêt à en balancer une bonne de temps en temps, comme pour rappeler à son interlocuteur que tout ça n'était pas sérieux, juste une interview de plus dans la Cité, et qu'il n'était décidément pas Dieu ni son fils, mais un musicien de studio un peu plus chanceux que les autres, qui était arrivé au bon moment au bon endroit et avait décroché le jackpot, pas de quoi en faire un roman. Juste un bon papier, qui servirait demain à emballer la pêche du jour. Une histoire de rock star, pas Stravinsky ni Picasso.

*

* *

Ce lundi 8 décembre, il faisait froid à New York et Mark, qui s'était réveillé à 10 h 30 seulement après son rendez-vous galant de la nuit, s'habilla chaudement et étala ses affaires les plus précieuses sur la table à l'intention des autorités, des visiteurs ultérieurs : passeport, photos de jeunesse, objets personnels, bible, cassettes des Beatles, de Todd Rundgren, le portrait de Dorothy-Judy Garland dans le *Magicien d'Oz*, son film préféré, le tout afin de s'expliquer « au cas où »... Toujours son sens de l'organisation.

Puis il descendit racheter un exemplaire du « livre », décidément son oxygène quotidien, et écrivit à l'intérieur la formule sibylline : « A Holden Caulfield de la part de Holden Caulfield : ceci est mon manifeste ». Il glissa ensuite l'ouvrage dans son pardessus, à la place habituelle, referma derrière lui la porte sur son passé de brave Texan, de bon gars qu'on confond et dont on mélange le nom, et remonta une troisième fois à la charge, la dernière, droit vers l'invincible Dakota : *« Je savais que je ne ferais jamais machine arrière. Il faut suivre son destin. C'est impossible d'aller contre. Je n'arrêtais pas de me dire : retourne à l'hôtel, fais ta valise et rentre à la maison. Ne le fais pas. Retourne à l'hôtel, demande qu'on t'appelle un taxi, tout de suite, fais-le immédiatement. Mais je ne l'ai pas fait, je suis resté* * ». C'était son rôle, le jeu.

Cela faisait trois jours qu'il piétinait autour du building, tournait en rond comme une âme en peine avec son pistolet dans une poche et l'album fatidique de l'autre côté, plus l'ami Salinger au cœur, en guettant l'artiste qui lui échappait à chaque fois, filait comme une ombre. Pourtant les invités de marque se succédaient, telle cette photographe de *Rolling Stone*, Annie Leibovitz, venue sur le coup de midi pour faire sa une historique, les deux corps enlacés, en quelque sorte le testament photographique de John et son retour aux sources avant le grand saut. Mais il ne la connaissait pas, et n'en avait qu'après son idée, une véritable obsession qui le tuerait lui-même s'il ne le tuait pas avant : débarrasser la planète de son intrus. Voir un monde sans Lennon. Il avait poussé l'audace, ou le vice, jusqu'à déambuler toute la fin de matinée au pied de l'immeuble dans l'espoir de le faire sortir, croisant même leur nurse et leur fils.

Soudain, à sa grande surprise, il vit vers quatre heures de l'après-midi la limousine approcher silencieusement d'un côté et Lennon surgir précipitamment de l'autre, aussitôt entouré d'un petit groupe de fans, ce qu'on appelait probablement le noyau dur, la garde rapprochée. Des habitués, qui

---

* *Ibid.*

changeaient tout le temps de visage, mais jamais de comportement, et faisaient autant partie de son environnement que ses chats ou ses enfants. Un sourire, une signature, au suivant, à la prochaine. Il se rendait en réalité au studio, Hit Factory, au 421 West 54e Rue, pour y terminer l'enregistrement d'un nouveau morceau du prochain disque, *Walking On Thin Ice*, et avait espéré passer inaperçu, en vain, surtout en ce moment : il était partout, à la une et au programme de tout. Tout le monde ici connaissait son adresse, et il étaient cinq, six, pas plus, à l'avoir freiné dans sa course en lui réclamant l'éternel autographe qu'ils devaient sans doute avoir déjà dix fois, à en juger par leur méticulosité qui confinait au professionnalisme. Ils marquaient leur territoire, étaient ses repères, ses indices de popularité permanents. Il y en avait même un au beau milieu qui prenait des photos, immortalisait pour la millième fois la scène, à trois ou quatre mètres de Mark.

Alors, n'y tenant plus, mort de dépit et d'envie, ce dernier s'était jeté à son tour dans la bataille et avait tendu frénétiquement à l'idole son exemplaire de *Double Fantasy*, que l'autre avait aussitôt dédicacé au seul endroit de la photo noir et blanc possible, sinon prévu à cet effet, avec un stylo qui aurait fait un beau collector : « John Lennon 1980 » et seulement deux phrases à son intention : « Sure », pour accepter, et « Is that all you want ? », par deux fois. Comme par prémonition. Mark s'était entendu balbutier un vague « s'il vous plaît » et un « merci, John » à peine audible, son disque à bout de bras et son arme de poing dans l'autre main, soigneusement dissimulée sous le manteau, en se répétant qu'à cet instant précis, il tenait « sa » vie en joue, avait « son » sort à sa merci, et en plus, un témoin pour l'immortaliser. Un geste, un mouvement, et le monde perdait sa plus grande star, il devenait « l'homme qui a tué Lennon », comme il y avait eu avant ceux qui avaient abattu Billy le Kid, Lincoln, Kennedy, Luther King. Célèbre, pour avoir tué, volé la célébrité, comme on déroberait la lumière ou le feu. Se faire enfin un nom, qu'on n'inverse plus avec le prénom comme à l'école, à la mairie ou à l'armée, un patronyme qui en impose. Reconnu. Juste un geste à faire pour ça, comme un signe au destin, un frein à desserrer.

Là, il était à cinquante centimètres de lui à peine, quasiment les yeux dans les yeux si John n'avait pas regardé ses pieds, son autographe, son emploi du temps de la journée, le planning démentiel qui l'attendait d'ici Noël et l'entraînait à des années-lumière de ce seuil d'immeuble. Et il n'en perdait pas une miette, le dévisageait méticuleusement comme on touche à l'infini, on frôle le ciel et on envisage en même temps un cauchemar, une proie, cherchant sans trop y croire l'endroit du corps, du visage où il allait frapper, avec une idée folle en filigrane : ne pas lui faire mal. Un exercice malaisé et malsain qui le dérangeait lui-même, tant il avait l'impression de trahir l'être qui lui était le plus cher au monde, au point qu'une partie de lui avait presque envie de le prévenir de ce qui se tramait, de cette crosse secrète dissimulée là, contre son corps, avec cinq balles qui lui étaient destinées, de ce justicier dans la ville qui avait rôdé tout le week-end sous ses fenêtres avec sa mort en poche, et l'autre lui criait de faire ce pourquoi il était venu de si loin, d'Honolulu, et tournait jour et nuit autour de l'imposante résidence. Délivrer John Lennon, de ce cirque, de ces parasites, de ce demi-disque, de Yoko Ono et même de lui, lui ouvrir toutes grandes les portes de ce paradis où il ne manquerait pas de monter immédiatement, sauf s'il *« n'y avait pas de ciel »*, *if there were no heaven.* Le sauver. Le tuer.

Pendant une demi-seconde, cet éternel instant qui fait toute la différence dans la vie, il hésita, cependant que le photographe intrus, un certain Paul Goresh, immortalisait sans s'en douter une scène phare de l'histoire contemporaine : lui et John en train d'échanger leurs civilités, pochette dédicacée et regard aveugle, de partager une seconde de vie, d'anonymat et de fantasme, chacun dans son histoire, comme deux planètes sur le point de se télescoper, deux mondes parallèles fusionnant brutalement au terme d'une longue course. Trop tard : l'autre était déjà remonté dans sa voiture, avec Yoko, sans lui accorder ce regard qui eût peut-être tout changé, qui l'eût enfin fait exister et entrer dans sa réalité, même fugitive. Qui eût tissé un lien infime entre eux. De près, il était encore plus impressionnant qu'à la télé, très noble et svelte avec une silhouette altière, un visage étonnamment jeune, taillé à la serpe et une sorte de gravité légère, qui trahissait l'homme de parole et de convictions qu'il était. A tous les coups un type bien, qui s'était fait avoir par son entourage et devait faire face à une pression invraisemblable, le gars avec qui on aurait pu devenir copain, mais pas rigoler tous les jours. Un artiste à la hauteur de son mythe, qui croisait son destin dans les yeux : formidable sujet de chanson.

*
* *

John se dit que cela faisait un drôle d'effet de remettre « ça », les fans, les autographes et tout le reste, même si, au fond, ça n'avait jamais vraiment cessé : le signe des vraies carrières, sans doute, ou le goût inné de la nostalgie, ce côté conservateur qu'ont les gens. Il leur rappelait le bon temps, et il comprenait ça, donnait sans compter tout en essayant de se protéger, de ne livrer que l'homme public : il ne voulait pas de garde du corps, mais sentait leurs ondes, leur faim, leurs mains et leurs yeux posés sur lui à chaque apparition, qui s'allumaient comme un radar, l'aspiraient ou le dévoraient, se fichaient dans son dos et lui volaient à chaque fois quelque chose d'indicible. La gloire est une affaire spéciale.

Il avait été de l'autre côté, en face, à la place de ces types et de ces filles, tout aussi engoncé et intimidé qu'eux, maladroit que celui-ci ou agaçant que celle-là : pareil. Tout petit, il aurait donné n'importe quoi pour obtenir un autographe de Chuck Berry ou de Gene Vincent, frôler Elvis dans un couloir, probablement de palace quatre étoiles, et poser sans en avoir l'air sa main sur son épaule, qu'il imaginait large et solide, comme pour se frayer un chemin, dire que c'était à lui maintenant et qu'il fallait lui faire une place, juste une petite place au soleil, en glanant la manne au passage. Se présenter du bout des lèvres et lui remettre une cassette, un souple ou un texte, n'importe quoi qui reviendrait à dire « Hey, je m'appelle John et j'existe, regardez moi ! C'est moi, je suis là ! », et être entendu, entrevu une seconde, mais la sienne. Avoir compté un peu, existé un instant qu'il se repasserait peut-être toute la vie, et qui n'avait pas de prix à l'Argus. Tout le monde y avait droit, c'était le jeu. Et voilà qu'il distribuait son nom à l'emporte-pièce, sans même savoir à qui il s'adressait ni ce que l'autre ferait de son bout de papier. Peut-être du commerce, ou du fétichisme, allez savoir ? Le contraire de ce qu'il avait toujours prôné, et la raison même pour laquelle il avait décroché un jour.

A cette époque-là, il ne voyait plus personne, arpentait une planète d'hôtels et d'aéroports, parlait à des grooms, des liftiers et des femmes de chambre, vivait dans un monde d'intermédiaires, de managers et d'avocats, entre deux séances où il en appelait à la conscience des classes, au pouvoir des peuples, à la paix dans le monde et à l'égalité des droits : absurde. *Working Class Hero, Imagine, Mother, Woman Is The Nigger Of The World, Give Peace A Chance*... Alors, il « les » avait quittés, laissés à leurs comptes et leurs playlists, leurs arrangements et leurs plans de carrière, leurs deals et leurs payolas, il avait changé de file et bien lui en avait pris. Il était là, *alive and well*. Il était lui. Sa vie recommençait aujourd'hui, et pour un peu, s'il en avait eu le temps et la patience, il aurait pu parapher ses disques d'un « Meilleur Espoir » ou « Révélation 80 » du plus bel aloi. Au fond, tout ça était idiot : c'est quand il allait revoir les gens qu'il n'aurait plus le temps de communiquer avec eux, qu'il allait redevenir aveugle et sourd, en un mot professionnel, à la manière de ses confrères : *« Hello guys, Hey Lucy, thank you*

Jack, good luck, Tim, it's nice of you, see you later », etc. Comme on dirait « il pleut » ou « je vais me coucher ».

Décidément, ce métier ne rimait à rien, mais c'était le sien, et il signa tout ce qu'on lui tendait en marmonnant à son habitude quelques mots dans sa barbe, pudeur oblige, toujours un peu étonné qu'on lui demandât d'apposer au débotté son nom sur cette pochette d'album où il figurait déjà en gros avec Yoko, comme pour confirmer quelque chose, garantir par contrat que c'était bien lui, le même que sur la photo, et qu'il pensait vraiment ce qu'il chantait à l'intérieur du disque. Bon pour la postérité, signé Dieu. S'ils savaient !

Et il rendit machinalement le 30 centimètres noir et blanc dédicacé à un garçon dont il aurait été bien en mal de reconnaître une minute après le visage et la voix, justement parce qu'il l'avait déjà croisé cent mille fois en vingt ans, avec les mêmes gestes et les mêmes silences, remerciements incompréhensibles et excuses rituelles. Son job et leur trip. Tous les fans s'appelaient Jack, Eddy, Dave ou Mark quelque chose – mais il ne savait jamais quoi –, étaient des prénoms sans nom, se ressemblaient tant qu'il se demandait parfois s'ils n'étaient pas les mêmes, ses figurants de carrière. Des ombres venues dérober la flamme.

Ça y est, il était en retard... Cette journée avait été l'une des plus longues de sa vie, comme la précédente et la suivante, et il en était à peine à la moitié, devait assurer sur tous les fronts, studio, presse, photo, promo, et ces dizaines de mains sans visage tendues vers lui avec son portrait froissé le rassuraient moins qu'elles ne l'angoissaient. Car il n'était pas plus sûr d'exister qu'eux, savait mieux que personne que ce n'était pas lui qu'on invoquait, qu'on sollicitait, mais sa part de lumière ou sa prétendue aura, ce fameux truc qu'on ne raconte pas et qui rapporte tant à tant de gens. Le *something else*. Parfois, il aurait aimé leur dire, les prévenir, d'aller chercher ailleurs, qu'il y avait une réponse et que ce n'était pas celle-là, d'écrire de sa main leur prénom sur des papiers volants pour leur donner une raison d'être ou les rassurer sur leur identité.

Mais il aurait fallu plus d'une signature pour ça, et plus de temps qu'il ne lui en restait. Leur expliquer qu'il se sentait des leurs, parce qu'il les avait vécus, et les fuyait parfois autant qu'il s'évitait lui-même, à certaines heures de la vie. Qu'ils ne seraient pas là à cette heure-là s'ils l'avaient vraiment écouté. Mais allez trouver les mots pour dire ça, à moins d'avoir les notes qui vont avec. Allez raconter à quelqu'un qui veut votre nom que vous n'êtes qu'un passant de l'autre bord, un professionnel comme un autre qui fait son job de légende...

*
* *

Sitôt Lennon disparu, Mark partit se remettre en embuscade et reprit sa traque implacable, se posta immédiatement au même endroit qu'hier, avant-hier et tous les autres jours, comme une sentinelle somnambule, un fantôme aux aguets, en manipulant fiévreusement la crosse du revolver. Il fallait en finir, puisqu'il était là pour ça, que c'était sa tâche, sa raison d'être, comme d'autres apposent leur nom au bas de leur photo. Il était un justicier, investi d'une *« mission de première importance »*.

Dans ces moments-là, le jeune homme rondouillard et un peu myope de Fort Worth, qui avait passé sa vie à rendre service, s'excuser et remercier l'univers entier d'exister, se crispait des pieds à la tête et changeait littéralement de regard, avait dans ses yeux noirs une terrifiante fixité, une absence d'expression qui trahissait bien les démons qui l'habitaient. N'avait-il pas déjà à son actif une tentative de suicide, un long chemin d'obsessions, hallucinations, déprimes et délires en tous genres – toujours ces voix qui lui revenaient, à commencer par celle d'Elizabeth, sa mère, qui l'appelait à l'aide à vingt ans de là –, et ce curieux transfert littéraire qui l'amenait à signer désormais certains courriers « Catcher in the rye », en toute immodestie ? Pour celui qui avait usé tout jeune de drogues, à une époque où c'était presque un signe de reconnaissance, et fait à 21 ans sa première dépression pour rester dans la norme, perdu une à une ses petites amies, telle cette Jessica Blankenship et surtout la fidèle Judy, qui avait emporté avec elle le meilleur de sa vie et surtout son cœur, jusqu'à son mariage l'année précédente avec sa Japonaise à lui, Gloria, qui n'aurait hélas jamais la force de caractère de l'« autre », les choses n'avaient jamais été simples : jamais. Il n'aurait d'ailleurs de cesse d'exposer, de visu et par téléphone, son funeste projet à sa femme, qui n'y entendit rien, même lorsqu'il lui mit l'arme fatale entre les mains : comment croire que l'homme de votre vie va tuer l'idole du pays, que le type assis dans votre salon avec sa bière va descendre le gars qui chante à la télévision ? Comment le prendre au sérieux lorsqu'il vous appelle un 11 novembre de New York pour vous annoncer en même temps sa décision de tuer l'artiste et d'y renoncer ?

De son premier job sous-payé à ses conquêtes de deuxième main, de son meublé sous-loué à sa caisse, de ses études prometteuses à ses rondes de paille (il voulait devenir assistant social dans le secteur psychiatrique et se retrouvait vigile de lotissement), il avait toujours eu tout faux, avec comme seule ligne rouge dans sa vie ces photos de John, John et encore John, punaisées à ses murs, ces posters et pochettes collées sur chaque pan de paroi libre. Il n'y avait pas un mètre carré de vide chez lui, autour de lui, au-dessus de lui qu'il n'ait pas envahi, bouffé, squatté avec ses sourires de promotion et ses pauses de provocations, pas un espace vital qui ne lui appartenait pas, au point qu'il arrivait à Mark de devoir sortir de chez lui pour pouvoir respirer, ne plus le voir, oublier un peu ce John Winston Lennon qui lui avait volé sa vie et auquel il allait rendre la pareille.

A la réflexion, il en savait bien plus long sur lui que sur son propre paternel, Elmer, et aurait pu vous dire du tac au tac où et avec qui était le chanteur le 27 février 1973 à dix-sept heures, par exemple, tant il était devenu l'ombre, le double, l'âme damnée de ce foutu John. Mark David Lennon ou John Chapman, il y avait des jours où il ne savait plus à qui il parlait, seul dans les rues de sa vie, et s'interviewait comme s'il avait été l'autre : que ferait John à sa place ? Que dirait Lennon dans cette situation ? Comment s'habillerait-il ce soir, pour la séduire ou le convaincre, etc., un vrai dédoublement de personnalité dont il était resté néanmoins conscient, affreusement lucide et meurtri, et dont la conclusion était toujours la même : il n'était pas « lui », définitivement pas une star, une personnalité, mais personne : ce bon vieux Nemo, toujours à la traîne, en retard ou en manque de quelque chose. Rigoureusement rien qu'un fan interchangeable avec son misérable autographe, son disque à baptiser, griffer d'un dernier cri, et... un revolver chargé, à décharger. Un idéaliste déçu par son retour à la réalité, tous les envers et les revers de son âge d'or (*« Au cours de leurs beds-ins en faveur de la paix, ils – John et Yoko – ont eux-mêmes reconnu l'hypocrisie de leur geste. Lennon en personne a dit que c'était de la publicité. Il chantait pour la paix, pour aider les organisations caritatives, il protestait, se plaignait, criait. Il lançait son cri primal, c'était des conneries, vraiment n'importe quoi. Cet homme n'était qu'un hypocrite !* * *»)*. Un envoyé du ciel, qui se récitait à mi-voix une étrange litanie, sa bible païenne, publiée 30 ans auparavant par un auteur aussi rare que Dieu lui-même, l'insaisissable Salinger, dont même les initiales faisaient débat : « Je suis rentré à pied à l'hôtel. Quarante et un pâtés de maisons. Je l'ai pas fait parce que j'avais envie de marcher ni rien. C'était plutôt parce que j'en avais marre de prendre des taxis. Les taxis, on s'en fatigue comme on se fatigue des ascenseurs. Tout d'un coup on veut aller à pied, même si c'est loin ou même si c'est haut. Quand j'étais petit, ça m'arrivait souvent de monter par l'escalier

* *Ibid.*

jusqu'à notre appartement. Au douzième étage » *(L'Attrape-Cœur).*

L'horizon de Mark s'arrêtait au septième, à quelques coudées de là, et il n'y avait que six marches pour y accéder : triste autel pour un sacrifice.

*
* *

C'était reparti. A peine arrivé au studio, John apprenait de David Geffen qu'il était déjà disque d'or, propulsé au top telle une idole punk, face aux Clash, Cure et autres Police, et appelait au pays sa tante Mimi, devenue depuis sa mère adoptive, pour le lui annoncer, comme au bon vieux temps des Fab Four, quand il débarquait chez elle à Menlove Avenue avec le quarante-cinq tours flambant neuf de Parlophone sous le bras et buvait tout ce qui traînait sur la table. A dix mille miles et vingt ans de distance, il s'était entendu crier : « Ça marche, je reviens ! » et avait éclaté de son grand rire juvénile, celui des années Liverpool et de la Caverne, quand ils n'auraient pas mis un *cent* sur leur avenir et qu'ils rêvaient de merseybeat. Juste après la mort de Julia, sa mère, et au début de tout.

Et, effectivement, il y avait de quoi se réjouir, car il ne devait rien à personne, qu'à lui-même et Yoko, même si le disque stagnait à la onzième place des charts. Tout le monde l'attendait au tournant, médias, métier, copains, concurrents, en ricanant sous cape, parlait d'icône figée sur son piédestal et d'une énième reformation fantôme « du » groupe, disait qu'il allait se « macartneïser » après sa collaboration avec Elton John : *back to the front*. On faisait la moue devant ses professions de foi, ses interrogations ou errances musicales. Et il les avait eus. Tellement bien qu'il se retrouvait déjà à mixer chaque après-midi avec Jack Douglas les titres de son prochain album, écrit dans la foulée, et baptisé tout simplement « *Milk and honey* », et à en vibrer d'avance alors que le précédent venait à peine de sortir, sans parler de ce que Yoko préparait de son côté ! Deux gamins à leur première récréation, tout fous et prêts à tout, s'éclater, expérimenter et oser, puisqu'ils n'avaient rien à perdre que des faux-semblants. Il fallait le voir arpenter couloir et rues avec son Walkman Sony sur les oreilles, lisant en boucle ses maquettes, pour comprendre que quelque chose avait changé, recommencé.

Ce soir-là, John passa plusieurs heures à écouter, comparer, façonner les sons, en imaginant déjà la tête des autres quand ils découvriraient « ça ». Ça sonnait, groovait, déménageait bien, comme il fallait, et ça lui donnait déjà l'idée d'autres titres, comme s'il avait ouvert sa boîte de Pandore, de réécrire pour Ringo – auquel il venait de rapporter trois nouveaux morceaux des Bermudes – et de réenregistrer ses classiques du groupe comme il les entendait, *Strawberry Fields Forever, Help !* et *I Am the Walrus* à sa façon, version 80. LES SIENS. Et il projetait même de monter son propre studio sur Riverside Drive, une maison d'artistes où l'on pourrait à la fois vivre et créer : son Electric Ladyland, ou plutôt Sergeant Pepperland à lui. Pour peu qu'on l'eût laissé faire, il se serait enfermé pendant des jours et aurait remis ça sur-le-champ, parce qu'il se sentait à nouveau rempli d'albums, débordant de musique, tout en chansons. Comme une route qu'on retrouve après avoir erré une nuit entière et que le jour se lève. Pourtant, il avait eu chaud, en 75, quand il avait terminé son dernier enregistrement par *Be-Bop-A-Lula*, la première chanson de sa vie. Il s'était dit que c'était bouclé, fini. Out. Qu'il n'y reviendrait pas, et signait, enregistrait son arrêt de mort. Et il l'avait bien cru. Mais la vie était plus forte, un truc formidable, et la sienne était dans ce studio, au milieu de toutes ces machines et de ces instruments. Chez lui. Cette fois, Il était de retour et entendait bien y rester un moment. Tout le monde a une deuxième chance, et la sienne était venue. Il y avait une vie après la célébrité.

*
* *

Cela faisait cinq heures que Mark attendait comme chaque jour sa proie à l'angle de la 72e Rue et de Central Park. Comme la veille et le lendemain, s'il le fallait : un vrai ange gardien. Il s'était fait une planque auprès d'un kiosque désaffecté, et veillait là, qu'il pleuve ou qu'il vente, jusqu'à minuit, heure à laquelle il rejoignait son nouvel hôtel jusqu'au lendemain matin. Au fond, John ne trouverait jamais de fan plus fidèle, une ombre de son ombre, son âme damnée. Cent fois, il s'était repassé le film de l'acte – qu'il ne pouvait se résoudre à appeler meurtre ou crime, bien qu'il en fût parfaitement conscient – dans sa tête, en avait minuté et réglé chaque détail, chaque image, sans savoir quand et comment la chose se produirait, puisque cela serait tributaire des événements. Assurément à l'entrée – ou la sortie, comme on voulait – de l'immeuble, et avant de regagner la voiture, dans cet espace d'une cinquantaine de mètres, une sorte de couloir naturel où il devait intercepter et neutraliser sa cible, façon polar.

Car il s'interdisait d'intervenir à l'intérieur du bâtiment, en raison de ses systèmes de sécurité nombreux et sophistiqués, et ne pouvait suivre le véhicule de l'artiste à travers la ville, n'étant pas lui-même équipé pour cela. Il opérait en amateur et ne l'oubliait pas, tuait pour des raisons supérieures, qu'on aurait sans doute du mal à comprendre. Il ne pouvait faire autrement. C'était l'autre ou lui, lui ou lui. Et il ne fallait pas rater, tirer à côté ou faire les choses à moitié, lui faire du tort en le blessant ou l'handicapant à vie. Il fallait le supprimer, que l'un ou l'autre disparaisse, et il n'était pas sûr que la mort de John ne lui fît pas plus mal que la sienne : ce serait leur lien secret, leur affaire privée. Une histoire entre John et lui. Et depuis qu'il lui avait demandé l'autographe, cet après-midi, il craignait qu'on ne finît par le repérer, qu'un garde du corps ou un gardien ne s'avisât de sa présence insistante, répétée au bas du Dakota, d'autant plus qu'à force de monter la garde, il avait discuté avec le portier et son photographe amateur. Il fallait frapper maintenant, dès la prochaine occasion, à chaud, en finir avec cette vieille histoire. Sauter le pas et profiter en outre de la médiatisation du disque, faire d'une balle deux coups. Et curieusement, le destin lui tendit la perche dès ce soir-là, lorsqu'il s'y attendait le moins.

Mark commençait à s'engourdir, s'assoupir même, lorsqu'à 22 h 50, la grosse limousine surgit de Manhattan, réglée comme un métronome, et vint se garer en douceur devant le hall illuminé de l'immeuble. Elle lui tombait littéralement du ciel, et cette fois, il rassembla toutes ses forces et entreprit de traverser en direction du véhicule et de ses occupants, sans se faire remarquer. Rien de tel que de le faire naturellement, en pensant à autre chose. Derrière les vitres fumées, on n'y distinguait rien, mais il ne faisait pas de doute qu'ils étaient à l'intérieur, qu'« il » était là et, en quelque sorte, l'attendait, ce 8 décembre. John Lennon, 1940-1980. Il voyait ça d'ici. Le jour de sa vie, celui de sa mort, où l'élève sonnait le tocsin du maître. Il allait enfin pouvoir respirer, vivre, fût-ce en taule, mais dans un monde sans lui. Allez y comprendre quelque chose. Une demi-heure plus tôt, ils avaient quitté le studio pour rejoindre leur appartement où les attendait leur fils, Sean, sous bonne garde. Leur quotidien de l'époque. Après, ils mangeraient un morceau, se reposeraient de la journée, harassante, et prépareraient la suivante, non moins chargée. Après une interminable seconde, Yoko sortit la première, suivie à quelques mètres de John qui tenait un magnétophone et des cassettes. Malgré la fatigue, il portait toujours aussi beau et avançait rapidement, du pas décontracté et résolu de ceux qui vont quelque part. Il avait vraiment de la classe, ce jour-là, avait retrouvé son allure de star, une façon à la fois nonchalante et certaine de se mouvoir. Au passage, Mark, qui faisait désormais partie du décor, lança un « Hello ! » à Yoko Ono, et s'aperçut que John l'avait – enfin – reconnu, croisa un infime instant son regard myope : *« He looked at me and printed me » (il m'a regardé et identifié),* confia-t-il « après », non sans fierté. Trop tard. Dans moins de trois secondes, l'autre aurait disparu à l'intérieur du hall, l'affaire tomberait à l'eau, pour la deuxième fois de la journée, et tout serait à recommencer. Mark repartirait perdant, comme tous les soirs de sa vie, et rêverait à nouveau qu'il osait, en s'agitant et lui parlant dans son sommeil. C'en était trop : il fallait en finir. Maintenant.

Alors, sans y réfléchir, il jaillit de la pénombre et s'engagea dans l'allée, marcha sur ses traces et l'interpella à quelques mètres, comme faisaient souvent les fans : « Mr Lennon ! » Mark espérait qu'il se retournerait, pour l'abattre de face, mais John, qui avait appris à se protéger de ses admirateurs, à faire en quelque sorte le mort, ne broncha pas et continua d'avancer comme si de rien n'était : pas une heure pour signer le registre ! Alors, dans un geste mille fois imaginé, répété, vu à la télé après la sommation d'usage, Mark sortit son pistolet, se mit en position de combat, genoux pliés et poignet en main, visa et tira sur lui, une, deux, trois, quatre, cinq fois : il vida tout le chargeur, et il aurait bien continué encore s'il avait pu, tant ça lui faisait du bien. Cinq balles : les deux premières dans le dos, qui traversèrent les poumons, la troisième et la quatrième à l'épaule, qui lui sectionnèrent l'aorte et coupèrent la trachée artère, et la cinquième à côté, comme on s'acharnerait sur une cible. Pas l'ombre d'une chance. Une exécution.

« Il n'y avait aucune émotion, aucune colère, rien. Mon esprit était totalement vide, mort, silencieux. Il s'est avancé vers moi, il m'a regardé. Je savais qu'il allait mourir et il m'a regardé. Je l'ai regardé et il est passé devant moi. Puis j'ai entendu une voix dans ma tête me disant : "Fais-le, fais-le". Ça n'arrêtait pas : "Fais-le, fais-le, fais-le". J'ai sorti mon arme de ma poche, j'ai joint mes mains sur l'arme. Je ne me souviens pas d'avoir visé. J'ai dû le faire, mais je ne m'en souviens plus. J'ai appuyé cinq fois sur la détente...

C'était comme dans un film. J'avais une arme, des munitions. Je pensais seulement qu'il allait tomber devant moi. Il se trouvait à 7 ou 8 mètres de moi. Je pensais qu'il allait tomber raide mort comme dans les films. Il avait quatre trous dans le corps, il saignait beaucoup. J'avais utilisé un calibre .38 : ça suffit pour tuer un homme * *! »*

Une histoire de fou : les détonations ont claqué dans la nuit comme des coups de marteau, une sinistre rafale de pétards. Figé, Chapman n'en revient pas de l'avoir fait, que ça ait marché, et répéterait presque, pour un peu : « I did it ! » Devant lui, la star fait encore quelques pas, réussit à pousser la porte et monter les six marches du perron, et s'écroule en sang dans un bris de verre, face contre terre, devant le veilleur de nuit ahuri, avec ces simples et terribles mots : « He shot me ». « Il m'a tué ». Comme s'il comprenait que son destin vient de le rejoindre, la face obscure de sa vie, ou qu'il s'y soit vaguement attendu. Préparé en secret. A côté, Yoko hurle, horrifiée, et tout le monde s'affole. Aussitôt, les témoins se précipitent pour aider le blessé, lui retirer ses lunettes brisées et lui faire un garrot, arrêter l'hémorragie et neutraliser son meurtrier qui ne cherche pas à s'enfuir, a recouvré tout son calme. Il s'est même assis et mis à lire son livre fétiche, devenu son testament littéraire : « Mais je suis dingue, bon Dieu, c'est vrai que je suis dingue, je vous jure. A mi-chemin de la salle de bains, voilà que j'ai commencé à prétendre que j'avais une balle dans le ventre. Le gars Maurice m'avait flingué... Je me voyais sortant de la foutue salle de bains tout habillé, mon revolver dans la poche, encore faiblard sur mes guibolles. Je descendrais par l'escalier au lieu de prendre l'ascenseur, je me cramponnerais à la rampe et tout, avec un filet de sang qui coulerait du coin de ma bouche. Ce que je ferais, je descendrais quelques étages – en me tenant les entrailles, le sang dégoulinant de partout – et là

* *Ibid.*

j'appuierais sur le bouton pour appeler l'ascenseur. Dès qu'il ouvrirait la porte, le gars Maurice me verrait le revolver à la main et il se mettrait à hurler de cette voix aiguë du mec qu'a la frousse, pour que je lui laisse la vie sauve. Mais je lui ferais la peau, six balles en plein dans son gros bide poilu. Puis je jetterais le revolver dans la cage de l'ascenseur – après avoir essuyé mes empreintes et tout. Enfin je me traînerais jusqu'à ma piaule et je bigophonerais à Jane pour qu'elle vienne me panser les tripes. Je la voyais me glissant une cigarette entre les lèvres pour que je fume tandis que le sang arrêtait pas de couler » *(L'Attrape-Cœur)* !

La scène ne s'invente pas. L'assassin, dans la cohue générale et les premières rumeurs d'ambulance, bouquine sous l'œil interdit du service d'ordre, exactement comme s'il rentrait dans son histoire, qu'il retournait à sa source, et lorsqu'on lui confisquera l'ouvrage, on y lira la fameuse phrase en exergue : « De Holden Caulfield à Holden Caulfield : ceci est mon manifeste », signée du héros lui-même ! A affronter un personnage, échappé de son roman tel un électron fou et qui opérait désormais à la première personne, l'artiste n'avait aucune chance, plus une ligne de vie à sauver : on ne combattait pas un fantôme. Chapman en savait quelque chose, qui était devenu sa mauvaise ombre, l'antihéros absolu... The *Killer in the rye.*

« J'ignore pourquoi j'ai tué Lennon. Mais j'en avais marre de ce monde, et je me suis dit : "Si je tue ce type, tout sera fini pour moi !" C'était une solution à tous mes problèmes. Cette autodestruction devenait une bénédiction. Il suffit de voir ce que Holden a enduré, et sa volonté de mourir pour comprendre. Holden a réprimé ses sentiments pendant très longtemps, mais il comprenait ce qu'il faisait. Il luttait contre l'hypocrisie * *».*

* *Ibid.*

Et pendant qu'on emporte en catastrophe Lennon aux urgences, à l'Hôpital St Luke Roosevelt, qu'on le place en réanimation en vue d'une transfusion, hélas inutile, puisqu'il a perdu 80 % de son sang, le portier du Dakota, José, demande à Chapman, solidement encadré, s'il a conscience de ce qu'il vient de faire : *« Oui, bien sûr, j'ai tué John Lennon »,* lui réplique-t-il d'un air interloqué, comme si ça allait de soi, et cette phrase lui fait soudain un drôle d'effet à prononcer, lui laisse un goût bizarre dans la bouche. Tué Lennon. Tu es Lennon. Plus tard, « Nemo » ajoutera lors d'un entretien : *« Voilà un homme qui avait le monde à ses pieds, et moi, j'étais juste une personne sans personnalité. Quelque chose en moi s'est cassé... Et je me souviens avoir pensé que peut-être mon identité se révélerait dans le meurtre de John Lennon... Alors, je sais que c'est lui, et j'ai ce sentiment incroyable : j'entends une voix dans ma tête qui dit : "Fais-le, fais-le." Et tandis qu'il passe devant moi, je sors l'arme, je vise son dos et j'appuie cinq fois sur la détente... C'était un besoin absolu. Je suis profondément convaincu en mon âme et conscience que je n'aurais rien pu faire à ce stade pour m'empêcher, j'en suis totalement convaincu... C'était comme un train, un train sans conducteur, que rien ne pouvait arrêter. Rien n'aurait pu m'arrêter ».*

Lorsque deux voitures de police arrivent quelques minutes plus tard, les agents découvrent un gros jeune homme paisible et figé qui a ôté son bonnet et son manteau pour montrer qu'il n'a pas d'autre arme sur lui, se met les mains sur la tête comme dans une série noire et répète à l'envi : *« Ne me faites pas mal, s'il vous plaît, ne me faites pas mal : j'ai agi seul et je suis désarmé. »* Et ils ne peuvent que lui demander à leur tour s'il se rend seulement compte de ce qu'il vient de faire, à défaut de lui demander s'il l'a vraiment fait. S'il est vraiment « l'homme qui a définitivement mis fin aux Beatles ». Lui s'obstinera désormais à répéter, quasiment réciter :

« J'ai tué John Lennon pour devenir célèbre, pour promouvoir la lecture de J.D. Salinger, L'Attrape-Cœur. *Je ne prétends absolument pas être une sorte de messie. Si vous lisez ce livre et que vous connaissez mon passé, alors vous savez que je suis l'Attrape-cœur de cette génération... Mais vous voyez, toute cette histoire, Lennon, moi, le livre, c'est tellement plus important que de savoir si je suis vraiment coupable. Si vous ne connaissez pas le livre, si vous ne me connaissez pas, vous ne pouvez pas comprendre... Lisez le livre, puis pensez à moi. Tous ceux qui comprennent la littérature comprendront les raisons de mon geste* * *».*

Déjà, les premiers fidèles commencent à se rassembler au pied du Dakota, qui sera bientôt cerné de milliers de jeunes désolés et verra monter dans la nuit des chants d'espoir désemparés, luisant des inévitables petites flammes jaunes de circonstance : *Give peace a chance*, *Imagine, All my loving* et les autres. Derrière les vitres du septième, désespérément vides jusqu'à l'aube, Yoko entame sa plus longue nuit blanche, voit défiler toute leur vie en musique.

En août suivant, Chapman, l'homme qui voulait « voler sa célébrité à Lennon » et ferait plutôt figure de nouveau Manson, aux airs bonhommes contrastant avec un regard inquisiteur et froid, pour ne pas dire fou, fut condamné à la prison à vie, dont vingt ans incompressibles, pour « meurtre au second degré avec préméditation ». C'était le moins qu'on lui devait : au fond, il y avait pensé toute sa vie. Longtemps tenu à l'écart et maintenu à l'isolement, pour éviter une mort certaine, il devint plus tard bibliothécaire à la prison d'Attica, dans l'Etat de New York, multipliant les contacts avec journalistes et producteurs pour qu'on portât son histoire à l'écran – il rêvait d'être publié par Rupert Murdoch et incarné par l'acteur Timothy Hutton ! – et demandant régulièrement sa libération

* *Ibid.*

conditionnelle à partir de 2001, comme la loi l'y autorisait. Mais Yoko Ono a toujours veillé à ce que cela n'arrive jamais, en souvenir d'une tragique nuit de décembre, il y a déjà un quart de siècle. Le soir où une ombre informe lui a dérobé la lumière, volé la vie en la laissant debout sur le chemin, sans raison ni rémission.

MARVIN

Amen ou Au nom du père

A l'été 1980, lors d'une tournée anglaise, Marvin Gaye refusa soudain de monter sur scène à Manchester, un soir qu'il était vraiment mal, et s'échappa littéralement du concert, comme on jetterait l'éponge en tombant du ring : il se sentait K.-O.

Peu de temps auparavant, de retour du Japon, où il avait achevé un tour du monde « live », il était descendu de son avion en transit à Hawaï, et avait catégoriquement refusé d'y retourner, restant plusieurs mois sur l'île paradisiaque comme s'il avait sauté de sa vie en marche, voulu changer d'histoire à tout prix. Il arpentait les plages en s'efforçant d'effacer les mauvais souvenirs qui le poursuivaient jusqu'ici, et le mettaient en demeure de tout, c'est-à-dire de payer pour la route. Et quelques semaines après sa fuite au pied levé, il avait carrément faussé compagnie à toute son équipe en passant par les toilettes de l'aéroport d'Heathrow, comme un monte-en-l'air ou un frontalier sur la touche.

Il faut dire qu'il venait de se faire sacrément remarquer en refusant de chanter pour la princesse Margaret, ce qui constituait ici une sorte de crime de lèse-majesté. Il était alors défoncé, couvert de soucis et de dettes, souvent liés à ses divorces, harcelé par ses dealers, ses producteurs et ses créanciers, qui pouvaient parfois se confondre, et rêvait d'un ailleurs et d'un anonymat qu'il trouva curieusement à Ostende, quelques mois plus tard.

Là, durant de longues semaines, on vit ce grand quadragénaire noir, que personne ne reconnaissait dans cette tenue, parcourir la campagne belge en vélo et remonter la côte à pied, en s'arrêtant dans des bistrots où il passait pour un touriste ou un travailleur du coin, un peu plus taciturne que les autres, accompagné de son gamin. Il était hébergé dans une pension de famille locale, face à la mer, et s'employait à se désintoxiquer au grand air, de ses quarante années de vie américaine, dont vingt de show-business dans la black industry, la Gordy factory qu'était la Tamla Motown, avec un beau-père PDG du groupe, et quinze – les premières – d'église pentecôtiste à l'ancienne, avec un père pasteur qui lui en avait fait voir de toutes les couleurs, et ce n'était pas terminé. Ledit beau-père, Berry Gordy, qui se prenait pour Napoléon et ne rêvait que d'empire, venait de lui faire un enfant dans le dos, en publiant avant terme son dernier enregistrement, qu'il n'arrivait pas à finir et de toute façon n'aimait pas : comment peut-on se reconnaître dans une musique quand elle reflète le désordre d'une vie, les errances de séances glanées aux quatre coins du globe ?

Alors, il avait rompu définitivement avec eux, après deux décennies de tubes et de bras de fer, de chantage aux chansons et de duos formatés, de guimauve à écouter et de black blanchi, de travail-famille-piraterie dans le célèbre clan. Depuis qu'il avait épousé dans les années 60 Anna Gordy, fille de son compositeur-producteur de père et son aînée de 17 ans, il avait eu plus d'une fois l'impression de pointer à l'usine, la planche à partitions, la fabrique de succès déposés, qui l'avait fait chanter plus vite, plus moderne, plus blanc, plus Stevie ou Smokey, plus rythme que blues, quand il ne rêvait jamais que d'une chose : devenir crooner dans la lignée de Nat, son bon géant à lui avec ses feutres mous, œillades et mots de velours, ou même ce... Perry Como qu'il écoutait et imitait enfant, courant derrière son étoile filante comme un chat joue avec un reflet insaisissable, par un midi d'été ! Ils lui avaient fait, fait faire des tubes, tels ces *Ain't That Peculiar* et *I Heard It Through The Grapevine*, et puis tous ces duos mielleux avec Mary Wells, Kim Weston, Valerie Simpson, Diana Ross – la maîtresse de Berry – et surtout Tammi Terrell : *You're All I Need To Get By*, *Ain't No Mountain High Enough*, du tandem Ashford et Simpson – les deux meilleurs auteurs de la firme – cousus main sur sa taille de jeune premier et de gendre vraiment idéal. Mais Tammi, c'était différent, elle rayonnait, swinguait, jouait avec lui et l'allumait comme un soleil, et leurs albums communs – *United, Easy*, les titres étaient déjà tout un programme –, restaient ses plus beaux souvenirs, le meilleur de sa vie à Detroit (l'expression Motown venait de Motor Town, la ville aux voitures, et il en avait possédé lui-même jusqu'à 17 en même temps !).

Et puis, un jour de 1967, la vibrante Tammi s'était écroulée en plein concert dans ses bras, victime d'une tumeur au cerveau ! L'horreur absolue, puisqu'elle était à la fois sa partenaire officielle et sa compagne officieuse, et que, désormais interdite de scène, elle avait mis trois ans à mourir, devant lui à 25 ans ! Le pire apprentissage de la vie que Dieu ait pu lui envoyer : sur l'album suivant, c'était toujours sa photo, business oblige, mais la voix d'une autre, pendant qu'elle agonisait en coulisses ! Tammi la rieuse, l'espiègle, la ravageuse l'abandonnait en plein show, en plein succès, et fermait le ban en le regardant continuer la route sur le petit écran ! Il ne s'en était jamais remis, n'avait même pas compris qu'une telle chose pût arriver, à une fille aussi fraîche et parfaite, qui le dévisageait comme s'il avait été le « King » Cole en personne, auquel il avait d'ailleurs consacré tout un album. Il avait commencé à se défoncer à ce moment-là, pour ne pas voir ça, avait stoppé net sa carrière pendant deux ans, et changé ensuite radicalement de cap. Mais elle ne l'avait pas vu, pas su, alors qu'il le lui devait sûrement, c'est grâce à elle qu'il avait coupé le cordon, fait face à la Tamla family et à beau-papa Gordy, troqué le costume cravate blanc contre la tunique africaine, c'est-à-dire le boubou, écrit, produit et enregistré son mythique *What's Going On*.

Au même moment où Tammi avait chancelé, glissé de son bras, Martin Luther King était tombé sous les balles de la vieille Amérique, et son frère Frankie était depuis trois ans au Vietnam. Il avait 30 ans, l'âge de Sam Cooke, voyait s'envoler Otis, James Brown monter au créneau, et Sidney Poitier venir dîner, partir Malcom X et grandir le petit Stevie. Il entendait toutes ces voix blanches qui venaient lui en remontrer, avait le blues de Burdon, Cocker et Van Morrison, et se demandait enfin ce qui l'empêchait d'être aussi libre que Sinatra, cool que Dean Martin, fou que Sammy Davis. Enfin, comme un volcan sent gronder sa lave dans son ventre, monter le feu de ses entrailles, il savait qu'il avait quelque chose à dire, un vrai message à délivrer, qu'il était là pour ça et avait désormais honte de danser chez Ed Sullivan avec le fantôme de sa collégienne, s'endormait avec le sourire de Tammi et se réveillait avec sa voix qui lui disait d'y aller, *Let's Get It On*, de l'énergie et des idées pour deux, pour des millions, pour l'humanité. Depuis qu'elle était partie, et en même temps plus présente, pressante que jamais, avec ce sentiment du temps, de la vie qui attend, ou plutôt n'attend pas, des mots à rendre et d'un deuxième destin à porter, depuis qu'il était en état d'urgence, mobilisé, engagé, et s'entraînait à dire « non », « je », « c'est comme ça », « C'est ce que je veux », ne voulait plus se laisser faire pour un oui pour un non, il avait changé de tout : de vêtements, de démarche, de visage et même de voix, et surtout d'époque et de son.

Lui qui avait été si lisse, si propre, si souriant et si blanc, dedans, s'était laissé pousser la barbe, les idées, les chansons, désormais hors normes, il était sorti de ses gonds et trouvait ça bon, quand il marchait dans les couloirs de NBC et qu'on marquait un temps, qu'on hésitait à le reconnaître, avec sa nouvelle tête de « frère », son pas devenu plus lent, plus sûr, imposant, de type qui sait désormais où il va et n'a plus le temps des détours, des temps morts et des pauses photos. Plus de vie à perdre. Il avait déjà donné, payé l'addition et laissé le pourboire. C'était son secret, son moteur et son trip. Lui seul le savait, mais il l'aurait juré, il marchait avec Tammi, elle continuait à travers lui, et ils iraient loin, main dans la main, et aucune montagne ne serait assez haute pour les arrêter. Pas de barrière ni de frontière, de deal ni de payola, de minutage ni de formatage, d'intelligence avec le système. Le monde avait changé, l'avait imité, il y avait de l'électricité dans les studios, la guerre à la radio et des émeutes à la télé, et lui, Marvin, il avait une lettre à leur envoyer, *à sa manière*, comme chantait Frankie.

Bien sûr, Berry, furieux, avait tout fait pour l'en empêcher, l'avait menacé, engueulé, insulté : son disque ne ressemblait à rien, ne rentrait dans rien, ne respectait rien, et tant qu'il serait là, il ne voulait pas de ça chez lui. Et puis la sœur, sa femme, s'y était mise aussi en le traitant de fou : ne s'enfermait-il pas certains soirs dans sa chambre avec un revolver, quand le fantôme de Tammi grattait un peu trop à sa porte, et qu'il avait avalé ce qu'il fallait pour lui résister ? Les premiers temps de sa disparition, il avait même pensé à se reconvertir comme boxeur ou footballeur, puisque c'était un athlète, à taper dans tout ce qui bougeait pour décharger sa colère, cette révolte contre le ciel qui le gagnait et le faisait maudire jusqu'aux nuages, et même le bleu de l'été. Il ne supportait plus cette paix, cette fausse sérénité, ce silence insolent que lui renvoyait l'horizon à l'heure de Tammi, quand les lumières se tamisaient et que l'ombre s'insinuait, venait lui reparler d'elle en sourdine. Dans ces moments-là, il aurait voulu que le monde entier fût en deuil, s'arrêtât, et il lui semblait que tout, le vent, l'océan, la rumeur des villes prononçait son nom de concert, comme dans cette chanson d'Hendrix, que la vie ne parlait plus que d'elle et qu'il était le seul à entendre ce cri.

Alors, il replongeait de plus belle dans sa musique, car il était sûr de l'y retrouver, et jamais il n'avait poussé aussi loin sa quête, sa création. Le pire est qu'il n'arrêtait pas de remixer ses bandes, de se les passer et repasser depuis un an, à la recherche d'un détail, d'une scène ou d'un son que lui seul pouvait voir, entendre, comprendre, le fameux indice du tableau ou du tapis, comme dans la photo de *Blow Up*, qui le faisait prendre pour un fou, faisait dire aux gens qu'« elle » l'avait tué en mourant, alors que c'était le contraire, Tammi l'avait sauvé. Ils verraient ce qu'ils verraient. Et après moult débats, conflits avec sa firme qui était aussi sa famille, décidément un mot compliqué pour lui depuis toujours, il sortit le disque, qu'il avait lui-même produit, quasiment procréé. Son premier vrai album après une avalanche de hits. Ses premiers mots d'homme, debout et engagé. Et ils firent mouche.

Ce fut un événement, son *Sergeant Pepper's* black, non seulement pour la communauté et le public, mais aussi pour la profession, et l'écurie Motown en particulier : derrière lui s'engouffrèrent comme un seul homme tous les enfants de la firme, Stevie et Smokey en tête, qui en profitèrent pour faire aussi leur révolution musicale et passer à leur tour à l'étape suivante, qui était souvent leur âge adulte. Le disque de la vie du premier, publié deux ans plus tard, s'intitulerait d'ailleurs *Songs In The Key Of Life*, ce qui était déjà tout un programme... Et Marvin, promu d'un seul coup gloire nationale, remit ça deux ans après avec un album du même tonneau qui portait presque le même titre que le précédent, phonétiquement parlant : *Let's Get It On* et confirmait qu'une vedette pouvait devenir une star en changeant radicalement de discours, d'image et de son, ce qui était aussi une leçon de métier. Il n'y avait rien à ajouter. L'argent coulait à flots, les filles suivaient, et les ennuis aussi. La suite de sa vie ne fut dès lors qu'une sorte de désescalade lente, sourde, et parfois même brillante. Il n'arriva jamais à transformer l'essai, jusqu'au dernier disque, et donc au dernier jour, comme si la montagne de la chanson était devenue trop haute, et que Tammi eût finalement lâché prise, lui eût lâché la main. Il commença par divorcer d'avec Anna, autant dire d'avec Tamla, dont c'était d'abord la fille aînée, le meilleur du père Berry : elle demanda plus d'un million de dollars de pension, et il lui céda l'avance totale de son prochain disque chez... Motown ! La boucle était bouclée. Et il se remaria bientôt avec une fille qui avait à nouveau dix-sept ans de différence, mais dans l'autre sens : il avait vraiment changé de cap, mais pas de nature, et divorça plus tard tout aussi spectaculairement de celle-là, qui lui fit vendre voitures (les 17 !) et propriété, et acheva de le ruiner. Sans moitié, Marvin ne savait pas gérer ses affaires, et quand il prenait femme, elle le quittait, étrange paradoxe pour celui qui était un séducteur impénitent et l'ex-archétype du jeune premier black.

Alors il enregistra, des albums en public qui témoignaient bien de son ardeur, et d'autres en studio, qui prouvaient sa difficulté à se renouveler, dépasser un tel sommet : il avait mis la barre très haut. Non pas que ses disques suivants, *I Want You* et *Here My Dear*, aient manqué de souffle, d'inspiration ou d'originalité, mais ce n'était plus ça, il avait perdu le truc, s'était pris à son propre piège et ne voulait ni se répéter, ni changer pour changer, peinait à écrire la suite de son histoire, tout comme à la vivre. Il était ailleurs, dans ses nuages, la tête en fumée. Il se dispersait, s'éclatait, s'abandonnait, et avait remplacé son ange gardien, le cher fantôme, par un autre bien plus encombrant et surtout présent : Marvin Gay, sans « e ». Plus exactement Marvin Pentz Gay senior.

Car, pour son malheur, Marvin Gay – son nom s'écrivait initialement ainsi – était le fils de... Marvin Gay, un père confus, hargneux, prédicateur et avant tout paresseux qui avait eu quatre descendants, et surtout à cœur de pourrir la vie du second, Marvin, devenu vite sa tête de Turc à travers les messes et chorales, de l'enfance à l'adolescence, peut-être parce qu'il lui ressemblait et portait justement son nom. De tout temps, Marvin Sr avait harcelé Marvin Jr, l'avait tabassé, corrigé, sermonné, d'autant plus qu'il prenait la défense de sa mère, et que le père l'avait prise en grippe : un cercle vicieux, qui avait amené le jeune homme à s'engager dès que possible dans l'armée, à 17 ans, pour lui échapper. Puis la musique avait changé la donne, les groupes s'étaient succédé et Marvin... Gay s'était fait un nom en entrant dans la famille Gordy, en même temps qu'il faisait connaître celui de son père et subvenait désormais à ses besoins. Ce que l'homme d'église lui pardonnait encore moins, convaincu que cet argent était celui du diable, qu'il n'était de musique que le gospel, et que son fils avait définitivement quitté le droit chemin, en multipliant les aventures, les expériences et les engagements. Et, comme il se doit, Marvin père ne ratait jamais une occasion de rappeler à Marvin fils qu'il désapprouvait son comportement, alors que Marvin avait procuré à Marvin une vie de nabab, et même paradoxalement un nom, en avait fait une sorte d'idole des prédicateurs, qui naturellement ne prédisait rien de bon. Aussi le fils s'était-il éloigné peu à peu, de scènes en studio, il avait élevé un mur de son entre son père et lui, évitait de l'appeler ou de le voir avant un concert ou un enregistrement, car l'autre aurait tout fait pour qu'il échoue, qu'il mette un genou à terre comme dans le temps. C'était comme ça depuis toujours, leur rite et leur équilibre à eux.

Et Marvin y pensait, en parlait même à la caméra depuis sa curieuse retraite belge, en cette année 81, se disait qu'on n'avait rien sans rien et que c'était le prix à payer pour rembourser ce fameux don de Dieu qu'on appelait talents dans la Bible. Chacun avait son fantôme, sa tache, son nuage ou son grain de sable, lui il avait un père, le problème de Marvin Gay(e) était donc Marvin Gay, un nom qui, en outre, lui avait valu toute sa jeunesse les quolibets de ses camarades puisqu'il prêtait à confusion, et qu'il ne correspondait que trop bien à ce père-là, à ce qu'on racontait. Ne disait-on pas l'avoir vu un jour travesti ?! Va-t'en faire avec ! Mais là, à l'autre bout du monde, et donc de sa famille, il avait repris du poil de la bête, s'était bien lavé la tête du passé, avait vidé ses caves et armoires à pharmacie, et il se préparait à rempiler, remettre ça comme aux premiers jours de 69 : il avait retrouvé l'envie.

C'était arrivé un matin, sans en avoir l'air, entre une sortie à Bruxelles et un dimanche à la mer, la plus triste qu'il ait jamais vue. Entre deux ciels bas, presque clos, un casino aux airs de falaise qui se jetait à l'eau et une fête entre amis, où il goûtait par-dessus tout le plaisir d'être redevenu monsieur tout-le-monde, un homme comme un autre et surtout lui-même un père, avec son fils, savourant des joies simples comme des évidences, comme des chansons populaires. Depuis quelque temps, au moment de se coucher, elles lui revenaient, le démangeaient, l'interpellaient : aucune erreur possible, il avait des musiques en tête, et des bonnes, il les sentait, les flairait, les devinait sur ses instruments comme s'ils s'étaient réveillés d'une longue nuit. Il connaissait cette sensation par cœur, à la fois délicieuse et cruelle, cette torture bénéfique, cette impulsion qui lui donnait envie de dénicher tout de suite une guitare, un clavier, un stylo, d'y aller, et de cracher son jus, son riff, son titre, cette infime poignée de mots ou de notes à partir de quoi on a tout, comme on reconstitue le mammouth d'après le tibia. Le reste suit, et votre chanson vous en présente aussitôt une deuxième qui, elle-même, vous en ramènera une autre, et tout le disque viendra, parfois double comme pour *Here My Dear*, l'album cédé aux Gordy. Un jeu d'enfant quand on y est, mais l'enfer pour y parvenir. Et il y était, il n'avait plus qu'à tirer le fil, dérouler la pelote à mélodies, tout était là, partout autour de lui, un disque d'or entier enfoui dans cette pension de famille près de la digue, tenue par ses amis Freddy et Frida, et qui le ramenait pourtant à des années-lumière de sa vie actuelle, dans ses suites royales et ses appartements princiers, entre Palm Springs et Londres, West coast et West end. Ne lui restait plus à qu'à trouver une nouvelle maison de disques, qui scellerait définitivement son virage, et ce fut CBS.

Pour être sûr de son coup, il réengagea même l'homme qui l'avait « découvert » vingt-cinq ans auparavant, le chanteur-producteur Harvey Fuqua, des Moonglows, et décida de réaliser l'album avec lui et son ami Gordon Banks. Les titres, *Sexual Healing*, *Midnight Lady*, *Rockin' After Midnight*, *My Love Is Waiting* s'annonçaient chauds et correspondaient bien à ses préoccupations du moment, curieusement partagées entre ses lignes d'horizon – ses trips immobiles – et ses revues pornographiques (!), et l'enregistrement, en janvier 1982, se passa donc en Belgique, à Ohain, dans le studio Kathy du musicien Marc Aryan. Une étape d'autant plus importante dans sa carrière qu'en éternel pionnier, il va y expérimenter des programmations sur boîte à rythmes, la célèbre TR-808 Roland, et faire preuve une fois de plus d'innovation. Tout se passe d'autant mieux qu'il est détendu, reposé et en veut, entend bien prouver qu'il n'est pas mort, artistiquement parlant, face à tous les Rick James, Michael Jackson, James Ingram et consorts. Qu'il chante encore. Et qu'il n'a besoin ni de Quincy, ni de Berry pour reprendre les clefs du château. Il va donc donner le meilleur, comme un débutant, avec l'homme qui l'a vu débuter, puisqu'il « sait » ce qu'il a encore en lui, et pourrait ne pousser qu'une seule chanson, longue comme une plainte, s'il le fallait. Exactement comme cet album de ballades mythiques, prophétiquement intitulé *Vulnerable*, qu'il a enregistré en 1967 pour Motown, et jamais publié parce que « pas dans le ton », autant dire dans le moule. Peut-être le meilleur de sa première carrière, en tout cas le plus proche de lui, le plus fidèle, et enterré pendant vingt ans ! C'est dire s'il en a gros sur le cœur en effectuant ses « séances belges », envie d'en découdre avec les torrents funk, punk et disco et de leur opposer la seule méthode qu'il ait jamais apprise, connue : le cool. « J'ai su très tôt que ma voix avait un pouvoir sur les femmes, je pouvais leur faire plaisir », confie-t-il alors à son ami, coauteur et biographe David Ritz, qui l'a suivi jusqu'au pays de Brel. Et c'est vrai qu'il est le seul, avec l'impressionnant Barry White, à creuser ce sillon, ce microsillon sentimental, à renverser sur ses plages de vinyle toutes les femmes de toutes les couleurs et de tous les pays, pour peu qu'elles aient un tourne-disque ou une radio à portée de main. Un effet radioactif, en quelque sorte, puisqu'ils font parfois figure de bombes sexuelles. N'ont-ils pas d'ailleurs le projet d'un disque en commun, après la publication attendue de celui-là ?

Sorti en octobre 1982, l'album grimpe tout de suite au sommet, et notre homme repart en tournée à travers les Etats-Unis en 83 avec Sheila E. aux percussions, fort d'un hit à en faire pâlir Smokey, qui a refusé de l'aider en pleine débâcle, l'an dernier. Dommage : ils furent longtemps inséparables, ces deux-là. Comme il y a le yin et le yang, l'ombre et la lumière, des rimes féminines et masculines, il y avait, dans les années 60 à la Tamla Motown, Smokey et Marvin – les prénoms suffisaient dans la célèbre firme de Détroit – les deux crooners soul maison, nés quasiment la même année, révélés en même temps, etc. Sauf que « Smoke » était devenu tout de suite vice-président de la firme, dès 62 : un malin, dont Dylan disait qu'il avait la « plus belle voix d'Amérique ». Bye, Bye Smoke, Tamla and co, c'était lui qui tenait la corde, maintenant, avec son slow d'enfer, qui faisait tourner et chavirer les filles dans les boîtes, et c'était CBS qui en récolterait les fruits, avec lui. Tu entends ça, Berry ? CBS ! Un million de copies : dix semaines n° 1 au Billboard R&B charts – le single resté le plus longtemps en tête –, 4e place en Angleterre aux UK Pop singles, 3e meilleur titre sur cent au Billboard, onze nominations aux Grammys, deux Grammys et un American Music Award, comme meilleur interprète masculin, puis classé par *Rolling Stone* parmi les 500 plus grandes chansons de tous les temps ! Un standard qui allait influencer notablement les Jackson, Prince et Lionel Richie, être repris par Michael Bolton, Michael McDonald et Ben Harper, samplé mille fois etc. Oups ! Santé, Berry ! Et en plus cela s'appelait *Guérison Sexuelle* : un comble !

Marvin avait réussi son pari le plus fou : regagner pour la troisième fois les sommets après en être tombé deux fois, et il n'en revenait pas lui-même, hélas à tous les sens du mot. Trop haute la montagne, et surtout harassante quand on en connaît la dernière marche, qu'on a déjà goûté au ciel, et qu'on sait la vanité, la vacuité des choses d'ici-bas. Même là-haut, sur le toit du monde, on est un grain de l'univers, quand bien même on aurait toutes les femmes, tous les dollars, tous les dieux terrestres à ses pieds. On n'est rien, et on ne le sait jamais mieux qu'au Top, fût-il 50, 100, 5 000 ! Et si on l'oubliait, il y a toujours un prédicateur, prédictateur sur la colline pour vous le rappeler, chaque matin au sermon de sa cuisine : « Reviens sur terre, mon fils, redescends parmi nous, rase-toi et trouve-toi un travail honnête : cet argent est trop blanc, trop neuf, trop brillant pour être catholique, il te brûle les doigts et la tête, tu n'es plus toi-même, où es-tu passé, où est notre cher enfant ? Cesse de chanter, prôner le péché et reviens parmi nous : ta mère est à l'hôpital, mal, malheureuse, pendant que tu caresses les autres femmes et que tu brises des couples, que tu défies les lois de notre Seigneur. Tes anciennes compagnes ne te saluent plus quand tu traverses la rue, et notre pasteur a honte de toi, le dimanche, quand tu t'exhibes sur scène avec ces filles nues. Quel démon as-tu en toi, mon fils, pour nous faire tant de mal, te faire tant de mal ? Où sont passées les valeurs que nous t'avons inculquées, ta pauvre mère et moi, les bonnes résolutions que tu prenais à 11 ans, au temple, quand tu m'accompagnais à la chorale ? Où es-tu, Marvin, et qu'as-tu fait de nous, de toi, de notre nom ? Tes frères travaillent honnêtement, eux, ils ont gagné leur place au paradis, près des anges, et toi, mon pauvre fils, où vas-tu dormir ce soir, où est ta maison, ta femme, ton paradis ? Reviens, Marvin, redescends de là-haut, sauve ton âme ! Aie pitié de toi ! »

Mais le cœur n'y est plus, et il ne supporte décidément pas le succès, son image dans le miroir, son visage à la une, à moins que ce ne soit l'Amérique elle-même qui le révulse, le ronge, le pousse au crime. Il n'en peut plus, de son chemin de croix, de ses montagnes russes ou US, retrouve au pied de l'avion ou du train ses vieux démons, tels qu'il les avait laissés en partant, son petit tas de peurs, de phobies et de rages. A peine est-il rentré chez lui que l'« autre » est aussi de retour, le Marvin des mauvais jours, des nuits blanches et des plans glauques, la proie des dealers et des imprésarios, ce qui revient parfois au même. *Le Fugitif*, version eighties, à cette nuance près que lui court en pleine lumière, se sauve sous les sunlights, se cache sur scène et à la télévision, gibier de micros et de caméras. *Falling Star*, comme chantait son crooner à lui, l'inaltérable Perry Como : « Attrape une étoile filante, mets-la dans ta poche et garde-la pour un jour de pluie. » Il aurait dû suivre le conseil, faire comme l'idole qui avait gardé la même femme depuis 1933, chanter Noël, les collégiennes et le ciel du Kentucky, signer toute sa vie la même photo de jeunesse et compter les entrées derrière son rideau rouge. Sortir chaque année le même disque et commencer à se teindre, à s'éteindre en douceur, avec des couplets sur le temps qui passe. Partir à reculons en donnant l'impression d'arriver.

Mais il était différent, hors normes, ni Stax, ni Motown, ni Chess, ni rien, juste Marvin Gaye inc., un label à lui tout seul, et un sacré bordel à l'intérieur. Le type à problèmes, capable de te jouer cinquante fois une note avant de la faire sonner juste, de sortir de scène s'il avait le blues, de se renfermer pendant des heures en lui-même après avoir jeté la clef aux orties. Un cas, à la fois le rêve et la terreur des producteurs, puisqu'il ne peut livrer d'œuvre que personnelle, donc exigeante, qu'il vise haut et y sacrifie tout, que ce soit en privé ou au travail. L'artiste dans toute sa splendeur, noyé dans une industrie du spectacle, et qui se heurte à tout, tous, pour mener à bien une profession de foi que les autres appellent profession tout court. Célébré, incompris, invivable : « Vulnérable », comme le titre de son album fantôme, cette œuvre avortée, chimérique qui incarnait à la fois toute sa force et sa faiblesse, son potentiel et ses peurs, tout le dilemme de sa vie, séduire, sourire, plaire au risque de se déplaire. Un disque de ballades à sa façon, où il reprenait les autres sans ne rien devoir à personne, une merveille d'épure et d'intensité. Un chef-d'œuvre, inédit, quasiment interdit, pendant qu'il paradait sur les chaînes avec ses duos de midinette, roucoulait à la une, se trompait de voie et quasiment de voix. Le jour, il faisait le beau, la nuit, il délivrait son âme, chantait au noir, transcendait la soul, et il n'est pas sûr d'avoir survécu totalement à sa première vie. D'être perçu vraiment pour lui-même. De ne pas être encore de temps en temps l' « autre », le jeune Noir rangé qui devint dérangé, the *Trouble man*.

A sa façon, il est un paradoxe, l'otage le plus célèbre du gotha, dans sa prison dorée, ses tubes cathodiques et ses charts, et il n'en peut plus de cette ambivalence, cette ambiguïté. De Marvin le séducteur contre Marvin le rebelle. Du play-boy et de l'homme sauvage. D'être un mauvais fils et un faux frère, comme disent les Panthères. Il en a marre, ne veut plus composer, recommencer à jouer l'autre, enchaîner des slows sirupeux et des medleys nostalgiques, en ondulant dans le clair de lune. Il ne veut plus être gentil. Il lève son verre au passé : plus une goutte d'espoir dans la bouteille, malgré les spots et le jackpot. L'affaire est pliée et il le sait, même s'il ne saurait l'expliquer. C'est écrit dans le grand Livre, dans son destin. Il le lit à chaque fois qu'il ouvre les yeux, c'est la première chose qu'il voit. Il n'y peut rien. Trop de femmes derrière lui, de disques à demi ratés qu'on dit à moitié réussis, de duos qui collent, d'enfants dans le désordre, de sourires de circonstances, trop de tout en trop peu de temps, il paye encore chaque soir ses années Tamla, sa pension au beau-père... Tous les hommes meurent d'une dette, et la sienne n'a pas de prix : il a une enfance à racheter.

En moins d'un an, il rechute, plonge encore plus profondément que d'habitude, puisqu'il s'est désormais mis en tête qu'on en voulait à sa vie et se promène avec un revolver chargé et un gilet pare-balles : le grand jeu. Certains artistes ne sont pas faits pour ce métier, pour la galerie, et le font justement pour ça, paradoxalement. Ce fantôme qui est censé lui en vouloir, il le connaît pourtant par cœur et le croise tous les jours, puisqu'il vit désormais avec lui : ne sachant plus à quel saint se vouer, il a choisi son prédicateur, et habite alors chez son père, à Palm Springs. Le pire choix possible, puisque c'est la cause même de son mal, sa bête noire, et le premier à le dénigrer. Le résultat est catastrophique. Il aurait besoin qu'on l'aide, qu'on l'écoute, qu'on le rassure, et c'est tout le contraire, il vit dans la maison du diable, et il est le fils du propriétaire. Au rez-de-chaussée, l'intéressé, âgé de 70 ans, compte ses vodkas-quelque chose sur le canapé du salon, en priant pour que tout ça finisse. Lui aussi n'en peut plus, de ce fils qui lui échappe à tout point de vue, qui le défie sur ses terres et qui, en outre, le nourrit, avec une longue cuiller. Il rumine, fulmine, le maudit, lui jette des sorts. C'est décidé, il le sauvera malgré lui, parce que Dieu le lui a demandé en personne, et que c'est son devoir de père, sinon de prêtre. Au premier étage, le fils prodigue, qui sent monter la tension, s'enferme plus que jamais dans sa chambre, sa tour d'ivoire, son délire, entre poudre blanche et poudre de balle, et en veut à l'homme du sous-sol, donc à l'univers entier, censé comme il se doit concourir à sa perte. En finir avec lui, une bonne fois pour toutes.

Jamais pourtant il n'a été autant célébré depuis 10 ans, recevant même l'Award tant convoité du meilleur interprète, mais il y voit encore un complot, une machination contre lui. C'est un piège, il en est sûr, et il dort maintenant avec son arme sous l'oreiller, au cas où... Le premier qui s'en prend à lui est donc un fantôme, et on ne tue pas ces derniers, c'est bien connu. Surtout quand ils vous ressemblent et posent avec vous dans tous les miroirs du manoir. Ici, son père est partout, puisque c'est chez lui : dans chaque bibelot, chaque photo, chaque reflet, et chaque loquet porte son empreinte. Il le voit partout, devine ses sarcasmes, l'entend maugréer, souffler, pester tout autour, guette son pas dans les couloirs de la nuit. Il le sent, le redoute, le suit dans la pénombre comme on appréhenderait la course d'un animal. Piégé, il est cerné, empoisonné et miné par cette présence muette qui le fixe, le juge, l'épie dès qu'il entre ou sort. La nuit, il guette sa toux, compte ses pas, se réveille pour interroger ses silences : il en devient fou. Il doit vite repartir, regagner la Belgique, le seul endroit où il ait jamais trouvé la paix et l'inspiration, avec une vraie famille unie, heureuse, radieuse qui jouait avec son enfant et lui renvoyait de bonnes ondes. Un paradis terrestre, à côté des fantômes de Malibu. Il doit sortir d'ici, se lever et fuir tant qu'il en est temps, mais il ne tient pas debout, avec tout ce qu'il avale, sniffe, fume. Tout ce qu'il se met dans le pif, ces revues X plein les draps, et ces obsessions de mort qui l'envahissent de plus en plus, le rattrapent curieusement en même temps que le succès, comme si la lumière et l'ombre se confondaient chez lui : « Je ne pense pas que je vivrai vieux », répète-t-il alors en fixant son idée. Il est condamné, il en est sûr, et la seule personne qui pourrait réellement l'en dissuader, le sauver, est là, à tourner en rond sous ses pas et le vouer à son tour aux gémonies, également convaincu pour de tout autres raisons que sa mort est la seule solution. D'une certaine façon, c'est la première fois qu'ils sont sur la même position, d'accord pour en finir. Qui franchira la ligne ? Ils s'évitent, s'ignorent, s'invectivent, s'amendent, puis remettent ça, sauf que Marvin ne cède plus devant Marvin. La mère, Alberta, qui est ressortie de clinique, prend le parti du père et trouve leur fils « monstrueux ».

Et la situation s'éternise, dure plus d'un an, chacun reprochant à l'autre sa situation. Les Atrides made in LA. Dans sa partie de la villa, qui donne sur la piscine, Marvin Jr reçoit les journalistes en short, en se roulant des joints et faisant des lignes de coke, cependant qu'à côté, le révérend, Marvin Sr, prie pour son salut. Il ne reconnaît plus son fils, le gamin des églises, son serviteur zélé du seigneur dans cet escogriffe hirsute qui jure, plane du matin au soir au milieu de posters obscènes, qui a laissé tomber femmes et enfants, gagne un argent impie et le brûle en prime par les deux bouts, un double sacrilège. C'est un étranger, un ennemi qui occupe la chambre et a, d'une certaine manière, pris la forme de son fils, un démon qui s'est emparé de lui et lui fait presque peur par moments. Une sorte d'idole païenne. Il faudrait l'exorciser, l'éradiquer. Remettre de l'ordre dans cette maison qui devient la honte des voisins et de la communauté. Tout le monde, il le sait, parle d'eux dans le district de Crenshaw. Tout le monde les regarde. L'œil est dans la villa, et guette le ciel, qui n'attend qu'un signe. Et lorsqu'il serre les poings de rage, étreignant autant qu'il les égrène versets et Testaments, répond par des psaumes à chaque couplet venu d'en haut, c'est la main de Dieu qu'il aperçoit, le bras armé du Livre tendu devant lui.

Et justement, ce 1er avril 1984, vers midi et demi, Marvin père se met en quête d'une police d'assurances qu'il a perdue dans l'appartement. A son habitude, il peste, s'énerve : il faut dire que les occupants du lieu n'ont pas beaucoup d'activités, vivent tous de cette *Guérison sexuelle* filiale qui sévit dans les hit-parades et ravage les radios. Un paradoxe de plus dans cette famille pas franchement gaie, Gay, qui ne jure que par Dieu et plane dans le stupre : « Oh baby, je suis chaud comme un four/Je ne peux tenir plus longtemps/Ça devient de plus en plus dur/Si tu ne sais pas ce que tu vends/Je peux te dire, chérie, que c'est de la guérison sexuelle/Viens prendre le contrôle/La garde de mon corps/Tu es mon médecin/Ouvre-toi et laisse-moi entrer... », etc. De quoi exaspérer le vieux qui n'arrive plus à mettre la main sur son papier, son document administratif. Marvin Jr lui suggère de venir le chercher dans sa propre chambre, s'il a des doutes, et l'autre refuse d'entrer dans son antre. Marvin fils lui rétorque que, si c'est comme ça, il n'y mettra plus jamais les pieds. Le ton monte, et le révérend finit par pénétrer dans ladite chambre, où il va rapidement se heurter à son fils, qui le provoque depuis le lit : une monstrueuse algarade où il est aussi bien question d'assurances que d'argent, de carrière, de femmes, de morale, et de l'anniversaire du chanteur qui tombe le lendemain : 45 ans ! L'un veut inviter des gens, l'autre pas, ou pas les mêmes. Et toujours pas d'assurance. Alors l'artiste se lève et, dans un mouvement d'humeur, commence à repousser violemment son père vers la porte, à le mettre dehors en le secouant par les épaules et en l'invectivant, puis le poursuit jusque dans sa chambre en colère. Qui paye tout ici, qui a acheté la maison, qui fait vivre la famille, qui chante à la radio, qui a surtout le droit d'inviter qui il veut, de chasser qui bon lui semble ? Qui est le bon Marvin Gaye, l'élu du ciel, le préféré des Américains ?

Là, transfiguré, tétanisé au pied du lit paternel, il le soulève, le renverse au sol, et ne doit qu'à l'intervention de sa mère de ne pas le frapper. Les deux hommes se haïssent, et ne se le cachent plus de longue date, mais depuis l'installation de Marvin, la situation est intenable, parce que le passé remonte à la surface, qu'il le traite comme un sale gosse et que le fils de 45 ans comprend comment il en est arrivé là, combien ce père la morale est pour beaucoup dans ces dérives qu'il dénonce à longueur de journée. A quel point il l'a fait ainsi, révolté, débauché, drogué, vulnérable, et ose maintenant le lui reprocher. A quel point il lui ressemble avec horreur, chacun des deux détestant l'autre en lui, se détestant à travers l'autre. Inextricable. Il faut que quelqu'un cède, passe la main, disparaisse même. Ramené dans sa chambre par sa mère, Marvin confie à cette dernière qu'il doit s'en aller, car son père le menace, et qu'il ne reviendra jamais, mais il rechigne à la laisser seule, avec l' « autre ». Elle essaie de le calmer, de parlementer en vain, d'autant plus qu'il est fou furieux, à fleur de peau, et dans un piètre état. Consumé par ses fumées, ses pilules, ses seringues, et les verres pour les faire passer, digérer ce cycle infernal. Plus jamais ce type, cette famille, ce pays, repartir en Belgique, tout de suite, longer le canal et s'asseoir dans le vague, entre deux nuages, à compter les silences d'un ciel blême, doux comme de la crème, vide de tout orage, blanc comme page à écrire. Retrouver un instant l'éternité, pour y souffler un peu. Sauter par la fenêtre, s'il le faut, et courir jusqu'à l'aéroport, pour un aller simple chez les gens simples, normaux.

Soudain, comme dans un mauvais film, son père ressurgit, revient dans la chambre avec un revolver calibre .38 que Marvin lui avait offert quelques mois plus tôt et, sans un mot, sans même viser, tire une première fois à bout portant sur son fils qui, touché à la poitrine, s'écroule en poussant un cri sourd. La balle lui a perforé le poumon droit, le cœur et le diaphragme, et a même continué au-delà : un mauvais angle. La seconde l'atteindra à l'épaule, mais déjà, Marvin Gaye est à l'agonie, se noie avec effroi dans un rouge hémoglobine, lâche enfin prise sur le ring de sa vie. Se détend pour la première fois. Il ne savait pas quand, où et qui, mais il savait, y pensait depuis le jour de Lennon, et se réjouissait de revoir Tammi comme hier, au seuil de ses vingt-cinq printemps. Les deux détonations ont résonné sèchement, comme tout ce qui venait de son père, des coups au cœur, pénétrants comme des clous de croix. Même pour punir, il n'a jamais su y faire, le senior, il tape sur les doigts, s'ingénie à faire mal. Une demiheure après, à treize heures une, le chanteur rend l'âme au California Medical Center, où il a été transporté d'urgence. Il n'atteindra jamais ses 45 ans. « Je voulais mettre fin à toute cette souffrance », confie son père atterré. Il fallait bien que l'un ait raison de l'autre, ou que l'autre tue l'un comme dans une tragédie grecque. Marvin a évité à son fils d'avoir à le supprimer, et payer le prix de sa mort pendant le reste de sa vie : il lui a repris la flamme, et doit maintenant s'arranger avec son propre patron, son père éternel. Il n'en parlera plus jamais, niera même progressivement l'avoir tué, comme s'il avait juste remis un peu d'ordre dans la chambre du fiston, et répondit au policier qui lui demandait s'il aimait le défunt ou non : « Je ne le détestais pas. » Presque un titre de chanson, sur la confusion des sentiments, de ce côté-ci du paradis.

A son enterrement, il ne manquait presque personne : ses ex-femmes, ses trois enfants, sa mère qui l'embrassa, son frère qui pleura, Smokey Robinson qui parla, Stevie Wonder qui chanta, et qui en somme avait été son grand rival, celui qui l'avait d'une certaine manière tué professionnellement, avec des doubles albums sans équivalent, face à ses productions de plus en plus confuses, au sein de la même société. Stevie apportait dans ses disques les réponses aux questions que Marvin posait dans les siens, et Berry comptait les royalties. Seul manquait le révérend, qui fut condamné à cinq ans de prison ferme seulement, en raison d'un cancer, et mourut quinze ans plus tard, en 1998, en jurant sur tous ses grands dieux qu'il n'avait jamais assassiné son fils, pour ne pas dire qu'il ne le connaissait même pas. Et d'une certaine manière, il ne mentait pas : ce grand échalas sombre aux allures de panthère noire et à l'œil libidineux n'était pas le gamin lisse, poli, propre sur lui et blanc comme neige qu'il avait connu, qui servait à l'église et rapportait ses bibles à la Maison de Dieu. C'était un autre, qu'il ne pouvait pas avoir engendré.

Treize ans après, l'ultime album caché de Marvin, *Vulnerable*, le disque rayé de la Tamla, rêvé de Tammi, maudit de Berry Gordy, retravaillé pendant douze ans par son auteur comme Orson Welles avait poursuivi toute sa vie son *Don Quichotte*, sortit enfin de ses oubliettes et fit l'effet d'une véritable bombe musicale au pays de la pop, pur comme du Nat King Cole, aérien comme du Sam Cooke, nostalgique comme du Smokey Robinson. Beau comme du Marvin Gaye, la plus grande voix de l'âme noire, qu'on appelait ici la soul. Cette fois-ci, le fils du pasteur avait vraiment touché le ciel.

JOHN BELUSHI

L'autre Mister J.B.'s ou
Le boogie des corbeaux

Le 2 avril 2004 fut apposée sur le Walk of Fame du Hollywood Boulevard une étoile au nom de John Belushi : rien d'étonnant à cela, sauf que l'intéressé était mort depuis... 22 ans, à l'âge de 33 ans : overdose par injection de cocaïne et d'héroïne dans le bungalow n° 3 de l'hôtel Château Marmont, à Sunset Strip. Un remède radical et le genre de cocktail qui vous explose la tête, vous remonte de l'avant-bras au sinus telle une mèche de dynamite, vous laisse sur le carreau comme un débutant. On dirait aujourd'hui de la bombe, on appelait alors ça de la pure, en langage courant *« speedball »*. Le minimum pour un des artistes les plus énergiques, électriques de la scène US, qui ne connaissait pas plus le mot « pause » que celui de « débrancher », à son dictionnaire privé.

Ce jour-là, l'homme-orchestre des *« Blues Brothers »*, le « petit gros » du duo face au grand Dan Aykroyd, avait pété les plombs, dépassé les doses, franchi la ligne, mais l'affaire, si l'on peut dire, lui pendait au nez depuis longtemps : dix ans qu'il sniffait à tout-va et se piquait d'autant, depuis l'époque où il avait rejoint une troupe de Chicago – sa ville natale – nommée « The second city », et était entré dans le show-business par tous ses pores, puisqu'il était fait pour ça comme certains gosses naissent pour être barman ou jockey. Lui, c'était entertainer, showman etc. Performer, tendance J.B's, Whisky A Go Go and Co. Le type qui monte sur scène à l'âge des culottes courtes et n'en descend plus que les pieds devant. D'origine albanaise, ce garçon jovial et trapu à l'humeur fantasque et au look d'oiseau de nuit adorait le théâtre, la soul, le football et Lucille Ball, dans le désordre, avait le rythme et le blues, qu'on n'appelait pas alors R&B, dans le sang, et chauffait encore plus off que on, avec sa tenue de croque-mort *live* et ses gags à froid. Une vedette dans la vie, un sacré numéro, pas forcément gagnant, un joyeux luron épris de la fête qui ne se faisait pas prier pour faire le bœuf, avec ses airs de corbeau speed et ses costards trois-pièces, ses blagues à dix *cents* et sa folie furieuse des sixties, juke-box fébriles et transistors à singles.

C'est par la télé qu'il était arrivé au cinéma : le « Lemming Show », et surtout le « Saturday Night Live » qui l'avait consacré avec son partenaire et révélé à Jack Nicholson, Steven Spielberg, John Landis, qui lui offrirent ses trois premiers et derniers films. Car son véritable succès, il le rencontra avec son éphémère tandem, Joliet Jake et Elwood Blues (du nom de deux villes de l'Illinois), alias les Blues Brothers, une fine équipe créée pour chauffer le public du légendaire show NBC, qui se produisit d'abord sur scène, puis en vinyle et sur pellicule, donnant bientôt la danse de Saint-Guy à trois générations d'Américains sur les inusables pieds de l'octosyllabe : *« Everybody/loves/somebody (bis) ».* Dès l'intro, ils annonçaient d'ailleurs la couleur avec *Soul Man, I Can't Turn You Loose, Gimme Some Lovin', Jailhouse Rock* et tout le tremblement, que du bronze, qu'ils swinguaient autant qu'ils chantaient, sautant en cadence comme sur les touches d'un piano fou. Si leur répertoire était essentiellement composé de reprises de standards Stax, du Wilson Pickett, Otis Redding et Sam and Dave, déclinés à deux voix sur une vigoureuse section de cuivres, façon Booker T. and the M.G.'s (leur guitariste Steve Cropper était d'ailleurs de la partie), il ne les empêchait pas de faire royalement les clowns en jouant sur leur différence de taille, leur look VIP, leur humour cool qu'on disait alors déjanté. Des Pieds Nickelés de la dance, qui avaient débuté en tenue... d'abeilles sur *I'm A King Bee,* du bluesman Slim Harpo ! Après ça on pouvait tout se permettre !

Car John Belushi ne pouvait et ne voulait surtout pas passer inaperçu : il avait le feu, la fringale, toujours *« on fire »*, vingt-quatre heures sur vingt-quatre : le genre de type qui ne comprend même pas comment le sommeil peut exister, puisque c'est du temps de vie décompté, du sexe, de la drogue et du rock'n'roll en moins. Comment peut-on dormir la nuit alors que le jour y est encore meilleur, la vie amplifiée par dix, cent, mille watts, le whisky si propice et les filles si accueillantes ? Comment peut-on s'allonger entre deux draps pour faire autre chose que du boogie, à l'heure où les boîtes sont ouvertes, les femmes allumées et les micros branchés ?

Et puis il y avait eu en 1980 « le » film, qui marqua à la fois leur générique début et fin comme le bouquet multicolore d'un feu d'artifice, avec un casting impressionnant : deux heures et quart de délire, façon *Marx Brothers à Indianapolis, Helzaboppin'the blues* ou *Abbott and Costello meet the Godfather*, *vs the Genius*, où James Brown, Ray Charles, Aretha Frankin, John Lee Hooker, et même Cab Calloway venaient prêter main forte à nos hommes en Ray-Ban, les « Frères Blues » du titre, gangsters partis sauver en Dodge l'orphelinat religieux de leur enfance, sur fond de standards, jurons, casse et parodie de polar. C'était, d'une certaine façon, le plus long sketch qu'ils aient jamais joué, une gigantesque entreprise de démolition – soixante voitures de police détruites ! – dont ils ne sortiraient eux-mêmes pas entiers. Et tout le monde s'en donnait à cœur joie, Spielberg passait dans le champ, Ray tirait les yeux fermés, et John Landis affûtait sa caméra pour une longue série de loups-garous à venir, dont Michael Jackson *in person*. Une tournée homérique avait suivi, qui ne s'achevait pas avec eux à la chute du rideau, mais des protagonistes, et dont John fut, à son habitude, la victime désignée, le dernier debout et le premier tombé. Sa mère le lui avait toujours dit : il ne savait pas s'arrêter.

Ce jeudi 4 mars 1982, il entama donc avec deux comparses, une chanteuse du Band et un écrivain scénariste, une de ces folles équipées qu'il prisait et ponctuait d'autant d'alcool que de cocaïne, écumant tout le west Hollywood à la recherche d'une fête où s'éclater, où célébrer le présent si éphémère, cueillir le jour à pleines dents. Ils firent ainsi le night-club du Roxy, puis le Rainbow voisin, et auraient bien poursuivi ad lib leur rue de la soif si John n'avait pas voulu rentrer à son hôtel, le fameux Château Marmont. Là, il demanda à sa compagne de lui administrer une piqûre à base de différentes substances que la morale et la médecine ne mélangent pas, et commença à planer dans la nuit, voyant passer comme dans un délire Robin Williams et Robert de Niro en personne qui, occupant des chambres voisines, vinrent à tour de rôle prendre des nouvelles et veiller au grain, même s'ils n'étaient pas eux-mêmes très frais. « Je monte avec la coke et je descends avec Jack Daniel's », confiait dans ces années-là le premier des deux. Devant l'état avancé des protagonistes, partis pour un trip sévère, ils s'éclipsèrent, et le couple continua de se défoncer de plus belle, jusqu'au départ de la femme, qui coucha Belushi avant de partir, comme le gros bébé qu'il n'avait jamais cessé d'être et qui avait pour une fois sommeil : mille et une nuits à rattraper. Le lendemain, on le retrouva étouffé dans le lit, recroquevillé comme il se doit en position fœtale, un oreiller sur la tête et les draps sens dessus dessous. Il s'était asphyxié dans son délire, noyé dans un rêve, parti pendant une crise où le blues avait pris le dessus. Il était allé trop loin, dans un trip inconnu où il devait se prendre pour l'autre J.B.'s, le petit neveu de James et Otis né, comme il se doit, de la cuisse de l'Apollo : amen. Et cela faisait bizarre de ne plus le voir remuer, fût-ce une paupière ou un orteil.

A l'enterrement de John, Dan Aykroyd ouvrit en moto le chemin du cortège funéraire jusqu'au cimetière, et le chanteur James Taylor qui avait été lui-même un sacré junkie, lui rendit un dernier hommage sous la neige à travers une de ses chansons, *That Lonesome Road.* Deux jours plus tard, on donna une messe anniversaire à son intention à New York, où, comme il le lui avait promis, Dan diffusa dans la Cathédrale de Saint John Divine un morceau instrumental des Ventures, avec riff en hifi et pont de Fender Stratocaster : *« 2 000-Pound Bee »*, autant dire de la bonne. Le gimmick électrique aurait réveillé un mort. Alors, dans la nef au silence sépulcral, chacun se mit à battre du pied et sourire aux anges : l'homme aux lunettes noires et au feutre de VRP n'était pas loin, et encore moins défunt. Il s'était juste envoyé en l'air dans cette foutue crypte, et lorgnait de derrière la verrière les premières communiantes en mâchant son chewing-gum et recrachant Hollywood à dix pieds, comme dans son enfance en Illinois, à courir derrière un ballon autour du restaurant paternel. Dans le métier, la vie était un job à plein temps à cette époque-là, et les candidats se pressaient au portillon, avec des CV dignes d'un Pulitzer.

Et son frère James, qui n'était pas moins fou et tout autant acteur que compositeur, mais qui se maîtrisait mieux, perpétua le nom et le regard, continua de porter haut à l'écran les initiales les plus sulfureuses de la scène US des eighties.

BOB MARLEY

L'homme qui planait sur les foules ou Le plus vivant des dieux

Lorsque le 23 septembre 1980, Robert Nesta – pour « Nestor »! – Marley monta sur scène au Stanley Theater de Pittsburgh, Pennsylvanie, pour un de ces concerts dignes d'un stade dont il était devenu familier et qui convenaient si bien au plus sportif des artistes, après ses fameux spectacles de Kingston, Salisbury et chez nous du Bourget, il savait qu'il n'en avait plus que pour quelque temps et qu'il rencontrait son public pour la dernière fois, et joua le jeu plus que jamais. Il souleva les foules, puis les apaisa, trouva les mots et les gestes pour galvaniser son auditoire, faire tanguer dans le noir un océan de fidèles, donner une fois de plus à ses chansons ce supplément d'âme qu'elles avaient, et transmettaient ce soir-là encore plus qu'à l'ordinaire, pour ces raisons connues de lui seul.

Ses musiciens ne se doutaient de rien, pas plus que sa famille, bien qu'il eût considérablement maigri depuis quelque temps et se fût évanoui quelques jours avant, au lendemain d'un autre show monstre au Madison Square Garden de New York, en première partie des Commodores, alors qu'il faisait son jogging avec des amis dans Central Park. Effondré d'un coup, sans forces ni raison, lâché par le ciel comme un sac. Le verdict des hommes de science avait été terrible : tumeur au cerveau, dans un état avancé, rédhibitoire. Il était en phase terminale ! Et malgré les mises en garde répétées, il avait tenu à remplir son contrat, était allé au front comme à chaque fois depuis 20 ans, avait parlé d'amour et de liberté à des gens qu'il ne reverrait jamais, avec une vérité encore plus profonde que d'habitude, si cela était possible, et une plénitude qui donnait à chacun le sentiment d'une révélation. Chaque version, chaque chanson, chaque parole pouvait être la dernière, et lui qui était par définition zen et profondément mystique, il y insufflait ce soir-là toute l'humanité dont il était dépositaire, ce souffle venu du fond de soi qui résonne en l'autre par-deçà les mots, parvenant même à oublier le temps de quelques morceaux ce qui lui arrivait, et n'était d'ailleurs pas facile à concevoir. Il allait mourir bientôt, peut-être même avant, et rejoindre les douze tribus d'Israël à un âge où l'avenir lui tendait plus que jamais les bras et où sa cause commençait à triompher de par le monde. Il avait fini son temps, sans même comprendre pourquoi ni comment, ce qu'il avait fait pour mériter ça.

Et bien qu'il eût déjà un passé considérable et plus de 20 ans de métier, une kyrielle de chansons, de groupes et même d'enfants derrière lui, il n'avait que 36 ans, l'âge où l'on passe aux choses sérieuses et livre le meilleur de soi-même, et sentait se presser, brûler au bord de ses lèvres tous ces mots qui ne sortiraient plus, n'en auraient pas le temps ni la force, ces chansons qui ne demandaient qu'à vivre, pour aider à vivre. Des albums entiers qu'il ne soupçonnait pas, aurait été en mal de dire, mais devinait là, vibrant tout au fond de lui. Un cri qui n'avait somme toute jamais été aussi profond, déchiré que ce soir-là, sous ses allures festives et éternellement détachées, la fameuse attitude rasta. Pour la première fois, il avait peur en scène, et de lui, peur de ne pas aller jusqu'au bout, de ne pas pouvoir recommencer, de perdre la mémoire ou la main, qui berçait ses chansons, détenait les clefs de sa musique. Peur du noir de la salle, avec ses millions de petites flammes, et de celui d'après, quand les coulisses l'avaleraient. Et il s'écroula à nouveau, vers la fin du concert, suffoqué par son émotion et le mal qui le dévorait : la bête. C'était une tumeur, de la pire espèce, puisqu'elle le privait de son art et de sa pensée, et elle lui était arrivée par le chemin le plus incroyable, absurde : le pied.

Car, par-delà la musique, la philosophie rasta et la vie en général, notre homme avait une passion, le football, qui l'avait même amené à prénommer son fils officiel Ziggy (en argot : dribble), et c'était en jouant un jour à Trenchtown, en 1975, qu'il s'était blessé au... gros orteil droit, ce qui n'avait pas de quoi inquiéter. Deux ans plus tard, le 9 mai 1977, il avait participé à un match exhibition amical avec ses Wailers, à Paris où il donnait son concert historique du Bourget, et avait reçu à nouveau la balle au même endroit, sur ce fameux doigt de pied qui devait s'y prêter fortement : on ne shoote pas avec ses rêves ! L'ongle étant arraché, on lui prescrivit l'immobilité, qui l'empêcherait d'achever sa tournée triomphale, et il choisit tout naturellement la tournée : on est professionnel ou on ne l'est pas, et il l'était jusqu'au bout des doigts, malgré sa réputation lymphatique. Il irait donc à la rencontre de son public, en boitant et faisant contre mauvaise fortune bon pied, et poussa même le zèle jusqu'à s'excuser en public de son handicap, car il ne voulait pas léser ses spectateurs. Au concert suivant du Rainbow Stadium, à Londres, où il se produisit six soirs de suite, il dut quitter la scène en traînant la patte, avec un pied en sang et des élancements jusqu'au bassin : la douleur devenait insupportable et commençait à lui prendre sérieusement la tête, bien qu'il fît tout pour essayer de la diminuer ou de la masquer, avec les expédients du cru. Un footballeur ne se plaint pas de son pied, et un chanteur encore moins. Lui qui faisait danser, planer, vibrer toute la population noire du tiers-monde, de Montego

Bay à Johannesburg et Kinshasa, qui venait de fêter l'année précédente l'indépendance du Zimbabwe, il n'allait tout de même pas se laisser marcher sur les pieds par un ballon, après avoir passé sa vie à courir derrière, et ça l'amusait même de payer par où il avait en quelque sorte péché, pourvu que l'ardoise ne fût pas trop chère. Pour un coureur de jupons pareil, au moins autant que de ballon, il valait mieux ça qu'autre chose !

Mais deux mois après, en ce début d'année 1978, la blessure n'avait toujours pas cicatrisé et il dut faire effectuer des prélèvements par un chirurgien spécialisé. Dès le lendemain, la sentence tomba avec une sécheresse incroyable : cancer de la peau, exactement un mélanome malin, et il fallut l'amputer partiellement de son orteil, ce qui était par ailleurs contraire aux préceptes rastafaris et n'allait pas sans problèmes : un retard à intervenir qui causerait sans doute sa perte.

Cette fois, il n'était plus question de scène, et la fin de sa tournée étant annulée, il partit se reposer à Miami, dans la maison qu'il avait offerte à sa mère.

Enfin, l'affaire était réglée, du moins le croyait-il, et il se remit à écrire, composer et jouer, préparer son gigantesque – tout devenait désormais disproportionné avec lui – concert du 22 avril au National Stadium de Kingston, véritable fête au sommet de sa carrière jamaïcaine avec toute sa famille de cœur et de studio : les Peter Tosh, Dennis Brown, Dillinger, Inner Circle, Bunny Wailer et autres Big Youth qu'il avait parfois connus – dans le cas de Tosh, alias Winston Hubert MacIntosh – dès ses tout débuts à 16 ans en 1961, avec son premier disque *Judge Not,* quand il venait juste d'abandonner son métier de soudeur pour faire des tubes. C'était le temps du « Studio One », des séances fleuve avec les légendaires Leslie Kong et Lee « Scratch » Perry, des nuits blanches à la Jamaïque ; des chansons à la chaîne, pour une poignée d'herbe ou de livres sterling, pour ce métis né d'un capitaine blanc de la marine – qui avait naturellement pris aussitôt le large – et d'une paysanne jamaïcaine noire, dans la banlieue de Kingston qu'on appelait Trenchtown et qui tenait surtout du ghetto, comme à Soweto ou à Johannesburg. Il jouait alors, avec quelques copains, du rhythm and blues qu'il écoutait à la radio de Miami, autant dire de la liberté, et n'avait qu'une idée chevillée au corps, à part celle de séduire tout ce qui portait jupon et de passer ensuite sa faim sur un ballon – qui était aujourd'hui en train de se venger : échapper à la misère et au chômage, qui touchait alors un tiers de la population et ne vous laissait pas une chance d'en sortir vivant.

A cette époque-là, le futur rastaman se voulait encore rocker, plus exactement steady rocker, et préférait la fureur à la fumée, le cuir et les chaînes – sinon la gomina – à ces mémorables dreads, tresses qui en disaient tant sur ses idées, qui constitueraient ensuite son image de marque, une attitude et une prise de position dépassant largement le simple cadre vestimentaire. Cette lente gestation avait pris douze ans, jusqu'à son premier véritable succès local, *Trenchtown Rock* en 1971, puis à sa reconnaissance internationale à travers la firme Island, du Jamaïcain blanc Chris Blackwell, qui lui ferait faire dix disques d'or en dix ans, à commencer par le magistral *Burnin',* en 1973, et la reprise inespérée de sa chanson *I Shot The Sheriff*, par Eric Clapton l'année suivante. Entre-temps, il y avait eu des crises, des doutes, des fausses routes, des retraites mystiques, quasiment monacales, des révélations et des initiations, et de multiples collaborations, puisqu'il faisait à sa manière autant de chansons minute que d'enfants naturels, mettait son grain de sel dans toutes les aventures et formations musicales qu'il pouvait traverser, sur un territoire aussi réduit que celui de son île natale. Rencontrer un musicien, ici, c'était forcément jouer avec lui, tout comme il ne pouvait pas croiser une femme sans envisager, et parfois nouer, une relation, avec tout ce qui s'ensuivait.

C'était dire si ce spectacle monstre du 22 avril, baptisé « The One Love Peace Concert », l'attirait, l'excitait, le mobilisait littéralement comme un gosse reste en extase devant un jouet tant convoité : s'il n'en avait pas fait partie, il aurait tout fait pour y assister, sans parler d'y participer, et là, c'était lui qui brillait au sommet, entouré des siens, recevait et honorait ses confrères, ses compatriotes, et tout ce qui pouvait chauffer au rythme du dieu reggae et du soleil maison : un miracle. Il l'attendait donc avec impatience, se produisit dans une ambiance d'émeute devant 20 000 spectateurs, et ne se soucia plus de ce pauvre pied qui s'obstinait à lui rappeler que l'homme est un arbre dont il faut ménager les racines, comme aurait dit Gad the prophet, et que tout dieu, surtout humain, a son talon d'Achille. C'est pendant cette manifestation qu'il avait réuni et réconcilié sur scène, dans une poignée de main symbolique, les deux adversaires politiques du cru, le Premier ministre Michael Manley et le leader de l'opposition, Edward Seaga, qu'il avait d'ailleurs accueillis un joint à la main, pour appeler à la légalisation de cette pratique ! Après, il avait enchaîné avec les concerts historiques au Gabon, en janvier, et au Rufaro Stadium de Salisbury, les 18 et 19 avril 1980, en hommage à l'indépendance toute neuve du Zimbabwe, devant 100 000 personnes en délire, peut-être le plus grand moment de sa vie, et chanté l'incontournable *Zimbabwe,* écrit pour la circonstance.

C'était le temps des disques d'or, des séances londoniennes de Basing Street et de ses années *Exodus, Survival, Uprising, Babylon By Bus*, *Kaya*, de la médaille de la Paix du tiers-monde décernée par les délégations africaines aux Nations unies, de la tournée la plus phénoménale qu'on ait jamais vue de mémoire de pop star. 50 000 spectateurs à Paris, 80 000 à Milan, 100 000 à Dublin, et pourquoi pas le monde à son pied, à vibrer chaque soir sur son incontournable sortie de scène, seul face à l'humanité : une impressionnante version acoustique de *Redemption Song* qui résonnait aussi loin dans la nuit que dans les mémoires, et avait donné des idées et des ailes à tant de frères, quelle que fût la couleur de leur peau ou de leur drapeau. Jamais, au fin fond de son île et de ses nuits ganja, de ses trips et de ses délires bohèmes, il n'aurait imaginé chanter ainsi un jour à l'affiche du monde, ouvrir son cœur à la terre entière, et surtout être entendu au sens plein du terme, comme un Dylan ou un Lennon des minorités, un Mandela de la bande FM. De faire son métier d'homme en même temps que celui d'artiste. Personne ne pouvait soupçonner ce qu'on ressentait, en pénétrant vers cinq heures de l'après-midi dans un immense stade désert pour faire ses balances, et qu'on projetait à vide ses premiers mots dans le micro, ses petits couplets d'un soir devenus soudain gigantesques, qu'on s'entendait haranguer Dieu et écouter la voix du silence. Il fallait des siècles de constance et de conviction pour pouvoir lancer dans le noir à une véritable ville d'aficionados, ici presque des militants, des mots comme « Pendant combien de temps vont-ils tuer nos prophètes, pendant que nous restons là à regarder ? » *(Redemption Song)*, mais il avait le sourire qui faisait passer le tout, un regard à damner un saint. Depuis ses premiers pas, il avait toujours su charmer, les femmes, les musiciens, les enfants et même les politiciens.

Et il remontait chaque soir sur son nuage, lorsque le stade entier chantait et dansait sur place *Stir It Up* ou *No Woman No Cry*, s'allumait d'un bloc sur *Is This Love ?* ou *Could You Be Loved*, *Satisfy My Soul* ou *Waiting In Vain*, *Time Will Tell* et tout le reste, comme on reconnaîtrait dans la nuit des visages amis et qu'on s'échangerait des plans de came ou quelques adresses de filles. C'était comme s'ils lui renvoyaient son amour, lui déclaraient à leur tour leur flamme avec leurs briquets, et venaient faire chez lui le plein d'espoir en même temps que de conscience politique. L'entendre autant que l'écouter. Et ce sentiment précis, qu'on aurait pu palper à certains moments tellement il était fort, lui ramenait à son tour des chansons qui naissaient en coulisses, et qu'il testerait parfois le lendemain, sur son public. La boucle était bouclée, et le monde quasiment parfait, pour qui revenait de si loin, par tous les sentiers de la guerre et de la création, jusqu'à cette ridicule histoire de pied qui avait enflé, explosé dans sa tête et lui retombait maintenant sur les épaules comme une mauvaise blague, lui courait après et lui mangeait le cerveau tel un crabe du Pacifique. Jusqu'à ce soir de Pittsburgh où il s'effondra en public, traversé d'un flash sidérant, comme s'il avait justement perdu pied au bord de l'océan, coulé à pic au milieu d'une de ses chansons fleuve. Ce 20 septembre 1980 où il était tombé de son fameux nuage, dans les jardins du Madison. Qui lui avait dit qu'un Dieu devait toujours garder les pieds sur terre, même s'il avait la tête dans les étoiles ? Qui lui avait prédit l'éternité, lui qui lisait tout petit dans la paume des mains et se définissait dans son texte de *Rédemption* comme la réincarnation de Joseph, fils de Jacob ?

Dès le lendemain, on annulait le reste de sa tournée, et en réalité de sa carrière, et il était hospitalisé à Miami pour des examens complémentaires, qui devaient s'avérer catastrophiques. Comment pouvait-on être malade à Miami ? Au Pavillon des cancéreux, du Cedars of Lebanon Hospital, dernière adresse de tant de résidents de luxe, le soleil du patio éclaboussait les murs de midi, brillait presque aussi fort que celui de son pays, où il était désormais quasiment interdit de séjour tant il était menacé par toutes les CIA locales. N'avait-on pas essayé de le tuer en décembre 1976, en lui tirant dessus à bout portant, deux jours avant son concert au National Heroes Park de Kingston ? Il s'en était sorti avec une balle dans le bras, mais son manager en avait pris cinq, et sa femme, Rita, une dans la tête. Cela faisait beaucoup, mais ne l'avait pas empêché de chanter le surlendemain, de monter en scène comme au combat : rien ne passait avant sa musique, et sûrement pas l'interdiction d'en faire. Il était plus fort que la mort, puisqu'il incarnait aujourd'hui des millions de vies, avait dépassé de loin le rôle de simple artiste de variétés, avec ses grand-messes de messie métis. Il était au-delà. Mais là, c'était sa musique même qui s'échappait de son crâne, à certaines heures du jour, s'effaçait de sa bande-son privée comme d'une vieille ardoise, lui filait entre les doigts comme elle était venue. Il perdait la tête, la mémoire, la chanson, autant dire la vie, en était conscient et se demandait presque si la CIA n'avait pas trouvé un moyen nouveau, sophistiqué de l'infiltrer sans laisser de traces, si un mauvais génie ne s'était pas immiscé en lui pour lui voler son âme. Il pouvait désormais passer de longues minutes à se regarder sans rien voir, essayer de rassembler ses idées, pister en vain une mélodie qu'il avait entrevue la seconde d'avant, et à qui parler de sa propre difficulté à s'exprimer ? Pouvait-on expliquer qu'on se sentait disparaître, fondre comme neige au soleil ? En fait, la situation était encore pire qu'on ne l'avait prévu : le cancer s'était étendu aux poumons et à l'estomac, et les médecins ne lui donnaient plus que cinq à six semaines à vivre, autant dire le temps de plier ses bagages et de s'en faire, s'en rouler ou s'en gratter une dernière pour la route. Et de se faire baptiser au passage, par acquit de conscience : il remettait ses affaires en ordre.

Mais autant l'idée de mourir pouvait correspondre à sa philosophie, autant l'idée de renoncer ne ressemblait pas à sa nature, et il décida de résister, presque de nier les évidences. Il se battrait, jusqu'au bout, et se fit hospitaliser alors dans la clinique d'un certain Dr Issels, ancien officier nazi, dans les Alpes bavaroises ! Celui-ci avait la réputation de freiner la progression de la maladie, par des séances d'hyperthermie et des injections très douloureuses : la même méthode qu'avait expérimentée à son corps défendant et sans succès un certain Steve McQueen à la frontière du Mexique, un an auparavant. Et la thérapie porta ses fruits, du moins au début : il eut un répit, une sorte de laborieuse rémission de plusieurs mois où il retrouva des forces, des projets, et se remit même à la suite de son histoire, qu'il écrivait désormais à défaut de la vivre : le journal de son studio d'enregistrement, Tuff Gong, symboliquement situé rue de l'Espoir, qu'il avait commencé depuis avril et baptiserait prophétiquement *Survival*, à l'instar de son ultime album. Autant dire son testament musical. Mais il travaillait d'arrache-pied, si l'on pouvait dire, continuait de perdre du poids, traversa en février son trente-sixième anniversaire comme un mauvais rêve, et se réveilla en mars 1981 à 35 kilos, un poids d'adolescent pour qui en avait aussi la stature. Décharné, laminé, rasé, il ne se reconnaissait plus, disparaissait pour de bon dans le miroir, s'éteignait dans les yeux de ses proches, partait en fumée dans le blanc des cimes, en plein midi helvétique et à des années-lumière de son enfance torride. Où était-il passé ? Où s'étaient cachés ses soleils ? Le temps lui manquait, à peine quelques heures de vie par jour et toujours cette fichue lucidité qui l'aveuglait, et il décida alors de rentrer finir ses jours, sinon ses heures, à Kingston, sur la terre de ses ancêtres, en passant par Miami.

Mais il avait cette fois présumé de ses forces et s'éteignit en cours de route, auprès de sa mère et de ses enfants légitimes, dans cet hôpital de Floride qu'il n'avait jamais réussi à aimer, tant un homme devrait toujours mourir chez lui, à l'endroit même où il a poussé. La radio de son enfance continuait de déverser ces fameuses musiques de l'âme, ces mélopées soul et saoules d'énergie, à cette différence qu'il en était désormais le compositeur, qu'il était entré dans le poste, y avait rejoint ses maîtres et ouvert les portes à ses disciples ; et il quitta son fils Ziggy sur ces derniers mots : « L'argent ne fait pas la vie ». Presque un conseil prémonitoire. Contre toute attente, il avait eu l'un et l'autre, et le premier allait désormais pourrir la vie de sa postérité, qui s'entre-déchirerait pour son héritage patrimonial, considérable, l'autre – artistique et moral – étant fort heureusement incalculable et toujours en activité, pour qui laissait par écrit les « enseignements de sa Majesté ».

Sa seconde carrière démarra en effet à sa mort : embaumé par sa femme Rita à la manière des anciens Egyptiens, il eut tout naturellement droit à des obsèques et une journée de deuil nationaux, un éloge funèbre par le Premier ministre et une cérémonie qui se déroulait bien entendu dans un stade, en présence du gouverneur de l'île : l'homme avait toujours aimé les grands espaces, l'océan au crépuscule et les tours du monde en musique. Et même à un jour férié annuel en son honneur, un musée dans sa dernière demeure – 56 Hope Road, rachetée à son producteur Chris Blackwell – et à une statue dans le Jamaïca Park, comme un président ou un saint. A l'initiative de ses Wailers, suivis de milliers de rastas qui l'acclamaient désormais telle une nouvelle idole, un dieu vivant, au cri de « Jah Rastafari ! », son cercueil fut suivi à travers l'île par un invraisemblable cortège sonore, plus de dix kilomètres de voitures, de bus, de motos, de vélos et de gens à pied, jusqu'au mausolée final, sur sa colline natale de Nine Mile. Il dormirait à St. Ann, exactement là où tout avait débuté 36 ans auparavant, à peine l'âge d'un Christ local. Dans son tombeau, il portait toujours au doigt gauche l'antique bague de famille, offerte par le premier fils de l'empereur Hailé Sélassié, et jamais quittée depuis au fil de ses pérégrinations internationales, comme un talisman qui aurait failli à sa mission, le suivrait en poussière.

L'histoire se terminait, et la légende pouvait commencer, croître et se multiplier comme ces treize enfants de dix femmes différentes – dont une Miss Monde blanche de 1976 ! – qu'il avait essaimés ou ces œuvres inédites, prises différentes et autres essais de jeunesse, qui ne cesseraient plus de se reproduire, de perpétuer le nom de Marley comme un mot de passe pour la liberté. Sur ses pochettes et dans les cœurs, l'homme qui avait fait un rêve et ouvert son pays au monde, par ce qui deviendrait la fameuse *world music*, n'en finit pas de sourire à son avenir, désormais sûr qu'à l'instar de Woody Guthrie, on peut tout faire avec une chanson, à commencer par du bien. « Jah » est vivant, et il n'est plus de balle, de ballon qui puisse l'atteindre si haut, parce que son nom est désormais dans le Livre. Que la musique soit !

RICKY NELSON

Le fils préféré de l'Amérique ou L'idole qui ne voulait plus être jeune

S'il avait fallu donner un visage à la jeune Amérique des années 50, celle d'après la Corée et le maccarthisme, en un mot celle des années Kennedy, cela aurait pu être Ricky Nelson : beau, grand, yeux bleus, jolie voix, souriant, natif du New Jersey, et sans doute le rival le plus direct, physiquement parlant, d'Elvis Presley, même s'il ne faisait pas le poids sur le plan artistique ni d'ailleurs anatomique et en livrait une sorte de version expurgée, consensuelle et aseptisée. Un Pat Boone romantique, plus ténébreux et aventureux que l'autre, et qui eut à cœur d'évoluer avec son époque, sans qu'elle lui en fût pour autant reconnaissante. Des petits noms d'hier qui n'évoquent plus aujourd'hui que des souvenirs de désir, des ombres d'étés éteints et reflets de pochettes écornées dans la grande malle des parents, désormais arrimée à quai pour la vie.

Enfant de la balle, acteur, chanteur, dont les photos d'album Imperial des années 60 constituent une véritable saga du rêve américain, une galerie de portraits du baby boom adolescent, il était entré dans les foyers à la fois par le pick-up, le petit et le grand écran, et notamment par un feuilleton où il jouait les stars en culottes courtes, dans une série historique ayant pour cadre... sa propre famille ! Fils d'un chef d'orchestre passé devant la caméra et d'une danseuse-chanteuse qui descendait elle-même d'un chanteur, il avait participé dès la fin des années 40 avec son frère aîné à une sorte de sitcom familiale avant la lettre, un show radiodiffusé puis télévisé, portant les prénoms de ses parents, *Ozzie and Harriet*, qui toucha jusqu'à 20 millions de téléspectateurs par soir et où il interprétait le fils de la famille, Eric, jouant à 4 ans avec son aîné David au pied de la radio Wurlitzer du salon. On ne saurait être mieux initié à la profession, et il grandit donc littéralement sous les objectifs, du dominical « Here come the Nelsons » en 1947 à « The adventures of Ozzie and Harriet », la première et la plus longue comédie familiale de l'histoire de la télévision américaine.

C'était l'époque où, au lendemain de la guerre, l'Oncle Sam voulait exalter les valeurs familiales, de *Mrs Miniver* au *Père de la mariée* et à *Il faut marier papa*, et ceux-là avaient su prendre en marche, quasiment à la gare le petit train de la télé, qui irait comme on sait loin avec Lucille Ball et autre Elizabeth Montgomery. Le père écrivait les épisodes, en scénarisant à peine la vie de sa propre famille, qui jouait donc les rôles principaux, et Eric-Ricky en devint vite le personnage le plus populaire, avec ses yeux bleus et ses cheveux blonds, d'autant plus que tout ce qui lui arrivait dans la vie se retrouvait le dimanche suivant dans le poste et qu'on ne savait plus très bien s'il vivait pour jouer ou le contraire. Ainsi sa fulgurante ascension comme tennisman amateur allait-elle tenir en haleine, et en durée réelle, l'Amérique tout entière qui le suivit jusque dans le court, par caméras interposées, et lorsqu'il obtint à 16 ans sa première voiture, le jour de son anniversaire, ce fut tout naturellement dans le cadre du feuilleton de son existence, un cas quasi unique dans l'histoire du show-business. Il ne pouvait pas bouger, sortir, flirter, sans être automatiquement filmé et sans que le pays tout entier soit au courant de sa vie, de ses états d'âme ou de service dans les quarante-huit heures, et ses mots favoris – *« I mess around, boy »* – étaient passés dans le langage courant, repris par les gamins de son âge comme des vérités premières.

Et lorsqu'en 1956, la vague Presley déferla sur le Nouveau Continent, et donc sur le jeune Ricky, âgé d'à peine 16 ans, le clan consacra tout naturellement son show annuel d'Halloween à une séquence où... le fils de la maison se déguisait en Elvis pour une surprise-partie, se teignait les cheveux en noir et s'habillait en rocker avec la guitare en bandoulière, exactement comme il faisait en vrai dans sa glace. Il joua à Elvis, au milieu de sa famille cathodique et de ses copains admiratifs, et comme il avait fort heureusement la même moue rebelle, le même physique d'époque avantageux et même minois à craquer, qu'il était un athlète et savait contrefaire à merveille le fameux déhanchement du pelvis, il entra si bien dans la peau du rôle pour les besoins du programme qu'il ne parvint plus à en ressortir. Lui qui avait été élevé au petit lait du swing, du boogie et des big bands, il tomba dans la marmite du rock qui chauffait bien en ce temps-là, et balançait en plus quelques vérités aux parents. De ce côté-là, il avait aussi pas mal de choses sur le cœur, et le détonateur fut justement une jeune fille qui le mit en demeure de chanter aussi bien que l'« autre », ou plus exactement qui éclata de rire lorsqu'il lui annonça son intention d'enregistrer un disque et de concurrencer Dieu sur son propre terrain. Elle lui plaisait, mais lui préférait le King, qu'elle n'avait jamais vu qu'en noir et blanc, et il avait décidé d'investir unes et vitrines pour la conquérir, et d'abord de se doter d'une guitare, pour combattre à armes égales. Il n'avait pas osé le cuir, mais le cœur y était, et de fil en aiguille, il s'était retrouvé à concurrencer le Roi du Soleil – RCA Victor racheta tout de suite Presley à Sun – et les frères Everly de la Warner. La scène s'était-elle passée côté cour ou jardin, avait-elle été écrite avant ou après, on ne savait plus très bien avec les Nelson, et ils n'était pas sûr qu'eux-mêmes s'y soient retrouvés avec leur vie à la Orwell, leur système *Big Father is watching you*, mais elle avait de toute façon eu lieu, et correspondu à quelque chose d'assez profond chez le jeune homme pour qu'il se mît à la tâche, c'est-à-dire à chanter, filmé comme il se doit par la caméra de papa Ozzie qui commençait à vieillir et voyait là un moyen irrésistible de faire évoluer la série vers les jeunes générations, à moindres frais.

En un temps où les interprètes reprenaient volontiers les succès à la mode, le fils préféré enregistra donc en studio un standard de Fats Domino, *I'm Walking,* et le père le grava à son tour sur pellicule, pour les besoins de l'émission, et le diffusa à l'intention du plus grand nombre comme un nouvel avatar de la famille Nelson chez les yé-yé. Et l'effet ne se fit pas attendre, avec un tel public captif et un pareil charisme : un million d'exemplaires vendus en un week-end, du jamais vu, et le numéro deux du Billboard avec à la fois la face A et la face B, *A Teenager's Romance.* Le ton était donné. Car tout le monde découvrit l'enfant idéal des années 40, qu'on avait vu grandir en direct comme un petit frère, sous son nouveau visage d'adolescent : un bon interprète, musicien et chanteur à la voix sûre et prenante, au physique attrayant et à l'œil charmeur, qui avait de qui tenir et tenait justement bien la rampe, puisqu'il était passé de longue date de l'autre côté du petit écran, à l'âge où l'on joue encore avec les boutons, avait fait la tour du propriétaire et maîtrisait tout ce qu'il fallait savoir en matière de son, d'image, de look, de business, etc., exactement comme son public connaissait ses problèmes d'acné et d'arithmétique. Un enfant de la télé et du microsillon qui se prenait maintenant par la main comme un grand et avait de toute évidence plus d'une corde à son arc et à sa guitare Les Paul, avec ses faux airs de ne pas y toucher et son rock'n'roll mesuré, studieux, blanchi en quelque sorte une deuxième fois après les versions d'Elvis.

Car si le créateur d'*Heartbreak Hotel* et de *Blue Suede Shoes* va révolutionner, bouleverser sa génération et envahir le marché jeune, c'est Ricky, *« the nice Nelson boy »,* qui va littéralement introduire le rock dans les familles, chaque samedi soir, le faire accepter des parents à commencer par les siens, toujours en direct et en prime time, comme on ne disait pas encore. Jamais en effet chanteur n'avait bénéficié d'une telle tribune, publicité pour ses œuvres : la série retraçant toujours la vie de la tribu et donc de son principal rejeton, chaque épisode se terminera dorénavant par... une chanson du petit, avant le générique final, et tous les téléspectateurs fidèles, qui font depuis le temps partie de la famille, vont se transformer dès le lendemain matin en auditeurs, et d'abord en consommateurs, et se ruer sur les disques du gamin, comme si c'était le leur qui chantait : ils sont fiers du petit. Tous ceux qui n'achèteraient pour rien au monde une galette de Presley, blouson noir du micro et James Dean du vinyle avec ses poses suggestives et son phrasé insolent, vont s'offrir sa version soft and clean, et se donner des illusions de jeunesse et de liberté, dans les normes et le bon goût. Et ce conformisme obligé, contractuel, qui fera le succès de Ricky causera aussi sa perte, l'empêchera longtemps de se révéler, se renouveler, car il ne s'en évadera jamais tout à fait, même en raccourcissant plus tard son prénom – Ricky devenu Rick, donc adulte – et en noircissant, gauchisant son répertoire. D'une certaine façon, il demeurera à vie ce bon garçon bien élevé, bien mis, bien de sa personne et lui-même pater familias par la suite, qui ne chante jamais un mot plus haut que l'autre, sourit quand il faut et comme il faut à la une de *Life*, même quand il fait sa tête, et ne saurait sortir des sentiers battus par tous les Frank, Fred, Bing et autres Bob Hope de la création. Ce que résumera à merveille son plus grand succès, devenu sa marque de fabrique, et la une convoitée du fameux magazine, en décembre 58 : *Teenage Idol*, l'idole des jeunes, avec son éternel refrain : *« Some people say they envy me/I guess they got no way of knowing/How lonesome I can be/How lonesome I can be ».*

Rarement chanson a autant eu l'air faite pour lui, comme sur mesure, avec ce mélange de naïveté et de lucidité qu'on retrouvera tout au long de sa carrière et qui témoigne bien de sa difficulté à passer d'une enfance à une prison tout aussi dorée, qu'il perçoit déjà comme une tour d'ivoire : *« If I find fortune and fame and lots of people know my name/That won't mean a thing if I'm all alone/I get no rest when I'm feeling weary/I got to pack my bags and go/I got to be somewhere tomorrow/To smile and do my show »*. Des mots qu'il faut avoir vécus pour les dire, et qu'il éprouve justement en même temps qu'il les chante, qu'il teste en vrai, en direct. Une vision à la fois romantique et réaliste de son nouveau statut, et un rôle qui n'ira pas sans problèmes pour la famille médiatique, tout d'un coup dépassée, cernée par le succès imprévu de son petit dernier et le mécanisme qu'elle a mis en branle. Il faut prévoir une pièce entière pour stocker toutes les lettres d'admiratrices, qui voudraient l'adopter, l'épouser, et protéger la maison de la famille avec des fils électriques, dissuader les fans de s'introduire dans sa chambre. Et lorsque lui est décerné son diplôme de fin d'études, l'équivalent de notre baccalauréat, il doit renoncer à apparaître et le recevoir par courrier, pour cause d'émeute ! Son tube tient donc du témoignage et même du SOS, car derrière le beau masque se cache aussi un être inquiet, qui sait mieux que personne ce que c'est d'être épié, écouté, traqué en permanence : c'est l'histoire de sa vie, pas de meilleure recette pour un hit.

En moins d'un an, le populaire Ricky, qui se croyait pourtant immunisé en matière de célébrité, découvre une gloire dont il n'avait pas idée, et ne peut du coup plus se montrer, sortir de chez lui, aller boire un verre ou au cinéma, et ce n'est pas sa nature profonde. Sa vie, c'est la musique, pas les paillettes, et il la passe désormais à signer, parapher la terre entière de son nom, et même le feuilleton miracle, qui l'avait toujours rapproché des gens, ne peut plus rien pour lui, à une époque où Elvis en personne commence à rendre les armes et à se standardiser, avec sa reprise déguisée d'*O sole mio.* Car en trois ans, Rick a décroché pas moins de 36 titres classés dans les charts, et 9 disques d'or chez Imperial, dont les fameux *Travelin' Man*, vendu à deux millions d'exemplaires, et surtout *Hello Mary Lou*, classé numéro un dans 32 pays et diffusé à 7 millions de copies dans le monde. Parfois, il arrive même au concert en hélicoptère, comme à Atlantic City, où 43 000 fans l'attendent au sol, et manquent de le faire reculer. Est-ce bien lui qui vide ainsi les collèges, les pensionnats et les supermarchés sur son passage, qui allume tout grands les yeux des femmes et fait s'évanouir leurs filles tel un Mandrake de juke-box ?

Le secret de ce succès, par-delà ses yeux bleus et son évidente gentillesse, cette irrésistible pudeur mêlée de simplicité, tient à un mot que lui a soigneusement répété son musicien de père dès que tout a démarré et qu'il n'effacera plus jamais de sa guitare : ba-lla-de. Des chansons lentes et pénétrantes, à la limite du crooner, qu'on les appelle slow-rock ou country-folk, c'est-à-dire des mélodies, qui parlent au public féminin – celui qui achète ou fait acheter les disques –, séduisent les mères et leurs filles et qui soient faites pour durer, comme ces vieilles Oldsmobile dont on ne peut plus se débarrasser ou ces photos sépia qui nous renvoient le passé comme un bout de verre le soleil. Des chansons à façon qu'on a l'impression de connaître, de reconnaître tout de suite, même si on les entend pour la première fois, comme on retrouve un copain d'enfance ou on découvre une évidence, et là, il sait y faire. Il en a plein au bout des doigts, presque par cœur, et n'a qu'à poser ceux-ci sur sa six cordes pour qu'elles s'animent, jaillissent du ventre de l'instrument. Et puis bien sûr une pointe de nostalgie juvénile, ce regret secret d'un paradis perdu qui est le signe des œuvres réussies puisqu'elles confondent, touchent toutes les générations à la fois, qu'on y devient à la fois le fils, l'amant, le frère ou le gendre qu'on aimerait avoir : il a la tête à ça, et puis, comme dit Ozzie, le paternel attentif, « les ballades font respectable », le soir à la télé.

Car lui continue de penser petit écran, cette invitation quotidienne à pénétrer dans les foyers qui a fait le succès du clan et implique au moins qu'on s'habille correctement, qu'on arrive avec des fleurs ou bien... une chanson d'amour, mieux que tous les mots doux et plus rentable. C'est la musique qui fait le travail, les paroles importent peu, pourvu qu'elles ne dérangent personne et restent positives, générales, fédératrices, en revanche, il faut se méfier des notes, car elles disent beaucoup de choses, et peuvent aussi bien vous ouvrir les portes que les refermer ; il n'y a pas deux manières de choisir une mélodie, enfin, il y a la bonne et la mauvaise, et la quasi-totalité des gars préfèrent la seconde, parce que trop musiciens, élitistes, exigeants dans le mauvais sens. Lui, il connaît la bonne, simple, efficace, touchante : entêtante, et de toute façon, papa veille au grain, écoute tout et fait éventuellement refaire, ou met la main à la patte. *« I saw your lips I heard your voice/Believe me I just had no choice/Wild horses couldn't make me stay away/I thought about a moonlit night/ My arms about good an' tight/That's all I had to see for me to say » (Hello Mary Lou).* Et hop, emballé, c'était dans la poche : il fallait écrire à des millions de femmes comme si on parlait à une seule, inventer des mots pour elle et lui sourire mystérieusement sur la pochette, avec un air tellement brillant, fiévreux, qu'on se demandait à chaque fois s'il n'avait pas été retouché, trafiqué et qu'on voulait toujours vérifier par soi-même, donc le voir. Avait-il réellement ces yeux-là dans la vie, cette façon de vous traverser en vous dévisageant, ou était-ce juste pour les besoins de la photo, et que voulait-il dire avec son air sous-entendu, son sourire à peine esquissé, comme une ombre ? Et Ricky, qui allait bientôt devenir Rick et affermir son image et son message, avait ces yeux-là, ce don des climats, des auteurs et des compositeurs, qui lui apportait soudain un plus par rapport au Grand, au « Roi » lui-même, et qui ne cachait pas son jeu : il était plus fragile, plus juvénile, plus étrange, avec un soupçon de romantisme, un nuage de mélancolie, ce parfum de vague à l'âme à peine exprimé et sans doute inconscient, qui fait les jeunes premiers à l'écran, et parfois les carrières les plus décalées.

Et le cinéma ne s'y trompa pas, qui l'engagea en 1958 comme sparring-partner et faire-valoir aux côtés de deux monstres sacrés, John Wayne et Dean Martin, dirigés par un troisième larron du même tonneau : Howard Hawks. L'histoire du film, intitulé bien sûr *Rio Bravo*, était curieuse : Wayne et Hawks n'avaient guère apprécié en son temps la vision défaitiste de l'Amérique que donnaient le metteur en scène Fred Zinnemann et le producteur Stanley Kramer dans leur célèbre *Train sifflera trois fois*. En fait une parabole sur l'Amérique maccarthiste des années 50, où tout le monde trahissait, abandonnait, donnait tout le monde pour ne pas tomber à son tour, et une virulente dénonciation des dénonciateurs, qui avaient irrité les vieux conservateurs. Ils avaient décidé de répliquer et donner leur version des faits, de raconter l'histoire inverse, comme on filmerait l'envers du décor : une petite ville de l'Ouest idéale où le shérif (Wayne) s'appelait carrément... John Chance, tout un programme, où ses adjoints défaillants se rachetaient au dernier moment et où tous les citoyens se liguaient cette fois pour soutenir l'équipe locale contre les malfrats, qui, pour un peu, auraient pu être... communistes, si Wayne avait été seul aux commandes ! Plus encore que son prédécesseur et antithèse, le film était un chef-d'œuvre, à mi-chemin entre drame et comédie, un style dans lequel Hawks excellait. Et comme il était alors de tradition d'introduire dans ces productions un teenager – souvent un chanteur – pour attirer le public jeune et contrebalancer l'âge moyen des protagonistes, des « acteurs à papa » et quasiment des ancêtres, puisque quadragénaires, on avait choisi le jeune Ricky, dont le seul nom et la bouille – le fameux « regard brillant » sur les photos de l'entrée, qu'on appelait ici *deep blue eyes* – garantissait deux millions d'autres regards bienveillants et généralement féminins. *There is no busi-*

ness... « Le » western des westerns, aux côtés d'un autre crooner-acteur, Dean Martin, qui jouait ici le rôle de sa vie, alcoolique. Mission accomplie : dans son personnage de pistolero rock de service, ce « Colorado » qui lui collerait autant à la peau que son *Idole* mal-aimée, Rick faisait des merveilles et fondait off camera devant la torride Angie Dickinson comme un Esquimau dans un hammam : *all shook up*.

Et puis il s'en revint à la chanson, c'est-à-dire chez lui, où le métier et la mode changeaient à toute vitesse et le laissaient sur le bas-côté, avec ses bluettes et ses anatoles sentimentaux hérités de la TSF. Rick était un gentil, cool, zen et tout, à coupe de GI et costumes d'après-guerre, et l'avenir était aux groupes, anglais de préférence, et aux cheveux longs, aux gros mots dans le texte et aux sons saturés : pas le genre de la maison, pour qui Coke voulait dire Coca-Cola et hi-fi Sinatra. Il fallait maintenant s'habiller nature, faire des grimaces à l'objectif et appeler un chat par son nom, qui était rarement celui de chat. Tirer la langue aux jeunes filles et leur demander *satisfaction*, en faisant *sauter Guy l'Eclair* sur ses genoux. Tout ce qu'il ne prisait guère. Lui venait de chez Alan Freed et Ed Sullivan, et ses confrères finissaient soit dans le fossé, comme Eddie et Buddy, soit aux Alcooliques Anonymes, comme Gene et Vince. Soudain, il ne faisait pas bon être rocker, a fortiori rocker doux, presque une antinomie, et comme toujours dans ce cas-là, il commença par changer de maison de disques : par réflexe, on s'en prend toujours à l'entourage quand le temps se gâte, dans une vie d'artiste.

Il passa donc chez Decca, décida de devenir grand en supprimant ce diminutif gamin – littéralement « le petit Rick », pourquoi pas Tom Pouce ? – qui avait fait son âge d'or, mais aussi ses disques d'or, et resta fidèle à sa politique qui consistait à chanter ce qu'il aimait, c'est-à-dire de la country-rock, en laissant pousser peu à peu ses cheveux, qui lui allaient tout aussi bien qu'avant, sinon mieux. C'était un sacré beau garçon, avec une bonne éducation et de la conversation, et pour parfaire sa mutation, il se maria alors à une jeune fille qui lui avait demandé un jour un autographe, s'appelait Kristin – il avait enchaîné leurs deux noms dans sa dédicace, et cela sonnait juste –, avait un père footballeur et lui donna bientôt un héritier, en même temps qu'un nouveau personnage à la famille TV. Comme son père à lui veillait toujours au grain, c'est-à-dire au fiston, et que le feuilleton dominical continuait encore, ses noces firent la une de *Life* en 1963, où ils furent déclarés « couple de l'année », et dans la foulée parents modèles, ce qui le distinguait à vie de tous les monstres de la fameuse « british invasion », Beatles, Stones, Who and co, décidément pas présentables. Face à eux, sur la couverture intemporelle du magazine avec sa jeune épouse, sa bouille ronde et son sourire éclatant d'enfant gâté, il avait au moins 100 ans, malgré ses 23 officiels, dont tout de même 16 de métier, autant dire un croulant tant il était dorénavant rangé des voitures et prêt à faire tous les shows CBS de la terre, émissions culinaires comprises ! En y regardant de près, le sourire était contraint, masqué, la pose embarrassée, et la situation fausse, car en son for intérieur, il savait déjà que le virage serait compliqué, parti comme ça, et que sa cuisine standard du bonheur, version sixties, sentait le roussi : il allait droit dans le mur. Mais il continua à pointer à l'usine, c'est-à-dire à la saga télévisée, un quart de siècle de Nelson, où le petit dernier de la portée – une fille nommée Tracy – avait été intégrée dare-dare : une nouvelle venue au casting, ce n'était pas si courant ! Et en 1965, le feuilleton fleuve qui avait vu défiler deux générations d'Américains des deux côtés de l'écran s'arrêta enfin, après... 14 années et 435 épisodes non-stop, suivant une décennie de radio, un magazine et un film avec Rock Hudson. On avait de la suite dans les idées, à défaut parfois d'idées, chez ces gens-là.

C'en était fini des aventures d'*Ozzy et Harriet*, désormais retraités, et donc de Ricky le bienheureux, une page se tournait et la vraie vie pouvait commencer, avec ses rounds, ses chutes et ses mauvaises prises. Musicalement, elle avait pour lui un nom : country music, son péché mignon et un joli pari en ces années beatniks, hippies et Cie. Et il s'entoura alors des meilleurs pour défricher sa nouvelle voie, continua à faire des chansons et des enfants, deux en 1967 et un en 1974, puisque son père avait enfin lâché prise et lui avait passé le relais, légué le titre. Il avait mûri, grandi, et savait que ses jours heureux étaient derrière lui, artistiquement parlant, mais qu'il avait toujours quelque chose dans le ventre et entendait bien le faire savoir, contre vents et marées californiens : on ne côtoie pas John Wayne impunément.

Sorti en 1966, et interprété par la crème des musiciens locaux, dont James Burton, Glenn Campbell, et les célèbres Jordanaires, choristes d'Elvis Presley, l'album de la transition s'appelait *Bright Lights And Country Music,* reprenait des classiques de son enfance, et désorienta comme il se doit le grand public, tant on ne change pas facilement de carrière, de voie en cours de route. Pour beaucoup, il était d'abord l'éternel teenager, qui n'avait pas le droit de vieillir sous peine de faire vieillir en même temps son public, et il semblait effectivement qu'il fût passé d'un coup de l'adolescence à la trentaine, comme s'il n'y avait rien eu entre qu'une éternelle image souriante, policée, et brillant de cet éclat presque irréel, le feu sous la glace : la joie de vivre au temps des guerres du Pacifique, la couverture type de *Life*, les petits enfants gominés d'Eleanor et Teddy Roosevelt. Il était devenu un archétype et s'efforçait en vain de briser le miroir, changer de visage et faire un peu oublier ses yeux turquoise sous des chevelures à la mode, mais toujours coiffées du dernier cri. Il fréquentait Dylan, qui raffolait lui-même de la country et s'apprêtait à enregistrer son *Nashville Skyline* avec l'ami Johnny Cash, il se produisait au Troubadour, Mecque du genre à LA, avec les musiciens de Poco et des Flying Burritos devenus le « Stone Canyon Band », et ramait pour rester en surface, jamais meilleur que dans ses bottes de country-rock-singer. Ça, c'était lui, le vrai, l'original, débarrassé de ses clichés et de ses étiquettes, et il avait d'autant plus à cœur de le prouver, puisque cela revenait à exister.

Mais le temps des groupies était loin, ou bien lui redemandaient-elles d'interpréter... ses anciens succès des sixties, en rappel de son superbe *Night Train To Memphis,* et il ressortait du concert déprimé, après l'inévitable *medley* qui ravivait les cœurs et les mémoires. D'ailleurs, les compliments qui lui revenaient le plus souvent en coulisses, quand il dédicaçait son nouveau visage avec son nouveau prénom, étaient à l'imparfait : un comble, pour qui n'avait jamais que 29 ans, et avait déjà participé aux... débuts de la télévision noir et blanc ! Et pourquoi pas le muet ? Parfois, dans les moments de spleen, il avait l'impression qu'on s'adressait à son père, Ozzie, en lui parlant, surtout quand on commençait à lui rappeler ses 20 ans de sitcom, comme des années de bagne, qu'on lui demandait des nouvelles de la famille Nelson au milieu des pedal steel et des Charleston, un blasphème ! Là, il se demandait lui-même s'il ne devait pas carrément changer de nom, et rêvait d'être un autre, Willie Nelson ou un de ces jeunes, James Taylor et Jackson Browne, qui le régalaient et n'avaient pas de comptes à rendre, n'avaient pas eu de *Ozzie et Harriet* dans leur vie, dont les dimanches s'étaient déroulés de l'autre côté de l'écran, chez les enfants normaux qui grandissent et jouent sans être filmés, enregistrés, programmés. Il n'avait guère plus que leur âge et aurait pourtant pu être leur père, côté métier, une sorte de mutant ou de revenant, de martien tombé de ses années 50, au point que quoi qu'il fît pour se transformer, quelles que furent sa coupe et sa tenue psychédélique, il avait toujours l'air déguisé, emprunté : on se disait que c'était le jeune Ricky de la famille Nelson, l'idole de notre jeunesse, habillé en beatnik, un comble pour qui passait sa vie devant son quatre-pistes et pouvait refaire une prise des dizaines de fois.

Sa seule consolation était que son ex-rival et maître, désormais Roi d'opérette, galérait tout autant de son côté à s'extraire de ses films sirupeux, rebrancher sa guitare et essayer de perdre du poids : il se rhabillait en Elvis forever pour rameuter ses fidèles au NBC Show et démontrer qu'il n'était pas mort, n'avait que 33 ans, une centaine de classiques et quelques centaines de millions d'albums au compteur ! Le monde à l'envers, quand on voyait exploser Alice Cooper et Screamin' Jay Hawkins, avec leurs serpents et colliers de dents, ou ce bon vieux Pat Boone qui disjonctait au nom du Seigneur et se prenait maintenant pour un Hell's angel, qu'il devait traduire par envoyé de Dieu ! Même Cliff Richard s'était tourné vers le ciel, là-bas, et son copain Dion n'en revenait pas, le seul à avoir utilisé plus souvent que lui le mot teenager, *Teenager In Love, Lonely Teenager*, etc. ! Gene Vincent s'était exilé en Angleterre, et les nouveaux héros de la guitare brûlaient désormais leur instrument en scène, ou s'en servaient pour défoncer les amplis, dans des fumées suspectes, pendant qu'à Hanoï, on tirait à balles réelles sur de nouveaux Japs et planait sur des nuages de napalm ! Il avait dû rater un épisode, ou alors le feuilleton avait changé, mais il faisait contre mauvaise fortune bon cœur, et en tout cas bonne figure, avec une sorte de gravité naturelle – ce petit désarroi feutré du regard qu'avaient alors les ex-stars enfants, de Judy Garland à Natalie Wood – qui lui allait bien, lui donnait de l'allure et presque plus d'âge. Il se trouvait digne, à la fois lucide et décontracté, mais voyait bien qu'à y regarder de près, le fameux bleu de ses yeux avait changé, pâli comme un ciel de fin d'après-midi, ces soirs d'été qui sombrent imperceptiblement dans l'ombre, qu'il perdait ses couleurs et en avait finalement trop vu. Ça ne pouvait pas s'arrêter comme ça : on l'avait assez longtemps confondu, mélangé avec Fabian ou Frankie Avalon pour qu'il ne finisse pas comme eux, déguisé en vieux jeune dans des boîtes rétro, à chanter pour des quinquagénaires liftées, qu'il ne rejoigne pas à son âge le jardin des souvenirs. Il devait dire quelque chose, écrire, et pourquoi pas ce qui le tourmentait, cet interminable virage ?

Une fois de plus, ce fut son passé qui lui tendit la perche, à l'occasion d'un festival de rock revival dont il partageait l'affiche avec quelques survivants, Chuck Berry, Bo Diddley, Bobby Rydell et consorts, au Madison Square Garden en octobre 1971. La consigne était bien sûr d'interpréter ses classiques, de leur faire le coup du bon vieux temps, des drive-in et des boîtes à slow, et de s'en tenir là ; mais il ne pouvait s'y résigner, en avait trop sur le cœur, et décida de leur montrer qui il était aujourd'hui, ce qu'il faisait et où il en était. Sinon, il aurait eu l'impression de tricher sur la marchandise. Il monta donc sur scène entre deux rock'n'roll endiablés, le retour de *Carol* et de *Maybellene* avec le célèbre « pas du canard » de leur créateur, et leur balança ses chansons country, presque méconnaissable en cheveux longs, veste de velours pourpre et ceinture de cow-boy. Un choc visuel et sonore pour tous ceux qui l'avaient perdu de vue depuis dix ans, ou ne pouvaient plus le voir, et qui étaient venus retrouver « leur » RICKY, des quarante-cinq tours Imperial en quadrichromie criarde et des dimanches chez *Ozzie & Harriet*. Et un malentendu total, perceptible à l'œil nu et à l'oreille, quand il termina dans un silence assourdissant sa première nouveauté, puis commença à se faire siffler dès la seconde, huer à la troisième et jeter à la quatrième tel un vulgaire gibier de radio-crochet, alors que c'étaient des classiques de la country et que ses versions comptaient parmi les meilleures. Certes, on l'avait mis en garde, lui avait suggéré de faire au moins le traditionnel *medley*, mais de là à affronter carrément son public dans les yeux, à faire le bras de fer avec lui, il ne l'aurait jamais cru et finit par quitter la scène, après cinq titres sacrifiés qui lui avaient paru durer une éternité : sans doute l'épisode le plus douloureux de sa carrière. Qu'aurait fait le « Duke » s'il avait été là, et Ozzie l'avisé ?

La rupture était effective, un vrai divorce professionnel, et il sortit comme un spectre, le poing refermé sur sa Les Paul et le regard pétrifié, tel un gladiateur condamné par l'arène : après tout, c'était bien lui qu'ils avaient aimé naguère, la même voix et le même bonhomme, n'avait-il pas droit à une autre chance ? Il rejoignit sa loge dans un état second, incapable de rien dire, rien comprendre ni répondre à Chuck Berry qui lui tapait sur l'épaule en évoquant ses propres galères, puis reprit mécaniquement ses affaires et s'engouffra dans sa voiture avec une seule idée en tête, de plus en plus lancinante : réagir. Faire quelque chose. Et il ne savait faire que des chansons. Mais en faire une qui soit comprise, et pour cela s'expliquer. Leur parler, leur écrire, revenir leur chanter sa vie d'aujourd'hui, comme il avait su le faire hier, et repartir sous des applaudissements, comme on serre la main d'un ami. Redevenir Rick Nelson, celui qui n'avait rien à envier à feu Ricky, ni hits ni glamour, remonter sur les planches et se camper là, devant eux, avec les mots les plus humains qu'il pût trouver, sa vie au creux des mains, dans sa guitare et au micro.

Et il écrivit cette semaine-là sa vérité, l'histoire de ce qui s'était passé, sans chercher à se justifier : les choses comme elles étaient. Un exercice libératoire, où le plus petit des Nelson venait voir sa deuxième famille, celle de devant l'écran, et mettait les points sur les i, les poings sur la table, vidait son sac une bonne fois pour toutes : *« I went to a garden-party, to reminisce with my old friends/A chance to share old memories, and play our songs again/When I got to the garden-party, they all knew my name/No one recognized me, I didn't look the same.../I said hello to "Mary Lou", she belongs to me/When I sang a song about a honky-tonk, it was time to leave... »*.

Tout était dit, dans les yeux quand on voyait la pochette, d'homme à homme. La chanson – mais il aurait sans doute fallu trouver un autre mot pour la désigner – s'appelait évidemment *Garden Party,* était aussi résolue qu'intimiste, quasiment une confession désenchantée et une profession de foi, et il leur avait envoyé par la radio comme d'autres font une lettre. Il l'avait composée pour chacun de ceux qui étaient présents ce soir-là, afin de se comprendre, et d'effacer définitivement cette nuit d'octobre, de repartir à zéro, ou en 60. De tourner la page du livre.

Et la réponse ne se fit pas attendre : son premier million d'albums et premier titre classé depuis dix ans dans les charts, un retour triomphal, et une pochette de disque noire et blanche d'une étonnante sobriété où il posait avec sa guitare contre lui, bien en main comme un fusil ou un étendard, la même que ce fameux jour, et où l'on ne voyait plus que son regard, fiché dans l'objectif tel une flèche Comanche. Fier et sincère, avec un extraordinaire défi noir qui avait remplacé la brillance factice d'autrefois, s'adressait à chaque spectateur du Madison et lui rendait sans arrogance la monnaie de sa pièce, et en exergue la seule morale qui valut la peine : *« It's all right now, I learned my lesson well/You can't please everyone, so you gotta please yourself »* (« J'ai compris la leçon, tu ne peux pas contenter tout le monde, alors fais-toi plaisir d'abord ! »). No comment. Pensait-il à Ozzie en chantant ces mots ? Duke n'aurait pas fait mieux, et conclu sûrement d'un : *« You're a man now, son. Good luck, Colorado ! »* Chacun en prenait pour son grade, et il reprenait la main, revenait à sa place, c'est-à-dire au sommet, avec une épaisseur et une profondeur qu'on ne lui avait jamais connues, car, pour la première fois depuis 25 ans, le fameux sourire automatique, à croire qu'il était rajouté artificiellement, avait disparu, il s'était mué en un regard d'adulte qui soutenait le vôtre, longtemps après que vous l'aviez vu.

Nelson junior était enfin devenu grand, à 34 ans, trois cents chansons et trois enfants, et il lui restait exactement onze ans à vivre, durant lesquels il cultiverait son second souffle, sans plus jamais hésiter à reprendre en scène ses premiers succès, maintenant qu'il les avait assumés, qu'il s'aimait à nouveau et pouvait être payé de retour. Le fils d'Ozzie ne se reniait plus. Il refit un bébé, des chansons, des disques et des concerts, jusqu'à 250 par an, y compris les *revivals* car il avait compris la leçon, et comme souvent dans ces cas-là, changea de femme en même temps que de peau. C'était une des subtilités de la vie d'artiste, côté cour : on renouvelle son public, à commencer par le plus familier, comme on changerait de pays, de regard sur soi. Et le sien n'était plus le même.

Et il se retrouva même à Las Vegas, un soir de septembre 1984, sur les traces du King, dans un concert à un million de dollars orchestré par le colonel Parker en personne. La boucle était bouclée, et le Roi désormais bien loin de tout, même si son ombre planait encore à certaines heures sur la scène, si son rire énorme éclatait parfois dans le noir d'une loge, si sa voix sensuelle vous effleurait soudain en coulisses : *« Vas-y, Ricky, montre-leur un peu qui on était, mets-leur en plein la vue, baise-les et fais-moi plaisir : joue moi "Teenage idol", il y a tellement de vrai là-dedans tu sais ! Ça parle de nous... »*. Pour parfaire le tableau et ajouter son encoche dans l'arbre, comme un ultime autographe ou une patte dans le ciment, il était entouré ce soir-là de tout le Gotha, l'Olympe du rock : Johnny Cash, Roy Orbison, Jerry Lee Lewis, Carl Perkins, Fats Domino, autant dire la classe 55, qui décrocha dans la foulée un Grammy pour un album commun... racontant leurs souvenirs de guerre, c'est-à-dire de rock ! Ça ne s'inventait pas, et ce fut cruellement la seule récompense – collective – de sa vie, un disque de témoignages parlés sur ce temps passé qu'il avait voulu enterrer, à la façon des vétérans d'Iwo Jima ! D'autant plus douloureusement qu'il ne la vit jamais : Rick était mort entre-temps, emportant dans sa chute Ricky et tous ces souvenirs qui ne se racontent pas, à moins que l'autre ne les ait lui-même vécus, et ne les partage d'un sourire et d'un verre. Les siens portaient des noms de chansons, toutes liées aux sixties, et parlaient irrémédiablement de solitude, de route, de filles qui passent et de villes qui restent, de ce petit regret de s'être approché trop tôt du soleil et d'avoir découvert que ce n'était qu'un spot.

Pour la énième fois, il attaquait en 1985 une nouvelle carrière, venait de signer avec une autre maison de disques et tenait à tester en scène son prochain répertoire avant de l'enregistrer, à l'ancienne : « Je me vois comme un vieil homme », confiait-il curieusement en aparté. Pourtant, il n'avait jamais paru aussi jeune, avec ses cheveux mi-longs, ses jeans assortis au regard et sa taille mannequin, prêt à bouffer du lion en attendant sa troisième chance. Alors il avait créé un ultime groupe, plus volontaire et plus jeune, et repris la route comme si c'était la 66 : on ne se refait pas. Hanté par le souvenir de Buddy, Otis et les autres, il redoutait depuis toujours l'avion et ne circulait par principe qu'en vols commerciaux, et jamais en appareil à hélices. Deux règles de base qu'il allait enfreindre en même temps, à l'occasion de ces déplacements, et qui lui coûteraient cher : il venait de trahir son plus cher adage selon lequel il faut toujours se faire confiance. A la grande surprise de tous, il fit brusquement l'acquisition d'un vieux DC3 d'époque qui avait appartenu à son ami Jerry Lee Lewis et était surnommé en coulisses « The flying bus » (le bus volant) à cause de ses difficultés régulières à décoller. L'appareil se traînait, rechignait, tanguait comme s'il n'avait pas envie de travailler certains jours, une sorte d'avion qui en somme n'aimait pas trop voler et préférait le plancher des vaches, en digne véhicule de la country, mais qui devait lui rappeler la belle époque, quand ils descendaient du ciel pour bénir les foules en chansons.

Le lundi 31 décembre 1985, à l'issue d'un concert en Alabama, il prit, avec sa compagne Helen Blair et ses cinq musiciens, son fameux coucou de dernière jeunesse pour rejoindre Dallas, où il devait se produire dans un spectacle de fin d'année, le Eve Show. Peu après le décollage, le pilote signala comme dans une mauvaise série de CBS que de la fumée envahissait le cockpit, à la suite d'un court-circuit, et il tenta un atterrissage d'urgence dans un champ près de Dekalb, au bord d'une autoroute du Texas, qui se termina par un crash. A peine l'avion au sol, et tout le monde sonné, il s'enflamma soudain et tous les occupants furent asphyxiés et carbonisés en un éclair, avec leurs rêves et leur matériel, à l'exception du pilote et du copilote, échappés en catastrophe par le cockpit. Le tout n'avait duré que quelques minutes, à peine le temps d'une chanson, au temps des quarante-cinq tours : l'histoire s'arrêtait là. On raconta parfois que l'accident était dû à l'usage intempestif de drogue en plein vol, une façon comme une autre de s'envoyer en l'air et même ad patres, mais l'enquête détermina qu'il était causé plus prosaïquement par le dysfonctionnement d'un radiateur à gaz. Le fils de la famille Nelson ne serait pas tombé de si haut. Ainsi finit le jeune homme à la moue et à la mèche pas rebelles, le petit Presley des chaumières dont le geste le plus célèbre fut d'avoir envoyé en pleine rue de *Rio Bravo* sa Winchester à « Duke » Wayne qui embrayait et tirait aussi sec dans le tas : bingo ! A quoi se résume une vie. La télévision diffusa en hommage son show de Vegas avec les vétérans, Fats, Carl et le « Killer », où il interprétait ses plus fameux succès et répétait une fois de plus que *« les gens l'appelaient l'idole des jeunes »,* en version originale. Puis elle remit ça avec « le » film de sa vie, son regard bleu en Technicolor : *« By the river Rio Bravo/I walk all alone/and I wonder/as I wander/by the river where my love has flown »*, comme chantait Dean Martin. C'était déjà une autre vie.

Son ami Bob Dylan lui rendit hommage en intégrant à sa tournée 2005 sa chanson la plus mélancolique, *Lonesome Town*, qui était l'une de ses meilleures, avec tant d'autres, *It's Up To You* et *It's Late, Believe What You Say* et *Never Be Anyone Else But You*, ces mots qu'on dit aux filles dans le noir d'une boum et qui aident à voir l'avenir en rose, à croire que la vie est un film, sinon un feuilleton, et qu'on est le premier rôle par contrat : le fils préféré de l'Amérique. Il laissait derrière lui 40 albums et 30 ans de souvenirs, de deux minutes trente comme ces colliers bon marché qui finissent par devenir nos vrais bijoux, ces doigts croisés qui viennent chatouiller notre mémoire des siècles après, ces plages d'albums où s'efface pas à pas l'ombre de nos vies. Rien. Que des ballades d'enfer pour faire craquer secrètement la fille des débuts, celle qui lui préférait Elvis, faire danser dans sa tête ce souvenir de flirt qui s'était envolé depuis longtemps au paradis des flirts. L'inspiration avait de ces secrets...

BOBBY FULLER ET RITCHIE VALENS

Le temps des comètes ou Deux étoiles en feu

Si l'on tapait à la fois les mots « comète » et « rock'n'roll » sur un moteur de recherche d'ordinateur, on aurait plus de chances de tomber sur Ritchie Valens ou Bobby Fuller que sur Bill Haley, dont c'était pourtant le nom du groupe, tant le destin de ces deux-là fut, à sept ans de distance et de différence d'âge, éphémère et voisin, avec une dimension romanesque, tragique, qui n'en finit pas de sentir le soufre et de distiller la nostalgie. L'un mourut en effet à 17 ans dans un légendaire accident d'avion et l'autre à 24, dans des circonstances encore plus atroces : brûlé vif après avoir dû ingérer de l'essence, sur un parking à minuit ! Leurs points communs s'arrêtaient là, sinon qu'ils avaient la même maison de disques, et que le premier avait péri dans l'appareil de Buddy Holly qui était l'idole absolue du second, dont le seul succès, *I Fought The Law,* était une reprise de ses fameux Crickets : dans le rock'n'roll aussi, le monde était petit, tournait en rond autour des platines

C'était d'ailleurs dans les studios Norvajak, à Clovis, au Nouveau-Mexique, où Buddy avait gravé naguère ses mythiques *Peggy Sue* et *That'll Be The Day,* que Bobby mit en boîte ce fameux *I Fought The Law* (littéralement : *J'ai transgressé la loi),* devenu l'année suivante le titre de son premier album et un hit à toute épreuve, et dont la version française, interprétée par Claude François, s'intitulait *Moi j'ai joué et j'ai perdu,* et correspondait encore plus au destin de son malheureux interprète, l'homme à la Stratocaster. Le morceau avait ceci d'original qu'il apportait un son « merseybeat », c'est-à-dire anglais, à un thème à la Bo Diddley, et avait été réalisé dans les mêmes conditions que tous ces tubes qui envahissaient alors la BBC : Hollies, Manfred Mann, Tremoloes, Kinks, etc. Le grand atout de l'artiste était de marier en quelque sorte l'image et le son, de donner un visage très avenant, et pour tout dire mignon à la Ricky Nelson, une vraie gueule d'acteur, à un riff de guitare soutenu et flamboyant. Après des débuts dans son propre studio, construit dans l'appartement de ses parents à El Paso, avec micros et chambre d'écho novateurs, et des petites tournées au Texas avec son frère Randy, il s'était fait remarquer par le propre producteur de Buddy, le redoutable Norman Petty, et avait enregistré de-ci de-là quelques maquettes, comme font tous les chanteurs en herbe.

C'était le temps où les rockers mouraient en route, ou se rangeaient des voitures, où l'on passait du rock à la pop et du rhythm'n'blues à la soul, du deux-pistes au quatre-pistes et de la deux voies à l'autostrade, où, comme disait Dylan, les temps et les tempos changeaient. Et contre vents et marées, il avait décidé de revendiquer ses racines rock, ou plus exactement rockabilly, de marcher sur les traces des Cochran, Presley, Little Richard et autres Everly Brothers dont il reprenait des titres en y ajoutant sa fameuse « reverb », comme disaient les pros, une sorte d'écho qui rappelait le son très couru des Ventures, des sous-Shadows américains. Cela donnait aux chansons une épaisseur, une énergie qu'on ne leur connaissait pas, et lui avait valu d'être signé en 1964 par

Mustang Records, de Los Angeles, filiale du label Del-Fi qui avait découvert six ans auparavant... Ritchie Valens. L'histoire se répétait !

Et voilà que deux ans plus tard, après un premier titre prometteur et aujourd'hui bien lointain, *Let Her Dance,* il était numéro 4 au Billboard avec cet entêtant *I Fought The Law,* des Crickets, et enchaînait avec un autre morceau de Buddy, *Love's Made A Fool Of You,* également classé au Top 40. Ce qui faisait en outre de lui, avec un autre Bobby nommé pour sa part Vee *(« Take a good care of my baby »),* le meilleur héritier de l'homme aux lunettes d'écaille, en un temps où reprendre ses titres était presque plus ringard que de revisiter Bing Crosby ! Où le marketing et les playlists faisaient cette fameuse loi qu'il prétendait enfreindre à longueur d'antenne. Et c'est précisément en jouant avec elle, en franchissant la ligne, qu'il bascula à 24 ans du côté sombre de la route, celui où personne n'allait jamais et contre lequel on l'avait mis en garde depuis tout petit : la part du mal.

On était le 18 juillet 1966, à Los Angeles, et il préparait déjà ses futurs enregistrements avec sa nouvelle formation : l'actualité les avait rattrapés, et son guitariste, Jim Reese, devait partir servir au Vietnam, et avait d'ailleurs prévu de lui revendre sa Jaguar, une superbe XKE verte. Cet été-là était torride et Bobby avait rendez-vous le lendemain aux disques Del-Fi, pour une séance avec ses musiciens. Il réalisait sans y penser le rêve de tout jeune Américain de son âge : être beau, talentueux, et reconnu par son temps, à une époque où il valait mieux être britannique, hirsute ou folksinger – ou bien sûr Beach Boy, une rente à vie – pour s'imposer dans les hit-parades. Lui, il perpétuait à sa façon l'Amérique profonde, de toujours, celle du Texas et des grands espaces, qui s'était juste laissé pousser les cheveux – mais pas trop – pour la circonstance, et les idées dans la foulée, et avait tombé son Stetson pour la photo.

Il avait quelque chose d'à la fois fragile et éternel, du bon gars made in USA, à cette nuance qu'il se prénommait Bobby au lieu de Ricky et avait le look du jeune Redford au lieu du vieux Marlon : tout passait, et plus tard, il se fût appelé Brad ou Leonardo. Et les femmes n'y résistaient pas, tant elles avaient besoin de le consoler d'on ne savait quel chagrin imaginaire : il faisait partie de ces garçons à la fois rassurants et troublants qui donnent l'impression d'un heureux mystère, à une certaine façon de regarder l'horizon, et envie aux filles de faire le premier pas, rendant les autres verts de jalousie. En fait, son pays regorgeait de gars comme ça, à la fois semblables et différents, et, de temps en temps, on en sortait un du chapeau. Bobby avait tiré le gros lot, le carré d'as, et il le savait parfaitement, jusqu'à ce maudit soir de juillet où il disparut quelques heures de la circulation, pour la vie, emportant avec lui jusqu'au secret de sa mort.

Plus question de Jaguar ni de séance, on n'avait plus de nouvelles de lui, dans une ville où tout le monde épiait, jalousait, copiait tout le monde, et c'est finalement sa mère qui le retrouva le 18 en fin d'après-midi, allongé sur la banquette avant de sa voiture, à la place du conducteur. Une épaisse fumée âcre se dégageait de l'intérieur du véhicule, et elle mit quelques secondes à comprendre d'une part que son fils était mort, et d'autre part de quoi il était mort : il avait brûlé ! Sa poitrine et ses épaules étaient couvertes d'ecchymoses, son corps était parsemé de coups, et la cause officielle de son décès, aux conclusions de l'enquête, était une asphyxie par inhalation d'essence ! Il avait en fait autant de liquide inflammable à l'intérieur qu'à l'extérieur, un doigt cassé, des blessures multiples, ce qui n'empêcha pas le rapport de police de conclure à... un suicide, en « l'absence de preuve de meurtre ». On ne faisait pas le détail à cette époque-là, trois ans à peine après l'assassinat en direct d'un président dans son état natal du Texas, où chacun avait encore un Colt en tête, à défaut de la hanche. Restait une question épineuse : qui avait intérêt à éliminer aussi sauvagement un garçon de 23 ans qui souriait à tout et à qui tout souriait ? Qui diable pouvait l'avoir passé à tabac, l'avoir obligé à boire de l'essence, et y avoir en outre mis le feu comme à un vulgaire papier journal ?

Toutes sortes d'hypothèses circulèrent au fil des ans, sans jamais apporter de réponse définitive : qu'il avait été séduit par une jeune prostituée locale, et avait essayé de la « tirer de là », de l'arracher à son sort, et donc à son proxénète qui avait réglé l'affaire à la baston, selon les mœurs en vigueur ; qu'il avait fait l'objet d'un contrat de la mafia, pour avoir mis les pieds où il ne fallait pas, et avait même été la victime personnelle de son confrère... Frank Sinatra, dont il aurait plus ou moins volontairement dérangé les affaires privées ! Qu'il avait souscrit une assurance sur la vie et que d'aucuns auraient eu intérêt, chez Del-Fi, à le supprimer pour en bénéficier ; qu'il avait participé à une partie arrosée au LSD et était mort d'une overdose, qu'on avait maladroitement déguisée en suicide par immolation ; qu'il avait tenté d'escroquer le milieu local et en avait brutalement payé le prix ; qu'il avait de toute façon franchi cette nuit-là la fameuse ligne, cette imperceptible frontière qui sépare la terre du paradis, comme dans les jeux d'enfants, et accompagne en filigrane toute vie d'homme. Qu'il avait soudain tiré la mauvaise carte et était tombé dans le vide, de la plus atroce des manières, face à des brutes qui l'avaient tabassé, puis mutilé : torturé pour lui faire payer, mais quoi ? Quoi qu'il en fût, sa mort présentait tous les signes d'un meurtre rituel, réservé généralement aux gens du milieu, dans les cas extrêmes, et elle n'aurait jamais dû arriver, a fortiori à un jeune homme plein d'avenir. Et « sa » chanson continua son chemin à travers les modes et les décennies, répétant ces mots qui résonnaient soudain curieusement, au fur et à mesure que son visage s'estompait : « Cassant des cailloux sous le soleil tapant/J'ai défié la loi et la loi a gagné/J'avais besoin d'argent car je n'en avais pas/J'ai défié la loi et la loi a gagné/Volant les gens avec mon fusil calibre six/J'ai défié la loi et la loi a gagné ». Peut-être au fond la meilleure clef de sa disparition subite, et une leçon pour tous les gamins du Sud à qui l'envie viendrait de sécher leurs cours pour aller faire des gammes dans la cour des grands après minuit : il fallait sortir couverts.

Le destin avait été encore plus pervers et absurde avec Richard Steven Valenzuela, Mexicain d'origine de San Fernando, au nord de LA, qui n'avait guère eu qu'an pour savourer son identité de vedette : Ritchie Valens. Cela sonnait court et claquait sur les pochettes comme une déclaration de guerre, pouvait se scander et était facile à signer, comme on donnerait un *R*endez-*V*ous à ses fans : R.V. Et son père n'aurait pas été peu fier de le voir ainsi à l'affiche, avec la banane et le même sourire conquérant que son propre père à lui : la revanche de tout un continent. Mais Steve senior avait quitté la mère du gamin pour ses trois ans, et était mort quand il en avait dix. Pas de quoi pavoiser, quand on laisse deux mômes derrière soi et une photo souvenir sur la cheminée, un regard fuyant figé dans un dimanche passé, un sourire sépia pour tout testament. Et Richard avait grandi entouré d'oncles et de cousins, en imitant Elvis Presley, Chuck Berry, Jerry Lee Lewis et surtout Little Richard, qui en avait décidément influencé plus d'un : ne le surnommait-on pas le « Little Richard de Pacoima », son village natal?

Là, à Fillmore Street, dans la maison familiale désormais privée de ses proches, il posait à la star, copiait l'autre à la mèche près, avait construit – ou en tout cas « bidouillé » – lui-même sa guitare électrique à 13 ans et l'emportait partout avec lui, jouant de tout et tout le temps : du rock, du typique, du slow, et surtout du latino, de vieux standards comme *Malaguena* et *La Bamba*. Il avait le soleil au bout des doigts. C'étaient plus des réminiscences que des chansons, quasiment des morceaux de lui-même, des airs venus de si loin qu'il les avait toujours connus, avait grandi avec eux comme des copains d'école, retrouvait toute son enfance en effleurant leur mélodie, comme s'il avait été déjà très vieux, loin sur la route. En fait, cela faisait cinq ans qu'il chantait nuit et jour

La Bamba, tournant avec des groupes comme « The Silhouettes », lorsque, tout naturellement, on lui proposa de l'enregistrer, comme on s'acquitte d'une formalité. Plus exactement, on lui demanda ce qu'il avait en réserve, et il n'avait jamais rien interprété d'autre, aussi fréquemment et frénétiquement, au point d'être devenu le « gosse à la *Bamba* » : *« Para bailar la bamba/Para bailar la bamba se necesita una poca de gracia/Una poca de gracia y otra cosita/Y arriba y arriba/Y arriba y arriba y arriba ire/Yo no soy marinero/Yo no soy marinero, por ti sere/Por ti sere, por ti sere, etc ».* Autant dire un hymne du bas de la carte, la mélopée des profondeurs américaines.

La scène se passait à Los Angeles, en mai 58 : un talent-scout travaillant pour la firme Keen, qui produisait entre autres Sam Cooke, l'avait repéré lors d'un concert quatre mois auparavant et avait convaincu son grand patron, Bob Keane, qui lançait son nouveau label Del-Fi Records, de l'auditionner en voisin. L'argument était qu'il serait le premier artiste « cross-over », autrement dit transversal et, en un mot, métissé : un rocker chicano, latino and co qui plairait au nombreux public hispanisant qui se cherchait entre Puerto Rico et Frisco. Et Keane avait découvert ce jour-là un grand gaillard aux épaules larges, aux yeux verts et au sourire franc qui n'avait qu'une idée en tête : chanter, et qu'une seule chanson en tête : *La Bamba,* alors même qu'il ne parlait pas lui-même un mot d'espagnol. Un mois à peine après avoir été refusé par la célèbre firme voisine « Capitol », qui le trouvait trop novice, il avait donc réalisé pour le label indépendant une série de maquettes où il tournait littéralement autour du pot, chantait essentiellement des reprises qu'il avait mises à sa sauce, *Bluebirds Over The Mountain, Stay Beside Me, We Belong Together, Cry Cry Cry, Bony Moronie, In A Turkish Town*, etc.

Programmé pour faire un « hit », il se rapprochait peu à peu de « la » chanson, de ce qu'on aurait pu appeler son rock sudiste : et ce fut *Come On Let's Go*, sorti en août et aussitôt vendu à 500 000 exemplaires, comme des petits pains : il venait de se faire un demi-million de copains en 2 minutes 15 ! Et comme il était alors de tradition, c'est par le prénom de sa petite amie – un sésame répandu à l'époque chez ces sprinters du deux-pistes – qu'il entra dans les charts deux mois plus tard, en octobre 58. Elle s'appelait *Donna*, de son nom complet Donna Ludwig, et devint tout naturellement la face A de son deuxième quarante-cinq tours, immatriculé 4110 et enregistré le 17 novembre 58. Ici, à 16 ans, on couchait les filles sur du vinyle pour mieux les conquérir ailleurs, on se déclarait en microsillon et en scène avant de conclure sa romance à domicile, et aucune Peggy Sue n'aurait su y résister : on ne disait pas non à quelqu'un qui vous disait oui cinquante fois par jour à la radio. Et la face B était sa fameuse *Bamba*, inspirée d'un huapango, c'est-à-dire un chant de mariage mexicain : un sacré ticket gagnant, qui l'emporta tout de suite vers les cimes, le projeta au cinéma dans *Go, Johnny Go !* et à la télévision chez Alan Freed et Dick Clark, deux meneurs de shows à la mode. Son premier et dernier disque vedette, classé au Top Ten, puisque trois mois plus tard, le 4 février, il serait mort et enterré à 17 ans. Cela s'appelle un destin.

Après quelques dates de concert l'année précédente, notamment avec Eddie Cochran, il rejoignit le 23 janvier 1959 un trio d'enfer : Buddy Holly, The Big Bopper et Dion and the Belmonts pour une petite tournée d'hiver qui s'appelait tout naturellement la « Winter dance party » et sillonnait le Wisconsin, le Minnesota et l'Iowa, en autobus et sous la neige. Autant tout le monde se réchauffait en scène et allumait les salles, autant on gelait carrément dans le véhicule qui n'avait plus de chauffage et, après quelques laborieux concerts où ils avaient les doigts frigorifiés, Buddy Holly, qui était la vedette et en quelque sorte le patron de la tournée, décida que c'en était trop et se résolut à louer un petit avion de modèle Beechcraft Bonanza pour les transporter de Clear Lake, dans l'Iowa, où ils venaient de chanter ce soir-là, au Surf Ball Room, à Fargo, dans le nord du Dakota. Le nombre de places étant limité à quatre passagers, Ritchie ne devait pas être du voyage, mais il avait ce jour-là si froid et était si las qu'il réussit à échanger sa place avec l'un des musiciens, au prix d'une négociation homérique, et ce fut la plus mauvaise affaire de sa vie, le jour où il passa la main.

Le reste appartenait à la légende et à l'histoire de Buddy Holly, racontée ailleurs. Le premier latin rocker était mort en même temps qu'il naissait et Trini Lopez pouvait entrer dans la course avec sa reprise soft d'*America,* de *If I Had A Hammer* et de... *La Bamba,* cependant que d'aucuns la rebaptisaient carrément *Twist And Shout,* pour faire moderne, et qu'elle enflammerait jusqu'aux jeunes Beatles, de l'autre côté du Channel, en attendant Los Lobos et sa biographie filmée. La roue de la chance tournait vite, au temps furtif des teenagers, et les enfants de la frontière n'avaient droit qu'à un tour de manège, un seul billet pour le paradis...

FREDDIE MERCURY

L'autre Reine d'Angleterre ou Le chat qui rêvait d'être un léopard

Quand on est né à Zanzibar, qu'on a grandi à Bombay, qu'on a trois octaves et demie à sa voix, des doigts enchantés et qu'on s'appelle Farrokh Pluto Bulsara, descendant de fonctionnaires britanniques dans les années 40, on est déjà par définition un personnage de roman, une sorte de petit fils moderne de Kipling et de Somerset Maugham ; et il n'en aurait pas fallu beaucoup à une époque pour qu'on finisse dans les lanciers ou le trafic de chanvre, prisonnier de Zenda ou même fils de la jungle. En tout cas dans les rangs de sa Gracieuse Majesté, avec le casque ou la tunique de Franchot Tone, si vous vous souvenez. N'est pas Tanzanien de confession zoroastrienne qui veut !

Et quand en prime, on veut faire du rock, qu'on a le sens du look, l'oreille musicale et un bon coup de pinceau, et qu'on se surnomme Freddie, on devient un jour Freddie Mercury, en référence au dieu du commerce Mercure, et la plus grande icône de la culture pop gay des années 80. Et, hélas, on en meurt un matin, bêtement mais fièrement, à 45 ans et au terme d'une agonie secrète, en laissant derrière soi des tas de souvenirs, de frissons, de standards qui font encore vibrer près de 20 ans plus tard les coulisses de Wembley, de Hyde Park ou du Rainbow Theatre, constituent les *best of* de notre mémoire.

Car non content d'être un virtuose, tour à tour pianiste, guitariste, compositeur, ténor lyrique et designer, le leader de Queen était un athlète, un artiste capable de tous les records, de ventes comme d'entrées un homme-orchestre à même non seulement de créer, mais aussi de se créer, qui adorait à la fois Jimi Hendrix, John Lennon, Liza Minnelli et... les chats, fumait, embrassait et mordait la vie à pleines dents. Un démiurge à sa façon qui n'avait en scène rien à envier à Jagger, avait en studio la folie des grandeurs et en public les moyens de ses ambitions, vivait au superlatif et voyait loin et grand, même s'il n'avait pas prévu la fin du film : on ne saurait penser à tout.

C'était le temps des groupes, l'époque où Mick croisa Keith, où John débuta son ping-pong musical avec Paul, où Pete rencontra Roger et l'autre Keith – les initiés traduiront – : où la pop anglaise vit le jour et commença d'envahir le monde par les grandes ondes, les « fringues fashion » et le design psychédélique, les boots et les bandanas. Le temps des mods et des pops, du hype et de Mary Quant, de King's Road et de Carnaby Street. Des Bikers et des Teddy Boys, de la coupe au bol et de la fin des cols, des cheveux multicolores et des pupilles dilatées, de *Ruby Tuesday* et *Lady Madonna*. On disait alors « British invasion » pour désigner cette vague énervée, mêlée de High School et de caves « in », qui submergerait jusqu'aux bases américaines et balaierait tout sur son passage, sauf Dylan, qui avait Dieu à ses côtés. Freddie-Farrokh, ou si l'on préfère Farroukh, était arrivé à Londres par le train suivant, en décembre 63, avait tenu lui-même une boutique de vêtements, et rencontra dans la foulée, du côté des Beaux-Arts, ceux qui deviendraient ses Richards et Townshend à lui : le guitariste Brian May et le batteur Roger Taylor, qui faisaient leurs armes dans un de ces groupes interchangeables, souvent baptisés d'une seule syllabe pour imprégner les mémoires : « Smile ». On n'aurait pu faire plus court, même si le nom ne suscitait pas l'effet escompté. Le premier, qui jouait sur une « Red Special » fabriquée par son père et allait faire le lever de rideau de Jimi Hendrix en 1967, avait gagné ses étoiles par des études de physique et d'astronomie, et en était alors à sa troisième formation, jouissant d'un prestige certain. Le second tapait sur ses caisses claires et cymbales depuis cinq groupes, marchait sur les traces des Who, Led Zep et autre Jimi Hendrix. Le tout s'engageait de pied ferme dans un rock progressif et vaguement psychédélique qui cherchait sa voie, c'est-à-dire sa voix, cependant que Farroukh, qui n'était pas encore Fred, rongeait son frein en coulisses, guettait son avenir entre les plis du rideau. Chassait sa chance avec déjà un sourire de loup, en l'occurrence la place près du micro.

Et il y mettrait le temps : pas moins de quatre ans à jouer les utilités, les hommes à tout faire et les messieurs bons offices, avant de devenir le roi des Reines, une sorte de « King » new wave. Dur de ne pas avoir l'air quand on a la chanson : il « savait » déjà, mais devait laisser faire le hasard, pour que tout ait l'air naturel, et que l'idée vînt des autres, qu'on fît enfin appel à lui pour les bonnes raisons. Et les autres tâtonnaient, piétinaient pendant qu'il piaffait, pressentait, inventait : toute sa vie, il avait été en avance, aux courses et aux cours, aux rendez-vous et aux auditions, il s'était battu contre les montres et avait voulu être le premier. Il avait aimé la sensation qu'on éprouve à arriver avant tout le monde, se retourner et voir le peloton progresser lentement, laborieusement, il traquait le frisson de la première minute. Il avait su ce qui allait arriver, et même parfois quand, sauf au dernier tour. Et cette fois-là, il avait tout vu d'un coup, le cheval dans le marbre, et le groupe dans le trio. Il les avait reconnus, comme on se fait une famille de métier, avait choisi Brian et Roger d'un regard. Il les avait envisagés. C'était en fait le chanteur du groupe qui les lui avait présentés, en toute candeur, et Freddie dut donc attendre quatre ans que ce dernier quitte la formation pour le remplacer enfin, pour ravaler le Sourire des Smile et donner au combo sa vraie voix, son style et même son sigle : accoucher en avril 70 des Queen, autant dire les « reines des folles », qui faillirent bien s'appeler The Rich Kids. Mais on ne brûlait pas les étapes, et l'argent avait bien moins d'odeur que les choses du sexe. Ils seraient donc sacralisés, presque un blasphème en cette bonne terre d'Angleterre.

Et sitôt un bassiste trouvé, nommé John Deacon, ils se mirent en route pour la gloire, qui leur arriva cinq ans plus tard, au quatrième album. Cela s'appelait *Une nuit à l'opéra*, en référence aux Marx Brothers, tout comme le suivant s'intitulerait *Un jour aux courses*, et c'était le disque de tous les records : album le plus cher jamais produit, avec un titre phare de 6 minutes, *Bohemian Rhapsody*, qui avait demandé trois semaines de travail en studio, et demeura n° 1 pendant 9 semaines, devenant le troisième single britannique le plus vendu de tous les temps, triple disque de platine aux Etats-Unis. L'œuvre, ambitieuse et démesurée, s'inscrivait dans la veine de ces chansons fleuve – *Eloïse, MacArthur Park* – qui avaient préfiguré les seventies.

Et ainsi de suite avec le second single, *You're My Best Friend* : ils avaient décroché le jackpot. Le succès en était si grand qu'il éclipsa même le suivant, *Somebody To Love*, classé numéro deux au Royaume-Uni, et leur valut un concert triomphal à Hyde Park, devant... 150 000 personnes ! Une entrée royale pour des sujets de Sa Majesté, transformée par le disque suivant qui contenait à la fois *We Are The Champions* et *We Will Rock You*, en 1976. Et encore *Fat-Bottomed Girls* et *Bicycle Race* en 1978, *Crazy Little Thing Called Love* et *Another One Bites The Dust* sur l'album *Games* en 1980, quatre fois disque de platine aux USA et n° 1 des ventes pendant quatre semaines, etc. Rien ne pouvait plus les arrêter, ils écrivaient à chaque titre leur Disque des Records, et il fallait désormais rien moins que des stades pour les contenir, les accueillir, de Rio à São Paulo. Ils traversèrent l'Amérique latine comme les champions qu'ils étaient devenus, dévorés *live* par des millions d'yeux, et battirent même leur propre record une certaine nuit de janvier 1985, où ils affrontèrent à deux heures du matin 325 000 spectateurs à Rio – on disait ici cariocas – dans un délire indescriptible, supérieur à tous les carnavals et fêtes du Sambodrome. Une ville entière tanguant en transes à leurs pieds, 700 favelas en nage, scintillant et dansant dans l'hiver tropical comme ces vagues de Copacabana ou d'Ipanema qui viennent vous lécher la main à minuit, sous l'œil du Corcovado voisin et de la baie de Guanabara. L'apocalypse à domicile et le paradis sur terre, et l'une des nuits les plus chaudes qu'ils aient jamais vues, où ils avaient chanté jusqu'à voir le soleil se lever, et remirent ça dans les mêmes conditions huit jours après : *sold out.* Seuls, Jagger et Bono battraient vingt ans plus tard le fameux record avec leurs groupes respectifs, mais ils s'étaient mis à deux pour y arriver, pour détrôner les rois...

Et puis ils rentrèrent en studio pour de nouveaux tubes, et pas des moindres : *Under Pressure*, avec David Bowie, *Radio Ga Ga, I Want To Break Free*, *Hammer To Fall, Tear It Up, I Want It All, A Kind Of Magic.* On ne se refusait rien, et Freddie trouvait toujours aussi délectable de repousser ses limites, de viser chaque fois un peu plus haut, lorgnant d'un œil cette vieille Elton qui continuait de s'accrocher aux branches du Top et de l'autre les fantômes de Cliff, Rod et Tom Jones qui avaient rendu les armes, passé la main depuis longtemps pour ce qui était du feeling. Les temps avaient changé, même les Clash et les Sex Pistols étaient morts ou rangés, et à 40 ans passés, il était désormais un survivant qui faisait la pige à Morrissey et regardait pousser les Bono, Le Bon et autres – autrement dit la génération Cure, U2, Duran Duran et Depeche Mode – avec curiosité, mais toujours la niaque des premiers temps.

Il y avait désormais tant de Talk Talk, Talking Heads, Bronski Beat, Thomson Twins et autres Frankie Goes To Hollywood au compteur, de Spandau Ballet, Kajagoogoo, Eurythmics, Stranglers et Simply Red au Top qu'il finissait par s'y perdre lui-même, se mélanger les groupes. Les places étaient chères par ici, bien que son créneau fût à peu près unique, si l'on exceptait bien sûr Gary Glitter et les autres rockers glamoureux, et il ne boxait pas dans la même catégorie, pour demeurer dans la métaphore sportive, ou alors... avec Madonna ! Le seul qui eût pu lui faire lever une paupière était ce Klaus Nomi qui avait pris prématurément la poudre d'escampette, en leur laissant Nina Hagen, et il salivait déjà d'avance à l'idée de ses duos explosifs avec la cantatrice Montserrat Caballé, qui allait enregistrer avec lui un album entier de sa composition, dont le superbe *Barcelona*, pressenti plus tard pour illustrer les jeux Olympiques de 1992. Leur première rencontre s'était passée à l'hôtel Ritz de cette ville et avait fait des étincelles : la plus diva n'était pas celle qu'on croit.

On était en 1987, et Freddie, qui atteignait la quarantaine et venait de publier son premier album solo, *Mr Bad Guy,* avec une reprise de *The Great Pretender,* n'avait plus rien à prouver, sinon justement qu'il avait encore quelque chose à dire, et quelques bons disques devant lui, à l'instar de ses deux partenaires principaux qui avaient également pris goût à la liberté. Depuis le début des années 80, Queen était devenu une marque, un navire amiral, dont même Coca-Cola adopta plus tard le thème de *I Want To Break Free* pour sa publicité, et chaque titre, chaque album mettait la barre un peu plus haut, avec des titres qui, symboliquement, commençaient souvent à la première personne, disaient tout ce qu'il voulait, et notamment qu'il *voulait tout :* c'était un homme d'appétits, qui pouvait tourner des jours autour d'une chanson, d'un cœur à prendre ou d'un plan à faire. Qui ne lâchait jamais prise, avait toujours une case d'avance, une idée derrière la tête, qu'on pouvait lire dans ses sourires. Et qui vit arriver sa fin pendant cinq ans, cinq longues et brèves années de doute et de frénésie, celui-ci alimentant celle-là, de lampe et de studio, puisqu'il s'interdisait dorénavant de faire de la scène.

C'est en effet en 1987, au sortir de l'album avec sa cantatrice, que cette haute figure gay, qui s'accoutrait dans ses clips de perruques, de jarretelles et de talons hauts, s'habillait en femme, en chat ou en léopard lorsqu'il se produisait, qui avouait « avoir eu sa première expérience à 15 ans » et « plus d'amants qu'Elizabeth Taylor », découvrit sa séropositivité. Il avait aussitôt appelé son ami Jim, en visite chez ses parents en Irlande, et ce dernier était rentré tout de suite à Garden Lodge, leur principale demeure londonienne avec celle de Montreux.

Là, Fred lui montra sur son épaule gauche la trace du prélèvement test qui avait été effectué et avait tout déclenché : quelques centimètres à peine de cicatrice, et un diagnostic aux allures de verdict : séropositif. Le mot le plus redouté dans le cercle à ce moment-là. Dès lors, il fit tout ce qu'il fallait pour se soigner, s'en sortir, mais ne voulut plus jamais en entendre parler, et encore moins en parler, changeant même de chaîne quand le sujet venait sur le tapis à la télé. Trop brûlant, trop dur, trop lourd à porter. Pas pour lui. C'est à la même époque qu'un de ses anciens proches, Paul Prenter, fit étalage de leur vie privée dans la presse à scandale, en l'occurrence le redoutable *Sun*. Il avait horreur de ça, et se referma davantage, c'est-à-dire qu'il en fit encore plus que d'habitude, et se méfia dorénavant de ses amis, en plus de ses ennemis, dans un métier où la nature des relations se confondait aisément, où la confiance se payait souvent d'une manière ou d'une autre.

Et il n'en continua pas moins de faire la fête, célébrant cette année-là son 41e anniversaire à Ibiza avec une centaine d'invités amenés en DC9, un gâteau de 6 mètres de haut porté à l'antique, un feu d'artifice à son nom dans le ciel des Baléares et autres danseurs de flamenco. Du pur Mercury, jouant les Cléopâtre entre deux séances à Barcelone, et toujours cette manière insolente de défier les dieux rien qu'en les toisant : ils ne le lui pardonneraient pas. L'homme savait en effet vivre, recevoir, et séduire, de ce sourire conquérant, quasi carnassier, qui éclairait et dévorait les unes, les pochettes et les T-shirts, tenait à la fois du tigre bengali de son pays natal, du caïman noir et du python royal ; et il allait devoir apprendre à mourir en pleine maturité, au sommet de son art et au meilleur de sa forme, à un âge où, par définition, on ne meurt pas. En beauté, et même en chantant. Ce qu'il mit longtemps à accepter, parce que c'était purement inacceptable. Exactement comme ces jeunes gens qu'on réveille au matin de leur dernière heure, pendant la guerre, et qui doivent y aller, stupidement, alors qu'ils viennent à peine de naître et ont toute une vie à connaître.

Lui qui avait toujours soigné, entretenu son corps et cultivé une forme quasi olympique, malgré son abus du tabac et de l'alcool, se voyait maintenant diminuer, faiblir et devait progressivement économiser ses efforts, ménager sa voix, se reposer. Il lui fallait surveiller son alimentation, son sommeil, son pouls, son rythme de vie, sa sexualité même et jusqu'à son image, avec ce visage qui se creusait et ces larges plaques rouges qui apparaissaient du jour au lendemain sur son corps, au dos de sa main, sur sa joue gauche, comme un vieillissement accéléré, une chute dans le temps. On appelait ça le sarcome de Kaposi, et cela se traitait par laser, mais laissa des taches blanches qu'il fallut alors maquiller : on n'en sortait pas. Il avait beau tout faire pour cacher ses symptômes d'un côté, ils réapparaissaient de l'autre, et ajoutaient le stress de l'artiste aux soucis de l'homme, lui faisaient perdre ses moyens et dépenser des trésors d'énergie pour continuer sa vie normale, qui était en outre publique.

Le pire était qu'il maigrissait à vue d'œil, et ne pouvait dissimuler cela à personne, à commencer par lui-même. Le virus cheminait, sévissait manifestement en lui, et il redoutait par-dessus tout une quarantaine – le traître mot – qui était alors de mise dans ce type de situation, à une époque où l'idée même de cette maladie terrifiait autant que la peste : il se souvenait de la fin récente de Rock Hudson, et préférait partir, sortir « avant », mais où cela commençait-il, quand franchissait-on la ligne ? Quand était-il trop tard, encore temps ? Ressemblait-il déjà à l'acteur ? Pour qui incarnait la superbe et l'extraversion, avec une sorte de théâtralité permanente, d'excentricité radieuse, surjouait au quotidien sans que cela sonnât jamais faux et témoignait d'autant de maestria à la ville qu'à la scène, il avait soudain acquis une gravité, une sérénité tout orientale qui en disait long sur son désarroi profond, celui qu'on ne peut partager parce qu'il dépasse les mots.

Il fixait, contemplait déjà sa fin prochaine, écrite sur ses traits comme une guest star, gravée dans chaque nouveau pli de son menton ou de son front, avec autant de fascination que de répulsion. Il guettait, reconnaissait parfois la mort telle une image subliminale en se regardant dans la glace, avant une télé ou un clip, la devinait embusquée sous un sourire ou derrière un silence, et se surprenait à la farder, la cerner comme une seconde peau. A surligner ses traits jusqu'à la voir danser sous le masque, à la faire parler et s'écouter lui répondre, de si loin déjà, comme à une vieille connaissance : ne l'avait-elle pas accompagné dès la naissance, parfois interpellé et si souvent frôlé, en voyage ou en trip, dans les virages de ses biographies non autorisées ? A la mettre à l'affiche, puisqu'elle jouait désormais ses covedettes à chaque sortie, lui collait aux basques et surgissait jusqu'à ce lit, où elle s'était un jour glissée, infiltrée subrepticement : une contrebandière. A composer avec elle, la semer ou la dérouter, sans jamais pouvoir l'effacer du miroir : elle était de celles qu'on n'oublie pas, qu'on garde au fond des yeux. A se réfugier le ventre noué en studio, en se répétant que tout cela n'était qu'un rêve, et à retrouver soudain l'autre dans une vitrine, dans un ascenseur, avec ce regard hagard qu'il était le seul à voir, mais percevait tout le temps au fond de lui-même, et que les compliments trop appuyés des autres ne faisaient qu'exacerber : il savait qu'elle était là, comme la bête cachée dans le dessin du tapis. A l'écrire pour l'exorciser, l'évacuer, la tenir en respect. A l'embrasser enfin sur les lèvres, après l'avoir fuie des journées entières, et s'endormir auprès d'elle comme un enfant contre sa mère, le petit Farrokh au temps des Bulsara, de Bombay la douce, quand il gagnait les concours du plus beau bébé indien. Quand il attendait que sa petite sœur Kashmira, lovée contre lui, s'envole en dormant pour s'assoupir lui-même, la rejoindre à son tour, et qu'il n'avait pas de rêve assez grand pour y faire entrer tous ses projets d'avenir. A l'assumer comme une partie ultime de sa vie, juste un peu plus indigeste et définitive que les autres. Pendant cinq ans, heure par heure et seconde après seconde, il avait appris à mourir, avait préparé, répété pas à pas la sortie la plus difficile de sa carrière, et l'heure était maintenant venue de la dernière chanson, l'éternelle « naked song » du tour qui vous dit au revoir et vous renvoie à votre destin avec une étoile en tête.

C'est surtout dans les années 90 que tout s'accéléra, se dégrada. Que le sol lui échappa et qu'il sut de manière certaine que c'était là, pour de vrai et pour bientôt. Qu'il la sentit pour de bon auprès de lui, tapie dans la pénombre et même dans son ombre à toute heure du jour, qu'il la reconnut définitivement dans son reflet, son regard, où qu'il allât, et se mit à ne plus lui prêter attention, à faire avec. Qu'il prit son parti du mot fin, et commença à dire qu'il connaissait sans doute l'année de sa mort, privilège rare et fantasme de beaucoup, qui l'avait longtemps taraudé à l'adolescence : Fred, 1946-19... ? Qu'il se vit mourir vraiment.

Même s'il n'imaginait pas que l'échéance fût si proche, s'il n'envisageait même pas qu'elle pût être réelle, à ces moments de la journée où il retrouvait son énergie tout entière, reparlait au futur sans buter sur les mots et projetait des disques comme on prend rendez-vous, il avait commencé à s'y préparer : il avait tant à faire en si peu de temps, tout à rattraper et à régler, à achever. Des milliers d'images, de mots et de notes qu'il gardait par-devers lui, des albums entiers qu'il contenait et qui se pressaient à ses lèvres, à ses doigts, avec toujours la même exigence, rigueur professionnelle : quasiment sa marque de fabrique. Toutes ces nuits à tourner autour d'un mot ou d'un son, à chasser la note comme un snark, à fouiller le nirvana des chansons, où il avait acquis une sorte de concession à perpétuité, désormais dérisoire, et à se demander soudain ce qu'il fichait là à trois heures du matin au milieu de ses châteaux de cire, ses murs de son et tours d'ivoire. Ses bains tièdes et parfumés comme des antichambres du paradis.

Et il s'était donné des lignes de conduite : Penser à tout. Rappeler ceux qui le méritent. Faire les choses sur le moment. Ne pas perdre une minute. Eviter les importuns. Ne pas gaspiller d'énergie. Ne pas s'énerver. Ne plus parler pour ne rien dire. Diminuer le nombre d'autographes, d'interviews. Compter ses vrais amis. Parler à son chat, Delilah, qui le regretterait peut-être plus que tout autre. Economiser jusqu'à sa salive, désormais si sulfureuse. Ne pas remettre à demain. Ne pas promettre, Ne pas..., etc. Il s'était mis à faire son testament privé et public, qui tiendrait chez lui en deux derniers albums, pour la route.

Le premier, en 1989, s'intitulait *The Miracle*, avec le titre, *Was It All Worth It (« What is there left for me to do in this life/Did I achieve what I had set in my sights/Am I a happy man or is this sinking sand/Was it all worth it was it all worth it »).* Lui qui avait tant biaisé, tourné autour des mots, les affrontait aujourd'hui de face, et y gagnait en force. Il disait les choses, et cela l'apaisait, lui donnait le sentiment de l'instant, sans avant ni après. De sa petite éternité. Le disque avait pris tout le monde de plein fouet et encore plus soudé son public autour d'eux. Et il lui semblait que jamais les autres, Brian et Roger, n'avaient été aussi inspirés, puisqu'à leur façon, ils vivaient également sa mort, changeaient de comportement, lui reflétaient une situation qu'aucun groupe au monde n'avait connue jusque-là : la perte du lead singer et compositeur en direct, en live, et désormais dans le texte, puisqu'il allait chanter sa propre fin, mettre en scène sa sortie : partir en professionnel.

C'était là tout le pari, plus démesuré que jamais, du second enregistrement, dont il savait pertinemment que c'était le dernier et dont il se demandait qui aurait le dernier mot, tant le combat avec la musique était devenu inégal, et le poids des *lyrics* écrasant. Allez donc chanter votre propre mort en studio à 45 ans ! Personne n'avait jamais fait ça autour de lui, et cette idée le ravissait : il aimait sortir de l'ordinaire, fût-ce par l'issue de secours, et même en tirant le rideau, il allait innover, bluffer son auditoire ! Il fallait en avoir pour oser une chose pareille, et il aimait cette idée que le sexe ne servait pas qu'à mourir, que sa mort elle-même engendrait une création !

Une seule chose le hantait littéralement : qu'il ait le temps d'aller jusqu'au bout, au dernier souffle et à la dernière prise, toujours multiple dans son cas, à la dernière note du dernier couplet ; après, il pouvait bien mourir s'il le fallait, il aurait gravi, gravé sa montagne et ne serait plus très loin de ce fameux paradis ! Du coup l'effort à fournir était encore plus grand, et sa capacité de résistance quasiment nulle : un enfant de 12 ans. Par précaution, il avait laissé plein d'instructions à ses camarades, précises comme du Selznick, pour leur dire quoi faire en cas de.... comment continuer et parachever sa tâche, arranger ceci et mixer cela si jamais les choses tournaient mal : il ne voulait même pas prononcer le mot tabou, par superstition. Durant ces trois mois de séances, qui alternaient avec d'autres plus cruelles, dans une étrange course au finish, la mort n'était pas de mise, pas invitée. Et il avait plongé dans leur treizième album studio, un vrai symbole et le disque de sa mort, sinon de sa vie, comme on se met à nu pour 53 minutes 48 de vérité. Il s'y était donné à cœur perdu, coup pour coup, avec ce corps désormais boursouflé, décharné, marqué d'ecchymoses, vieilli avant l'âge, qui ne lui ressemblait plus, ne lui répondait plus qu'à moitié et encore sans prévenir, l'agressait chaque jour un peu plus dans sa glace... Cette voix inconnue qui lui paraissait venir, revenir de nulle part et qu'il s'acharnait à pousser, réveiller, arracher au risque de la casser, cette mémoire qui le lâchait une fois sur deux et n'en faisait plus qu'à sa tête, cette p... de vie qui dansait entre ses doigts à la manière d'une flamme de fan, et qui jouait d'ailleurs les fans capricieuses et volages, ne disait plus ni oui, ni non, juste peut-être. C'était un vrai combat, avec ses rounds et ses pauses, ses feintes et ses coups bas, et le challenger n'était pas réglo, attaquait de partout, et cognait au-dessous de la ceinture. Un vrai vicieux qui vous prenait par les sentiments et vous tordait ensuite les couilles comme au catch, qui en avait entourloupé plus d'un ces jours-ci dans la profession. Une saleté. Mais il voulait ce disque, l'attendait et le portait comme un enfant, ne pouvait s'éteindre sans s'en libérer d'abord : son pacte à lui avec Faust et son représentant sur terre, monsieur Parlophone, ancien label des Beatles. Il voulait ces chansons qui disaient l'éphémère, le prix des choses et la valse des sentiments. Qui retrouvaient la fibre de leurs débuts, avec l'expérience, la vie en plus : *I'm Going Slightly Mad, Don't Try So Hard*, *Ride The Wild Wind, All God's People*, *Bijou,* ou encore *These Are The Days Of Our Lives*.

L'album qui s'appelait *Innuendo* et dont le titre éponyme avait demandé une centaine de prises différentes, se terminait par sa toute dernière œuvre, intitulée comme il se doit *The Show Must Go On.* Une pièce d'autant plus bouleversante qu'il répétait : *« I have to find the will to carry on »* (« Je dois trouver la volonté de continuer »), tombait désormais le masque face à l'inconnu et se confiait littéralement à l'auditeur : « Le spectacle doit continuer/A l'intérieur mon cœur est en train de se briser/Mon maquillage est peut-être en train de s'écailler/Mais mon sourire reste encore/Quoi qu'il arrive je laisse tout ça à la chance/Est-ce que quelqu'un sait pour quoi nous vivons ?/... C'est bientôt la fin pour moi/Dehors l'aube commence à poindre/Mais à l'intérieur dans le noir je me languis d'être libre... ». Et d'insister, au cas où l'on n'aurait pas compris, entendu battre son cœur sous les mots : « Le spectacle doit continuer/J'y ferai face avec une grimace/Je n'abandonne jamais/Le spectacle doit continuer/Je tiendrai l'affiche/Même si ça doit me tuer/Je dois trouver la volonté de continuer/Le spectacle doit continuer ». On ne saurait mieux dire, joindre l'art à la vie, passer de la carrière au destin. Tracer son *Rosebud* dans la neige.

Contre toute attente, c'était un de leurs meilleurs disques, car, par-delà son thème sous-jacent, il revenait tout naturellement aux sources, à l'opéra et au hard, après leurs dérives punk et disco, réhabilitait définitivement les guitares et reléguait les synthés à leur place, en fond sonore. Ils redevenaient les Reines, avec une mélancolie et une émotion qui transfigurait sa voix affaiblie, incertaine, et des invités de marque comme Steve Howe, de Yes, qui y apportait son rayon de flamenco comme un écho du paradis : Freddie avait l'âme latine. Et il l'avait enregistré à bout de force, de voix, de tout, et avec l'énergie de ce désespoir qui l'habitait désormais et lui donnait encore des ailes, de temps en temps, des airs de celui qu'il avait été, même s'il avait parfois l'impression d'être son propre père sur les photos et d'en avoir en outre la voix.

Le disque parut le 9 février 1991 et il partit le 24 novembre, vingt-quatre heures après avoir enfin reconnu officiellement qu'il était atteint du virus du sida, et vu son œuvre s'envoler plus que jamais dans les charts, le précéder au paradis des albums où il rejoignait le meilleur de Queen. Leur plus gros succès depuis quinze ans, et le plus poignant, avec cette sensation de mort omniprésente qui donnait au tout des allures crépusculaires, de requiem pour un roi. Et l'une de ses joies les plus amères. Il gagnait en perdant, renaissait de ses cendres, et se disait que tout cela ne serait peut-être pas arrivé sans le reste, que le destin s'amusait à la manière d'un gros siamois, endormi au soleil pâle de Kensington. Qu'il fallait décidément aller au-delà des choses pour y comprendre quelque chose, et que le meilleur était peut-être à venir, maintenant qu'il était revenu de tout. Descendre au drugstore incognito – il avait hélas plus de mal à se déplacer qu'à passer inaperçu – et commander un milk-shake banane comme à 16 ans lui procurait soudain un bonheur indicible, comme s'il retrouvait la vie au bout d'un long tunnel et respirait l'air de Soho pour la première fois.

Les six mois qui suivirent la sortie du disque se passèrent entre rêve et réalité, c'est-à-dire entre son traitement de choc pour freiner la progression de la maladie, qui avait désormais gagné, et la campagne promotionnelle de l'album qu'on avait réduite au maximum, et bien entendu absolument privée de scène. Pas question de le montrer, de le filmer, ni même de l'interviewer de trop près : on ne savait jamais. Hudson avait dû connaître ça à la fin, et dans leur métier, cela revenait à mourir deux fois, au ralenti, en public et puis en privé. Fred n'était pas homme à se cacher, ni à dissimuler quoi que ce fût de lui, et il fallait biaiser, finasser, jongler avec les questions. Tout ce qu'il détestait, surtout en ce moment : on ne fait pas de manières en parvenant à la fin de l'histoire. Et puis il n'avait plus la tête à ça, même si ça lui changeait les idées. L'enregistrement l'avait épuisé, vidé, et il n'avait plus qu'une seule envie : se reposer, de ces quarante-cinq années frénétiques, qu'il appelait sa longue impatience. Vivre ses derniers temps à plein, c'est-à-dire au calme, en savourer chaque seconde, prendre le meilleur de ce qui restait et lui rendre si possible la pareille, lutter jusqu'au dernier souffle et s'endormir ensuite en paix, sans trop souffrir, si l'« autre » voulait bien, là-haut. Le voyage avait été si long, de Bombay jusqu'à Londres, de l'enfance jusqu'à sa mort. Un sacré roman de gare, catégorie best-sellers, de ceux qu'on achète pour les longues traversées...

Et la dernière halte, auprès de son compagnon, lui-même séropositif, et de ses proches, lui parut à la fois fugace et interminable : éternelle. Totalement diminué, il dut garder le lit durant des semaines et être assisté dans tous ses – rares – mouvements, pour s'habiller, se restaurer, se laver. Son ultime virage fut sans doute ce mercredi 5 septembre 1991 où il fêta en privé son quarante-cinquième et de toute évidence dernier anniversaire : désormais, il n'était plus question de faire semblant, puisque tout en lui traduisait, criait son mal à la face du monde. Et le fameux single *The Show Must Go On,* sorti en octobre, avec des phrases comme « I'll soon be turning round the corner now » ou « My make-up may be flaking but my smile still stays on » résumait tout. Jamais artiste n'était allé aussi loin, ne s'était adressé aussi directement, clairement et humainement à son public. Pour couronner le tout, la face B du simple s'intitulait *Keep Yourself Alive*, tout un programme. Mais son problème était bien sûr l'image, qui disait tout, bien au-delà des mots, révélait tout de lui en un seul plan.

La mort dans l'âme, et surtout sur les traits, il dut néanmoins participer à la réalisation de leur dernier clip, le très autobiographique *These Are The Days Of Our Lives*, qui résonnait comme une profession de foi et le montrait sous un jour terrible, fané, défait, faisant réellement ses adieux à son public au milieu des autres, plus que jamais plongés dans leurs instruments. Même le maquillage destiné à atténuer ses multiples marques contribuait désormais à les amplifier, à grossir ses effets, et finalement à mettre en scène la bête plus que la reine, désormais déchue. Le sourire s'était envolé, effacé et tournait au rictus, les pommettes saillaient de plus en plus, les joues étaient émaciées, et le regard caverneux semblait crier au secours entre les mots, au point qu'on avait réduit au maximum l'équipe technique de ce jour-là pour qu'elle ne vît pas ça : un comble ! Il mourait en direct, le savait, et en mourait de rage...

Il partit alors passer deux semaines à Montreux, conscient que l'histoire était terminée et qu'il fallait juste attendre la fin du film, comme ces comédies des années 30 qu'il regardait avec son compagnon à la télévision, puis s'en revint finir ses jours à Londres, à Lodge Garden. On était à trois semaines de sa mort et, à défaut d'en connaître la date exacte, il aurait pu la programmer à quelques jours près, tant il s'en allait désormais de partout, fondait sur place, avec cette sérénité effrayante que suscitent les situations extrêmes. Il ne se révoltait plus, ne s'affolait plus, ne se plaignait plus. Il en avait pris son parti. Il ne parlait pas de travail, prenait le thé, jetait un coup d'œil à son jardin, s'inquiétait de ses arbres et de ses magnolias comme un vulgaire rentier, puis se remettait au lit et jouait avec ses chats en regardant le petit écran vide sans lui, son miroir désormais éteint, avec à ses côtés le matériel de transfusion en cas de besoin. Il bougeait peu, s'exprimait moins, ne semblait plus triste ni dépressif, parfaitement maître de lui et au fait de la situation. Ce n'était d'ailleurs pas le genre de la maison. Simplement, il mourait, et c'était un fait un peu plus compliqué que les autres à admettre, à gérer. Un paramètre contrariant dont il se serait bien passé, mais on ne faisait pas toujours ce qu'on voulait dans la vie.

L'avant-dernière semaine, il supprima d'un coup tous ses médicaments, sauf les analgésiques : il en avait marre. A quoi bon insister, même si les médecins n'étaient pas de cet avis ? Il avait fait son temps, et pas si mal que ça : au moins ne vieillirait-il pas comme Elton et Bernie ! Et les dix derniers jours, incapable de consommer des aliments solides, il se mit au jus de fruits et à la compote comme un bébé : *back to the roots* ! La vie était une si étrange histoire. Le mardi 21 novembre au matin, il apparut pour la dernière fois à sa fenêtre, d'où il contemplait sereinement les travaux de jardinage de son ami Jim, qui était l'homme de sa vie, de sa dernière vie. Désormais, il ne se lèverait plus, et chacun sut que la fin était proche, que la mort était là et venait chercher le grand Freddie : tout était allé si vite, si haut, si loin. Il n'avait aucun regret, que des bonnes ondes en mémoire, et plus d'ennemi ni de concurrent à cette heure-ci : face au destin, on est seul, rien que soi et toujours débutant. Son seul *Miscasting*. Son état se dégrada de plus en plus : il toussait, s'étouffait, peinait désormais à avaler, à parler ou à tourner la tête, coulait enfin au terme d'une si longue lutte qui le laissait exsangue. Cloué au lit et spectateur impuissant de son agonie, assisté en permanence de son médecin et de ses familiers, il s'éloignait désormais à grands pas, si loin de tout ce qui avait fait sa gloire, de ses albums monstres et de ces stades géants dont la rumeur sourde avait fondu au loin, n'était plus que l'écho d'une vie antérieure, une pincée de plage tropicale dans le sablier : le Top Ten, c'était prouvé, ne résistait guère au grand saut. Il avait oublié Queen et ses fumées, les vraies divas et les fausses reines, était redevenu l'enfant de Panchgani qu'on alimentait, habillait, changeait, et qui se laissait faire en glissant dans les flots, tièdes comme tous les sables d'Ipanema : Freddie, Fre-ddie... On lui parlait, le consolait, le dorlotait, et il se lova une dernière fois contre le fantôme de Panchka, sa petite sœur de toujours qui n'était pas loin et veillait sur ses jours, depuis sa bonne étoile. Fre-ddie... Qui la protégerait maintenant qu'il reprenait la route ? Qui osait toucher à l'autre Reine d'Angleterre, sa Majesté Mr Mercury ? La chose la plus difficile à concevoir pour un homme était incontestablement sa mort, et il était en train d'y parvenir, dans un immense apaisement. Il avait enfin fait la somme des choses.

Il s'éteignit en douceur, des suites d'une pneumonie consécutive à son état de santé, ce 24 novembre, dans sa demeure du 1, Logan Place à Kensington, qui était pour la petite histoire évaluée à... un million de dollars. Il avait réussi son pari. Jusqu'au bout, le plus grand exhibitionniste de la scène pop britannique, sinon mondiale, avait voulu protéger sa vie privée, qui n'était d'ailleurs pas toujours celle qu'on croyait : il était resté aussi proche de sa première petite amie, Mary Austin, qui occuperait désormais son appartement, que de son dernier compagnon, Jim Hutton, qui l'avait soutenu – au sens propre du terme – jusqu'à la dernière seconde, puisqu'il était mort dans ses bras. Son cercueil fut recouvert d'une seule rose rouge et transporté au crématorium de London West dans une superbe Rolls Royce noire de collection, suivie d'un cortège de limousines. A coup sûr, il aurait aimé voir ça, apprécier le tableau en connaisseur, de cet œil pas dupe qui trahissait le professionnel et, dans son cas, le perfectionniste.

Le 20 avril 1992, un gigantesque spectacle fut donné à sa mémoire au stade de Wembley, et retransmis sur des dizaines de chaînes à travers le monde, avec tout ce que la pop anglaise comptait de stars : Elton John, David Bowie, Robert Plant, Roger Daltrey, Annie Lennox, George Michael, Def Leppard, Guns N'Roses, Metallica, Extrême, Zucchero, The Scorpions, et... sa chère Liza Minnelli, dirigeant au final un fabuleux chorus de *We Are The Champions*, qui disait bien ce qu'il voulait dire : le Roi était là-haut, et veillait à sa cour. Et, pour rester fidèle à la tradition du Dieu Mercure, le show entra immédiatement au livre des records comme « le plus grand concert de rock à but caritatif », rapportant quelque 20 millions de livres à la lutte contre le sida. La même année, sa légendaire *Bohemian Rhapsody* redevint numéro un aux Etats-Unis pendant cinq semaines, à l'occasion de sa reprise dans le film *Wayne's World,* et trois ans plus tard sortit un album posthume, *Made In Heaven,* remanié par ses trois comparses à partir d'inédits, de bandes de studio et autres projets inaboutis. Si, en son absence, les arrangements n'avaient plus la même folie, jamais sa voix n'avait chanté aussi bien : Freddie Mercury avait beau être mort et incinéré, à ce qu'on racontait, le feu couvait sous les cendres et n'avait pas fini de lécher les cœurs adolescents, que fascinait la cuiller du diable.

KURT COBAIN

Seul dans la « poursuite » ou Celui qui ne voulait plus jouer

« J'aimerais mieux mourir qu'être changé en Pete Townsend », confiait sur le tard à son journal intime Kurt Cobain, à l'âge où son illustre prédécesseur avait déjà tout dit et néanmoins décidé de continuer, après avoir proclamé dans son premier tube, *My Generation* : *« I hope I die before I get old » (« J'espère mourir avant de devenir vieux »)*.

Le chanteur de Nirvana, lui, ne voyait pas les choses ainsi, et savait de longue date qu'il « valait mieux brûler franchement que s'éteindre à petit feu », comme il le dit dans sa lettre-testament à ses fans et ses proches, à travers ce héros imaginaire nommé « Boddah » qu'il s'était inventé tout petit. A l'heure de la dernière heure, Kurt disait adieu à son enfance, pour ne l'avoir jamais quittée. Il s'écrivait, s'y décrivait sans complaisance comme un « rocker misérable, autodestructeur et suicidaire », « quelqu'un de trop erratique, instable » qui « n'avait plus ressenti d'excitation à écouter de la musique, et même à en créer depuis maintenant trop d'années » et ne voulait plus tromper son public : « Cela n'est honnête ni pour vous ni pour moi. Le pire crime auquel je puisse penser serait de duper les gens en prétendant que je m'amuse encore à 100 %... Parfois, j'ai l'impression que c'était comme si je pointais avant de monter sur scène. J'ai essayé tout ce qui était en mon pouvoir pour y prendre plaisir (et j'y prends effectivement plaisir, mon Dieu croyez-moi, j'y prends plaisir, mais pas suffisamment) ».

Rarement artiste s'était adressé ainsi à ses fidèles, à 27 ans à peine, et avait a fortiori joint l'acte à la parole, en mettant réellement fin à ses jours. Ce geste qui ne dépasse en général pas le stade du verbe et fait fantasmer les apprentis poètes, Cobain l'avait fait, écrit de son sang sur sa dernière page, et le monde avait frissonné, en se souvenant qu'Hendrix, Morrison, Joplin, qu'il appelait justement « les 3 J », étaient morts précisément à cet âge-là, un quart de siècle auparavant, comme à un mauvais virage spatiotemporel. Le cycle infernal allait-il recommencer ? « I don't have the passion anymore, and so remember : it's better to burn out than to fade away », concluait donc la star, consumée par la drogue et la dépression, sans qu'on ne sache plus laquelle des deux avait entraîné l'autre, où la plus aveuglante lucidité avait cédé le pas au délire. Et d'une certaine façon, son dernier mois de vie, d'errance à travers l'Europe, n'avait rien à envier à celui de Jim Morrison à Paris : une sorte de chute libre, volontaire et vertigineuse sous le poids d'une gloire rock qui tenait chez lui du rocher de Sisyphe. Il ne supportait pas le succès, et n'en ayant jamais tant eu, le vivait d'autant plus mal. Le cycle infernal : d'une certaine manière, il se tuait lui-même, à petit feu et à coups de sunlights, et finit par se supprimer pour mettre fin à cette dérive suicidaire, dans une logique imparable. Pire : il s'y prit même à plusieurs fois, frappa obstinément à la dernière porte jusqu'à ce qu'on lui ouvre. Il voulait vraiment en sortir, à sa façon. « Briser le mythe du rock'n'roll et montrer que les rock stars n'étaient que des êtres humains », dût-il faire couler son sang pour cela. Mourir pour prouver qu'il n'était qu'un homme, un simple mortel. Pour vivre normalement, en sorte.

Le 4 mars 1994, trois jours à peine après son ultime et triomphal concert à Munich, au Terminal Einz, il faisait une première overdose à Rome et était hospitalisé durant quatre jours : il en avait réchappé de peu, avait senti sur sa nuque le souffle de la mort. Et malgré les mises en garde des médecins qui le voyaient couler à pic, dans un état d'abandon, de délabrement général et l'incitaient à se désintoxiquer, il s'était quasiment enfui de l'hôpital le 8 et avait repris, poursuivi de plus belle sa désescalade, jusqu'à échouer à la fin du mois en désintoxication d'urgence à l'Exodus Recovery Center de Marina Del Rey, en Californie. Une cure qui l'écœurait, et dont il s'évada à nouveau quelques jours plus tard, le 1er avril : il n'en pouvait, n'en voulait plus, et roulait désormais de port en port comme une bille de flipper devenue folle, ou frénétiquement perdante, allez savoir avec lui : il avait toujours innové, devancé tous les appels, suscité les modes. Avait inventé – ou en tout cas sublimé – le grunge quand on en était encore au punk, mélangé pop, hard et heavy metal, dessiné lui-même ses pochettes d'album, autant maîtrisé son art que conçu sa propre fin, en parallèle. Brûlé toutes ses étapes et ses cartouches, jusqu'à la dernière, qui lui fut fatale. Précipité les choses au point de disparaître avec elles.

Sa carrière avait duré trois temps, trois mouvements : un premier album, *Bleach*, en 1989, un second, *Nevermind*, en 1991, qui les consacra, un troisième, *In Utero*, deux ans plus tard, qui paracheva leur cycle. Des chansons qui continuent sa route depuis quinze ans, et s'intitulent *Smells Like Teen Spirit*, *Sliver, Aneurysm*, *Come As You Are, Rape Me...* Et puis cette gloire intenable, invivable, insatiable qui l'attendait à chaque coin de rue, chaque regard, chaque devanture, et lui renvoyait une image de lui qui n'était déjà plus la sienne : presque un homme heureux, avec sourire de Long Playing et moue de magazine, *Rolling Stone*, etc. Le contresens absolu, le plus mauvais plan de carrière pour qui n'aspirait qu'à « être plus tard assis sur une chaise et jouer de la guitare acoustique comme Johnny Cash et Leadbelly », devenir un songwriter.

A la vérité, le vieux gamin d'Aberdeen, près de Seattle, dans l'Etat de Washington, qui ira jusqu'à dormir sous un pont de sa ville en période de crise et à en faire plus tard une chanson, ne s'est jamais bien entendu avec lui-même, depuis ce jour de ses 9 ans, en 1976, où ses parents ont divorcé, et l'ont surtout coupé, amputé à vie de son enfance, où il s'est retrouvé écartelé entre la maison de sa mère et la caravane de son père. Une serveuse et un mécanicien comme il en est tant d'autres, dans chaque rue en ces années Johnson, Nixon, etc., qui ne demandaient rien à personne et s'étaient aimés par défaut, par hasard et par intermittence : il était né entre deux portes, deux lits, deux lignes de vie. Cette fois-là, le ciel lui était tombé sur la tête, ouvert en deux comme un œuf, et il s'était réveillé pétrifié au pied de l'immeuble, tel un personnage sorti de son contexte. Orphelin du bonheur. Plus question de rentrer ni de réintégrer la table familiale, à manger la télé des yeux pour ne pas voir le reste, entendre les cris et les bris en faisant front avec sa sœur, Kimberly. A fuir dans le poste comme d'autres sautent par la fenêtre. A s'enfermer dans sa chambre avec ses copains Beatles et Led Zep, Kiss, etc. A rêver d'un bonheur cathodique. On avait déchiré sa photo de chevet, condamné son passé, enfermé ses souvenirs dans des caisses de déménageurs, qui n'en finirent plus de tourner autour du coin, du comté. Remplacé ses jouets et sucreries par de la morphine et des sédatifs, qui ne firent jamais qu'exacerber son chagrin du matin et assommer celui du soir, le transformèrent en plus jeune junkie du monde.

L'éternel gosse inquiet des cours de récré, qui aurait fini ici dans *Le Petit Chose,* en attendant son *Grand Meaulnes*, et se prenait là-bas pour *L'Attrape-Cœur* : « Je me rappelle seulement n'avoir subitement plus été la même personne, et l'impression de ne plus valoir le coup. Je sentais que je ne méritais plus de traîner avec les autres gosses, parce qu'ils avaient encore des parents et que je n'en avais plus... Pendant le lycée, j'ai été une tête de Turc, mais pas dans le sens où tout le monde venait me chercher des noises. J'étais tellement peu sociable que j'avais l'air presque dément. Je me sentais si différent et fou qu'on me laissait tranquille dans mon coin. Ça ne m'aurait pas surpris si on m'avait élu la personne capable d'assassiner le plus facilement tout le monde à un bal de fin d'année... A 9 ans, je pensais que je ne dépasserais jamais l'âge de 21 ans, car je me sentais complètement taré, je me rendais fou tout seul ». Des mots vécus qui font parfois de vous un auteur, quand ils sont trop lourds à porter et veulent à tout prix sortir.

Le problème avec ces médicaments, c'est qu'ils vous soulageaient aussi sûrement d'un mal qu'ils vous en insufflaient un autre, en l'occurrence au ventre alors qu'il souffrait de la tête. Et que pour soigner ce dernier, ce sort qu'il ne digérait pas, il dut ensuite avoir recours à l'héroïne, dont seule la mort pouvait le guérir, une fois qu'il s'y accrocha ferme, comme à un bastingage. Il faut dire que si le climat ambiant prêtait à l'évasion, au milieu des lacs et des séquoias géants de la frontière canadienne, une sorte de carte postale quotidienne à sa porte, il n'incitait gère à la poésie, avec tous les bûcherons et pêcheurs qui y sévissaient et le toisaient de haut : « un ramassis de ploucs, de flingues et d'alcool, à l'écart de toute culture », ne pensant qu'à « couper du bois, baiser, boire, parler de baise et boire encore » *(sic)* ; et qu'il grandit dans sa chambre en écoutant les Clash et les Sex Pistols, Black Sabbath et Aerosmith, tout ce hard rock qui lui rappelait son routier de père, jusqu'à l'inévitable première guitare électrique obtenue ici à l'âge de 14 ans. Une Lindell d'occasion comme il en rêvait, à ailerons cuivrés et manche acajou, sur laquelle il esquissa ces mélodies tellement attendues, entendues qu'on croirait presque les avoir inventées, s'envola d'Aberdeen tels ces enfants qui décident une fois pour toutes de choisir le rêve et plongent dans leur radio comme dans la bouteille du génie. Dans une famille et un appartement comme ceux-là, le poste était de toute façon la seule issue possible, le début et la fin de tout : on y captait le monde libre. Ce serait donc la musique, et sa grande sœur poésie, qu'il n'aurait jamais pensé à réunir sous le nom de chansons, encore moins de tubes. Le mot même lui eût échappé, avec sa passion des « groupes psychotiques et sauvages, des trucs affreux et extrêmes », et il n'osait y songer sans croiser l'œil vague de Morrison, dans le noir de ses nuits.

Et un an plus tard, il rencontra tout naturellement, par le biais du chanteur Buzz Osborne, son complément : le bassiste Krist Novoselic (initialement Chris), un Californien d'origine croate, qui participerait ensuite à ses différents groupes, et l'accompagna, à tous les sens du mot, jusqu'au bout. Un frère, aussi décalé et placide qu'il pouvait être lui-même déjanté et qui avait tout pour lui plaire puisqu'il était également un enfant « des bois » et du divorce. Le temps des ruptures : il quitta en même temps le lycée, à l'aube du baccalauréat local qu'on s'évertuait à lui faire passer, et du même coup sa mère, qui ne s'en remettait pas, et, pour bien marquer son rejet, baptisa leur nouveau groupe d'un... « Fecal Matter » qui se passait de traduction ! Son père, retrouvé à 12 ans, n'avait-il pas tenté de le faire renoncer à la musique pour s'engager dans les marines ! Un batteur, Dave Grohl, les rejoignit. Le groupe, c'était Kurt, surtout à partir du moment où il lui donna son image, sa voix et son nom définitif, typiquement *seventies*, Nirvana. Et il fallut quatre ans, deux labels et deux albums, pour que le succès leur saute littéralement au visage et le laisse finalement sur le carreau, en ce début des années 90. On peut mourir d'avoir vu le soleil en face, surtout si l'on appartient à la nuit.

Son triomphe s'appelait donc *Nevermind*, en référence aux Sex Pistols (*Never Mind the Bollocks*, douze ans plus tôt), et se vendit tout de suite à trois millions de copies avec son simple *Smells Like Teen Spirit*, atteignant ensuite plus de 14 millions d'exemplaires à travers le monde, et dépassant même en chiffres le nouvel opus d'un certain Michael Jackson. Personne n'y aurait résisté, et surtout pas l'enfant aux valises de disques, l'adolescent aux posters, qui se réfugiait en plein décor rustique dans le son âpre des premiers groupes « garage », avait grandi avec ses compatriotes Pearl Jam, eux aussi enfants de Seattle et du grunge, Alice in Chains, Sonic Youth, Soundgarden et tant d'autres. D'un coup, il passe de ses clubs enfumés de minuit à des stades entiers, de l'ombre protectrice à la plus vive lumière, et se rend compte que le Johnny Rotten et le Jim Morrison de ses affiches, de ses trips en chambre, l'homme de la photo au-dessus du lit, c'est désormais lui, et que tout le monde le veut, en veut à son temps, son image, son art, qu'on se l'arrache comme on le mettrait en pièces, tel un Elvis nordiste ou un Springsteen underground. Une idole, une bête de charts. C'est-à-dire tout ce qu'il n'a jamais pensé, souhaité être. Un chanteur de papier glacé, de paille et de paillettes qu'on épingle à la une et dédicace au verso, avec des poses d'albatros, des reflets d'archange déçu et un petit air de tendresse qui tourne vite à la détresse.

Car notre homme est blond, beau et émouvant, une sorte de Brad Pitt sauvage mâtiné de Colin Farrell avant la lettre, un acteur de chanson qui se serait projeté dans une page blanche plutôt que sur un écran, aurait préféré jouer sa vie qu'incarner celle des autres. Un de ces artistes interprètes qui sombrent peu à peu dans leur personnage, aspirés par leurs propres abîmes, et n'en ont pas de rechange. De ce point de vue là, l'évolution de son look au fil des objectifs, de ses multiples figures en si peu de temps, littéralement plan par plan tant il sera épié, photographié, dévoré des yeux, est un formidable révélateur. Kurt Cobain passera en moins de cinq ans par tous les âges, visages d'une vie d'homme et d'artiste, tour à tour chevelu, rasé, brun, blond, roux, barbu, avec lunettes noires ou revolver, acoustique, électrique, comme s'il s'était cherché ou fui désespérément, avait joué à cache-cache avec lui-même et tout fait pour s'évader, à l'instar d'un Morrison, d'un Bowie fragile. Et l'on verra monter comme une fièvre dans ses yeux la flamme du succès, en même temps que celle d'un feu connu de ceux-là seuls qui s'y adonnent : l'héroïne, qu'il consommait désormais assidûment pour faire face à tous ces rôles, toutes ces vies que le « métier », comme on dirait d'un tyran, lui imposait et qui rongeaient sa vraie vie, celle des coulisses et des fins de soirée. Sourire, poser, provoquer, charmer, dérailler même sur commande : son cahier des charges. Contrefaire, jouer à l' « autre », au faux, au messie de pacotille qu'on effleure telle une étoile, invoque comme un ange, traverse comme une apparition, saint Kurt, votre grâce de Kobain : « Rien de plus embarrassant que ces gens qui se jettent sur vous en tremblotant et vous parlent comme à un putain de Dieu. Ils me font pitié, et beaucoup d'entre eux se conduisent de façon vraiment tordue. Tout le monde me dit que c'est inévitable, mais quel choc ça a été pour moi au début ! »

C'est son drame, plus encore que chez ses confrères, qui s'en arrangent, s'en moquent, s'en servent : lui prend les gens au sérieux, il est des leurs, et a besoin de leur dire, de s'expliquer, de les mettre en garde, sans que les mots viennent, puisqu'un dieu ne tutoie pas, ne s'abaisse pas, ne se mélange pas. « Certes nous faisons avant tout de la musique, mais nous n'interdisons pas à nos auditeurs de penser ». Ou encore, toujours dans son journal-testament : « Je suis un porte-parole pour moi-même. Il se trouve simplement qu'il y a un certain nombre de personnes qui sont concernées par ce que je dis. Je trouve cela parfois terrifiant, parce que je suis autant désorienté que la plupart des gens. Je n'ai de réponse à rien. Je ne veux pas être un putain de porte-parole ». Alors il s'enferre, s'enferme, retourne au placard quasi utérin de son enfance, sous l'escalier de sa mémoire, là où il se cachait pour compter les coups, les cris, les entailles au banc du soir et se faisait des chansons dans le noir, comme ça, sans rien, juste avec du silence et des ombres. Plus tard, à 13 ans, Madame Lindell avait tout déclenché avec ses six cordes, libéré avec son ampli, l'avait transformé d'un coup en petit Jimmy Page ou Hendrix de banlieue, la vie avait de ces pièges : « Dès l'instant où j'ai eu ma guitare, j'en suis devenu complètement obsédé. Je ne voulais plus rien faire d'autre ». Il n'eut effectivement que ça, tout ça en tête, jusqu'à en exploser. Puis imploser.

Restaient les symptômes, les signes que la vie lui faisait à tout propos et qui ressemblaient de plus en plus à des signaux d'alarme : ces brûlures d'estomac que la drogue avait nourries, exacerbées, et qui lui mordaient à chaque fois les tripes, comme une pieuvre intestine, ces instants de panique qu'il appelait ses « blancs » et où il avait l'impression d'être un funambule traversant les chutes du Colorado. Ces crises de l'âme, pertes de pied, pas dans le vide, lorsque d'un seul coup, une meute d'objectifs, de zooms et de viseurs se mettaient à l'aveugler en hurlant son nom de partout – « Kurt, Kurt, Kurt, par ici, non, par là ! Kurt, regarde-moi, tourne-toi, encore une, attends ! » – telle une mante, une bête aux mille yeux, voix, doigts, toujours ce même monstre à la Disney qui voulait l'avaler, et pas de Capitaine Nemo, de Kirk Douglas à l'horizon pour le sauver, le délivrer, lui souffler entre deux portes : « Venez par ici, suivez-moi, vite, je connais un passage secret, on va s'en sortir, ils ne nous retrouveront pas ». Personne, ni à appeler, ni à rattraper, aucun regard où se réfugier, pas un sourire auquel se raccrocher, s'abandonner : il fallait avancer, a-van-cer. Assurer, fournir, avec le sourire, s'il vous plaît, comme s'il avait été Van Halen ou Guns N'Roses, un performer de plus au pays du box-office. Marcher vers son néant, puisqu'il ne s'agissait de rien d'autre que de brûler, briller jusqu'à disparaître. Livrer aux voleurs d'images, aux suceurs de moelle et autres faiseurs de une ce qu'ils attendaient de vous, c'est-à-dire : vous. Encore et toujours.

Et si d'aventure vous vous arrêtiez en marche, au milieu de la meute, vous sentiez d'un coup toutes leurs mains s'apposer, s'emparer de vous comme on capture certains animaux apeurés dans ces films de National Geographic après minuit, et vous triturer, vous malaxer, prêtes à vous déchiqueter et vous emporter en lambeaux, pardon, en souvenirs.

Il se souvenait ainsi avoir vu un soir avec effroi une pauvre biche ou gazelle qui, acculée dans sa savane par une meute de chasseurs, ou bien de lions affamés – cela revenait au même – et l'inévitable caméra de service, s'était plantée en désespoir de cause sur ses quatre pattes tremblantes et... urinait de peur sous elle, comme un bébé, se pissait dessus à l'idée et à la vue de sa mort, qui lui tournait autour en s'approchant avec des yeux fluorescents ! Cette image, cette scène qui lui avait fait honte une seconde, il ne l'avait jamais oubliée, et il se disait aujourd'hui que la gazelle, c'était lui, Kurt Donald Cobain, 27 ans, et que le plus grand cannibale de ce jour-là n'était pas le fusil ou le fauve, mais l'objectif, qui dévorait, digérait, enregistrait paisiblement tout cela sans sourciller, se délectait de la mort en direct, sonnait l'hallali et réclamait en plus les honneurs de la guerre. Voulait du sang neuf à la une, pour pouvoir faire pleurer de bon cœur les gens sans destin, toutes ces filles en mal de peine qui se faisaient chialer, rêver ou vomir avec sa propre vie, les zombies du poste et les sentinelles de sa porte, cette armée d'éclaireurs silencieux marmonnant en secret son court prénom comme un sésame. Kurt...

C'était un garçon sensible, Kurt, comme plein d'autres, qui aimait les chats, les voitures – il avait une superbe Volvo grise –, les gags et les gamins, mais ne pouvait s'empêcher de contempler ces derniers sans avoir une larme à l'œil, et un sourire aussi sec pour la rectifier, comme lorsqu'il écrivait : « La plupart de mes paroles sont contradictoires. J'écris quelques lignes sincères mais je me sens vite obligé de m'en moquer juste après ». Et le problème des gens pas dupes, c'est qu'ils n'ont pas d'échappatoire, de carte dans la manche ou de lapin dans le chapeau. Ils jouent cash, vivent en direct. Au moins aurait-il tout essayé pour se détruire, avant que de le faire physiquement, démolir ses guitares en scène, puis saborder ses morceaux, déclarer « n'importe quoi » à la une, enfin déguiser son groupe en filles (et lui-même en blonde !), rien n'y fit, ou plutôt, si : ça marchait, on lui pardonnait tout, et on en redemandait même, un comble ! « On nous traitait comme des rois. A un point, c'était devenu si dérangeant qu'il ne nous restait qu'une solution : tout casser. » Car ceux qui auraient dû le comprendre hurlaient avec les autres. Eux aussi, ils souhaitaient qu'il allât jusqu'au bout, c'est-à-dire jusqu'à sa fin, et fît correspondre son œuvre et sa vie. Mais tout le monde n'a pas un tireur fou qui vous attend un soir au pied de l'immeuble pour vous faire entrer dans la légende ! Il fallait parfois faire le sale boulot soi-même, et c'était une autre paire de manches, bon sang... Une toute autre histoire.

Qu'il fût en promo ou en scène, on stage ou off the record, on the air ou vraiment down, il n'était donc plus jamais chez lui, plus jamais lui, et se réfugiait souvent dans des moues de sale gosse, de vieux gamin qui en disaient long sur ce qu'il éprouvait vraiment, celui qu'il était à l'intérieur : quasiment plus infantile, plus vulnérable et candide que ce bébé qu'il venait d'avoir en 1992 avec la musicienne-chanteuse Courtney Love, du groupe Hole, rencontrée trois ans auparavant dans ses coulisses et épousée cette même année à Hawaï. L'enfant s'appelait Frances Bean, comme cette Frances Farmer qui l'avait tant marqué et « Bean » parce qu'elle... avait l'air d'un haricot sur l'échographie (!), et elle lui ressemblait déjà comme deux gouttes d'eau, regarderait plus tard avec ses yeux, le même sourire et les mêmes cheveux blonds un monde sans lui (*« For her life, which will be so much happier without me »*, conclura quelques mois après son ultime message). Et il lui avait consacré dans la foulée un album intitulé *In Utero* : son dernier, son cri primal. Après la pochette quasi fœtale du précédent, où un nourrisson nageait vers un dollar flottant dans l'eau turquoise d'une piscine de rêve, il revenait ici à la source, à sa case départ, remontait en enfance pour n'en plus jamais redescendre. Coupait le cordon de tous ses micros, toutes ses guitares, tous ces fils qui l'enchaînaient à la vie et au show-business. Plongeait la tête la première dans le plus vertigineux flash-back de son histoire. Et en dévisageant son propre portrait d'enfant, souriant encore à l'avenir dans son lointain salon d'Aberdeen, on ne pouvait s'empêcher de penser qu'il avait toujours trop fait confiance au destin, était bien ce qu'il chantait et ne serait jamais un vieil artiste, car il ne savait pas mentir. On pouvait y lire aussi qu'il aurait la force des faibles, les rêveurs avec lui et une vie mesurée au compteur, parce qu'il faisait partie de ce club. Du cercle des inconsolables.

Et ce n'était pas sa Courtney « Love », en réalité Courtney Michelle Harrison, ancienne de Faith No More et de Sugar Baby Doll, qui le retiendrait avec ses humeurs et ses formes, ses états d'âme et de corps, si tant est que quiconque pût y parvenir. De notoriété publique, sa relation avec l'exubérante interprète, par ailleurs ex-stripteaseuse, pour laquelle il se mit également à composer, était l'une des plus tumultueuses du moment, une sorte de version punk des Taylor-Burton, où la dope aurait remplacé l'alcool, et l'addiction des deux partenaires aux drogues dures n'arrangeait pas les affaires du chanteur, manifestement plus instable, et surtout plus exposé que sa compagne. En deux ans et deux albums, il est en effet devenu la star numéro un de la scène rock, et son prochain disque doit s'intituler rien moins que... *I Hate Myself And I Want To Die (Je me hais et je veux mourir)!* Tout un programme, pour qui peut désormais se piquer jusqu'à une fois par jour, dérive et dépérit à vue d'œil, à la fois fébrile et absent. Quiconque le côtoie en cette année 1992 sait que son triomphe n'aura qu'un temps, trop fort pour durer, et qu'il aura du mal à redescendre de là-haut, si tant est qu'il n'en saute pas.

Il a désormais ça dans les yeux, une fêlure ou une faille venue de loin, d'ailleurs, et donnant sur cette nuit que tous les musiciens reconnaîtraient entre mille, dès qu'ils l'ont aperçue une fois. Et notre homme de répéter sans cesse qu'il n'a plus rien à dire, tel un vieux rocker, un voyageur rompu, et qu'il espère « ne jamais être heureux au point d'être ennuyeux, être toujours assez névrosé pour faire quelque chose de bizarre ». Effet d'annonce ? Comme toujours, la phrase qui suit est lapidaire, quasi testamentaire, et ne laisse aucun espoir de survie, en ce post-partum « utérin » : « Nous sommes presque à bout. Il ne nous reste rien à atteindre en tant que groupe ». Cut.

Sur ses portraits d'alors, il pose à la une avec un revolver, qu'il braque méticuleusement sur l'objectif, œil mi-clos et doigt sur la détente, regard entendu et sourire las, mais c'est lui qu'il vise, pas nous : il est prêt. Il le sait : il s'est mis en scène, répète ça depuis cinq, quinze ans, toute une vie qui n'a pas d'autre fin que cette seconde-là, d'autre horizon que son adolescence. Mais quand, où et comment ? Qu'est-ce qui fait qu'un jour, on sent l'heure arrivée, lorsqu'on guette cet instant depuis tout petit, depuis un certain soir de ses 7 ans ? Et quel disque ou musique pour chanter l'indicible, exprimer le néant ? Tant bien que mal, il va résister. Tenir. Certains jours font leur poids de stress, de blues, comptent double et n'en finissent jamais, renferment des vies entières. Jusqu'à ces overdoses successives, qu'on qualifiera pudiquement d'« accidents » et qui ressemblent comme deux gouttes d'eau à des tentatives de suicide. En juillet 1993 il craque une première fois en plein concert au New Music Seminar de New York, quitte la scène comme on rentrerait au bercail, se réfugierait dans l'ombre : toutes ces lumières, tous ces briquets, tous ces regards le brûlent, le vampirisent, le vident. Il le sait maintenant : le public, qui l'a fait, n'aura de cesse de le défaire. C'est le jeu, l'arène des dieux.

Le 4 mars suivant, trois jours après le fameux concert de Munich, il fait une nouvelle overdose, de Rohypnol cette fois, dans sa chambre d'hôtel romain : chute libre, deuxième saut dans le vide, où il se réveille aux urgences, sous masque et perfusion, tous signaux d'alarme allumés. Cote d'alerte atteinte. L'homme est un récidiviste, désormais aussi accro à l'idée d'en finir qu'aux moyens d'y parvenir. C'est un choix qui le dépasse, presque une mission : il doit sortir de là, d'ici et surtout de « ça », ce truc qui a eu Morrison, Hendrix, et les autres. L'assassin de Cochran, Buddy and co est là, qui l'attend : il le sent, le pressent, le flaire dans le noir, autour de lui et où qu'il aille, et plutôt périr que de lui céder. On raconte que les bêtes sauvages prises au piège rongent parfois jusqu'à l'os leur patte prisonnière pour pouvoir s'échapper, en boitant et en sang. Lui, il n'a même pas cette chance, à moins de changer de tête, de se faire refaire les traits, défigurer cette si belle gueule qui les attire comme des mouches et fait fondre leurs objectifs : on le retrouverait jusqu'au fin fond du Paraguay, du Pakistan, n'importe où, il n'a plus un seul endroit sur terre où se terrer. Elvis a dû connaître cela, et il s'est enterré vivant à Graceland, en grossissant comme un ballon d'hélium pour tenter de passer inaperçu, ou de s'évader par les airs, allez savoir : il y a finalement réussi, mort depuis longtemps pour la galerie lorsqu'il décéda officiellement, comme disait Lennon qui s'y connaissait. On évacua le corps pour sauvegarder le mythe. La même pieuvre, pêcheuse d'étoiles, a jeté son dévolu sur lui, et le retrouvera toujours. C'est la traque. Si seulement on pouvait le laisser mourir tranquille, s'éteindre après un de ces concerts où il joue à Nirvana, à l'heure où l'on débranche son rêve. Quand toutes les poursuites du show-business le lâchent enfin, avec leur monstrueux œil de cyclope qui le guette chaque soir du paradis, ne le quitte plus d'une pause, d'un soupir...

Mais il doit continuer, par contrat, puisqu'une énorme tournée d'été l'attend, un truc à dix millions de dollars et presque autant de spectateurs, téléspectateurs et tutti quanti ! Il faut tenir : c'est écrit dans les yeux de Frances, qui, pour le coup, le dévisage comme un Dieu, le sien, et à chaque fois qu'il y plonge, il en ressort bouleversé. Comment échapper à ça ? Plus rien, pas de placard ni de cabane où s'enfouir en attendant la fin de l'orage, pas un endroit du monde où il redeviendrait justement Monsieur tout-le-monde. On n'imagine pas le poids, quasi physique, du succès, des tonnes et des tonnes de solitude, un monde sur les épaules. Il détourne son regard d'elle. Plus la force : il faut tant de courage pour porter un enfant, après sa naissance aussi, et il se sent si vieux. L'autre fois, il a écrit au feutre sur son petit ventre : « Grunge is dead », le temps d'un cliché, et ils ont posé ensemble, pour la postérité du moment, sur ce message aux airs de testament. Comment mieux dire qu'on n'en peut plus, qu'on s'est trompé d'image, d'histoire, qu'on est soi-même fini ? Quel avenir pour qui a connu le nirvana sur terre ? Que chanter après *Nevermind* ? Il n'en finit pas de le clamer, fût-ce avec ses traits hagards, désemparés. Tenir. Hospitalisé quatre jours, il accepte enfin de suivre une cure de désintoxication, en Californie. Le grand jeu. On l'isole, le sèvre, le purge, le rénove de fond en comble. On raconte parfois que Jagger se faisait faire ça, à une époque, renouveler les cellules genre science-fiction : on dit tellement de choses... Mais l'épreuve est trop dure, et il craque à nouveau, s'enfuit comme naguère Frances Farmer, dans sa villa de Lake Washington Boulevard, à Seattle. Là, au numéro 141, il se réfugie avec son éternelle Courtney, son insatiable Love, que ses admirateurs détestent autant qu'il l'adule, son égérie et mauvais génie puisqu'elle est aussi junkie que lui, et ils jouent à frôler la mort, creuser leurs lignes de vie. Il y a sur place des fusils, des munitions, et l'on découvrira que, à la demande de la jeune femme, la police y a même effectué un jour une descente et saisi des armes, alors que Kurt s'était enfermé dans une pièce avec un revolver, et menaçait déjà de mettre fin à ses jours. Vrai, faux ? Que se passe-t-il ensuite dans la maison du lac ?

A défaut de détails, de scénario final, on ne connaîtra que la chute, le dernier plan de l'histoire, qu'on aurait presque pu écrire dès le départ, à la façon des anciens flash-backs de polar, générique début - voix off - fondu enchaîné : « Ce vendredi 8 avril 1994, à 8 h 40 du matin, un électricien nommé Gary Smith, qui venait installer une sonnerie d'alarme dans la villa de la star, regarda par la fenêtre de la serre au-dessus du garage, surpris de ne trouver personne malgré la présence de la Volvo, et aperçut soudain sur le sol un corps allongé, qui semblait en piteux état. Très vite, il comprit qu'il s'agissait d'un cadavre, à la vue d'une tache de sang au niveau de l'œil droit, et de l'arme à feu qui gisait près de la victime. Quelque chose de grave venait d'arriver. Et il réalisa enfin que ce cadavre était celui de son client, l'icône pop la plus célèbre du moment, et que ce qui s'était passé ici était vraiment moche, spectaculaire et peut-être historique. L'artiste s'était flingué et gisait dans son sang, dans une odeur et un silence angoissants. Il n'en croyait pas ses yeux. Gary Smith se dit que, s'il était journaliste, il aurait tenu là un fameux scoop, et, après avoir paniqué, respiré très fort et regardé par trois fois pour s'assurer qu'il ne rêvait pas, il décida de ressortir en courant et d'appeler immédiatement la police de Seattle. Et au téléphone, il s'entendit bégayer sous le choc cette phrase improbable, qui vaudrait bientôt de l'or et ferait le tour du monde : "Kurt Cobain est mort" ».

Son décès, comme le précisèrent ensuite les médecins légistes, remontait en fait à trois jours, d'où l'état de la dépouille. L'artiste, vêtu d'un jean, de baskets et d'un T-shirt de couleur, avait trouvé le moyen le plus sûr d'en finir avec sa gloire et l'objet de celle-ci, qui était autant sa belle gueule que ses bonnes ondes : il s'était quasiment défiguré en se tirant une balle de fusil dans la bouche. L'arme, un Remington M 11 de calibre 20, reposait entre ses pieds, tournée vers son visage, et il en tenait encore le canon en main : imparable. Près du corps, on trouva son mot d'adieu écrit à l'encre rouge et abondamment raturé, qui évoquait ses difficultés, dilemmes professionnels, le divorce de ses parents et la distance insurmontable qu'il percevait désormais entre ses motivations artistiques et son image publique, ses rêves et sa réalité. Il avait craqué pour la dernière fois. Enfin, il y disait adieu à sa femme et sa fille. Les premiers résultats de l'enquête révélèrent qu'avant d'effectuer le geste fatal, il avait également absorbé une dose massive d'héroïne, qui l'expliquait peut-être. On pouvait ainsi être la plus grande star du monde, admirée et enviée de tous, et disparaître sans que nul, proche, collaborateur, parents, ne s'avisât ou ne s'inquiétât de votre absence. Il n'avait donc pas eu si tort de s'interroger sur sa condition : personne ne tenait assez à lui pour s'enquérir de son sort au bout de trois jours, fors un électricien de passage qui venait pour le protéger des importuns.

Aussitôt la nouvelle connue, et comme de tradition par ici, la rumeur commença à aller bon train, selon laquelle le suicide serait en réalité un meurtre et son commanditaire, bien entendu, la sulfureuse épouse du malheureux chanteur. La thèse était absurde, mais fit une fois de plus l'affaire des tabloïd, ce qui était le but de l'opération, et augmenta même les ventes de disques qui, par ailleurs, n'en avaient pas besoin et flambaient de plus belle. Deux albums posthumes, dont un superbe *Unplugged* new-yorkais, allaient d'ailleurs perpétuer la légende, solidement ancrée, du James Dean de la pop, et sa disparition à 27 ans l'inscrivit définitivement au Panthéon des plus grands, entre ses « trois J », laissant planer sur plusieurs générations l'un des sourires les plus désenchantés du paysage rock mondial. La voix d'un être lucide et désespéré qui ne voulait pas jouer le jeu, en tout cas pas à n'importe quel prix, et n'eut d'autre solution pour préserver son humanité, sa part d'intégrité, que de mettre fin à la partie. Les derniers mots de sa dernière lettre, à l'attention de sa toute petite fille, témoignent de la vraie nature de celui qu'on confondit parfois avec sa musique, son image, son univers, quand il était juste un gars qui aimait jouer avec sa guitare et raconter des histoires aux gens :

« J'ai une déesse pour épouse, qui transpire l'ambition et l'empathie, et une fille qui me rappelle ce que j'étais. Elle est pleine de joie et d'amour, elle embrasse tous ceux qu'elle rencontre, parce que le monde est bon et que nul ne doit lui faire du mal. Et ça me terrifie au point que je ne peux plus fonctionner correctement. Je ne supporte pas de penser que Frances deviendra un jour malheureuse, autodestructrice, flirtant avec la mort, comme moi.

J'ai une belle vie, et j'en suis reconnaissant, mais depuis l'âge de sept ans, je déteste le genre humain dans sa globalité. Seulement parce que ça semble tellement facile pour les gens de s'entendre entre eux et d'être compatissants. Seulement parce que j'aime les gens et que je me désole trop de leur sort.

Merci à tous, du plus profond de mon estomac brûlant et nauséeux, pour vos lettres et vos attentions. Je suis un gosse trop fantasque, trop capricieux ! Je n'ai plus la passion, et, souvenez-vous, mieux vaut se consumer que de s'affaiblir et disparaître.

Paix, Amour, Compassion ».

Trois mots lourds de vie, dont il avait manqué durant toute la sienne, si fulgurante et frustrante, et que sa musique nous renvoie étrangement aujourd'hui, lui qui souhaitait qu'on « pense à lui comme à un chanteur/compositeur, plutôt que comme à un rocker grunge ». Qui avait le mal de son époque.

BRIAN JONES

Le diable sans confession ou
Le dandy au cœur de Pierre

Brian Jones avait le blues. Il l'avait dans la peau, dans les doigts, dans les cordes et dans son harmonica, entre autres instruments, dans sa collection de disques – l'une des plus impressionnantes du coin, à en faire pâlir Elton –, et dans ses rapports avec ce groupe qu'il avait fondé en 1962 et qui roulait aujourd'hui sa bosse sans lui. Et tout ça ne l'empêchait pas d'être un bon vivant, qui mourut néanmoins à 27 ans, d'une overdose d'héroïne et d'héroïnes – il avait déjà fait cinq enfants, dont quatre « illégitimes » ! –, de rock et de Chivas, de concessions et de compromissions, de feeling. Il avait le blues de Jagger et Richards, qui l'avaient supplanté allègrement, de ces Pierres lancées sans lui et de ces Beatles dont il aurait parfois aimé faire partie, dans une vie rangée, de ce représentant de l'establishment qu'il aurait pu devenir, Chambre des Lords et tout le cirque, de toutes ces carrières et ces vies qu'il aurait pu mener, et mena finalement en si peu de temps.

Car il avait tous les talents, et d'abord un très grand charme : sur les photos, il était toujours le Rolling Stone au costume cravate, comme quoi il ne faut pas se fier aux apparences, le portrait vivant du « swinging London », couleurs mod et sapes fashion, chemise sans col et coupe à frange, Union Jack et cheveux en feu, tendance anti-Beatles, c'est-à-dire Cardin. Et sans doute le vrai visage, quasiment subliminal, du groupe, son éternel fantôme, le Swann de Jagger, une sorte d'ersatz de Mick et Keith. Et d'abord, c'était lui qui en avait choisi le nom, contre l'avis de tous, d'après une chanson de Muddy Waters : *Rollin' Stone Blues*. Pas grand, avec son modeste mètre 68, pas spécialement joli garçon, quoique, pas toujours clair malgré sa blondeur diaphane et ses yeux bleus, mais toujours tiré à quatre épingles, cultivé et pour tout dire distingué, ce fils de pianistes qui portait pourtant beau et jouait d'une bonne vingtaine d'instruments, plaisait, et même tellement qu'il finissait par devenir un mouton noir, dans la société britannique des sixties. Un timide capable des pires audaces, un introverti intenable quand il se mettait hors de lui, sortait de ses gonds. En 1958, à 16 ans, il fait un enfant à sa girlfriend de l'époque, âgée de deux de moins et élève du collège voisin, et se retrouve au centre d'un véritable scandale local : le gosse finira à l'assistance publique, et le père en vadrouille à travers l'Europe, de Scandinavie en Allemagne. Et le sort d'une sœur cadette, née l'année suivante et pas davantage reconnue, ne vaut apparemment guère mieux.

Car si le jeune diplômé de physique-chimie n'a que deux choses en tête, les filles et la musique, à commencer par le blues, il n'a pas envie que celles-ci lui flanquent celui-là, et d'ailleurs, il n'est pas l'homme d'une seule femme. Il les séduit toutes, autant par son tact que par sa distance, par ses attentions que par sa distinction, car il ne ressemble à rien, avec ses airs de petit lord tombé dans la marmite du R&B, tout au moins du jazz, ses lettres et sa trop bonne éducation avec les dames. Et l'on ne sera pas surpris de le voir redevenir père à 19 ans, d'un petit Julian ainsi nommé en hommage au saxophoniste Julian « Cannonball » Adderley. Ça ne sort pas de la famille. La mère, Pat, a juste 16 ans et va connaître alors les vicissitudes de la vie d'artiste, suivant le musicien de galère en chimère, jusqu'à qu'il lui échappe définitivement, pour épouser au milieu des années 60 une certaine Linda Lawrence, dont il aura... un autre Julian (et qui épousera ensuite Donovan) ! De quoi justifier le futur slogan publicitaire du groupe, imaginé par son manager Andrew Loog Oldham : « Laisseriez-vous votre fille épouser un Rolling Stone » ? En tout cas pas celui-là ! Brian est un papillon de nuit, qui va de club en pub, changeant chaque semaine de travail pour subsister, de conducteur de bus à charbonnier, et commence à se trouver des maîtres pour se trouver tout court : le virage s'appellera ici Alexis Korner, l'autre pilier du blues anglais avec John Mayall, qui l'invitera à le rejoindre à Londres et lui donnera sa première vraie chance. A défaut d'avoir la couleur de l'emploi, notre blondinet se baptisera alors Elmo Lewis, parce que cela sonne bien, presque black, et, des années plus tard, son mentor se produira avec Bill Wyman et Charlie Watts, alors rangés des Rolling Stones... Le monde est petit.

Et les groupes se succèdent : Chelton Six, Ramrods, sur fond de vieux bluesmen qui font des ronds sur son pick-up – Elmore James, Muddy Waters, Howlin' Wolf, Sonny Boy Williamson, Jimmy Reed, Bo Diddley – et de virées entre Pitsbury Road et Moscow Road, qui l'entraînent loin de son Cheltenham natal. Et Brian se découvre, se révèle aux autres en même temps qu'à lui-même : derrière ses airs de ne pas y toucher, de dandy glacé, dont on ne sait plus quelle est la part de la pudeur et celle du dédain, c'est un leader, un organisateur qui s'affirme, même si sa passion des classiques semble lui interdire de s'investir complètement dans la composition, si l'interprète l'emportera toujours sur le créateur. Tout au long de ses sept années de Pierres Qui Roulent, et n'amasseront, dans son cas, pas mousse, il ne signera quasiment jamais de titre pour le groupe, mais en accompagnera et arrangera un grand nombre, apportant sans cesse une touche personnelle qui, au fond, lui ressemble bien : il a toujours été un être à part dans la vie, le type du coin de la photo, qui sourit dans sa barbe quand les autres prennent la pose ou parle à un enfant quand la famille Stone au complet scrute l'objectif : off. Plus tard, cela lui jouera des tours et le fera carrément sortir des clichés, tomber du groupe et finalement plonger dans l'éternelle piscine aux illusions. Mais pour le moment, sa distance est un plus, puisqu'elle attire tout le monde, femmes, potes et musiciens qui, comme chacun sait, n'appartiennent à aucune catégorie. Elle intrigue, fascine, hypnotise : qu'en dirait Brian, que ferait Brian, que peut donc penser Brian ? Et Brian observe, contemple, compte les points, et a toujours le mot et le regard juste, la formule qu'il faut au bon moment, avec le sourire qui va de pair. Un type comme ça est précieux, et en plus, il plaît, rabat les filles comme une star, avec ses airs bon chic-mauvais genre, ses demi-mots et ses attentions feutrées. Un vrai chat siamois, quand il s'approche d'elles et les enveloppe d'un regard, les terrasse d'un compliment, les brusque juste ce qu'il faut et se fait caresser dans le sens du poil, en orfèvre du sentiment, accordeur de cœurs. Et puis, il sait causer comme personne à une guitare, de Miss Gibson à sa Lady Gretsch, en passant par les Rickenbacker, Les Paul et Harmony Stratotone : comme d'autres trouvent les mots, il a les notes, des sons au bout des doigts, des frissons plein la main, et de Carnaby à Chelsea, de Kensington à Notting Hill, on commence à parler de lui dans le milieu, il fait partie du décor, se rend indispensable. Le genre de gars dont on serait surpris qu'il n'arrive à rien tant il va partout, laisse sa patte, des rêves dans les yeux des filles et des souvenirs marrants chez les garçons. Sauvage, mais sympa. A part : c'est son style.

Et c'est ainsi qu'au soir du 7 avril 1962, où, dans la foulée d'Alexis Korner et de son Blues Incorporated, il se produit avec son partenaire Paul Bond au G-Club, à Ealing Broadway Station, deux jeunes gens de Dartford, dans le Kent, lui tombent dessus avec enthousiasme. Ils s'appellent « Little Boy Blue and the Blue Boys », dans le civil Michael Phillip Jagger et Keith Richards, et ont remis quelques semaines auparavant une cassette à Korner, qui n'a pas été moins enthousiaste ; et là, ils sont subjugués par la version du duo de *Dust My Blues*, d'Elmore James : du bronze. Ce soir-là, le plus grand groupe de pop-rock de la deuxième moitié du siècle, après les Beatles, vient de naître, dans ce club obscur, aussi bruyant que brumeux, mais il ne le sait pas encore. C'est en fait Brian qui en aura l'idée, en faisant passer un jour des auditions à des chanteurs pour sa propre formation et en repensant à Mick, qu'il a entendu récemment sur cette même scène. Jagger est d'accord si Richards est de la partie, et l'avenir de Jones va aussi se sceller à cette minute-là, à son corps défendant : à longue échéance, le groupe n'aura que faire de trois personnalités, et de deux grands guitaristes, et il fera paradoxalement les frais de sa propre initiative, quelques années plus tard. On tisse chaque jour son destin. Pour le moment, tout le monde partage le même bonheur, ce sentiment d'une aventure à venir, et les guitares fourmillent déjà de tubes et de gimmicks imparables, de notes d'or et de mots d'argent. Jagger-Richards feront bientôt la pige aux Lennon-McCartney, encore en gestation, et Jones sera aux instruments, plus souvent qu'à son tour : guitares rythmiques, solo, harmonica, cythare, dulcimer, flûte à bec, orgue, violoncelle, xylophone, piano, mandoline, accordéon, mellotron, banjo, clavecin, saxophone, vibraphone, selon les occasions, autant dire un homme-orchestre et un arrangeur hors pair. Mais les œuvres elles-mêmes seront signées des deux autres. Toujours des deux autres, une griffe immuable qui l'égratignera à vie : il n'est pas du banquet, de ces crédits de pochette qui portent si bien leur nom. Et sur les documents de l'époque, il fait étrangement la nique à Mick, même sourire lippu, même moue rebelle, même œil volontaire, à se demander si ceux-là ne sont pas un peu siamois, frères ennemis du rock, et si l'un des deux n'est pas déjà en trop dans la bande, dès le début...

C'est donc Brian Jones qui baptisa le groupe, programmé régulièrement au fameux G-Club, et rejoint peu à peu par ses autres membres, Charlie et Bill, débauchés du Blues Incorporated. A cette époque-là, tout le monde fait autre chose dans la vie : des études, des petits boulots, des pannes, des plans, et même de menus larcins. On vit. Mick et Brian se complètent alors autant qu'ils se ressemblent, et sur les premières maquettes, la Gibson Crownwell de Brian se mêle à la Höfner de Keith, créant ce qui deviendra le « son » des Stones, la phrase d'attaque et le thème en boucle, ces vingt secondes d'intro qui font toute la différence et vous durent toute une vie. Et le 26 décembre 62, le futur groupe phare des sixties donne son premier concert au Ricky Tie Club, suivi du Crawdaddy et du célèbre Marquee, puis d'un club de jazz à Richmond. Les premiers businessmen sont aussi de la fête : Giorgio Gomelsky, puis Andrew Loog Oldham, et c'est Brian qui gère les contrats. A ce moment-là, il est la tête officieuse de la formation, un pied dedans et l'autre dehors, et son rapport à Mick, l'« enfant terrible », encore étudiant boursier en économie, n'a jamais été aussi bon. Ils partagent tout, et surtout les galères. L'un – Brian – se réclame du blues de Chicago, les autres du rock noir de la Chess, et notamment Chuck Berry. Deux écoles qui fusionneront au départ, mais s'opposeront ensuite, façon anciens contre les modernes. La lune de miel durera deux ans, durant lesquels il devient l'âme damnée, le diable blond de la formation : un double trouble et bientôt un rival direct du chanteur, le deuxième couteau qui séduit autant le public féminin et n'en focalise pas moins les objectifs, avec son petit côté maléfique et ses poses de guitar hero. Ses riffs de *Jumping Jack Flash* et *The Last Time*, de *Paint It Black* et *Under My Thumb* font autant mouche que les vocalises de la star, et pas besoin d'être devin pour comprendre que le triptyque du groupe peut vite devenir deux contre un, et qu'il sera ce un. Il a toujours été off, borderline, et bientôt outsider.

Dès 1964, il prend des distances avec la formation, contraint et forcé par ses extras autant que par ses déboires de santé : il fait de l'asthme, des crises, des caprices, a le blues et le transmet, et peine à suivre sur les tournées : il tire trop sur la corde, toutes les cordes. Et puis, il agace, attire les stars plus que la star elle-même, de Dylan à Hendrix, et toujours et encore les femmes, comme Anita Pallenberg, que Keith Richards lui subtilisera bientôt : bonjour l'ambiance. Il détestera ça. Enfin, il prend de plus en plus de drogues, pas de la coke ou de l'héro, ces machines à dépeupler le box-office, mais du haschich, des plantes hallucinogènes : les classiques. Et tout cela le rend imprévisible, parano, violent, le genre de partenaire dont on ne sait jamais tout à fait s'il viendra jouer avec vous ce soir ou non face à 5 000 personnes, et dont on se demande en plus s'il tiendra jusqu'à la fin, s'il ne vous volera pas la vedette en faisant le clown, le pitre, dont on découvre au dernier moment comment il est habillé en scène – pas comme vous, jamais comme la veille –, avec un Stetson de cow-boy ou une gandoura, en hippie ou en tunique psychédélique, bref, qui joue avec votre carrière et prend un malin plaisir à vous subtiliser votre part de lumière ou d'applaudissements. Bien sûr, on lui pardonne, le cajole, le défend, mais on en a secrètement marre, et on sait bien qu'un jour, il faudra en finir, couper le cordon.

Et l'on se réconcilie une fois de plus, on part ensemble au Maroc, Mick, Keith, et lui, chez Saint-Laurent s'il vous plaît, on fait les fous, les stars, on joue aux Américains, on craque et on flambe, on jette dollars et livres par les fenêtres, on projette des albums sur la comète, concept, picture and co, à en faire pâlir ceux de Liverpool, les Fab Four, les Garçons de la Plage et la terre entière. Des disques avec un seul morceau d'une demi-heure, des ponts de guitare dans l'azur et des pochettes pleines d'arc-en-ciel, de couleurs et d'odeurs, et puis l'on revient sur la terre ferme du bocage, et l'on remet ça comme avant : absences, caprices, trous, délires, fumées et autres trips de plus en plus décalés au fur et à mesure que l'étoile du groupe s'élève et que la sienne pâlit. Ce qui passait avant pour des enfantillages, faisait partie de l'image du combo, un peu comme les Who avaient leurs chambres d'hôtel ravagées ou leurs toilettes dynamitées, on ne peut plus se le permettre. Il joue maintenant contre son équipe, d'autant plus volontiers qu'il se sent marginalisé, exclu, sur la touche. Il en rajoute, charge, rue dans les brancards, fonce à tombeaux ouverts dans sa Rolls, fait du Brian Jones comme Keith Moon fait du Keith Moon, et l'on sait comment cela finira, où ça les mènera. Il est pris dans la nasse, et se noie à vue d'œil, dans ses verres de tout et de n'importe quoi, en attendant sa piscine, est de plus en plus lointain, à l'écart sur les photos. Pas sérieux ni bon signe, de « sauter » des séances d'enregistrement quand on n'en a pas écrit les morceaux et que ceux-ci deviennent en outre des succès sans vous, de « planter » les copains en plein concert, de jouer les divas quand on commence justement à ne plus en avoir l'air ni les moyens, à s'assombrir et s'épaissir, à soliloquer contre le monde entier. Au festival de Monterey, où il présente le spectacle mythique de son copain Jimi Hendrix, il se bourre de pilules et annonce la couleur à la cantonade : « Poche gauche, amphétamines, poche droite, calmants ». Bingo ! Un moyen comme un autre de faire passer, digérer le fait qu'il n'a signé aucune chanson marquante des Stones, qui en ont pourtant fait beaucoup, ne s'est jamais jeté dans la mêlée, lui qu'on retrouve paradoxalement dans les chœurs de *Yellow Submarine* et de *All You Need Is Love*. Jamais là où il faudrait. Jamais à la bonne place. Pire : en 1967, Keith, qui lui a déjà ravi sa place de coleader, les faveurs du prince Mick et devient le vrai sauvage du groupe, l'autre guitariste fou, au point de se camer à son tour pour ne rien lui laisser, lui fauche même sa copine, Anita : un comble ! C'est la crise, la chute libre, le trou noir, et ce n'est pas la troublante Marianne Faithfull qui va lui remonter le moral : elle a ses propres soucis, des états d'âme à revendre et une carrière à faire, encore en gestation. Enfin, c'est l'époque où le groupe enregistre son album concept, en réponse au monumental *Sergeant Pepper's* des Beatles, à cette différence près que leur disque, *Their Satanic Majesties Request*, est un échec, à tous points de vue, et que Brian Jones n'en partage pas les options.

Et pendant les premières séances du *Beggar's Banquet* suivant, qui remettra les choses en ordre et ne sortira qu'après sa disparition, il reste allongé sur le ventre, à même le sol du studio, à lire des revues botaniques et manifeste une parfaite indifférence à ce qui se passe : le cœur n'y est pas, il n'est déjà plus là, plus de la fête, et se regarde partir, disparaître lentement devant les caméras de Jean-Luc Godard *(One plus One)*. Il se débat alors entre interpellations pour état d'ivresse, arrestations pour détention de stupéfiants, expulsions d'hôtels, heurts de fin de soirée, la Priory Clinic de Londres devenant sa seconde adresse, et n'arrive surtout pas à digérer, accepter cette réalité improbable, inconcevable seulement trois ans avant : son propre groupe, qu'il a imaginé, baptisé, accompagné à tous les sens du mot est en train de l'exclure, de le rayer de l'affiche, de conspirer à sa perte, dans son propre intérêt.

Il est devenu le mauvais Stone, le rocker de trop, celui qui dérange, qui suscite le malaise, les regards en coin ou les silences appuyés. Le Pete Best des Pierres Qui Roulent. Le perdant, profession loser, à 26 ans à peine – un âge d'étudiant – qui aurait cent fois fait le tour de la vie. Il détonne, et n'accepterait pour rien au monde de se déjuger, de changer ou battre en retraite. Il est lui, et il faudra faire avec, composer avec lui ou fermer le ban. Pas le genre à se compromettre : d'une certaine manière, sa distance, sa différence est sa force, sa supériorité. Ils ne l'auront jamais, il les marquera par son absence même. Il ne veut plus, comme disait l'autre, d'un club qui l'accepterait pour membre. Le groupe est déjà une Pierre en soi, trop commercial, prévisible, conformiste à son goût. L'argent a tout gangrené, vicié, faussé dans cette histoire. On ne devrait jamais vendre plus de 20 000 albums, sous peine de se perdre, de trahir ses idéaux. Qui a dit que tout succès était un malentendu ? Autant créer un groupe à lui tout seul, dont il serait à la fois lead singer, guitar hero etc., et qui s'appellerait « The last Stone ». La dernière pierre, de préférence dans la mare. Par vocation, il était un franc-tireur, l'éternel challenger, pas une machine à tubes, une usine à hits. Alors il ronge son frein, sort la tête haute, mais sent bien que le vent a tourné, que les temps ont changé, comme dirait le pote Dylan. Déjà, de nouveaux groupes fleurissent à tout va, des Oyseaux, des Petites Cuillères d'amour, des Avions Jefferson, des Qui, des Morts Reconnaissants, des Zeppelin, Velours Souterrain et autres Flamants Roses qui lui dament le pion et le considèrent comme un ancêtre, celui qu'on vénère et qu'on met sur un piédestal. Génération d'avant. Et, suprême injure, de nouveaux Stones en transit viennent pallier ses absences, ses défaillances, tels Nicky Hopkins ou Mick Taylor. Rien de surprenant : il a tout fait pour ça, toujours joué à se faire prier, et Oldham n'a jamais pu l'encaisser : n'est-il pas un vrai cauchemar de manager, avec ses sautes d'humeur et d'horaires ?! Il ne se ressemble plus, a pris des petits airs d'Elton John, encore un jeune loup qui en veut et lui sourit de manière trop éclatante, comme on lorgne une future proie. Et il finit ses soirées affalé à refaire le monde entre Marianne et Nico, ses égéries éthérées, et une nouvelle héroïne bien encombrante, une dame blanche qu'il s'insuffle à pleines narines, sans précautions : rien à perdre, que la vie... Et trois initiales désormais gravées à son poignet, dans sa paume : LSD.

En cette année 1969, après une dernière apparition commune dans leur « Rock and roll Circus » télévisé en décembre, le groupe se prépare à sa première grande tournée américaine, un must du genre, et il sait déjà qu'il ne peut pas, ne veut pas suivre : problèmes de passeports, de visa, de santé, de volonté même. Problèmes de tout : il est devenu un problème en soi. Alcoolique, paranoïaque et drogué, comme ces anciens rockers des années mono qui n'avaient twisté qu'un été et qu'il évitait soigneusement de croiser, dans les couloirs des sixties, tant ils lui flanquaient le blues, quand ils lui tapaient sur l'épaule comme on se passe le relais, ces autres Brian qui lui donnaient du trémolo dans la voix. Qui osera lui dire, lui avouer la vérité ? Qui se dévouera, sacrifiera à la corvée et lui annoncera qu'il est remercié ? Ce sera Charlie, son *blues brother* à lui, le *sparring-partner* de la six cordes, qui s'y collera, et lui rendra visite le 8 juin 1969, avec ses frères ennemis, Mick et Keith quelque peu embarrassés, pour lui annoncer qu'il est remplacé par Mick Taylor. Pas franchement un scoop, mais un coup dur quand même, surtout quand la nouvelle, à la fois dérisoire et cruelle, tombe officiellement sur les téléscripteurs : les Stones se séparent de leur mauvais génie, leur ange pervers, leur face cachée, qui va se terrer avec sa nouvelle girlfriend, une Suédoise nommée Anna Wohlin, dans un manoir qu'il vient d'acquérir en novembre dernier à Cotchford Farm, dans le Sussex. C'est une chaumière de brique rouge qui a appartenu naguère à A.A. Milne, l'auteur du célèbre *Winnie l'Ourson*, et où Brian fait tout de suite construire une piscine, comme on se creuserait une tombe : il a tant de choses à enterrer, après ce jour sinistre.

Une rupture en forme de marché qui lui rapporte tout de même de solides indemnités, mais lui laisse bien entendu un arrière-goût de défaite, de désaveu, et le relègue d'un coup au rayon des accessoires, rockers brisés et autres. Alors, Brian revient à ses premières amours, retrouve son fameux vieux blues et l'ami Korner, fantasme sur un projet de groupe qui serait enfin à lui, rien qu'à lui, sans chanteur ni autre soliste, s'épuise à se convaincre qu'il n'est pas hors course, HS, off the record. Qu'il est encore vivant. Mais c'est dur d'allumer le poste et d'y reprendre en pleine figure ses anciens collègues, triomphant plus que jamais sur la route encore, toutes les routes du monde. *« Come on along you can lose your lead/Down the road apiece »*. A croire que l'« autre » le guette, l'attend à chaque coin de radio, de magazine ou de télévision. En cette année 1969 où même les Beatles se préparent à se séparer, des nouvelles à en perdre le goût et le respect de tout, les Stones sont partout, et semblent s'être donné le mot pour le traquer, le hanter, lui pourrir la vie. Non contents de l'exclure du jeu, le chasser du cercle, les Pierres veulent maintenant l'enterrer, lui élever une stèle.

Au début de cet été, où le monde de la musique explose dans le sillage de l'autre, à moins que ce ne soit l'inverse, il va mal, vit mal, sent peser sur ses épaules le poids d'un passé infini, d'une vie trop pleine et pourtant vaine, d'un destin raté et d'un temps fou à rattraper : dix mille prises, séances, chutes, qui lui reviennent en mémoire et l'écrasent sous les regrets, les frustrations et les contradictions. Qui lui collent aux doigts, lui vident la tête, lui renvoient au visage tous les miroirs du Sussex, où il ne reconnaît plus le gars d'en face : bouffi, plus ombrageux que ténébreux, avec ce détestable pli amer au coin des lèvres qui n'était pas là il y a à peine six mois, ce désespoir poli, insidieux qui transperce ses nuits et ne le quitte plus des yeux, des yeux de junkie : on ne voit que ça. Son échec. Partout, son post-partum en forme de testament, dans tous les coins du manoir, au point que le silence en devient assourdissant, en fin de semaine, et qu'il doit fuir son passé au fond des clubs. Il voudrait se réveiller, reprendre sa Gibson, la route et la main, leur montrer un peu de quel bois il chauffe son studio, tout ce qui lui reste dans le ventre, des torrents de blues et des volcans de rythme ; mais rien ne va plus, et le fait d'avoir prétendument arrêté la drogue n'arrange pas forcément les choses. D'ailleurs peut-on arrêter ça, refaire surface quand on a plongé tant de fois ? De tous temps, on lui a répété qu'il avait deux personnalités, deux visages, et le second a pris le dessus, comme un masque colle à la peau, avec une unique expression d'effroi, de désarroi, désormais incontrôlable. Au plus profond de ses nuits, Hyde-Jones le contemple avec son plus vilain rictus et attend impatiemment son heure, de préférence la dernière. Sa prière du Diable.

Il ne le sait pas encore, mais il sera la première victime de la scène pop, un an avant son « frère » Jimi et la fougueuse Janis, deux ans avant Jim et vingt-cinq avant un certain Kurt à la guitare torride, au même âge, tous au même âge. La marche la plus dangereuse, à l'autel de la gloire. Une fois de plus, il va ouvrir la voie, montrer le chemin, évidemment le pire, donner le mauvais exemple. Dans la nuit du 2 au 3 juillet, il se noie à 23 h 15 dans sa piscine, à quelques pas de sa fiancée et dans son jardin verdoyant : il a dérapé. « Death by misadventure » (« Mort par mésaventure »), comme dira poétiquement le médecin légiste : ça ne s'invente pas. On parlera vite d'assassinat, de suicide, de contrat. D'une overdose et d'une crise d'asthme malvenue. Un ouvrier en maçonnerie, Frank Thorogood, qui effectuait d'importants travaux dans la villa et s'était attardé ce soir-là pour boire un verre avec sa compagne et les propriétaires du lieu, avouera même vingt-cinq ans plus tard sur son lit de mort avoir tué le chanteur, qui lui cherchait des noises et trouvait son travail insatisfaisant : mystère. Et son ex-girlfriend, la dite Anna, corrobora cette version dans un ouvrage publié en 1999.

Il est vrai que Brian n'avait avalé que quatre pintes de bière, qu'il n'avait quasiment pas fumé, qu'il nageait bien et n'avait aucune raison d'en finir là, à moins d'être écrasé par ses déboires, comme par la chute d'un gigantesque rock : une énorme pierre qui roulait et s'en venait de loin, l'emporterait *like a Rolling Stone*. Ses funérailles, dit-on, furent d'ailleurs payées par Bob Dylan : on ne prête qu'aux riches. Mais si crime il y avait, il était collectif, et portait l'empreinte du show-business, aussi redoutée par ici que la marque du Dragon Rouge ou le fantôme de Jack l'éventreur.

Quelques jours plus tard, les Stones recomposés et repartis ad lib, donnèrent un concert à Hyde Park, devant un gigantesque portrait du disparu qui n'en finirait pas de planer sur leur carrière comme une ombre et les accompagnerait à sa façon jusqu'à leur 40e anniversaire, à des années-lumière de là. Qui leur répétait en sourdine, à perte de nuits *« My ultimate aim in life was not to be a pop star... I'm not really satisfied artistically or personally »* (« Mon principal but dans la vie n'était pas de devenir une pop-star, je ne suis pas vraiment satisfait sur le plan artistique ou personnel ») et y avait quand même réussi, malgré lui. Il est des souvenirs dont on ne se défait pas, parce qu'ils vous contiennent tout entier. Brian Jones était la face cachée des Stones, leur âme damnée et quelque part leur mauvaise conscience, le frère maudit qu'on avait abandonné en route parce qu'il avait le mal de mer et voulait juste s'allonger dans l'herbe, la tête dans les nuages et le cœur en villégiature...

KEITH MOON

Devinez Qui *ou* *Le* bon *Monsieur Moon*

Keith Moon était fêlé, la moindre des choses lorsqu'on s'appelle « Lune » et qu'on brise tout sur son passage, ou plutôt, il était batteur. Et les batteurs sont fêlés, tous les guitaristes vous le diront : regardez Ringo ou Roger Taylor ! Alors, pour être batteur des Who, les pères naturels du hard et grands-pères du punk, il fallait assurer, sur tous les plans, imprégner autant l'oreille que l'œil !

Mais il était encore plus fou que batteur, au point qu'on l'avait surnommé « Moon the loon » (Moon le cinglé), non sans un soupçon de crainte. On ne savait en effet jamais ce qu'il allait faire, mais on pouvait être sûr que c'était une ânerie, un gag, une énhaurmité, dont le point commun serait de détruire quelque chose, sinon quelques choses, de préférence avec fracas. Sa manière à lui d'exister, de taper sur des objets ou même les décors, et plus tard sur les gens – il pouvait s'attaquer à un mur aussi bien qu'à un vase, à une cuvette de toilettes comme à une piscine – lorsqu'il ne frappait pas sur ses caisses et ses cymbales, avec un son et un rythme uniques.

Dans sa discipline et son genre, c'était en effet un grand,

qui eut même des émules, tels John Bonham et Ginger Baker. Mais il faisait partie de ces artistes qui ont besoin de se donner en spectacle dans la vie, de faire des scènes au quotidien et si possible de casser la baraque pour voir ce qu'il y a dedans, de faire sauter les banques, les verrous et les interdits comme on brûlerait les planches. Un semeur de panique qui s'était fait une réputation d'enfer en détruisant son matériel en concert, avec tant d'énergie et d'obstination qu'il avait fallu arrimer ses batteries au sol, pour qu'elles ne dérapent pas vers la salle, n'éclatent pas en morceaux lorsqu'il se mettait à les massacrer après les avoir martelées, avec une rage communicative : il ne devait rien en rester, puisqu'il « détruisait une batterie par concert, par respect pour son public. S'il ne le faisait pas, ce dernier serait déçu » *(sic)*. Dans ces cas-là, il était capable d'y ajouter des feux d'artifice, de manière à ce que son « matos » explosât rituellement sous les coups à la fin de *My Generation*, comme pour souligner les paroles, à ce que les dégâts fussent plus beaux et plus hauts, quitte à ce que son camarade et leader Pete Townshend y laisse un tympan. Les risques du métier : trente ans après, l'auteur-compositeur de *Tommy* s'en souvient encore, entend ça d'ici. Mais Keith avait une prédilection pour les salles de bains, les toilettes d'hôtel et autres loges qu'il saccageait à la hache, les meubles qu'il balançait par la fenêtre, les plomberies et les suites de palace en général qu'il mettait un point d'honneur à marquer de son sceau, c'est-à-dire de sa batte ou de sa queue de pelle. Il avait l'esprit tartare, et ça le prenait aussi bien avion qu'en studio, il devait en découdre avec les objets, le monde extérieur, se mesurer aux choses de la vie.

Avec sa bouille de bille, pour ne pas dire sa face de lune, pleine, ronde et rieuse comme celle d'un bon blagueur, il avait toujours l'air surpris de ses propres frasques, tel un gosse mal élevé qui, en l'absence des parents, se demanderait jusqu'où il peut aller, et tenterait le coup pour voir. Il essayait, osait, dynamitait les cabinets comme un garnement, après y avoir fumé on ne sait quoi, ou encore les tuyaux d'arrivée d'eau, mettait des pétards dans les placards, des cafards sous le lit ou des têtards sous la douche, et puis attendait, sagement, pour voir ce qui allait se passer, comme un étudiant en chimie guette le phénomène, et expérimente de temps en temps une nouvelle formule. A croire qu'il s'ennuyait aux baguettes, tel un cuisinier à son piano, à ses batteries, et avait besoin de nouvelles recettes, de mélanges inédits. Par exemple rentrer à son hôtel aux aurores en costume d'officier nazi et avec un porte-voix, pour réveiller tout le monde par ses invectives obscènes *(sic)*, ou entrer en scène à San Francisco en fauteuil roulant, avec les bras plâtrés *(resic)*, il était rarement à court d'inventions, scénariste allumé de sa propre histoire.

Et il n'était jamais plus content que lorsque « ça » explosait, que tout pétait, fumait alentour, lorsque la mèche atteignait la cartouche et que l'hôtel se relevait en sursaut, à cinq heures du matin, dans une odeur de poudre et un climat de Seconde Guerre mondiale, façon V1. Panique au George V. Au point que les autres musiciens du groupe ne bronchaient plus dans les chambres voisines, et se contentaient de se retourner dans leur lit et de soupirer d'un air navré en énonçant son nom comme une fatalité : « Ça doit être lui. » « Ça, c'est signé. » « Keith est rentré. » A se demander ce qu'il aurait fait s'il avait disposé un jour du fameux bouton rouge des présidents. Le meilleur gag était que, lorsque d'aventure il y avait un tremblement de terre au bout du monde ou une centrale nucléaire qui prenait ses aises, tout le monde s'exclamait d'un air complice que « ce devait être encore lui », son nom devenant synonyme de catastrophe : il y avait forcément du Moon là-dessous. Le genre à balancer du fluide glacial s'il était présenté à la reine, ce que l'on se garda bien de faire : il n'y aurait jamais de « Sir » Moon. D'ailleurs, on inventait déjà des légendes à son sujet, à savoir qu'il aurait plongé en Rolls Royce, ou selon les cas en Lincoln Continental, dans une piscine amie, ce qui était tout de même nettement exagéré. Il avait le sens des réalités et savait bien que ça ne rentrerait, ne collerait pas : pas une Rolls, bien qu'il eût effectivement repeint la sienne en couleur lilas ! Il avait du goût dans son mauvais goût, et sous aucun prétexte il n'aurait indisposé Sa Majesté : British first ! Mais lorsqu'il passait à la télévision, il n'était pas rare qu'il entreprît un strip-tease en direct ou grimpât aux rideaux du studio, même et surtout s'il n'y en avait pas !

C'est dire s'il s'était créé une image, traînait derrière lui une kyrielle de casseroles qui commençaient à lui peser, parce qu'elles faisaient plus de bruit que ses toms et cymbales réunis, finirent par l'entraîner dans le vide. Où qu'il se rendît et quoi qu'il fît, on en attendait plus de lui, on le poussait au crime, c'est-à-dire à faire du Keith Moon, en riant d'avance de ses avatars comme d'autres font commerce de bons mots, on s'encanaillait à le frôler, et rien ne le dérangeait plus que de devenir prévisible. La provocation perdait tout charme si elle était provoquée, a fortiori par ses victimes : elle devenait même indécente, c'est-à-dire conforme. Il était encore trop jeune pour se parodier, s'imiter, et finissait par s'éclipser des soirées, comme ces comiques à qui l'on demande de faire rire jusqu'au vestiaire ou au petit coin, par jeter de plus en plus tôt l'éponge, non sans avoir bu un peu trop et fait une sortie pour ne pas... faire de scandale : il n'échappait plus à son emploi, de batteur dérangeant. Le sale gosse des sixties. Keith la peste. Le *timbré*. De quoi vous donner envie de changer de visage et de nom, comme ces espions que son compatriote James Mason excellait à camper à l'écran. D'être une heure, rien qu'une heure le placide John Entwistle, bassiste flegmatique et monolithique du groupe qui n'en riait pas moins dans sa barbe, avec ses paires de call-girls de 5 à 7, ou ce géant Townshend à qui l'on pardonnait tout sous prétexte qu'il pratiquait un humour froid, quasi glacial, et faisait des bonds de cabri en s'accrochant à sa guitare comme à un guidon de fusée. N'était-il pas aussi *borderline*, bien plus « flippé » que lui avec ses airs de pasteur rock à qui on aurait remis le

Grammy sans confession ? Entre deux breaks et solos, il se surprenait à rêver de changer d'instrument ou de rôle dans la formation, qui ne comptait que quatre places, le nombre légal à l'époque, et voir ce que cela faisait de jouer *avec* Keith Moon, face à lui, comme lui, sans être pris systématiquement pour un clown quand il s'attaquait à un solo digne de Gene Krupa ou Cozy Cole à la grande époque.

Vraiment, ça lui aurait plu, qu'on le regarde, lui parle comme à un batteur, de beat, de doigté, de groove et pas de boules puantes, d'autant plus que son grand rêve était aussi de chanter, et qu'il ne ratait jamais une occasion de participer aux chœurs éventuels, même... en solo, et d'en rajouter si besoin était, au point de se faire parfois interdire de studio par le groupe ! Passé les seventies qui étaient aussi leurs « Glorieuses », il en conçut une secrète mélancolie, qu'il habillait bien sûr de rires, canulars et boutades de plus en plus sonores, et à partir de la trentaine, en 1975, il en devint même malade, puis en mourut à 32 ans. Comme Buster Keaton, à sa manière. C'était le seul moyen qui lui restait pour qu'on le prît au sérieux, qu'on s'aperçût qu'il était quand même et d'abord un homme, un artiste, avec des battements de cœur et une peau de caisse claire : les plus sensibles au monde, à la moindre caresse de baguette ou au plus petit coup de balai.

C'est en avril 1964 que le jeune Keith, âgé d'à peine 17 ans, avait rejoint les Who qui venaient de se rebaptiser High Numbers après avoir débuté comme Detours : qui cherchaient donc leur voie, comme leur nom l'indiquait, tournaient autour du pot. Faute de se trouver vraiment, ils se demanderaient en vain Qui ils étaient et finiraient par adopter ce singulier patronyme, les *Qui*, comme ils auraient pu devenir les *Quoi* ou les *Pourquoi*, sûrement pas les *Combien* : ils avaient le choix. D'une certaine manière, il avait été leur catalyseur, leur trait d'union, un peu comme Ringo-Richard avec les « Autres ». Le pilier en était bien entendu le longiligne Pete Townshend, auteur-compositeur prolifique aux airs de doux dogue, doux dingue, qui passerait sa vie à batailler avec leur chanteur, le teigneux Roger Daltrey, et à mettre le feu à ses cordes, de concert avec le bassiste John Entwistle qui en fin stratège contemplait ironiquement le paysage pendant la bataille : pas le genre à saborder son instrument de travail, à incendier live une Gretsch de 1 000 livres, lui, mais plutôt à manoir avec limousine, majordome et lévriers. A chacun son style, et au total, une petite famille qui, bon an mal gré, passerait quarante ans ensemble, fors notre héros bouillonnant, Keith le lunatique, qui les quitterait à 32 ans, en 1978, c'est-à-dire à la vraie fin du groupe, première manière. Qui avait précédé, annoncé quoi, ou plutôt Qui, on ne le saurait jamais, mais c'était le seul qui avait mis son destin en conformité avec l'adage et le couplet prophétique de la formation : « Hope I die before I get old » *(My Generation-1965).*

Entre-temps, ils avaient placé la barre haut, puisqu'ils étaient vite passés de succès emblématiques, *I Can't Explain, My Generation*, *I'm A Boy, I Can See For Miles* ou *Magic Bus*, à des albums concepts et des opéras rock, à commencer par *The Who Sell Out*, en 1967 (tous leurs disques contenaient dans le titre le mot clef « Qui »), et surtout le mythique *Tommy*, en 1969, et son cadet méconnu *Quadrophenia*, quatre ans plus tard. Face à leurs rivaux directs, les Kinks, menés par les frères Davies, ils avaient mis le paquet, se défonçaient autant qu'ils se dépassaient, avec un niveau de son et de sens, une rage de convaincre qui pouvait laisser sourd, mais pas indifférent. Ils en voulaient, et cela se voyait, s'entendait, laissant la scène en cendres derrière eux, et en tout cas leur matériel en miettes, dans les grandes occasions, quand ils jouaient aussi pour la galerie : Monterey, Woodstock, Leeds, l'île de Wight, stade de Charlton... qui rimaient avec autant d'albums mythiques : *The Who By Numbers*, et surtout *Who's Next*, en 1971, avec son fulgurant *Won't Get Fooled Again.* Une histoire de *Who*. Et d'une certaine manière, le jeune batteur était leur fer de lance, leur mascotte et leur fou du roi, capable à la fois de les exacerber et les exorciser, la marionnette complice qu'on sort du chapeau et agite de temps en temps pour rappeler, comme chez le grand Will, que tout cela n'est qu'un rêve et en tout cas qu'un jeu, de six cordes ou de tom basse, de pédale Charleston et de Stratocaster. Le principe du groupe était en effet l'autodestruction, et Keith un porte-parole qui l'appliquerait finalement au pied de la lettre : après avoir supprimé tout ce qui dépassait alentour, il finirait par se détruire lui-même ! Se faire sauter à force de bonds et de lancers de baguettes qui tenaient autant du ballet que de la partition. Disparaître en fumée dans un jet de pétard plus corsé que les autres. Pfuitt !

Leur plus grand moment avait sans doute été ce passage au Smothers Brothers Comedy Show, une émission de télé où il avait détruit sa batterie aux explosifs à la fin de leur fameuse *Génération*, mais il était aussi capable de remplir ses caisses avec de l'eau douce et des poissons rouges, et déclarer au présentateur qui s'en étonnait : « Même les meilleurs batteurs peuvent avoir un petit creux ! » *(sic)*, avec un esprit qui n'était pas sans rappeler celui d'un certain Harpo Marx, trente ans avant. Une autre fois, pour son vingt-cinquième anniversaire, il avait semé une telle confusion, au Holiday Inn de Flint, dans le Michigan, en organisant un... combat d'aliments avec les Herman's Hermits, dont le chanteur s'appelait lui-même Peter Noone *(No Milk Today)*, qu'il y avait laissé trois dents, et plusieurs milliers de dollars de dettes : car ses frasques coûtaient cher, en réputation comme en argent. Et il faisait monter sans cesse la pression, en sale gosse sympa qu'il était, jusqu'à se faire prendre...

Jusqu'à cette nuit fatale du 4 janvier 1970 où, poursuivi par une bande de skinheads qui en voulaient à sa Bentley, à la sortie du Red Lion Pub à Hatfield, dans le Hertfordshire, il fit trop vite marche arrière avec le véhicule et écrasa son ami et garde du corps, un certain Cornelius « Neil » Boland, qui était en outre père de famille.

Bien que la police et le médecin légiste chargé de l'affaire aient conclu à un accident et qu'il ne fût pas poursuivi ni inquiété, le bruit courut que ce n'était en réalité pas lui qui conduisait, qu'il couvrait quelqu'un d'autre, et comme sa petite amie, Vivian Stanshall, ne s'exprima pas sur le sujet, on en resta aux conjectures. En revanche, il ne faisait pas de doute que son caractère avait changé à ce moment-là, qu'il avait moins envie de rire et de se faire remarquer, pour ne pas dire de « faire le malin », et que le souvenir de ce décès brutal le poursuivit jusqu'au sien, huit ans plus tard, et n'y fut sans doute pas totalement étranger. Il avait découvert la mort, avait franchi la ligne ce soir-là et voyait désormais ses frasques d'un autre œil. Et le titre de son unique album solo, en 1975, *Two Sides Of The Moon*, pendant une accalmie du groupe qui marquerait le début de leur déclin, témoignait bien de son ambiguïté, sa cruelle dualité. Sous son écorce de rebelle, ses masques d'amuseur public ou de terreur privée, se cachait un personnage bien plus complexe et secret qui commença lui aussi à décliner à partir de là, à boire et à grossir, et avait parfaitement conscience de rater ce que son ami Ringo Starr, d'ailleurs batteur sur ce même album, réussissait à la perfection : tirer son épingle du jeu, garder la tête froide et cette bonne distance qu'on appelle humour et qui virait chez lui à un désespoir, pas toujours poli.

C'est aux côtés de ces familiers nommés Ringo ou Zappa qu'il montrait son autre, sinon son vrai visage, et ce n'était pas toujours celui que l'on imaginait : anxieux, pressé, stressé, il sentait le poids des QUI vous savez l'écraser, le ronger, le dévorer peu à peu, et il changeait, s'assombrissait désormais à vue d'œil. Au point qu'avec ses variations de taille et d'humeur dues à ses débordements d'alcool et autres, on finissait par ne plus le reconnaître : son rêve et son drame, et les effets destructeurs de ses cocktails de Valium et d'héroïne, arrosés au chambertin : il avait tout essayé. Dans ces cas-là, il devenait impossible, allait de déprime en crise d'épilepsie, et tapait autant sur ses femmes que sur ses grosses caisses, à croire qu'à la faveur de ses mélanges, il confondait désormais tout et voulait battre tout ce qui se présentait, comme si la vie était devenue sa scène, une session chaude et bien arrosée. Kim le quitta pour ça, puis Annette fit de même, et Mr Crazy Joke devint Mr Bad Guy, l'homme qui en voulait au monde entier, un de ces enfants attardés prêts à tout, et surtout au pire, pour ne pas grandir. Ses concours de Guinness – cul sec et au tonneau – avec l'acteur Oliver Reed, qui n'était pas le moins fou des deux, tout comme naguère avec les inséparables Lennon et Nilsson, n'étaient-ils pas réputés jusqu'à l'autre bout du Royaume-Uni ? La plus mauvaise idée du cinéaste Ken Russell avait été sans doute de réunir ces deux-là sur son plateau, et le soir dans un même hôtel, au grand dam de l'équipe...

Ayant émigré temporairement à Malibu pour y noyer son blues, qui virait à la schizophrénie, dans l'océan et ses plages d'or, ce dernier trésor local qu'on égrainait des yeux au crépuscule, il faillit en venir aux mains avec son nouveau voisin, un certain... Steve McQueen, qui avait lui-même un aussi mauvais caractère qu'une bonne descente et appréciait plus que tout sa solitude. Et il s'en revint bientôt sur le plancher des Lords, où il avait laissé tous ses souvenirs et plein de rêves derrière lui. Il essayait en vain de se fuir, de s'oublier dans des gares ou des aéroports, mais se retrouvait toujours à l'arrivée, avec le même air contrit de gamin pris en faute et son éternelle valise de pétards : « Ce n'est que moi... ». Où qu'il aille, il se trouvait mal et détruisait, encore et toujours, ce qu'il approchait, tout étonné qu'on ne pût pas mener ce monde à la baguette, qu'il ne suffît pas d'une pédale pour y mettre bon ordre. Il faisait ses caprices, de moins en moins drôles et de plus en plus pathétiques, violents, imprévisibles. Il battait à vide, tel un automate déréglé, un jouet perdu, un petit sergent major sans son tambour. Half-Moon, voire Quarter-Moon. Il n'avait que 30 ans, ce qui était encore très jeune dans la vie et déjà vieux dans ce métier, où chaque nuit comptait double, chaque scène correspondait à une ride et chaque direct à un pincement de cœur, même si l'on vous prétend le contraire.

Et ce qui devait arriver arriva : il allait payer, mourir pour les autres, qui n'arrêtaient pas d'écrire et de chanter depuis 15 ans qu'il fallait finir jeune, et ne s'en portaient pas plus mal avec leurs manoirs et leurs chauffeurs privés : quelqu'un devait faire le sale boulot, le grand saut. Il fallait un volontaire. Devinez QUI. Le 7 septembre 1978, en compagnie de sa fiancée Annette Walter-Lax, il fut invité à la première de *The Buddy Holly Story*, un film-hommage au mythique rocker disparu, et ensuite à dîner avec son heureux ayant-droit, Paul McCartney, en compagnie de sa femme Linda, alors leaders des Wings. Puis il s'éclipsa pour regagner l'appartement que lui avait prêté le chanteur Harry Nilsson, lui-même grand ami de John Lennon, au 12 Curzon Place, à Londres. Fait troublant, c'était là même qu'était morte quatre ans auparavant à 27 ans l'imposante Mama Cass, des célèbres Mamas and Papas, et qu'il allait décéder à son tour cette nuit-là, quasiment dans le même lit et dans les mêmes conditions. En musique aussi, le destin sonne parfois deux fois, repasse les plats.

La suite appartient à la vie privée du rock, celle dont on n'aura jamais le fin mot et qu'on n'a donc pas fini de réécrire, d'enjoliver ou de noircir à souhait. *The story backstage,* ou la face B de nos miroirs adolescents. Suivant un traitement médical contre l'alcoolisme, il avala cette nuit-là une trentaine de pilules de son médicament qui s'appelait Clomethiazole et en mourut pendant son sommeil, d'une overdose légale en quelque sorte, mélangée peut-être à d'autres choses, allez savoir avec les artistes, surtout quand ils sont batteurs... Il avait 32 ans, et, paraît-il, absorbé 32 pilules, parce que ça rimait bien dans les bios, mais on ne prêtait qu'aux riches et aux poètes, et il avait sa fantaisie à fleur de peau, sous son masque de clown.

Deux semaines plus tard sortait le nouvel album des Who, qui s'intitulait *Who Are You* et le montrait en couverture avec les autres, trônant sur une chaise portant l'inscription prémonitoire : « Not to be taken away ». Un signe et un message quasi subliminal, puisque la photo datait de quelques semaines à peine. Il fut remplacé entre autres par Zak Starkey, le fils de Ringo Starr, dont il était d'ailleurs le parrain – « oncle Keith » – et à qui il avait offert naguère l'une de ses propres batteries : on ne sortait pas de la famille, et son secret resterait bien gardé. Puis Roger Daltrey lui dédia une chanson qui jouait à son tour sur les mots, *Under A Raging Moon*, et un bar de London Astoria prit même son nom, ce qui était la moindre des choses pour un aussi grand buveur, quasiment un nageur breveté du fleuve Bourbon.

Pour la petite histoire, c'est lui qui avait trouvé le nom du groupe Led Zeppelin, avec certains membres duquel il avait collaboré au départ quand ils s'appelaient encore les Yardbirds *(Beck's Blues)*, mais qu'ils étaient déjà Jeff Beck et Jimmy Page. Keith le lunaire n'était jamais à court d'idées, et ses journées, qui avaient depuis longtemps exclu la notion de pause ou de sommeil, fourmillaient de plans et de projets inaboutis, qu'il aurait tout le temps de réaliser, maintenant qu'il vivait vraiment dans la lune, et nous faisait signe certains soirs, à cheval sur ces nuages que la nuit transforme en fumées. Qu'il brillait sur Londres autour de minuit comme un soleil noir, l'enfant aux baguettes ou l'homme qui jouait avec les allumettes, et qui ne manquerait pas de mettre un jour le feu au ciel. Le *bon* Mr Moon.

BUCKLEY AND BUCKLEY

La répétition ou Bon sang ne saurait mentir

Le 29 juin 1975, le chanteur Tim Buckley mourut d'une overdose à 28 ans. Peu connu, et en tout cas reconnu, il laissait derrière lui 9 albums, quelques centaines de titres et autant de concerts, une carrière et une vie dont il faut bien avouer qu'elles furent cahotiques, et enfin un fils de 8 ans, qu'il n'avait presque jamais vu et auquel il avait dédié notamment une chanson : *I Never Asked To Be Your Mountain (Je n'ai jamais demandé à être ta montagne).* L'un des plus beaux titres qu'on ait jamais trouvés, et un de ces héritages qui vous donnent deux vies à rattraper, a fortiori d'artiste.

Le 29 mai 1997, Jeff Buckley, qui avait gravi à son tour les sillons de la gloire en chantant – on disait ici « songwriter » – et avait largement dépassé son père en notoriété sans toutefois l'égaler, se noya à 30 ans dans le Mississippi, emporté dans le sillage d'un bateau à roue que le destin, amateur de scènes fortes et de symboles, lui avait envoyé en reconnaissance. A chacun son Styx. On ne retrouva son corps que six jours plus tard. Il laissait derrière lui un seul album officiel, à l'immense retentissement, et une multitude de maquettes de studio et d'enregistrements, qui le garderaient longtemps « live ».

Bien qu'il fût plutôt un bon vivant, il avait amorcé les prémices d'un courant qu'on baptisa pop rock mélancolique et où s'engouffrèrent les Radiohead, Coldplay, Starsailor, Muse : le meilleur des années 2000. Comme sa mère, une pianiste et chanteuse panaméenne, continuait de publier dans son sillage des bandes inédites, il donna l'impression de renaître sans cesse de ses cendres, de refaire éternellement ses débuts, et le mythe des Buckley ne cessa de grandir, le père et le fils présentant par ailleurs une étonnante ressemblance physique et vocale. Et si le père, fils d'un ténor irlandais du même nom, avait cinq octaves à ses cordes, le fils et quatrième du nom était, de notoriété publique, l'une des plus belles voix de son temps, comme l'avait fait remarquer l'un de ses musiciens culte, Jimmy Page.

Et l'histoire aurait pu s'arrêter là et constituer un de ces faits divers qui émaillent les nécrologies du rock'n'roll, la grande saga des hasards incroyables, une de ces fâcheuses coïncidences qui ravissent le biographe et intriguent le fan : le destin frappe toujours deux fois. Mais la disparition de l'un réveilla la carrière de l'autre, et fit entrer tout le monde dans la légende. D'autant plus que c'est en se mettant dans la peau du père, lors d'un concert anniversaire à l'église Sainte-Anne de New York, que le fils se fit connaître, dans une version a cappella d'un titre évocateur : *Once I Was*, tout un programme. *Un jour j'étais*. Et il l'était devenu. Depuis toujours, il changeait de ville, d'adresse, et rêvait de New York comme d'un horizon : la ville où tout pouvait arriver, où tombaient les arcs-en-ciel quand on les regardait depuis Orange County, Californie, et qu'on y recherchait les yeux bleus d'un sosie évanoui. Et il s'y retrouvait ce jour-là avec le chant de son père, les mêmes mots brûlant ses lèvres, jaillissant de lui comme s'ils venaient de l'autre, de là-bas, de ces villas vides de Venice Avenue et Laguna Beach, où « il » avait jadis vécu.

Jeff avait fait le parcours inverse de celui de Tim, parti à neuf ans de la City pour LA avec ses parents : il allait remonter son temps, retracer son chemin, à commencer par ces titres repris, quasiment incarnés dans la ville d'enfance de son géniteur, la cité aux initiales géantes : NY. Cela lui tenait d'autant plus à cœur que ces chansons étaient passées inaperçues à l'époque, face aux succès de ces Simon, Lennon, Led Zep ou Lou Reed qu'il écoutait lui-même enfant, entre deux déménagements et deux lettres fantômes, quasiment anonymes, de son père, et que ce dernier avait dû devenir chauffeur de taxi, puis de chanteur (Sly Stone), au beau milieu de sa carrière, pour arriver à survivre. Il faut dire qu'il évoluait alors entre free jazz et musique contemporaine, congas et vibraphones, improvisait parfois ses morceaux au moment de les enregistrer, ou les emballait d'une prise, comme en club, insérait, insufflait en plein single des vocalises et autres changements de tonalité : se faisait plaisir avant que de penser à quelque format ou cible que ce fût, concevait sa voix comme un instrument parmi des instruments, au grand dam des DJ, producteurs et autres programmateurs. Une passion si dévorante que, sitôt le premier album sorti, elle avait eu raison de sa descendance, il avait quitté sa femme qui venait juste de donner naissance au petit : les artistes font vie à part, parlent au monde entier d'amours fous et rentrent ronger leur frein dans leur coquille.

Et Tim, alias Timothy Charles Buckley III (!), n'était pas payé de retour, malgré de bons classements au Billboard et quelques succès scéniques au New York Philharmonic Hall. Il ne « vendait » pas, ce qui n'était pas surprenant de la part d'un amateur de Zappa – son futur producteur –, Stockhausen, Ravi Shankar, Coltrane et Thelonious Monk, d'un musicien avant toutes choses. Loin de s'arrêter à un style ou à un registre, il évoluait, expérimentait, changeait autant de couleur que de groupe, folk, funk, jazz, R&B, bougeait tout le temps, un peu trop que pour que les gens aient le temps de le situer, l'identifier. Le retenir. Et là où un autre ajustait son tir, mettait une mélodie dans le mille des charts, il en essayait, enchaînait cinq ou six d'affilée, dans le même titre ! C'était tout le problème de Tim, et Jeff l'avait compris : il papillonnait, butinait la musique avec une incapacité quasi chronique à se fixer, un cyclothymique du clavier comme en témoignait le titre de ses albums *Goodbye and Hello*, contenant *Morning Glory*, et *Happy Sad*, son meilleur, ou en tout cas son plus connu. Sitôt cet enregistrement sorti en 1969, qui témoignait d'une sérieuse mutation dans son inspiration, il allait changer à nouveau d'adresse, de compagne et même de compagnie, quittant le légendaire label Elektra, enchaîner avec un disque nourri de free jazz, et encore un autre auparavant, dans une sorte de boulimie musicale qui ravirait les connaisseurs et achèverait de semer les autres. Il avait 23 ans et déjà cinq trente-trois tours derrière lui. C'est dire si sa créativité était foisonnante, s'il était pressé de tout comme font les gens qui savent n'avoir pas le temps des choses. Il fonçait, enregistrait à toute vitesse des chansons qui, parfois, n'en finissaient pas, courait de New York à Los Angeles en passant par ce port d'attache qui s'appelait Venice. Collectionnait les pointures du rock, les requins du pop pour l'accompagner : Larry Beckett, Jim Fielder, Brian Hartzler, Carter Collins, c'est-à-dire la crème des studios et des clubs de l'époque, le meilleur de nos versos de pochette, quand les disques se lisaient encore...

Rien d'étonnant à ce que Jeff tombât tout petit dans la musique, une manière comme une autre de traquer son père au fil des claviers, et passa lui aussi une bonne partie de sa courte vie à rechercher des musiciens avec lesquels se produire, en quête d'un groupe parfait, exactement comme Tim 25 ans avant. C'était un défaut de famille. Rien ne lui convenait à LA, et c'est à New York qu'il rencontra à 25 ans son alter ego, le guitariste Gary Lucas, et enregistra le meilleur de son œuvre, qui ne tint qu'à... un disque ! Dans la grande tradition de Tin Pan Alley, version 90, l'un composait et l'autre écrivait, renvoyait la note ou le mot comme on jouerait au ping-pong, gravait des tranches de vie appelées à passer aussitôt à la postérité. Et les chansons, tombées d'une guitare ou jaillies d'une bouteille, s'intitulaient *Grace, Mojo Pin, Dream Brother, Eternal Life, Last Goodbye* et commençaient à faire leur chemin, s'insinuer dans l'oreille des fans, des premiers rangs et puis des autres : le rêve de tout habitant du cru, de Manhattan au Village. Leur musique naissait, poussait, éclatait sous leurs yeux et leur échappait, et c'étaient des minutes qu'on ne raconte pas, qu'on se repasse à l'infini : le temps d'un artiste. Jeff les ressentait d'autant plus fort qu'il avait en même temps l'impression de les revivre, les percevoir par procuration, de revisiter un territoire déjà connu : le pays de Tim. Des sensations que son père avait forcément frôlées, espérées quelque trente ans plus tôt, sans jamais les atteindre totalement, comme s'il lui avait cédé la place, passé le relais de là-bas. « A toi de jouer, et ne fais pas ce que je fais, mais ce que je dis : vas-y ! » Il se sentait alors comme investi d'une mission, d'une obligation de résultat, en refaisant le chemin pour savoir où le fil avait cassé, le virage mal tourné. Déjà, le jour de ses 28 ans, quatre mois et quinze jours, un certain 1er avril 1995, il s'était dit qu'il avait l'âge de « sa » mort, allait commencer à devenir plus vieux que lui. Qu'il pénétrait dans son propre royaume, son jardin à lui. Qu'il prolongeait le rêve de l'autre. Un an avant, il avait sorti son premier – et donc dernier – album chez Columbia, une somptueuse carte de visite musicale qui deviendrait aussi son testament, et qui s'intitulait *Grace*.

Le disque, enregistré près de Woodstock, contenait des reprises de Leonard Cohen et même... Benjamin Britten, des titres aussi troublants que *Eternal Life, Last Goodbye, Hallelujah, Corpus Christi Carol*, et avait d'abord paru en Europe, où il avait obtenu un certain écho, puis aux Etats-Unis. Romantique, mélancolique et en tout cas lyrique jusqu'à la déchirure en scène, Jeff ne se ressemblait guère dans la vie où on le décrivait comme un épicurien, toujours prêt à faire la fête et arroser le temps qui passe : un joyeux drille, dont on n'aurait pas imaginé qu'il finirait ainsi, et dont on ne soupçonnait justement pas comment il avait fini. Si sa vie était presque un déni de celle de son père, sa mort allait paradoxalement le rallier, parachever son cri et clore son chapitre, y apporter la touche finale et décidément noire, qui donne les meilleures ondes à la surface des claviers.

D'une certaine manière, Tim s'était toujours demandé jusqu'où il pouvait aller loin, dans sa voix comme dans sa vie, franchir la ligne, et avait trouvé la réponse ce 29 juin 1975, où, après une kyrielle d'albums et à seulement 28 ans, il avait dépassé la dose. Cédé à un de ces patchworks explosifs qui étaient justement sa marque de fabrique musicale, caractérisaient sa vie-son œuvre comme disent les manuels : il aimait les expériences. Après un album de free jazz *(Lorca)* et un autre de vocalises pures *(Starsailor)*, qui témoignaient d'une belle santé artistique, il avait enchaîné avec trois disques aussi différents que possible, passant de la soul au funk, mais toujours pas classés au fameux Billboard : *Greetings From L.A., Sefronia* et *Look At The Fool.* Impossible en effet de le suivre dans un dédale d'inspiration, à une époque où chaque groupe avait son créneau, sa cible, sa couleur. La sienne, une fois pour toutes, était « insaisissable », inclassable. Et plus la critique le célébrait, à l'exception de son dernier disque, plus le public le boudait. Seul ou presque, son producteur-musicien, le légendaire Frank Zappa, lui demeurait fidèle, car lui « savait », comprenait où il voulait en venir, mieux placé que personne pour apprécier le mélange des genres : il en était le précurseur ! Mais comment pouvait-on espérer réussir quand on enregistrait dans un label nommé... Discreet !? Que n'avait-il cédé à l'appel des sirènes lorsqu'à la fin des années 60, un certain George Harrison, au sommet de sa gloire, lui avait déclaré son admiration et avait tenté de le faire signer avec son manager, Brian Epstein, à vrai dire aussi réticent que lui ?

En 1973, âgé d'à peine 26 ans et déjà vieux de ses neuf disques, Tim avait fait la première concession, et l'erreur de sa vie : essayer d'enregistrer un album à vocation commerciale, *Look At The Fool* : une sorte de cri funk, ardent et... totalement raté. Il n'était pas fait pour la veine populaire, pour le succès, aussi à l'aise dans ses clubs de minuit que mal dans sa peau en plein air ou en prime time. Trop musicien pour être seulement chanteur, pressé pour s'arrêter à un seul tube : en en mettant plusieurs par titre, il était sûr de n'en décrocher aucun. Et c'est d'ailleurs au milieu de sa tournée 1975, commencée au printemps, qu'il commit sa deuxième erreur, fatale celle-là, qui réglait à jamais ses problèmes d'albums, de dettes, de flips et de reconnaissance publique : il s'administra un soir de manque ou de trop-plein, de spleen ou de frénésie – les deux allaient décidément de pair chez lui – un cocktail explosif, d'héroïne et de morphine qu'il avait confondue avec de la cocaïne, et perdit pied, lâcha la main de la chance. Ces mélanges-là ne pardonnaient pas, ne passaient pas, surtout quand on en prolongeait un peu trop la prise, la séance, et qu'on opérait en solo. Il avait fait le voyage de trop, celui qui se perd au fond de l'écran. On le transporta d'urgence à l'hôpital de Santa Monica, rompu de longue date à ces descentes infernales, où il mourut d'un arrêt du cœur : presque naturellement, tant on finissait toujours ici à la même porte, quel que soit le chemin. Certains venaient de la pellicule, d'autres du vinyle, lui avait tant de mal avec le second qu'il venait juste de commettre un scénario. Mais son meilleur film restait celui de sa vie, l'histoire d'un beau ténébreux à la voix d'ange, aux doigts d'or et à la mauvaise carte qui jouait comme il respirait, voulait sa part de paradis et n'avait d'autre moyen pour l'atteindre que d'y grimper, artificiellement. L'une des victimes les plus discrètes, pour ne pas dire secrètes, de l'ère pop, avec Nick Drake, Phil Ochs et quelques autres revenants, de ceux qui vous remontent à minuit d'un verre de Chivas ou dansent en pleine jam dans la bouffée de votre pétard. Deux mois avant sa mort, il avait enfin rencontré « pour de vrai », presque pour la première fois, son fils alors âgé de 8 ans, comme pour lui laisser une dernière image, lui passer le relais.

Si Jeff ne faisait guère plus de concessions et s'ingéniait à enregistrer chaque titre comme le meilleur, il avait commencé à connaître le parfum du succès et ne croyait pas un instant à ces légendes qui veulent qu'un fils marche sur les traces de son père, quitte à sombrer dans son ombre. Il pensait que le destin lui devait une revanche et s'employait ferme à la mériter, plus obsédé par l'urgence des mots et l'appel de ses guitares que par les fantômes du miroir. Et même il fêtait ça plus souvent qu'à son tour, buvait ferme et fumait d'autant : il connaissait le prix des choses, le vrai coût de la vie. C'est qu'après l'excellent accueil du premier album, la pression s'était accentuée sur lui, et qu'il avait désormais du mal à finir d'écrire et d'enregistrer son deuxième, dont on savait que, dans toute carrière, il constituait un seuil et un test. Pire : il avait essayé d'en faire une première version durant l'été 1996 et au début 1997 et s'était purement et simplement arrêté en route, insatisfait de son travail : pas prêt, pas sûr, pas la tête à ça tellement l'écho du premier lui revenait et le pétrifiait.

Il fallait faire mieux, plus fort, aller de l'avant. Se surpasser en « le » dépassant. Déjà, le titre du disque était tout un programme, une profession de foi et un aveu : *Sketches for my Sweetheart the drunk,* et promettait de belles surprises. Il devait être à la hauteur de ses trouvailles, de ces retrouvailles, ne jamais livrer une chanson inachevée comme faisaient certains confrères qui s'en remettaient au Dieu arrangeur et se disaient qu'ils suffiraient bien à « porter » le titre en radio. Tirer tout le suc, la sève ou le venin de ses mots, des notes de son partenaire Michael Tighe, donner sa chance à la chanson. C'est-à-dire y inscrire, insuffler toute son histoire, sans que ça se voie, entre les lignes : trois minutes de vie pure. Le premier titre du projet, *New Year's Prayer*, avait à nouveau des résonances mystiques, et le reste était du même acabit : *The Sky Is A Landfill, Murder Suicide Meteor Slave, Demon John, Witches' Rave...* Des titres à la Morrison. Mais il n'avait pas encore le « son » qu'il voulait, la couleur qui éclairerait le tout, et avait donc stoppé par deux fois l'enregistrement, au grand dam de son coréalisateur, Chris Cornell. En fait, il redoutait ce rendez-vous autant qu'il le souhaitait, devait maintenant transformer l'essai et exorciser le syndrome du père en s'imposant définitivement : sublimer un échec.

Enlisé dans ses maquettes, ses ébauches et ses multiples prises, il s'épuise, s'énerve, tourne en rond et se dit qu'il faudra un jour passer aux choses sérieuses et mettre la barre encore plus haut, pour que l'homme des pochettes, le héros de la table de chevet soit content, à défaut d'être vengé. Que le nom de Buckley, quel que soit son prénom, figure enfin à sa vraie place, à la une de tout ce qui brille et parle musique. Qu'on lui demande enfin dans les rues et les interviews si « l'autre est bien son père » et plus l'inverse, maintenant qu'il en a passé l'âge. Pour que ses esquisses donnent chacune « la » version, pure et parfaite qui se cache à l'intérieur et qui attend qu'on la charme, l'enchante pour sortir : toute une histoire que d'écrire, une vie que ce métier, avec ses heures de guet, de chasse à l'idée et à la mélodie, de tours autour du pot comme un vieux sorcier vaudou. La longue patience des chansons, connue de tous ceux qui s'y adonnent et incompréhensible des autres, tant elles paraissent relever finalement de l'évidence, du bout de nappe express ou du coin de comptoir : trois petits mots et tournent les jackpots. La danse des refrains, qui t'oblige à dépouiller le premier jet de ses artifices, retourner à minuit dans la mine de ton piano et creuser à dix doigts ces versions qui te paraissaient pourtant parfaites il y a moins d'une heure et qui sonnent soudain creux, faute d'être allé y voir à l'intérieur, d'avoir vidé ton sac. Cette année 1997 est celle d'un combat, sa petite guerre à lui, avec lui, et l'accouchement sera difficile. Il renonce, remet ça, piétine, fuit jusqu'à Memphis où, il en est sûr, les ondes seront meilleures qu'à LA : et le groupe de le suivre sans trop savoir où ils vont. Il veut extraire, arracher de lui cet album, tel qu'il l'entend, le voit en rêve. Et entre deux séances, il se défonce, se déchire pour faire tomber ces murs qui enserrent, enferment tout artiste. Ces peurs qui sont ses moteurs. Pourtant, le disque est là, il le sait, le devine comme on entend battre un cœur, il en reconnaît chaque note, chaque inflexion. Il est juste « derrière ».

Ce soir, mardi 29 mai 1997, il guette le retour de son groupe qui, en désespoir de cause, va mettre en boîte de nouveaux arrangements, réorchestrer une fois de plus cet *« Chère Ivresse »* qui lui échappe depuis bientôt neuf mois... Et en attendant leur arrivée, il décide en fin de journée d'aller se baigner dans un affluent du Mississippi tout proche, la tumultueuse rivière Wolf, avec son ami Keith Foti. Qu'ont-ils bu, fumé, avalé avant ? C'est en tout cas habillé – et donc sûrement « chaud » – qu'il plonge au crépuscule dans la fougueuse rivière, sur des musiques de Led Zep jaillies de sa radio portable, et se met à s'ébrouer, faire le fou, dégager les mauvaises ondes accumulées, éliminer tout le stress et le doute – son pire ennemi – des jours précédents, ces foutus moments d'une vie d'artiste où l'on ne sait soudain plus ce que l'on veut dire ni même qui on est. Il appelle Foti demeuré en arrière, nage résolument vers l'horizon en se fichant bien qu'il vous échappe tout le temps. Là, maintenant, à plus d'heure et plus d'âge, il fait corps avec le courant, se fond au décor et n'a plus qu'un mot, une idée en tête : s'allonger sur la rivière comme sur un grand lit frais et planer doucement là-haut dans le ciel, le crâne plein de ces rêves qui flottent au fil de l'eau à la tombée du soir et dérivent entre hier et demain. Se laisser porter vers le gué, la berge d'en face ou le couchant du soleil comme on trouve au réveil la solution d'un problème harassant de la veille. S'oublier, arrêter cette machine à penser qui le travaille depuis des mois et laisser faire ses mains, ses bras, ses yeux dans la douce pénombre de mai, l'odeur et la rumeur du Mississippi tout proche. Mieux que tous les psys, les gourous et autres dealers d'illusion : la vie.

Derrière, il n'entend plus Keith qui doit s'être épuisé, lui aussi usé par toutes ces heures noires et blanches de studio, à faire et refaire, remixer si frénétiquement que l'on ne sait même plus à un moment de quelle version ni de quelle chanson on parle. Chanter, ce n'est pas une vie. Il rêve un instant de ces types qui rentrent à la maison après avoir refermé derrière eux leur journée de travail, enfermé leurs démons dans un bureau qu'ils rouvriront demain, et peuvent reprendre leur conversation de la veille comme si de rien n'était, comme si le reste n'avait jamais existé et que le seul temps valable au compteur commençait à cette heure-là.

L'eau est bonne, aussi bouillonnante, vibrante, vivante que lui, et lui donne des ailes, des idées, des envies de tout et d'ailleurs, et c'est à peine s'il voit passer au loin, dans le fond du cadre, la silhouette sombre et massive d'un bateau à aube en excursion. Ce bon vieux Natchez qui fait son tour du propriétaire quotidien, immuable, aussi historique et typique que le Vieux Carré, le Café du Monde ou le Jambalaya. Une machine à la MGM désormais tout juste bonne pour Disneyland, qui rentre au bercail, fait tourner en rond des touristes qui se prennent une minute pour Rhett Butler. Un bâtiment à étage, illuminé comme une tour, avec sa roue écumante, majestueuse et chuintante, qui brasse la rivière depuis sûrement quelques décennies et a vu plus d'un trafic et d'un jongleur de cartes à bord. A peine le navire, de retour et en retard, est-il apparu qu'il a déjà disparu, et Jeff est bien trop bas, à la fois épuisé et débridé pour entrevoir, pressentir la vague d'écume, le ressac feutré mais puissant qui accompagne le passage de l'énorme roue à aube. Une vague imperceptible, sourde, sournoise, qui gonfle sans cesse en roulant dans sa direction, s'amplifie dangereusement et finit par l'atteindre sur la ligne d'horizon, comme si elle voulait l'avaler, le capturer et le ramener chez elle. Un effet de cinéma, saisissant et impossible à voir, à prévoir quand on a descendu quelques verres, plongé tout habillé dans le fleuve des ancêtres et qu'on sourit au ciel comme un môme, un chanteur en récréation. Le flot, d'apparence inoffensive, lui arrive dessus comme une gifle et l'absorbe littéralement, une fois, puis une deuxième. Il se débat, panique et disparaît une première fois sans même comprendre qu'il va se noyer : on ne meurt pas en rigolant, quand on a passé la journée à créer, et programmé une séance d'enregistrement pour le lendemain avec des potes de LA. On ne descend pas du train à Memphis. Par deux fois, il réapparaît sans comprendre, sans réagir, et coule dans un décor de carte postale, un fleuve hollywoodien dont le nom l'a toujours enchanté, tant il sonne bien et vient de loin, du fond du siècle, du temps de Saint Louis et de la Nouvelle-Orléans : Mi-ssi-ssi-ppi, affluent Missouri. Toute l'Amérique en quatre syllabes, quatre sifflantes suaves en mémoire et un soudain sentiment de serpent, de crotale blotti sous la pierre, l'électrochoc d'une douche froide et sa morsure glacée sur la peau : ce n'est pas possible, il rêve, on ne se noie pas dans une chanson, et sûrement pas dans un blues. Mais ce loup-là l'a pris à bras-le-corps, attrapé par les pieds, et l'entraîne désormais inexorablement. La rivière le veut. On ne contrôle pas son succès.

Les autorités locales ne retrouveront le corps de Jeff Buckley, artiste interprète, 30 ans, que six jours plus tard : gonflé d'eau, pour qui avait manifestement plongé en état d'ébriété ou pire, à croire qu'il avait voulu boire tout le Mississippi, vider le lit du fleuve roi.

Sa mère, la pianiste Mary Guibert, publia en 1998 l'enregistrement de ses premières sessions de 96/97, y compris ses démos quatre-pistes en solo de Memphis qui ne lui convenaient pourtant pas, et enchaîna avec tout ce qui pouvait s'éditer : enregistrements publics, EP promotionnels, compilations, inédits, ses titres avec Gary Lucas (*Songs To No*

One), puis une version remasterisée de ce qui restait au fond son seul et unique vrai disque, le fameux *Grace* au titre bienvenu. C'était d'abord une chanteuse, qui savait le prix des choses de ce métier. En France et ailleurs, on s'arracha autant son Bataclan et son Olympia – avec une reprise de Piaf, *Je n'en connais pas la fin* ! – qu'on avait ignoré le concert au Troubadour de son père. Rarement artiste aussi éphémère avait eu une postérité si prolifique, à en faire un Rimbaud ou un Dean de l'an 2000, une comète de la planète pop.

On s'aperçut alors que, pour vivre, il avait fait des sessions avec Mariah Carey, comme son père avait secondé Sly Stone. Qu'il avait fréquenté Courtney Love tout comme son confrère Cobain. Qu'il était bien le frère spirituel de Kurt et le digne fils de Tim le maudit, jusque dans le saut final. On commença à mesurer leur étonnante ressemblance, physique, vocale et tout, à les placer et les raconter en vis-à-vis, en insistant sur la cruauté de leur destin, qui les avait rattrapés et emportés dans le même virage, sans faire le détail. Il ne faisait pas bon s'appeler Buckley dans les annales de l'Olympe, ceux-là étaient trop aimés des dieux pour faire long feu sur terre. Et son regard mi-victime mi-conquérant, enchanteur et désenchanté, *happy and sad* pour paraphraser son père, continua longtemps à hanter les bacs à disques et les unes, les chambres des campus et les veillées de musiciens, et n'a d'ailleurs pas fini de rôder à la tombée du jour, sur les rives noires de nos plages rondes : de tracer ses sillons dans l'eau, compter les tours de nos vies. L'image fugace d'un jeune homme émouvant qui chasse l'étoile, nage encore de toutes ses forces au crépuscule, et cherchera toujours à rejoindre son double, son fantôme des sixties dans la nuit d'un vieux blues californien. A achever la saga des Buckley, comme on met la dernière main, le dernier mot ou la dernière note à une mélopée triste et envoûtante.

NICK DRAKE
& ELLIOTT SMITH

Un corsaire chez Island : Le Prisonnier de la tour d'ivoire

A chaque ciel il faut son météore. Si celui des sixties en était constellé, générait autant d'étoiles que de vaisseaux spatiaux, les années 70 ne brillaient pas par leurs exceptions, rêvaient d'été sans fin, de nuits de satin et de côté sombre de la lune. Et personne ou presque ne prit garde lorsqu'une lune rose – *Pink Moon* – apparut un jour de 1974 dans le ciel de Birmingham.

L'astre avait le regard félin, un peu flou, une touche de dandysme et un reste de moue adolescente, quelque chose d'un Morrison anglais, raffiné et gracile, des airs de Byron ou Musset égaré chez Warhol, et s'appelait Drake, comme le corsaire du Cap Horn. Nick Drake. Après tout, notre homme n'était-il pas né à Rangoon, en Birmanie, d'un ingénieur et d'une musicienne, qui présida même à ses premiers pas d'artiste, aux côtés d'une sœur chanteuse ? Impossible de séparer les débuts de Nick, et donc sa fin, quasiment concomitants, de sa famille, puisque ses deux femmes apparaissent tout au long de ses premiers enregistrements, comme pour le porter, l'accoucher artistiquement : Molly, la mère, et Gabrielle, la sœur aînée, the « trio family » indissociable du cottage de Far Leys, à Tanworth-in-Arden, près de Stratford-upon-Avon. On est en bonne compagnie.

Sur les photos, le grand Nick – un mètre quatre-vingt-onze et une chevelure d'ange – ne fera jamais son âge, aura 20 ans à vie, et joue les romantiques tombés de leur siècle sur fond d'éternelle forêt médiévale : tout ce qui l'entoure est vague, intemporel, presque faux, et il contemple avec perplexité son au-delà de studio, pas dupe de ces horizons de carton et soleils artificiels : un passe-muraille. A la différence de ses pairs qui ont tout le temps besoin d'un public, d'un micro ou d'un objectif, le studio, c'est son royaume à lui, son refuge et son élément. A la fois son antre et son ventre : un cocon. De ses premiers pas en Asie, il gardera un parfum de mystère : un vrai siamois, petit prince pop insaisissable que la scène indispose et qui pose à l'éternité, sans s'en douter, sans mesurer l'abîme sous la surface du lac, où il joue à se dédoubler. Un rêveur qu'on réveille, et qui découvre le fil tendu sous ses pas. Rien d'étonnant à ce qu'il admire Phil Ochs, loser-né du folk qui le suivra d'ailleurs dans sa chute, chronologiquement parlant, et Tim Buckley qui ne s'en sortira guère mieux : des perdants magnifiques, comme eût dit Leonard Cohen, autre figure contemporaine. Qu'il lise en fumant Blake et Rimbaud, revisite les symbolistes à la veillée, s'habille de noir et apprenne la guitare autour de sa chambre avec Dylan le nasillard, ou l'inverse. Qu'il reprenne avec lui que *« Demain est une longue histoire », if today was not an endless highway, if tonight was not a crooked trail.* Nick est comme ces créatures de l'ombre, un de ces oiseaux nocturnes qu'on exposerait brutalement aux spots, et qui battrait de l'aile, appellerait à l'aide. Un albatros à sa manière, qui chercherait son océan sur les quais de Notting Hill Gate. Il papillonne, scintille, se faufile et se fêle dans les vitrines du show-business, avec un sourire entendu, la tête ailleurs et le regard aux nues. Il plane. Pour lui, tout va aller si vite, dans un sens comme dans l'autre, lui glisser des mains tel un vase de Sèvres. Trois disques en seulement quatre ans. Une carrière entre parenthèses : rien qu'une silhouette, un écho, une ombre. Un courant d'air sur la scène pop. Deux colonnes dans l'histoire de la génération fleurie, de la musique en herbe.

Au commencement, il y a un jeune homme modèle : fin lettré, musicien émérite (il joue en famille du piano, de la clarinette, du saxophone, de la guitare), athlète accompli (un record de cent mètres junior à son actif), bon fils et bon frère, qui fait ses études à Cambridge et même à Aix-en-Provence, ses petits tours d'Europe et ses universités d'été, apprend les meilleures manières dans les meilleures écoles. Ne lui manque que la particule pour atteindre la perfection locale, être admis à la cour des grands, qui sont pour lui des rois du Marquee et du Palace, de l'Ad Lib et du Saddle Room. Un Anglais romantique qui, au temps de Donovan et de Cat Stevens, raffole du folk et regarde tourner avec envie sur sa platine Dylan, Randy Newman, Van Morrison, le cercle étroit des songwriters. Comme il ne sait pas encore combien les rêves sont durs à exaucer, et par définition inaccessibles, il réalisera aussitôt le sien, quasiment d'un claquement de doigts sur son clavier : un contrat pour trois albums chez Island, signé à 20 ans pile, soutenu par la fine fleur des british folksingers, de John Martyn à Fairport Convention. Mieux encore : il ne fait rien comme personne, s'adjoint un quatuor à cordes et un arrangeur classique, dans la lignée de George Martin, et produit une musique atypique, mélancolique et quasiment expérimentale pour l'époque. Il a un univers, si intime et sombre qu'il peine à le partager au grand jour, ne traverse pas le miroir de la scène qui le révèle trop, le change littéralement en fantôme, lui faisant perdre tous ses moyens : il y meurt de trac, presque de honte, s'y transforme en géant de plomb. Donc il n'en fera plus, à l'instar de sa future amie Françoise

Hardy ou d'un autre Français contemporain, Gérard Manset. Plus tard, Alan Parsons, Gerry Rafferty ou Christopher Cross dépasseront ce genre de problème en ne se montrant quasiment jamais en public. Mais pour un auteur de l'époque en quête de reconnaissance, c'est embarrassant. En studio, il creuse son sillon comme on se terre, n'a que faire des normes et formats, parsème ses enregistrements suivants de cuivres, clavecin, orgue, célesta, en collaboration avec le seul artiste qui puisse le comprendre : le subtil John Cale, du Velvet Underground, que cette expérience inspirera à son tour *(Paris 1919).*

Tout irait pour le mieux dans le meilleur des mondes s'il avait seulement un titre, une chanson à la clef, un petit *Your Song*, *Lady D'Arbanville,* ou *Catch The Wind*, mais ce n'est pas le genre de la maison. Celui-là œuvre pour les happy few, le rayon *rarities* et les bacs imports, il est du genre fragile, à produire avec précaution. Et Chris Blackwell, patron d'Island, a beau lui prêter sa maison – quasiment son île – de Gibraltar pour changer d'horizon, écrire en bleu et or, faire entrer les mots plage ou azur dans son dictionnaire de rimes, rien à faire : son inspiration s'assombrit, se confirme et se marginalise donc de disque en disque. Certes, les critiques apprécient, encensent *Five Leaves Left* (1969), et *Bryter Layter* (1970), plus rythmé et coloré, mais on ne vit pas de lauriers, et l'absence de prestation scénique l'isole un peu plus dans ses tours d'ivoire londoniennes, ses idées noires et ses thèmes obsessionnels. A la différence de Tim Buckley, il chante en circuit fermé, en solitaire, et surtout, se décourage vite.

Le vrai danger, ce sont ces nerfs, fiévreux, noueux, pas solides ni maîtres d'eux, qu'il sent brûler dans ses avant-bras, et qu'il voudrait dompter, calmer, endormir pour un soir. De vrais serpents de Méduse, grouillant et fuyant au moindre coup dur, qu'il assomme de somnifères et d'antidépresseurs, assouplit au hash et étire au bout de ses nuits blanches. Des ennemis intérieurs, qui ne le quittent pas d'un pouce, ne le lâchent pas d'une seconde. Qu'on appelle ça dépression, neurasthénie ou névrose n'y change rien : il ne peut pas compter sur eux, n'est jamais sûr de son lendemain, de sa plume, de ces musiques qu'il promet par contrat et qui jouent ensuite à lui échapper, de ces fantômes qui dansent au crépuscule dans son miroir. Ses visiteurs de cinq heures, quand la lumière décroît en hiver et que l'on sent grandir sa part d'ombre, s'estomper son rêve du jour. Fragile : Nick est du genre vulnérable, sur la corde, et c'est même ce qui le rend si attachant. Il donne envie d'être consolé, materné, aimé, et il en redemande.

Son troisième et dernier disque, le fameux *Pink Moon*, enregistré en seulement deux séances de deux heures, quasiment tout seul, comporte onze chansons à la guitare, presque des maquettes, et sort sans arrangement supplémentaire : à nu. Tout juste si un piano furtif traverse un titre et ajoute à la mélancolie ambiante ! Il en dépose un soir la bande chez Island, son île déserte à lui, quasi anonymement à la réception, qui mettra huit jours à comprendre qu'il est un artiste maison et vient de livrer son nouvel album : le système lui pèse, et il serait plutôt du genre à s'excuser de l'évolution du monde, même s'il sait exactement ce qu'il veut, et encore plus ce qu'il ne veut pas. Ainsi réduit à son essentiel, le disque – 28 minutes seulement – est un suicide, en ces années Led Zep, Who, Floyd, Bowie, Reed and co, où le producer est roi, le marketing déjà florissant et le son omniprésent. Se souvient-on encore à ce moment-là qu'il a fait la première partie de Genesis, trois ans plus tôt ? En privé, il consulte un psychiatre, se fait interner cinq semaines en avril 72, dit à sa mère avoir « échoué dans tout ce qu'il a tenté », à son ami Paul Wheeler « être contrôlé par des pouvoirs hors de sa portée, la maison de disques, les hommes d'affaires, tout le système ». A bout de forces et d'arguments, il tente même de... s'engager dans l'armée, puis devient brièvement informaticien, grâce à l'intervention paternelle. Son passé l'a rattrapé, et il voudrait s'oublier un peu, revenir à la vie.

Les journées sont longues, les semaines interminables lorsqu'on n'a plus la force de ses convictions, le courage de ses ambitions, qu'on se nourrit de sa vie et qu'on travaille à domicile, en équilibre et en roue libre. N'est pas artiste professionnel qui veut : il y faut une santé d'acier, surtout morale, pouvoir rentrer en soi et en ressortir, en remonter entier, cent fois par jour. Résolu à ne plus chanter, il oscille entre quitter le métier et écrire pour d'autres, et échoue après quelques séances sur une péniche à Paris. Il ne connaît ici qu'une artiste, sa camarade Françoise Hardy avec laquelle il a failli travailler naguère, et qui aborde elle-même un virage de carrière. Il débarque chez elle un soir où elle part voir Véronique Sanson en concert, l'accompagne, flotte entre deux étages de la tour Eiffel, joue les Lézards en bord de Seine, les dollars en moins. N'a-t-il pas quelque chose de Jim, en plus frêle, introverti, d'un Morrison clean and cool avec ses yeux mi-clos et regards à la dérobée, lui qui vient d'enregistrer quelques mois auparavant un certain *Rider On The Wheel* ? Sur sa péniche arrimée, il dérive doucement, s'enfonce peu à peu dans un spleen qui au début ne lui déplaît pas, couleur locale oblige, puis qui l'enlise, l'ankylose, l'absorbe. *Nervous breakdown*, comme chantait feu Cochran. Quand tu craques pour de bon, personne n'est jamais là pour le savoir, même pas toi parfois, et ton téléphone ne te parle plus. Toutes les lettres te demandent des comptes et tes voisins changent de palier : tu es seul, dans la pire compagnie qui soit : avec le type du miroir. Désormais notre petit corsaire prend l'eau, coule à pic et il n'est pas du genre à demander qu'on *sauve son âme* : chanteur à la mer.

En désespoir de cause, il rentre à Londres, dans le havre familial, se néglige, s'allonge de plus en plus souvent, de plus en plus longtemps, ne se lève plus guère et confond les jours, puis le jour et la nuit, devant des pages désespérément blanches, exsangues et vierges, presque aveuglantes. On n'écrit pas le néant, ce signe particulier pour douanes et papiers d'identité, qui vient vous rappeler qu'il faudra vous faire un nom. Il n'y peut projeter que le sentiment du vide, du vertige, tout ce qui se passe de mots. A peine a-t-il la force de mettre en boîte quelques titres, en ce début d'année 74, dont l'un résume tout : *Hanging On A Star* : presque du Tim Hardin. A la radio familiale, l'époque le provoque : 10cc en boucle, Clapton en orbite, Santana dans les starting-blocks, et des Flamants encore plus roses que sa lune : rien de nouveau sous le soleil. Sur son *Île* aux trésors, aux disques d'or, dont les rives s'éloignent, un nouveau venu prend le relais de Cat Stevens : Murray Head, qui réconforte un certain Joe, cependant que Supertramp astique son clavier, Queen peaufine son maquillage, et que les Aigles s'envolent de la côte Ouest. C'est la vie qui tourne, comme un single de Wurlitzer, la Rolls des juke-box, et le dernier des Drake se demande en fermant les yeux à quoi il ressemblera dans une éternité, à 30 ans, qui le jaugera dans son miroir. Il ne sait plus ce qu'il veut, ce qu'il doit faire, perd espoir le soir et le retrouve au matin. Son ami et producteur, Joe Boyd, s'est exilé à Los Angeles, l'isolant un peu plus, et chez Island, il est déjà un souvenir, pire, un espoir déçu. Le genre de chose qu'on lit dans les yeux de la standardiste et qui vous fait froid dans le dos à minuit, parce qu'on en revient plus seul que jamais et que ça ne se raconte pas.

Entouré de « ses » femmes, il réapprend à jouer, taquine sa guitare dans le salon, écoute du Bach ce soir-là, en famille : le concerto brandebourgeois vous réconcilierait avec l'humanité. On est le 24 novembre 1974, à Far Leys, la maison mère, le début et la fin de tout, et c'est son dernier soir sur terre, à 26 ans. Son dernier regard à la ville et son dernier verbe au futur. Son dernier soupir lorsqu'il entrevoit un confrère, un concurrent à la télé dominicale. Et une fois de plus, l'éternelle question va se poser : exprès ou pas ? Accident ou suicide ? Coup de tête ou de pompe ? Lassitude en tout cas, et insomnie chronique, qui l'amène à augmenter cette nuit-là sa dose de

Tryptizol, un somnifère à nom de monstre capable de vous endormir à vie, si vous insistez. Il insistera : il ne trouve plus la paix que dans le sommeil, et ne trouve justement plus le sommeil, puisque la réalité l'attend au réveil, de l'autre côté, à chaque fois pareille. Il suffit d'une dose en plus pour que vous passiez la porte, et cela fait des années qu'il fait antichambre, depuis qu'il chante sans retour, qu'il a touché au ciel et en est retombé net. La pire solitude, c'est là qu'il l'a rencontrée, en scène, flanqué de sa guitare et remisé entre deux groupes comme un quelconque guest, avec ses ballades évanescentes, tristes comme un jour de pluie : *Way To Blue*, *Things Behind The Sun*, *Saturday Sun*, *Northern Sky*, *Sunday*, *Day Is Done*, tu parles de sujets ! De quoi flanquer le blues à un stade entier ! Seuls, les « pros » avaient compris le message : il aurait préféré le contraire.

Cette nuit-là, comme toutes les nuits, il descendit à la cuisine se faire des corn flakes, tourna en rond comme un chat cherche sa place, remonta se coucher, ronger son frein ou son joint. D'où venait ce sentiment affreux de se sentir soudain vieux, lourd, las et loin sur la route ?

Le lendemain matin, inquiète de ne pas le voir quitter sa chambre au premier étage, sa mère monta et le trouva mort sur son lit, un peu avant midi. Parti sans un mot un lundi de novembre, un mois fait pour lui, qui avait le goût de sa musique et le climat de son âme. Dans cette profession et à cette époque, c'était chose courante, quasiment la routine, mais en avait-il jamais vraiment fait partie ? Rarement artiste avait analysé son mal d'être, donc de créer, avec une telle lucidité, digne d'un Pavese au dernier jour : « Je ne peux plus penser aux mots, je ne ressens plus la moindre émotion. Je ne veux plus rire ou pleurer. Je suis paralysé. A l'intérieur, je suis mort... J'aimerais rencontrer quelqu'un qui a traversé ce que je traverse actuellement ». Un cri resté sans réponse, puisqu'il ne s'adressait au fond qu'à lui-même et qu'on est toujours son plus mauvais spectateur. A son père qui lui reprochait d'abandonner ses études à neuf mois de l'examen final, et donc du diplôme, sans avoir au moins un « filet de sécurité », il avait répondu six ans plus tôt : « Avoir un filet de sécurité est justement ce que je ne veux pas. » On pouvait tomber d'un rêve comme d'un trapèze volant, lâcher la barre et plonger d'une six cordes muette, et y succomber. Il avait vu Lancaster exécuter ça dans un film et s'était toujours demandé quel effet cela faisait d'être un oiseau, un astre pâle dans le ciel de Birmingham, juste au-dessus de la chère demeure. Rimbaud 75.

Il disparut un an avant Tim Buckley, quasiment au même âge, et deux avant Phil Ochs, deux de ses idoles prématurément fauchées par le même spectre de l'anonymat, après une kyrielle d'albums méconnus. Ceux-là étaient des fragiles, des voltigeurs, jouant sur leur corde sensible tels des funambules, et le moindre souffle pouvait les emporter, les éteindre comme des bougies. Des types pas de ce monde, de ce milieu, qui semblaient presque s'excuser d'être là, se retiraient sur la pointe des pieds en chantant, avec leurs vertiges et leurs faux pas, leurs errances et leurs fulgurances. Des rebelles backstage qui n'auraient pas aimé le ring ni les flashes. Qui ne voulaient pas faire d'histoires et finirent par en devenir une. Se donnèrent la mort en la laissant les prendre, finir le travail telle une vieille maîtresse.

Elliott et la baleine blanche

Si quelqu'un s'est autant enfermé, immergé en studio que Nick Drake, a pris le relais jusqu'à y tomber comme dans un puits, c'est bien Elliott Smith, quasiment né l'année où l'autre prenait la parole. Et il ne manqua pas de l'imiter jusqu'au bout en disparaissant tragiquement à 34 ans, « suicidé » de deux coups de couteau à la poitrine selon la thèse officielle, à l'issue d'une altercation avec sa compagne.

En fait, sa mort resterait aussi étrange, et donc fascinante, que pouvait l'être son personnage, à la fois marginal et envié, l'un des rares artistes de la scène pop-rock à être passé d'un diplôme de philosophie et de Sciences Politiques au punk, au grunge, à la bande originale de film, aux Oscars et à une major company discographique tout en demeurant un des papes de ces circuits indépendants qu'on eût appelés autrefois underground. Insaisissable et surtout impossible à cataloguer, en un monde et un milieu où tout est par définition calibré, formaté, ciblé. Définitivement à part, ad lib, 1969-2003 : le 21 octobre à 1 h 36 du matin, très précisément, au County University of Southern California medical center, section 11. Soit 34 ans pour passer de l'hôpital Clarkson d'Omaha, où il était né l'année de l'alunissage, à cette chambre froide de LA, qui avait vu défiler plus d'un corps célèbre et ne faisait pas le détail, et encore moins de littérature. Un chanteur y était un homme comme les autres, surtout dans cette situation, cette position. Un individu sans âge ni profession identifiables, aux épaules légèrement voûtées par le poids de son instrument de travail, aux ongles rongés et jaunis par la nuit, toutes les dents du doute et de la solitude : signes extérieurs de détresse.

Il avait été transporté à l'hôpital ce mardi-là à minuit dix-huit, comme disent les procès-verbaux, ces entomologistes de nos vies, après avoir été découvert en sang dans son appartement de Silverlake par sa petite amie du moment, une certaine Jennifer Sheba, avec son T-shirt lacéré de deux coups de couteau qui semblaient viser le cœur, et en toute logique les fans jaloux soupçonnèrent la belle. Comment pouvait-on se tuer de *deux* coups de couteau, qui plus est habillé ? Côté métier, la nouvelle n'avait surpris personne : pour ne s'en être lui-même jamais caché, y compris en public, il était connu pour ses dépressions et relations tumultueuses avec la drogue, héroïne et crack en tête, et cela faisait quelques années qu'il jouait à cache-cache avec ses démons, s'enferrait dans son trip, perdait sa forme, sa mémoire, sa santé, allait d'intox en désintox et annonçait sa rémission, sa guérison avec plus ou moins de conviction. Les vérités de midi ne sont pas toujours celles de minuit, et à défaut d'avoir des excuses, l'homme allongé ce soir-là sur la table d'opération avait des antécédents, des raisons de craquer : une enfance partagée entre deux pères, dont le vrai, psychiatre, avait fui tout de suite ses responsabilités et le second, qui ne méritait vraiment pas son nom de beau-père, lui faisait payer à coups de ceinture son existence même. Le refrain habituel, qui donne parfois des chansons, des artistes, et fait aussi à l'occasion de jeunes cadavres.

Le garçon était brillant, lucide, résolu, et savait ce qu'il avait dans le ventre, même s'il ignorait encore comment l'en faire sortir. Il portait un cri, venu de là-bas, de ces premières années déchirées entre géniteur lâche et tuteur obscène, Nebraska et Texas, banlieue d'Omaha et coulisses de Dallas. Il savait ce que c'était que d'avoir peur de rentrer chez soi, le soir après les cours, peur de déranger, d'être de trop, de payer pour d'autres. Peur des ombres derrière la porte et des silences qui précèdent la crise, de la menace des corridors. Il connaissait, et avait fini par rejoindre à l'adolescence le bon père, à Portland dans l'Oregon : il y avait fait l'apprentissage de l'alcool et de la drogue, peut-être pour oublier ce qu'il découvrait, avait sous les yeux : les raisons de son échec. Restait la musique, qu'il tenait de sa mère, en amateur. Tout avait été amateur dans cette histoire. Et il s'était enfermé à l'âge où d'autres s'éclatent, avec les Beatles, Beach Boys, Dylan, Stevie Wonder et même Kiss : il aimait les mélodies qui racontent quelque chose, se noyait des nuits entières dans ce « double album blanc » qui l'avait précédé d'un an sur terre, explorait le patrimoine musical comme on se cherche des racines. Il avait fait ses classes avec les Clash, s'était trouvé un Elvis qui était né de la mort de l'autre : Costello. Il était enfin entré dans un groupe à nom de film, de livre : « Stranger than fiction », et s'était rebaptisé Elliott, qui sonnait mieux que Steven. Quand on s'appelle Smith, autant se faire un prénom, comme Robert, le chanteur des Cure, mais il n'avait pas pu tuer, supprimer le nom du père, presque tout ce qui lui était resté du début. Et il avait commencé à graver tout ça sur un quatre-pistes, mais il en aurait fallu vingt, cinquante, cent pour tout dire, raconter les peurs et les colères, les visions et les pulsions, tout ce qu'on a sur l'estomac quand les choses ne sortent pas, à table ou ailleurs, et qu'on vous apprend le reste du temps à admirer Keynes et Kirkegaard. Plus tard, ce dernier lui inspirerait un album, *Either/Or*. Son troisième opus et l'un des plus forts, d'autant plus qu'il y jouait seul et de tout.

Mais c'est par le grand écran qu'il atteindrait paradoxalement le public du disque : en composant pour le film *Will Hunting*, de Gus Van Sant, l'un de ses plus beaux titres, *Miss Misery,* et en reprenant l'année suivante pour *American Beauty* un succès des Beatles, *Because*. Le premier lui valut une nomination aux Oscars, face à la chanson de *Titanic*, et le vit débarquer sur scène en guitare et costume blanc, pour interpréter seul devant le tout Hollywood son œuvre avec le grand orchestre de la cérémonie. Un vrai rôle de composition, à tous les sens du mot, qui emporta le morceau : Spielberg était dans la salle, et l'année suivante, il signait chez Dreamworks, au grand dam des puristes. Son premier label ne s'appelait-il pas Kill Rock Stars ! Le talent n'échappait pas au talent. Et c'est quand les portes de la gloire s'ouvrirent qu'il commença à tenter de se détruire vraiment : il n'était pas fait pour les paillettes. Il tomba, déprima, et se jeta même d'une falaise. C'était la drogue qui l'avait poussé, le transformait en plume folle ou fétu de paille, l'appelait en fin de nuit pour lui souffler des idées noires, qu'il habillait parfois de quelques notes, pour finir la traversée ; qu'il transformait en une longue mélopée ininterrompue : la ballade d'Elliott Smith. On n'écrit jamais qu'une chanson, comme disait Chuck Berry : après on la peaufine sous d'autres titres, on la met à jour. Tous les chanteurs connaissent ces heures, ces points de non-retour où mènent toutes les lignes. A ce moment-là, il n'y avait plus personne, pas un seul téléphone ou producteur pour vous aider : que vous dans le miroir, jamais la place pour deux, et plus de retour ni de reverb, qu'un grand silence blanc et glacé. Les nuits sont pleines de trous noirs quand on les traverse sur un fil, six cordes ou quelques touches. Elles vous aspirent dans des bouges, des studios ou des morgues, vous invitent à descendre du train du côté de nulle part. Sa seule arme, c'était le piano, ce clavier qu'il caressait depuis l'âge de 9 ans, presque de mère en fils, auquel il avait tout dit, et qui le lui rendait bien. Quand les mots lui pesaient trop, il les y jetait, les semait sur les notes pour voir, plongeait dans son Steinway à la recherche de cette goutte d'espoir qu'on appelait mélodie, et tournait ensuite cent fois autour de la chanson. Mais la seule vérité était toujours le premier jet, le cri du cœur ou le flash : l'instant.

A Dreamworks, dont le nom le fascinait autant qu'il l'agaçait – comment pouvait-on fabriquer du rêve, sinon à la Disney, au kilomètre comme ces musiques d'ascenseurs et d'aérogare qui vous lavent le cerveau entre deux étages ? –, il avait offert tout de suite le meilleur de lui-même : un quatrième album intitulé *XO*, et qui le contenait tout entier, parlait de lui mille fois mieux que lui-même, racontait tout ce qu'il ne pouvait pas dire. Sa vie sur une bande, comme si elle devait cesser immédiatement après, avec ce sentiment égoïste que « tout pouvait s'arrêter là » lorsqu'on refermait enfin le piano sur sa collection de nuits blanches, que les poubelles étaient pleines de mauvaises prises et qu'on avait regagné la case départ avec les clefs du royaume. *XO*. Les autres pouvaient bien s'aligner, personne n'en ferait autant, et le public ne s'y trompa pas, qui en acheta 200 000. Pour lui, cela équivalait à 2 millions d'exemplaires chez un autre, un record absolu, qui lui montrait en plus le chemin.

Désormais, il n'aurait plus d'excuse : il savait comment on faisait, et savait surtout qu'il savait le faire. Il comprenait aussi comment « ils » fonctionnaient, vendaient, « promotionnaient », pourquoi on n'arrivait à rien sans eux, tout ça. Et il transforma l'essai en 2000 avec l'opus suivant, *Figure 8*, qu'il enregistra à Abbey Road, à la source de tout. C'est quand il pénétra dans le studio, somme toute modeste, de Camden qu'il repensa à sa chambre d'Omaha, à tous les albums à la pomme – Apple – étalés sur son lit et à ce « double blanc » qu'il reprenait au fil de ses concerts. Pour l'amateur, les Shadows, les Pink Floyd, les Beatles avaient laissé là quelque chose d'eux plus sûrement qu'une trace de main dans le ciment, et c'était lui qui traversait maintenant la rue en solo, marchait sur les plates-bandes jaunes des quatre fantômes. Il ne pouvait donc qu'être bon, et y fut excellent, ayant même renoncé provisoirement à ses paradis artificiels puisqu'il en avait un à portée de main et qu'il n'existait pas de meilleure dope au monde : la manne des Fab Four. C'était reculer pour mieux sauter, et il replongea bientôt la tête la première dans son héroïne favorite, la seule qui tint ses promesses et ne le lâchât jamais, à en faire pâlir l'autre Smith et ses Cure avec leurs *champignons du désespoir*.

Il faisait partie de ces artistes qui redoutent le face-à-face de la création, ont peur de leur peur, besoin de s'oublier pour se retrouver, et son « médicament » le libérait soudain de tous ces faux-semblants, comme par enchantement. Dans ces moments-là, tanguant entre dépendance et délivrance, ses chansons jaillissaient par dizaines, et il eût presque pu fournir un album par semaine, s'il en avait eu les moyens et le temps. Mais déjà, ses vieux démons reprenaient le dessus, et il coupait les ponts, les faisait sauter, se séparait à la fois de sa manager de toujours, de son fidèle réalisateur/arrangeur Jon Brion et de sa puissante maison de disques : il ne supportait pas les liens, fussent-ils contractuels, et menaçait même de se suicider pour les rompre. On l'en savait capable pour moins que ça, et on lui céda, vu son modeste poids économique et son aura grandissante. Il devenait incontrôlable, plus cerné qu'enfermé dans son studio, sa tour d'ivoire sonore, et si noyé dans son dernier album qu'un producteur n'y aurait pas retrouvé ses chansons.

A force de défaire et refaire le précédent disque, resté inachevé faute de combattants, et de tourner autour du suivant, de se débarrasser de ses collaborateurs pour aller au bout de lui-même, il avait fini par perdre les pédales, et ne plus sortir du studio que pour y retourner, confondant jour et nuit et différentes versions d'une chanson. Certaines œuvres deviennent des prisons, des sacerdoces ou des monstres – on les surnomme d'ailleurs ainsi – qui anéantissent leurs créateurs plus sûrement que la chose de Frankenstein. Elles vous échappent, vous rattrapent, vous broient comme pour se venger. L'album, annoncé de longue date et prévu même pour être « son double blanc » à lui, comme d'autres chassent leur baleine de la même eau, s'intitulerait *From A Basement On The Hill*, ce qui revenait à dire *depuis la mine*, et il avait fini par s'en faire justement une montagne, qui l'écrasait peu à peu, inexorablement. Plus moyen d'en sortir entre mixes et remixes, premières et vingtièmes prises, versions acoustiques ou arrangées, cependant qu'à l'extérieur, toute une génération de copains ou de concurrents prenait sa place, de Beck, Ron Sexmith et Ryan Adams à Ed Harcourt ou Josh Rouse, le poussait lentement vers la sortie. C'était la loi du milieu, du marché, et il n'avait même plus de distributeur, parce que jugé instable, trop peu fiable. Ses démêlés avec l'alcool étaient désormais de notoriété publique, tout comme ses sautes d'humeur qui achevaient de détourner de lui les plus fidèles.

Il s'emportait, s'énervait contre lui-même, pouvait se montrer d'une mauvaise foi à toute épreuve et tout sacrifier à un son, une note qu'il avait en tête et ne retrouvait pas au clavier ou à la console. Dans son obsession de tout maîtriser – voix, instruments, composition, arrangement, enregistrement, mixage – il s'était coupé de tous. Et de s'enliser dans ses 40 titres retenus, pas un de moins, tout en cultivant un étrange dialogue avec ses fans sur le net, où il se livrait autant qu'il affabulait sur son état de santé, ses addictions à la drogue, ses projets professionnels et même sa vie privée. On n'aurait pu mieux leur révéler qu'il coulait à pic, écrasé par cette carrière qui se détruisait autant qu'elle se développait, sortait de sa marge pour mieux y revenir à chaque fois, se nourrissait de contradictions et l'entraînait désormais vers des territoires bien connus, c'est-à-dire inconnus, où il ne maîtriserait plus rien. Même un artiste doit garder ses zones d'ombre pour ne pas y sombrer, et lui mélangeait tout, oubliait de manger pour parachever une séquence ou de dormir pour aller jusqu'au bout d'un refrain. Il cherchait l'absolu et n'arrêtait pas de découvrir ses limites, perdait pied à chaque fois qu'il croyait trouver, avec cette fausse lucidité des excès qui donne l'impression de tout dominer quand vous êtes en fait dominé par tout, d'avoir le monde au creux des mains quand il est sur le point de se refermer sur vous.

Ses concerts, de plus en plus rares, devenaient aussi bizarres, tant il s'y produisait parfois en état second, raide défoncé à l'héro, hirsute et barbu avec son bracelet de cuir, et y mêlait trous de mémoires et confidences incohérentes, soliloques flous sur ses traversées du désert ; et il donnait plus l'impression de sortir de son antre, de s'accrocher à sa guitare que de porter la bonne parole, ce que ne rataient pas les journalistes. Enfin, il s'était mis en tête qu'on lui en voulait, qu'un « Van blanc » le poursuivait – sa baleine à lui, en un temps où triomphait un certain Moby – et bien entendu que tout le staff de Dreamworks, lancé à ses trousses, se trouvait dedans. Ses séances tenaient maintenant de l'insomnie chronique, du record de veille ou de défonce, et il arrivait qu'il ne se reconnût plus en sortant, vidé de sa vie comme de sa musique, avec une seule idée en tête : en finir, s'échapper de ce cycle, ce disque et ce délire qui lui suçait la moelle depuis trois ans. Sa compagne, Jennifer, qui le soutenait parfois à bout de bras, fût-ce pour le transporter du studio au lit, du rêve à la réalité, d'un trip à l'autre, avait jeté l'éponge depuis longtemps, et le voyait s'abîmer, se transformer à vue d'œil, se barricader en lui-même comme dans une forteresse, se barder de silences, de ces tics et tocs qui rythment certaines vies d'artistes. Bien d'autres qu'elle avaient affronté cette situation, de Pam Courson avec Morrison à Monika Dannemann avec Hendrix, et aucune n'en était revenue : il n'y avait rien à faire, tant ce n'était désormais plus le même homme, et on ne descend pas si bas impunément.

Or c'était devenu ici son enfer, un gigantesque capharnaüm de bandes, de partitions, de seringues, de bouteilles et de chansons inachevées, une sorte de paysage en bataille où il s'agitait tout seul avec sa guitare comme une lance et son casque sur les oreilles, face à ses géants de paille : la seule vue du décor disait où il en était, combien il devait ramer pour survivre, rester en surface. Et plus il s'enfonçait dans ses méandres, ses collines de bandes, moins il communiquait avec son entourage, plus il s'assombrissait. Le temps de l'Oscar en costume immaculé était loin, et l'Usine à Rêves ne tournait plus, un peu comme un Tim Burton qui serait tombé en lui-même et n'arriverait plus à remonter tout seul, glisserait insensiblement, dedans, toujours en dedans, jusqu'en enfance... Qu'importait dorénavant qu'il fût parano ou mytho, alcoolo ou accro, nageur ou déjà noyé, il voulait juste terminer sa chanson, aller au bout du voyage, trouver la dernière porte de son album blanc, comme on arrive au seuil du paradis. Et lorsque la seule personne qui pouvait encore le raisonner tentait de le faire, il s'en prenait à elle et l'invectivait, comme ce lundi 20 octobre 2003, où il avait peut-être plu, venté, neigé dehors, il n'en savait rien et n'en avait plus rien à faire. Seul comptait sa guerre quotidienne, sa joute avec les mots, sa quête de la chanson parfaite, si blanche à l'aube du studio, devenu son unique horizon.

Alors, à bout de forces et d'arguments, Jennifer était partie, s'était enfermée dans la salle de bains, pour en ressortir un peu plus tard, inquiète à juste titre. Et elle l'avait retrouvé là, allongé, recroquevillé sur le sol du studio, avec une énorme tache rouge sur le T-shirt, dans la région du cœur. Une sorte d'île écarlate, éclatée en pleine poitrine comme un pays inconnu, son dernier rivage. Il avait enfin accosté, touché terre ou gagné son ciel, était presque plus soulagé, épuisé que blessé. Il soufflait, comme après une longue route. Expirait. Elle n'avait pas compris tout de suite, avait cru à une agression, et au fond n'en était-ce pas une ? On parlait parfois d'automutilation à son propos... A peine s'il gémissait, remuait encore, invoquait sûrement depuis là-bas ses chimères musicales, son mirage d'album, qu'il avait poursuivi jusqu'au fin fond du désert, comme d'autres traversent les océans : à chacun son Graal. Il était dans un triste état, entre la vie et la mort, son monde et un au-delà qui ne valait pas forcément mieux, et elle osait à peine le toucher, de peur de le casser, l'achever, le réveiller. Elle ne savait plus : il avait toujours souffert de toutes parts, sans rien en laisser paraître. Alors, dans un ultime sursaut, après avoir hésité entre ambulance et police, elle appela cette dernière, qui saurait quoi faire, puis retira lentement le couteau de son corps, quasi religieusement. Comme elle aurait éteint les boutons de la console : le calvaire était terminé.

Il était minuit, la température extérieure était douce, la cité bruissait de mille frissons familiers, la vie continuait. Tout un monde qui battait, se battait, et cette image glacée, figée à ses pieds, comme dans une mauvaise série. Toute une ville en émoi, renaissant pour la millième fois de ses cendres, et au premier plan, sur le tapis du studio, l'un des artistes les plus prometteurs, inspirés de sa génération. Agonisant en silence, en secret, avec sur le corps tous les stigmates d'un crime, cette agression au couteau qu'il venait de commettre contre lui-même, après avoir écrit son ultime texte, pas le meilleur de sa carrière, d'un vrai sang d'encre : « I'm so sorry – love, Elliott. God forgive me » – et sûrement ingurgité des substances toxiques pour se donner le courage du désespoir. Il s'était plus assassiné que suicidé, car il n'avait aucune vraie raison de vouloir mourir, sinon sa soif de vivre, attendait son album blanc comme un enfant, avait déjà en tête les suivants et les suivants des suivants, avec tout plein de chansons accrochées aux plages et de bonus tracks cachées. Une œuvre intense, insensée qu'il ne pouvait désormais plus porter, supporter seul tant elle était riche, sombre et personnelle, et qu'il partait poursuivre ailleurs.

Un an après jour pour jour, sa famille fit publier en hommage à sa mémoire cet album maudit, interminable et d'ailleurs inachevé qui avait pris quatre ans de sa vie et finalement sa vie tout court, supervisé par son ancien réalisateur et son ex-petite amie, celle d'avant la scène du suicide. Jamais il n'aurait accepté que le disque sortît ainsi, d'ailleurs réduit et amputé de ses titres les plus sombres *(Suicide Machine),* mais l'entreprise avait eu raison de lui, et témoignait assez bien, à défaut d'être exhaustive, combien l'aventure avait été périlleuse, comment le projet d'une vie était devenu celui d'une mort, son « album noir » en quelque sorte. Et il n'était justement plus là pour arrêter tout, remettre les compteurs à zéro et rentrer dans son antre, redescendre dans sa mine pour une dizaine d'années de plus. Il avait fini sa route à l'âge où d'autres entamaient la leur, laissé derrière lui tant d'inédits à l'entrée du paradis qu'il pouvait bien reposer en paix. On ne reverrait pas de sitôt un homme à la guitare aussi bien pendue, un artiste au regard résolu qui savait depuis toujours, c'est-à-dire Omaha 69, où il allait, où tout cela finirait, et n'avait jamais failli en chemin.

PHIL OCHS/JIM CROCE/ SID VICIOUS/STEVIE RAY VAUGHAN/SANDY DENNY, ETC.

Partis en route ou La vie est une chanson triste

Et les autres, tous les autres. Les Jim Croce, Stevie Ray Vaughan, Sid Vicious, Peter Tosh, Sandy Denny, Karen Dalton, Syd Barrett, Laura Nyro, John Denver, Ian Curtis, Dennis Wilson, fauchés à la fleur de l'âge, ou de la carrière, et tombés entre deux disques, deux concerts ou parfois même pendant... D'une mauvaise prise ou d'une session de trop, d'une ligne de basse ou de coke, d'une nappe de synthés ou d'un nuage de hash, du ciel ou de la route, parfois même d'une balle comme le rasta de la liste, Peter Tosh, abattu à son domicile à 42 ans par une mafia locale, alors qu'il allait prendre la tête d'une radio de son île. On serait tenté d'aligner ici les dates, les âges, et les causes de décès sans autre forme de procès, de commentaire pour témoigner de la complexité de métiers qui, à défaut d'être une vie, sont parfois une mort, une fin en soi. Rappeler combien la vie d'artiste n'est pas évidente, pas donnée à tout le monde, et en tout cas fréquemment reprise. Souligner que les poètes de la six cordes sont rarement de taille à affronter le Grand Frère – *Big Brother* – surtout quand ça se met à marcher pour eux et qu'il leur faut à la fois composer et... composer, c'est-à-dire être et paraître. Qui se souvient que le fondateur et guitariste du groupe Chicago, Terry Kath, se tua à 31 ans, en jouant à la roulette russe, et d'ailleurs qui se souvient même de lui, un quart de siècle plus tard ? Au box-office aussi, comme dans un refrain, le temps emporte les visages et efface les voix, raye de ses rides les plus beaux sillons...

Il était cinq heures du matin, ce 23 janvier 1978, lorsque ce musicien autodidacte, qui passait la soirée chez un ami aussi passionné d'armes à feu qu'il l'était lui-même, se mit à manipuler un pistolet semi automatique 9 mm de la collection et entreprit de le nettoyer, façon John Wayne. Il avait toujours aimé le frisson glacé de l'acier dans sa paume, le galbe des crosses et l'odeur de la poudre, presque autant que l'éclair strident des Rickenbacker, quand le médiator leur griffe d'un riff le dos, que la guitare gémit et vous raconte sa vie. Il buvait à ce moment-là autant qu'il se droguait, ce qui n'était pas peu dire et signifiait surtout coke, la pire ennemie du musicien après le chanteur. Et comme le propriétaire des lieux le mettait en garde depuis la cuisine sur ses manipulations, il ôta le chargeur de l'arme pour bien s'assurer qu'il ne contenait pas de balle, puis pointa le canon sur sa tempe et appuya sur la détente en s'exclamant : « Ne t'en fais pas, il n'est pas chargé. » Ce furent bien entendu ses derniers mots. Il avait juste oublié qu'en réinsérant le chargeur, il avait ôté la sécurité et réintroduit dans le canon une balle qui avait échappé à sa vigilance, la seule du barillet, celle du destin. Ce qui somme toute constitue une fin de carrière aussi spectaculaire qu'absurde, surtout lorsqu'on laisse derrière soi un enfant en bas âge et une jeune et jolie veuve – prénommée Camelia ! – qui épousa plus tard l'acteur Kiefer Sutherland... Rien ne se perdait jamais sur Melrose Avenue, quand on y jouait sa vie *« live »*.

Phil Ochs : courir contre le vent

Si Nick Drake était une sorte d'étudiant attardé, aussi décalé qu'un poète peut l'être dans le show-business et neurasthénique qu'une vieille Anglaise au Top Ten, Ochs était à la fin un militant sans cause, un voyageur qui ratait ses trains, vieillissait sur pied et comptait dans le ciel du *Village* les disques d'or de son ex-rival Bob Dylan.

Son style n'avait en fait rien à voir avec l'autre, pas plus que son look ni sa voix – Ochs était un classique, à tous points de vue, qui faisait plus dans le premier degré que dans la métaphore, vous disait les choses en face et plutôt deux fois qu'une. Mais ils avaient débarqué en même temps dans le paysage musical des sixties et l'un n'avait jamais cessé de distancier, éclipser l'autre au box-office : Ochs n'y était d'ailleurs jamais entré, trop sulfureux pour ça. Le genre de type à écrire *Le Déserteur* et y nommer le Président en toutes lettres. Vu ses idées et sa formation, il aurait dû faire carrière dans la presse, et Dylan le lui reprochait assez, en le traitant de journaliste quand il se voulait chanteur et, d'une certaine manière, se rêvait Dylan, qui en était déjà à autre chose, à rompre avec lui-même. Alors, à la fin, il se déguisa même en Elvis, qui lui aussi n'en pouvait mais, posa pour un album en costume à paillettes et l'intitula amèrement *Greatest Hits* : il n'en avait quasiment eu aucun. Mais quand fut-il lui-même, vraiment Phil Ochs ?

Ses trois premiers albums, chez Elektra, étaient ce qu'on pouvait faire de plus engagé, « à message » comme on disait alors, dans la droite ligne de Woody Guthrie et de son contemporain Pete Seeger : des brûlots à l'ancienne, dénonçant pêle-mêle Johnson, Nixon, le Vietnam, la ségrégation, la colonisation, les assassins de John, Martin, Bob, et tutti quanti.

Du pur et dur, du « singing journalist », et pourtant pas ce qu'il fit de meilleur, avec le recul du temps. Trop direct, évident, daté : *It Ain't Marching Anymore, Love Me I'm A Liberal, Power And The Glory, Draft Dodger Rag, The Marines Have Landed On The Shores Of Santo Domingo, Talkin' Vietnam, Talkin' Cuban Crisis* etc., tout cela manquait de finesse, de nuance. Mais on lui devait aussi des classiques comme *Chords Of Fame* ou *There But For Fortune*, qu'avait repris, et pour ainsi dire gravé pour l'éternité, Joan Baez. Entre-temps, Bob avait évolué, révolutionné, électrifié, « surréalisé » son style, et Phil en fit donc de même, à sa façon, c'est-à-dire quasi confidentiellement, et finit par mourir de cette part d'ombre qui grandissait sans cesse en lui. Du succès de l'autre. La chance n'était pas à ses côtés, et il se réveillait chaque matin face à un type séduisant, courageux, sympathique et terriblement naïf, du genre à croire qu'on pouvait changer le monde avec un couplet. Un brave texan fiché par le FBI, admirateur de John Wayne (pourtant son pire adversaire, si tant est que ce dernier ait jamais soupçonné son existence !) et pas assez cynique pour nager avec les requins. Irrécupérable. Sans avenir, puisque sans concessions.

Au milieu des années 60, il arrêta de considérer sa guitare comme un fusil, se mit même au piano, s'entoura d'un orchestre de chambre et entreprit de chanter la vie, c'est-à-dire le détail de ce qu'il évoquait jusque-là en panoramique, les instants du jour, à la manière d'un chanteur de variété intelligente. Ses mélodies devinrent riches, ses textes plus subtils, sa voix d'adoucit, s'envola, et il en résulta deux ou trois albums superbes, dont un chef-d'œuvre absolu, et comme il se doit méconnu : *Pleasures Of The Harbor*, en 1967. Dans ces *Plaisirs du port*, au nom évocateur, tout était parfait, inspiré, délicat, mais personne n'en voulut : son public lui demandait des chansons de combat – de refaire ce qu'il avait si bien fait naguère, de rester lui-même et de continuer à invectiver Goldwater ou McNamara –, et les autres ne s'intéressèrent pas à un artiste sur le déclin, qui devait n'avoir plus rien à dire pour en arriver là : chanter la fleuriste d'à côté ou les rumeurs de la ville. C'était tout le contraire : il y dépeignait avec justesse et bien plus d'efficacité qu'avant des petites scènes de vie, d'extérieurs rue et d'intérieurs sentimentaux qui ne payaient pas de mine, mais parlaient bien des gens, des instants volés comme on n'ose pas les écrire, parce qu'il ne s'y passe apparemment rien et qu'ils contiennent pourtant tout. *Flower Lady, Basket In The Pool, The Floods Of Florence, First Snow, Hazard Kentucky, In The Heat Of The Summer, The Passing Of My Life, Outside Of A Small Circle Of Friends...* Ses nouveaux titres en disaient déjà long, à la manière d'une chronique intimiste et subtilement provinciale : *Personne n'offre jamais de fleurs à la marchande de fleurs...* Et personne ne chantait jamais ça.

Le plus étonnant est que, pendant ce temps-là, Dylan, tombé de sa moto entre deux vies, s'enlisait réellement de son côté, changeait de peau comme de chapeau et en arrivait à des albums de reprise et de country music, et qu'il lui faudrait quatre ans pour se remettre en selle. Mais il était Dylan et à Dieu, on pardonnait tout, ou presque : quand on a été emporté si jeune par le vent, on peut avoir ses trous d'airs. Eût-il enregistré l'un des albums de Phil à cette époque, que le résultat eût été surprenant, peut-être. *If...* Mais la question ne se posait pas, et Philip David le faible, le fragile, le trop sincère, arrivé au seuil de la trentaine – très tôt pour un autre, trop tard pour lui – s'était mis à boire, un classique du genre, et plus curieusement, mis en tête de... travailler avec le célèbre colonel Parker, qui « manageait » le King, Elvis Presley, alors en plein come-back de Vegas et autre NBC Show !

Quelle mouche avait bien pu piquer le contestataire Rive Gauche new-yorkais, le pote de Joan Baez et de Peter, Paul and Mary, le « rouge » de service d'aller chasser sur les terres du sudiste ultraconservateur, on n'en saura jamais rien, sans doute un fantasme de bar, un pari de comptoir ?! Déjà presque un suicide, et le ridicule assuré. Toujours est-il qu'il commença à délirer, dériver, décliner, et se retrouva en 1973 en pleine Afrique Orientale, près de la Tanzanie, où il se fit une nuit attaquer, dépouiller et surtout à moitié étrangler par ses agresseurs : il laissa dans cette aventure non seulement ses économies et ses illusions, mais surtout... ses cordes vocales, sévèrement altérées, et encore plus précieuses que celles de sa guitare. Autant dire son seul outil de travail et sa fin de carrière déjà bien compromise. Tout le reste fut à l'avenant, et n'a plus rien à voir avec le rebelle fringant des sixties, qui haranguait campus et chaînes de montage : il ouvrit un bar, fit faillite, se refit dévaliser, changea de nom, de ville, et même de tête tant l'alcool et la vie faisaient leurs ravages insidieux, mais ne parvint jamais à s'oublier, à effacer ses meilleures années des miroirs d'hôtels où il ne se reconnaissait plus. Ses amis l'évitaient, ses collègues l'ignoraient, son frère le soutenait à bout de bras, et il tombait, tombait, tout surpris qu'on pût descendre aussi bas.

En 1975, la guerre du Vietnam se termina officiellement et il en conçut une secrète victoire, et le sentiment que sa page se tournait définitivement. Nixon était parti, Allende venait d'échouer, Castro trônait toujours, Reagan lorgnait déjà la présidence. Le disco commençait à sévir, et Dylan, plus insaisissable que jamais, était revenu en force et triomphait partout avec *Hurricane*. Une sorte de talkin'blues qu'il aurait pu lui-même écrire, si le destin l'avait voulu, et qui racontait l'histoire vraie d'un boxeur black mis au tapis par la société. Comme sa santé l'avait lâché, qu'il avait perdu sa voix, sa plume et même sa flamme, Phil se réfugia à plus d'âge chez sa sœur, où il se pendit un soir de 1976 à la porte de la salle de bains, tel un bon vieux pardessus fidèle, qui a fait son temps et vu glisser sur lui toutes les pluies du ciel. Il avait 35 ans. Et à l'instar de nombreux confrères, il devint plus important après sa mort, comme si la gloire tapie dans le noir avait décidément le culte des beaux cadavres.

Ses plus jolies chansons étaient aussi les plus désenchantées, des ballades piano-voix en pleine période d'harmonies vocales et de groupes, qui parlaient de *Jim Dean of Indiana* ou *No More Songs* : *« A star is in the sky/It's time to say goodbye/A whale is on the beach/He's dying/A white flag in my hand/And a white bone in the sand/And it seems that there are no more songs ».* C'était Phil Ochs, « l'autre » folksinger, le Dylan du pauvre, pour certains, des pauvres, sûrement. Un baladin.

Jim Croce : celui qui monta trop haut

C'était aussi le qualificatif qu'on pouvait appliquer à Jim Croce, le plus grand des « petits » auteurs-compositeurs-interprètes US des années 70, et l'un des plus méconnus. Si d'aucuns n'avaient jamais rencontré « le » succès populaire de leur vivant, et en étaient peut-être morts prématurément, son problème à lui était de ne l'avoir atteint qu'une fois, presque par procuration, et d'avoir disparu dans la foulée avant d'imposer un visage, une voix, un nom. Il avait écrit un standard, repris par Frank Sinatra en personne, qui s'intitulait *Bad Bad Leroy Brown* et serait même interprété en France par Sylvie Vartan, et s'éclipsa peu après à la manière des grands, des aînés, en se crashant en avion, devenant du coup l'homme d'une chanson qui, en prime, ne lui ressemblait guère. Pas de métier plus ingrat que le show-business, y compris lorsqu'il vous consacre : c'est rarement pour les bonnes raisons, même si elles sont toujours bonnes à prendre.

S'il fallait jouer au jeu stupide des « têtes à », il n'avait pas vraiment une gueule de compositeur, Jim, avec son énorme moustache mi-Groucho mi-Castro et son nez épaté, mais plutôt de musicien, ce qu'il était d'abord, et depuis toujours, collectionnant même les guitares comme d'autres les voitures ou les timbres : quand on apprend l'accordéon à 5 ans, c'est qu'on a des envies d'avenir, des nostalgies de province ou un rêve de musique. Il l'avait réalisé, en commençant par écumer les bars de Pennsylvanie, puisqu'il était né à Philadelphie. Mais là où les autres se regroupaient, fleurissaient, s'électrifiaient, bref, se « poprockisaient », lui se mit en ménage musical : il constitua avec sa femme Ingrid un duo familial, cool et quelque peu baba, résolument folk, qui tourna beaucoup dans les circuits universitaires, les bars et les cafés en interprétant du Joan Baez, Woody Guthrie etc., monta à New York et finit par enregistrer un premier album en commun, intitulé comme il se doit *Jim and Ingrid.* Mais ceux-là n'étaient pas pressés, et le succès prit son temps, écartelant Jim entre ses chansons du soir, espoir, et ses jobs de camionneur ou d'annonceur publicitaire à la radio dans la journée. Entre la vie qu'on vit et les rêves qu'on en fait.

Il savait que tout vient à son heure, à qui sait attendre et composer, et avait un joli coup de main, un bon doigté de guitare et un sens inné de la mélodie évidente, celle qu'on croit reconnaître en l'écoutant pour la première fois, tellement elle va de soi, dont on se dit qu'on aurait presque pu l'écrire soi-même, juste parce qu'elle vient du fond de l'autre et parle au meilleur de vous. Un secret bien gardé chez les compositeurs, et qui ne court pas les musiciens, généralement trop habiles et orfèvres en la matière, qui vont s'ingénier à peaufiner, développer, compliquer parfois un thème, là où il faut en rester au cri du cœur et au premier jet : cinq ou six notes qui coulent de source et vous emballent en moins de deux, si vous êtes une fille, vous donnent les moyens de séduire votre partenaire si vous êtes un garçon. Le truc, le knack, et il l'avait. Ce qui ne lui donnait pas d'état d'âme ni de folie des grandeurs, mais le faisait plutôt rire : lui aussi ne prenait pas ça trop au sérieux, simplement il aimait vraiment jouer, chanter et tout, et n'aurait jamais pu terminer une journée sans sa demi-heure de gymnastique musicale, histoire de se dégourdir les doigts et se réchauffer le cœur, comme on allume un feu ou on caresse la joue d'un être cher. C'était sa respiration, son expression, sa vie, et ça avait marché partout, des Campus au Village, même à l'armée, jusqu'à son tandem conjugal. Mais ceux-là étaient des provinciaux dans l'âme et New York leur pesa très vite, il revendit ses collections de guitares et ils rentrèrent chez eux, dans leur ferme de Lyndell, Pennsylvanie, où ils eurent un enfant. Leurs désirs étaient simples, naturels, et le premier s'appelait bonheur. Pas le genre à se défoncer pour rien, dealer du rêve ou vendre son âme au premier diable qui passe : ces deux-là, désormais trois, avaient les pieds sur terre, et n'aspiraient à rien d'autre que de vivre d'amour, de musique, et de bonnes chansons. Existait-il d'ailleurs une autre vie ? Et Jim ne doutait pas que ses œuvres, atypiques ou académiques selon qu'on les apprécie ou non, fonctionnent un jour à leur tour : Cat Stevens ne cassait-il pas alors la baraque avec ses ballades hors normes, et plus près d'ici le Canadien Gordon Lightfoot, Tim Hardin et Tom Rush ? Et comme dans les plus belles histoires, ce jour vint enfin.

C'est dans les années 1970 que la gloire leur tomba du ciel, qui deviendrait bientôt leur pire ennemi, avec un contrat de trois ans pour Jim chez ABC Records, et un premier album sorti en mai 72 qui le propulsa tout de suite à la une, et, à sa façon, vers sa fin. Le disque s'intitulait *You Don't Mess Around With Jim*, et ne comportait pas une, mais une poignée de chansons superbes : outre le titre éponyme, *Operator, Time In A Bottle, Photographs And Memories, New York's Not My Home* (on ne saurait mieux dire), propulsèrent d'un coup le petit guitariste débonnaire, zen et marrant au sommet du Top Ten tant espéré, à seulement 29 ans, alors qu'il en était encore quelques mois avant à revendre ses Gretsch collector de 1959. Le miracle, le rêve de tout musicien, plus rare encore qu'un grand chelem au Sands, qui s'amplifia avec son album suivant, *Life And Times* : sorti en janvier 73, il contenait le fameux *Bad Bad Leroy Brown*, dont il ne verrait même pas le bout, toutes les *bonnes, bonnes* choses qui l'attendaient, et dont le single se vendrait à deux millions d'exemplaires, classé dans les charts, sans parler de la version de Sinatra. C'était l'apothéose.

Du jour au lendemain, il devint numéro un, le type des photos, vit son visage s'afficher en géant, plus grand que les monts Rushmore, sur les panneaux publicitaires du Billboard qui dominaient Sunset Strip, à LA : autant dire qu'il siégeait au paradis et à la droite de Dieu qu'on surnommait ici Frankie. Là-haut, c'était lui, tout petit dans la vie, inconnu d'hier et peut-être de demain, souriant à l'avenir avec des dents à chanter le Bottin, s'il le fallait, et il était le roi. Il pouvait fermer les yeux, les rouvrir : il était toujours là, immense sous le soleil, figé entre deux palmiers, et pour bien faire passer le message, la légende courait sous son portrait avec ces simples mots, résonnant presque comme un hymne national : *« And it's bad, bad Leroy Brown/The baddest man in the whole damn town/Badder than old King Kong/And meaner than a junkyard dog ».* Ce qu'on appelle un hit, et une révolution dans sa vie, puisqu'on lui demandait soudain des chansons de partout, que ses voisins découvraient son existence, et que ce qu'il pensait avoir écrit, composé en vain au fil des années prenait tout son sens : il transformait en tube tout ce qu'il touchait, et n'en revenait pas lui-même. Ça marchait, on le chantait dans les rues, et son téléphone n'arrêtait désormais plus de sonner, sans que ce soient des créanciers ! La vie valait d'être vécue...

Déjà, le troisième opus était en chantier, avec de nouvelles perles hors pair comme *I Got A Name* ou *Lover's Cross*, futurs classiques à leur manière, et sa sortie était prévue pour décembre 73 : le bout du monde ! Jim, qui venait de fêter ses 30 ans au début de l'année et s'était naguère promis de réussir ou laisser tomber à cet âge-là, marchait sur un nuage, n'arrivait pas à croire à ce qui lui arrivait, et considérait désormais sa guitare comme un trésor national, tant elle lui avait fait de cadeaux. Lui qui était plutôt sédentaire, n'arrêtait plus de bouger, de sourire, de répondre, de négocier, et il regardait déjà derrière lui ses anciennes pochettes avec Ingrid comme d'aimables prémices, un signe du ciel qui lui avait montré le chemin, l'invitait maintenant à tous les voyages. Quand donc trouverait-il le temps d'écrire à nouveau ? Mais si écrire, c'était d'abord vivre, il aurait de quoi dire !

Avec son guitariste Maury Muehleisen, ils n'arrêtaient plus, s'éclataient comme des gamins, faisaient des paris et allumaient la radio juste pour s'entendre, pour s'assurer que tout cela était bien vrai, et qu'ils n'avaient pas bu un verre de trop ou fumé une mauvaise herbe. Et lorsqu'il repassait d'aventure devant l'université de Villanova où il avait tant trimé, fantasmé, chanté ses lendemains, à Philadelphie, il se disait que décidément ce pays avait du bon malgré ces histoires de Vietnam, d'émeutes et de Watergate, et que James Joseph Croce, fils de ses parents, n'avait finalement pas si mal réussi son coup, face aux Bowie, Bolan et autres Lou Reed branchés de la City. La tradition finissait toujours par payer, et ses chansons parlaient de racines, de solitude, de nostalgie, de sentiments diffus et de vérité des êtres, toutes ces choses que les gens ressentent et ne savent pas traduire, se dire à eux-mêmes. Lui, il avait trouvé les mots, écrits tout au fond de lui, avait puisé dans ses secrets de minuit, ses chimères et ses certitudes, et n'avait jamais cessé d'y croire, et la chance avait fait le reste. Sans elle, et bien sûr la santé, on n'était rien dans ce métier, qu'un vieux chanteur de 20 ans ou un suiveur sans but, et il ne voulait ressembler à personne, mais tracer tout seul son chemin, à la Paul Simon, prendre la voie James Taylor et doubler le pilote de tête. Et puis composer aussi pour les autres, parce que cela permettait de prendre ensuite le temps de soi, d'avoir les mains libres et propres.

Oui, en cette rentrée d'automne, il avait vraiment tant à faire, tant de chemin à parcourir et d'émotions – c'est-à-dire de chansons – à partager qu'une vie n'y suffirait pas. Tout un destin devant lui, dont le gosse qu'il avait été et demeurait quelque part n'aurait pas osé rêver, pour ne pas se réveiller en lambeaux. Et de se répéter en silence avec un demi-sourire entendu, que lui seul pouvait voir et comprendre : « Dix mille chansons m'attendent, là-bas devant, à l'horizon de mes jours, donnez-moi juste cent ans... » Un fameux rendez-vous. Un frisson parfait, et un sacré bon feeling, et il brûlait d'avance les planches du Troubadour, avec tous ces hits inconnus, brûlants et imparables qui lui démangeaient déjà la main. Le bonheur, ça devait être ça, savoir que de bonnes choses vous sont promises et les savourer d'avance, aller à un rendez-vous où l'on est sûr d'être indispensable, l'homme de la situation. Traverser toutes ces villes et ces rues et découvrir que ses pas perdus ne l'étaient pas, qu'on a rejoint l'horizon et qu'on s'y sent chez soi, comme dans un refrain idéal. Encore une chanson à faire, un jour ou l'autre : le chemin qui mène à soi, ces portes dont on a toujours eu la clef, sans jamais trouver la bonne poche, ces gens qu'on reconnaît sans les avoir jamais vus... La terre originelle qui colle à vos semelles, où qu'elles vous portent.

Et en ce matin du 20 septembre 1973, il avait la tête ailleurs, partout, dans les nuages et dans ses cordes, son ring musical à lui, lorsqu'il monta avec son guitariste et cinq autres passagers dans le petit avion qui allait l'emporter vers de nouvelles aventures. Il y avait là Maury, son frère de studio, un road manager nommé Morgan Tell, un certain George Stevens qui était comédien, un publicitaire et le pilote, Robert Elliott, qui avait été appelé à la dernière minute : le départ n'était pas prévu si tôt, pas ce jour-là. Jim venait de se produire dans un collège de Northwestern State, à 75 miles au sud-est de Shreveport, et allait remettre ça dans un autre à Sherman, au Texas, pressé d'en finir. Le parcours du combattant chanteur. Cela n'arrêtait plus, désormais, et il ne savait pas dire non, pour l'avoir si souvent entendu lui-même auparavant, s'être vu refermer tant de portes, raccrocher tant de téléphones au nez par le passé. Il avait tellement attendu ce moment-là, ces sensations et ces secondes, qu'il aurait presque payé pour y aller, en savourait chaque image, en rapportait chaque mot comme un cadeau : un souvenir. Autant dire un sujet. Qui savait la suite de l'histoire ? Il fallait tout mordre, avaler, boire au goulot : capter les choses. Prendre le jour qui venait comme le premier et le dernier du monde. Chaque instant comme l'air du temps, plus grand hit jamais fait ici-bas.

L'avion, un monomoteur, fit chauffer ses entrailles, ronronner quelques secondes les machines, et commença de rouler paisiblement sur la piste en prenant de la vitesse, cependant que tout le monde conversait, riait, pensait à autre chose : comment aurait-on pu seulement soupçonner la seconde d'après ? Parvenu au bout de la piste, il décolla en vrombissant, prit de l'altitude face à un petit bois qui bordait l'aérodrome, s'éleva dans ce matin parfait de Louisiane. Un vol comme les autres, avec des passagers hors du commun, la routine. Soudain il tangua, hoqueta littéralement, et alors que rien ne le laissait prévoir, accrocha le sommet d'un arbre qui le freina, interrompit net son ascension et le tira brutalement en arrière, comme si le sol avait voulu le rappeler, le rattraper. Comme s'il y était rattaché par quelque chose, une sorte de fil invisible. Il n'avait pas pris assez d'élan, l'accident stupide par excellence, tant on n'y pense même plus, et aucune parade possible, à cette hauteur et à cette vitesse : rien. L'appareil fauché en vol pivota, tournoya, et piqua brutalement du nez au milieu de la forêt toute proche, où il s'écrasa violemment, se crasha en explosant et en s'enflammant, moins d'une minute après le départ. Personne n'avait rien vu venir, ni finir, et n'y aurait même cru, tant cela sentait la mauvaise série. On ne tombe pas lorsqu'on aperçoit enfin la cime. Il n'y aurait plus jamais de concert, de télé, de chansons, et le prochain disque, aussi bon, sinon meilleur que le premier datant d'à peine deux ans, sortirait tout seul en décembre, comme un grand, sans personne pour le défendre ou le représenter.

L'histoire s'arrêtait là, ou peut-être même commençait-elle, tant cet artiste discret, habité, atypique, allait désormais faire son chemin dans la tête de tous ceux qui ne découvriraient son existence qu'avec sa disparition, et continueraient le combat à sa place, portés par ses mots. Ses amis garderaient l'image d'un faux dilettante, grattant des après-midi entières sa guitare au bord d'une piscine ensoleillée, à la recherche de chansons qui jouaient à cache-cache avec lui, dans le crépuscule californien. L'archétype du songwriter américain, intemporel, flegmatique et insidieux, fors ce maudit arbre que le grand scénariste céleste avait dressé un matin de septembre entre l'avenir et lui, comme si les bons gars de la côte Est n'avaient d'autre solution que de rester dans l'ombre de leurs challengers, en ces années west coast and pop. Et sur sa pierre tombale, on grava en catastrophe ce deuxième chiffre fatidique qui est l'obsession, la réponse secrète de toute vie : James Joseph Croce, 1943-1973.

Sid Vicious : Signe particulier Néant

Si John Simon Ritchie mourut lui aussi jeune, à 21 ans, sous le nom de Sid Vicious, ce fut plus classiquement d'une overdose, pour rester dans les traditions, et c'est sa petite amie de l'époque, une certaine Nancy Spungen, qui se fit trucider d'un coup de couteau dans le ventre à peine six mois auparavant dans leur chambre d'hôtel, ceci n'étant peut-être pas étranger à cela. La scène se passait en octobre 1978 au Chelsea Hotel, à New York, et quatre mois plus tard, le bassiste le plus fou de la scène punk, l'enfant terrible des *Pistolets du Sexe*, implosait d'une overdose dans la chambre d'hôtel d'une copine, à Greenwich Village. La boucle était bouclée. Il devait comparaître quelque temps après en justice pour complicité éventuelle à ce crime, qui resterait à jamais impuni, probablement une affaire de dealers. Du pur *Vicious*, comme aurait chanté naguère Lou Reed, quand *il attendait son homme*, son marchand de sable blanc.

C'était un violent. Un bagarreur, un provocateur, un anar pur et dur qui, du haut de sa haute taille, ne rêvait que d'en découdre. Un rebelle sans futur qui aimait les Ramones, les Stooges, T.Rex et Bowie, ainsi qu'Eddie Cochran, traversa comme l'éclair le groupe le plus éphémère et mythique des années 70, massacra plus d'une basse – à tous les sens du mot : il en jouait très mal – et choisit en somme la pierre tombale plutôt que la case prison, tant il était énervé de nature : une peste. Avant d'être un groupe à succès, les Pistols étaient d'ailleurs un gang, les Johns, qui eut l'heur de rencontrer un certain Malcom McLaren, manager fraîchement émoulu des New York Dolls, et en quête d'un nouveau groupe qui sortirait de l'ordinaire. C'est le temps du kitsch, d'Alice et d'Iggy, de Patti et de Marilyn M... seconde du nom, des Damned et de Billy Idol, des crêtes et du piercing, du vert et du rose bonbon. De King's Road et du Roxy's.

Le premier à entrer dans le groupe avait été Johnny Rotten, le chanteur aux dents pourries, le rocker ricanant, la tête la plus brûlée d'Irlande et le sujet le plus brûlant de sa Majesté. Sid Vicious avait suivi deux ans plus tard, et n'avait « duré » qu'un an, sur les trois du groupe, mais suffisamment et suffisamment fort pour passer à la postérité, surtout qu'il y avait plongé tête la première ce fameux soir de février, et que la sienne ne s'oubliait pas comme ça. Ceux-là avaient tout pour déranger le père de famille, qu'ils brocardaient d'autant plus volontiers qu'ils n'en avaient eux-mêmes pas eu, et semaient le scandale derrière eux à faire passer les vieux Who et les éternels Stones pour des représentants de commerce en goguette. Ils éructaient, blasphémaient, assassinaient des standards, du *God Save the Queen* à *My Way*, s'affublaient de croix gammées ou couvraient les caméras de gros mots, quitte à se faire interdire et ne pas voir l'herbe repousser derrière eux. Des barbares, savamment orchestrés et mis en scène, dont on voyait d'abord les dents sur les photos d'époque, prêtes à mordre dans tout ce qui bougeait, et qui faisaient autant de bruit sur scène que dans la vie, et se tapaient d'ailleurs autant dessus en coulisses qu'ils s'en prenaient aux autres en public, revendiquaient l'arnaque et le bordel organisé. Un style qui en inspirerait plus d'un, au temps des Clash et des Jam, et marqua d'autant plus les esprits qu'il eut la beauté de l'éphémère. Ceux-là étaient de passage, en scène comme en vie, et balançaient dans la salle le micro ou l'objectif, tout ce qui leur passait par la tête ou par les mains, dans la lignée de ces Dada dont ils n'avaient eux-mêmes jamais entendu parler. Ils sentaient le soufre, marchaient à l'acide et trempaient chaque mot, chaque image dans le vitriol : effet garanti.

Et leur premier titre phare, *Anarchy in the UK*, extrait de leur seul album officiel, *Never Mind the Bollocks*, aux légendaires couleurs jaune et rose kitsch, fit donc l'effet d'une bombe dans le paysage musical. « Ils » ne respectaient rien, à commencer par vous, pouvaient achever un concert en demandant à leur public « s'il n'avait pas l'impression de s'être fait arnaquer » (!), faisaient feu de tout bois : Rotten et Vicious se complétaient, se ressemblaient même curieusement dans ces moments-là, jouaient à une sorte de concours de provocations dont on ne savait jamais très bien de quoi il allait accoucher à chaque fois. Au pays de Cliff Richard, et même de Keith Richards, cela détonnait, et aucune de leurs prestations ne passait inaperçue, fussent-ils interdits de plateau, bannis des radios et exclus des têtes de gondole, lorsqu'ils lançaient leur fameux : *« I am an antichrist/I am an anarchist/Dont know what I want/But I know how to get it/I wanna destroy the passerby/'Cause I wanna be anarchy !/ Now don't worry »*, avec la musique qui allait de pair. Un courant était né, qui dépasserait ses créateurs et leur survivrait même lorsque, après le décès de Sid, le groupe qui avait déjà atteint son point de non-retour, se déferait pour entrer dans sa légende. Le roman de Sid le Vicelard avec les Pistolets Sexuels ne dura donc qu'un an, de février 77 à février 78, et s'acheva dans le sang, puisqu'à défaut d'avoir raison de ses partenaires, qu'il avait fini par détester cordialement, il fut sérieusement soupçonné d'avoir occis sa petite amie Nancy, tout aussi junkie et destroy que lui, en ces temps où les murs clamaient leur alarmant *No future*, sur fond d'IRA, de Brigades Rouges et de Bande à Baader.

C'est au Chelsea Hotel, sur la 23e Rue, qu'ils se retrouvèrent début 1978 après sa dernière tournée américaine : il voulait désormais se produire en solo et elle se proposait de le manager. Elle l'avait toujours initié à tout : au sexe, à la drogue, à la vie, pourquoi pas au show-bizz ? Ils partageaient bien la même seringue, pour être sûr de décoller ensemble, avaient leur nuage réservé, là-haut au-dessus de la Cité. Ne planaient jamais l'un sans l'autre, pour mieux s'envoyer en l'air, et regarder toutes ces fourmis danser le pogo sur leurs riffs, kiffer sur leurs délires. Jusqu'à ce matin du 12 octobre où on la retrouva à l'agonie dans leur chambre, numéro 100 à onze heures, allongée dans la salle de bains avec un couteau planté dans le ventre. Face contre le sol et tête sous l'évier, en culotte et soutien-gorge noirs, sur fond rouge vif : poignardée. Tombée sur le carreau, avec ce sang de 20 ans qui courait jusqu'au lit voisin, racontait sans fard ses derniers instants, son réveil improbable et le choc du réel, le côté le plus *vicieux* de sa vie. Cut. Lui errait dans le hall de l'hôtel, en larmes et totalement « chargé », comme on disait, c'est-à-dire défoncé, et plus paumé que jamais : un zombie. Qu'avait-il fait, vécu la minute d'avant, vu ou entendu dans la chambre ? Quelle crise et quels cris ? Il ne se souvenait de rien, que d'un trip à quatre mains, d'un shoot qui avait mal tourné, et puis le vide, le néant, Nancy éventrée, là, et lui dans le couloir, même pas capable de donner un signalement ou d'inventer un alibi : stoned. Il fut immédiatement interpellé, dégrisé, interrogé et inculpé d'homicide au second degré, mais Virgin – sa maison de disques – veillait au grain, et paya une énorme caution pour le faire libérer, en attendant le procès. Dehors, il était une victime, dedans, un coupable, et les tueurs d'ados ne vendent pas aux ados, c'était connu. Après, on verrait.

Alors, il commença à déprimer sérieusement, fut interné pendant quinze jours au service psychiatrique de l'Hôpital Bellevue, à la suite desquels il tenta de se suicider en se tailladant le poignet, sans grande conviction : on ne saute pas comme ça du Top Ten. Il était trop las, trop bas pour mourir debout, et traversait ses journées à plat ventre sur son lit, l'avant-bras rongé par ses fourmis rouges, ses piqûres de la nuit. Les Pistols étaient déjà derrière lui, du passé, un souvenir de vacances, et il ne rêvait que d'une plage, une de ces grèves cuivrées de publicité où l'on voudrait s'ensevelir; mais à New York, le sable était plus rare que l'or. En fait, c'était la première fois qu'il se sentait vieux, fatigué de sauter sur la photo pour dire qu'il était là, que la vedette c'était lui et pas l'autre, qu'il n'avait pas de temps à perdre et plein de notes à balancer. C'en était trop. En décembre, il fut arrêté à nouveau, pour avoir agressé le frère de la chanteuse Patti Smith, au cabaret Max's Kansas City. Il ne savait plus où il en était, faisait n'importe quoi, commençait à se singer pour se ressembler. A faire du Sid Vicious, donc à être mauvais. Il fut emprisonné quinze jours, puis encore une fois libéré, grâce à papa Branson, le PDG de son groupe, et plus que jamais désemparé. Nancy n'était plus là pour lui éviter de faire des conneries, par exemple de flinguer Nancy. Il était de l'autre côté de la ligne, celle où rien ne vaut plus la peine de rien et où tout est donc possible, à commencer par l'impossible. Et il n'avait plus qu'une idée, se trouer la peau.

Le 2 février suivant, il y parvint enfin, et on le retrouva raide mort, bourré d'héroïne, chez sa nouvelle copine, une certaine Michelle Robinson qui aurait pu prendre des leçons de son ex-rivale. Il n'avait survécu à Nancy que quatre mois, plus que jamais défoncé à l'idée de l'avoir perdue et peut-être plus, et disparut à l'âge même de ce rocker mythique qu'il venait de reprendre, en face B de son singulier *cover* de *My Way* : il avait enregistré *Something Else* et *C'mon Everybody*, d'Eddie Cochran, deux chansons qui avaient tout inventé et sur lesquelles on pouvait mourir de bonheur. Qu'est-ce que la vie pouvait bien lui offrir après ça ? Il avait tout eu, le ciel entre les mains, les clefs du paradis et le pire début de bio qui soit, les groupies à demeure et les princes au téléphone, des fontaines de livres sterling et ses chansons dans les transistors : tout ! Et c'est l'acteur Gary Oldman qui l'incarna huit ans plus tard à l'écran, dans une biographie très libre intitulée *Sid and Nancy*, désormais unis par-delà les tabloïd, dans une légende moderne aux accents de fin du monde...

Monté en épingle, sinon de toutes pièces par le système qu'il prétendait dénoncer, Sid Vicious ne pouvait pas survivre sans éclater, imploser un jour ou l'autre, telle une grenade dégoupillée. Et il ne devait surtout pas vieillir, sous peine de devenir un Johnny Rotten brun, grimaçant et tiré, son frère ennemi de toujours qui donnait une version pathétique de l'âge d'or et prouvait à chaque photo qu'il n'y avait pas de vie après le rock, a fortiori le punk. Tout mais pas ça.

Il laisserait derrière lui juste une pose, une de ces moues rebelles et un peu vulgaires qui émaillent le monument aux morts du rock depuis les années mono. La même qui éclairait parfois la lèvre supérieure d'Elvis, d'Eddie, de Jimmy, de Billy Fury et les autres, qui terrassait les filles et dérangeait les garçons, dans leur glace après les cours. Le sourire provocant, à la limite du rictus, d'une génération sans illusions sur les précédentes, qui montrait les dents, avait faim et voulait mordre, embrasser et croquer tout ce qui pouvait l'être sans attendre son tour ni demander la permission. Des affamés du rock. Plus que tout autre, il avait porté sans le savoir à son summum une valeur suprême : l'instant. La seconde présente, vibrante comme un *sol* dièse. Il ne vivait que pour ça, jouer sur le fil de l'éphémère, et se fichait bien de ce qui pouvait arriver après. C'est d'ailleurs ce qui lui conféra sa petite éternité, le fit passer un temps à la postérité. Dans un ciel de vie, on aimait bien les étoiles, mais on retenait toujours les comètes.

Stevie Ray Vaughan : Le mauvais côté du manche

Et les rockers passaient, tombaient parfois de haut, de balcons, de toits ou d'hélicos. Pour des raisons professionnelles, on voyageait beaucoup dans ce milieu, à tous les sens du mot. Le 26 août 1990, le guitariste-chanteur Stevie Ray Vaughan, qui venait de se produire avec son groupe Double Trouble au Alpine Valley Music Theatre dans le Wisconsin, aux côtés de la crème du blues, Eric Clapton, Buddy Guy, Robert Cray et de son propre frère Jimmie Vaughan, termina son show homérique par une longue version de *Sweet Home Chicago*, dix minutes de transes absolues, reprises et rythmées par des milliers de spectateurs échaudés : *« Come on/Oh baby don't you wanna go/Come on/Oh baby don't you wanna go/Back to that same old place/Sweet home Chicago ».* La version, qui n'avait rien à envier à celle de ses Frères du Blues, Belushi et Aykroyd, mit littéralement le feu à la salle, et il y avait longtemps qu'Eric « Slowhand » ne s'était défoulé à ce point, n'avait plané aussi bien, entre deux, frôlé l'aile de l'ange et caressé la crinière de l'océan. Tout le monde en redemandait, debout et allumé, et c'était à ce moment-là qu'il fallait partir, sans faire de fausse sortie ni multiplier les rappels. S'envoler sur un nuage. Stevie le savait : toujours laisser le public sur sa faim, sur une bonne impression, pour qu'il n'ait qu'une envie : vous revoir. Alors, il salua, brandit sa Fender Stratocaster cuivrée dans le ciel, celle qui avait un manche en bois de rose brésilien verni, s'il vous plaît, marmonna quelques mots d'adieu et quitta la scène sous un tonnerre d'applaudissements, avec son éternel Stetson à la main : un signe distinctif qui fonctionnait encore mieux que la moustache à Santana.

Quelque part dans la nuit, deux hélicoptères attendaient l'équipe de Clapton, et par chance, il restait trois places de libres pour rejoindre justement... Chicago, que le reste des musiciens allaient regagner en bus : une pour Stevie, une pour son frère et une pour sa belle-sœur. Mais au dernier moment, deux d'entre elles furent indisponibles et il ne resta plus qu'une place : une seule. Et il la conserva donc pour lui. Cela s'appelait le destin, quand la poisse donne les cartes, et que tu tires le full. Le bon vieux plan de Buddy Holly, même si son maître à lui s'appelait plutôt Hendrix : même faim de musique, jusqu'à en dévorer à son tour l'instrument, même corps à corps avec lui jusqu'à en jouer dans le dos ou sur la tête, comme dans une posture érotique. Le cadet des Vaughan aurait bien fini par tomber un jour de quelque part, de son lit ou de son piédestal, tant il abusait, à l'instar de l'enfant vaudou, des stimulants en tous genres, à commencer par les décibels, et ne vivait plus que pour ces parenthèses où vous sentez Dieu monter en vous, au fil des sets et des ovations. *Live tonight, 21 P.M. on stage.* La pire des drogues et la plus dure à dealer, passé un certain kilomètre au compteur, un concert de trop ou une baisse de royalties. Vous vous sentiez partir, planer, escalader tous les ciels de la terre sur la gamme, et vous vous disiez qu'il faisait décidément bon être là-haut quand tout le monde scande votre nom de concert, que vous frôlez l'accord parfait avec votre band et que rien ne peut plus vous arriver ici-bas, en tout cas, rien de meilleur. Qu'y a-t-il de plus beau qu'un chorus de blues dans le noir, repris par une ville entière à vos pieds, qui vous souffle votre propre texte avant même que vous ayez ouvert la bouche ? Quelle fille de *Playboy*, pin-up ou playmate, peut rivaliser avec « ça » ? Son dernier album ne s'intitulait-il pas *In Step* ? Vraiment, il n'existait pas de trip aussi fort que son job de neuf heures du soir, le flip qui précédait et celui qui suivait, car le plus dur était encore de décompresser, de redescendre entier du nirvana, et il fallait à chaque fois traverser en sortant de scène une sorte de sas invisible, sauf de ceux qui savaient, avaient déjà donné. Une ligne secrète au-delà de laquelle tu redevenais toi-même, enfin, l'autre, et tu réendossais tout, vêtements, souvenirs, galères, traites, pensions et le reste, la peau de ton rôle quotidien, celui qui s'appelait Stephen et courait derrière son double. Et ce soir-là, à peine extrait d'un rêve, il fallait s'envoler vers le suivant, au sens propre du terme. Durant les années de « tour », ce pays n'était plus qu'une chaîne de scènes, de loges et d'aéroports, une usine à sifflets et à applaudissements, et l'artiste une machine à chanter, signer et déménager...

Quelques minutes après son décollage, l'appareil, pris dans le brouillard, se fracassa sur une piste de ski, dans un centre de vacances situé de l'autre côté des collines, s'enfonça en pleine nuit dans un grand lit blanc, en tournoyant silencieusement comme dans un film muet. L'accident était tellement imprévisible et stupide qu'à destination, personne ne s'en aperçut avant l'heure d'arrivée prévue. Le lendemain matin, douze heures à peine après le dernier cri de sa guitare sur la scène locale, son rescapé de frère et son ami Clapton vinrent reconnaître son corps, entre autres victimes, dans les débris de l'hélicoptère. Il avait 35 ans, dont 30 de guitare et 20 de métier, et quelques milliers de concerts, de bœufs, de sessions et de séances au compteur, de Dallas à Austin en passant par Montreux et Tokyo, avec les David Bowie, Jeff Beck, Jackson Browne, Stevie Wonder, Johnny Winter et consorts. C'était comme ça : c'était la règle. Mais il n'aurait jamais cru rejoindre la liste si tôt : il en venait juste aux choses sérieuses...

Et dans la grande tradition des sorties si prématurées qu'elles en devenaient presque fausses, ses titres inédits commencèrent à devenir des succès posthumes, qui parlaient de ciel qui pleure et pleuvaient comme des Grammys, tombaient de là-haut telles des dernières volontés. Et il donna même, suprême récompense, naissance à une guitare qui portait son nom, encore plus haut et fort, et le ferait vibrer longtemps entre les doigts de ses pairs : la « Stevie Ray Vaughan Signature Stratocaster ». Cela vous posait un homme, même s'il avait toujours eu la bougeotte jusqu'à s'envoyer finalement en l'air. Et d'une certaine manière, il avait réalisé son rêve : il était devenu son instrument, faisait désormais corps avec sa musique, et gémissait dans chaque studio à la ronde, à chaque fois qu'un môme allumait un ampli et y branchait sa caisse.

Et quelque temps après, son ami et confrère Danny Gatton, autre fine lame de la gratte qui avait littéralement enfanté des artistes comme Roy Buchanan, et touché avec virtuosité à tous les styles de musique, jazz, soul, country, rockabilly, gospel – refusant tant d'être assimilé à l'un ou l'autre qu'on ne l'identifiât jamais tout à fait, face à des Vaughan, Knopfler, Ritenour, Carlton, Moore ou Santana – se tira à 49 ans une balle dans la tête, dans son garage du Maryland, près de Washington. Autant apprécié de ses pairs que méconnu du grand public, il avait si volontiers brouillé les cartes, varié les plaisirs et mélangé les genres, pratiqué et revendiqué l'art pour l'art, qu'on avait fini par le surnommer, non sans une pointe de cruauté, le « plus célèbre musicien inconnu » (« the world's greatest unknown guitar player »), ou plus familièrement « Le humble » *(sic)*, une maladie dont on pouvait parfois mourir, dans ce métier. Comme tous ces artistes pour qui la vie « passait avant », et en tout cas avant le commerce, et qui avaient refusé une fois pour toutes le formatage, il finit par la laisser dans l'histoire. Dès le début, il avait annoncé la couleur : « Je n'ai pas de direction, et je n'en aurai jamais. Si je devais jouer toute une nuit le même genre de chose, je m'ennuierais à mourir. » Un défi vivant à toutes les lignes de produits, cibles et niches de la profession, le cauchemar des chefs de promo. Et il tint parole avec des disques appelés *Redneck Jazz* ou *Unfinished Business*. A n'avoir pas d'étiquette, on crut parfois qu'il n'avait pas de style, puisqu'il les avait tous, qu'il était dépourvu d'âme alors qu'il en débordait. L'indépendance effraie toujours ceux qui essaient de l'apprivoiser, et à ne plus le choisir, on lui fit faire de mauvais choix. Le dernier – cette balle qu'on garde pour soi, dans un coin de sa tête, « au cas où » et qu'on réveille, active un jour sans y croire – ne fut que la suite du reste, le billet pour un pays où l'attendaient Tim Hardin, Gram Parsons et les autres : les vrais.

Quant au très pacifique John Denver, artiste zen et pilote expérimenté s'il en fût, puisqu'il était le fils d'un officier de l'armée de l'air, qu'il avait grandi sur des pistes d'aviation militaire, comptait lui-même 2 700 heures de vol et possédait son propre Lear Jet, il eut une chute de carrière inattendue. Un dimanche d'octobre où il faisait faire un vol d'essai à un petit avion acheté la veille même, un Rutan Long-Ez 54 à deux places single, et se rendait à l'aéroport de Monterey, il piqua d'un coup et se crasha dans l'océan, à cinq heures et demie de l'après-midi, tout près de Pacific Grove, en Californie. Il avait perdu le contrôle de son appareil en manipulant le manche d'arrivée d'essence, ou changé malencontreusement de cap en essayant de l'atteindre, et pas eu le temps de réagir malgré son expérience, tant l'avion s'était aussitôt cabré et lui avait échappé. Le genre d'erreur qu'on ne commettait qu'une fois, et qui ne pardonnait pas, qu'on ne comprenait qu'au moment où elle arrivait, c'est-à-dire trop tard. Il avait 53 ans, une carrière humanitaire et des dizaines de millions d'albums derrière lui, et si on lui avait demandé tout petit de choisir entre les airs et les refrains, il aurait vraisemblablement opté pour les premiers, comme en témoignait son dernier acte.

Sandy Denny : Celle qui « avait » le blues, ou La ballade du piano triste

Et tant de destins en trois lignes, de vies express, de rêves en cendres, d'illustres inconnus revenus de leur heure de gloire, leur quart d'heure de célébrité. Et Karen Dalton, Laura Nyro, Tim Hardin, fauchés en route et presque en scène. Et puis Sandy Denny, qui, après de brillants débuts avec le groupe Fairport Convention dans les années 70, entama une carrière solo, jalonnée d'albums originaux, et tomba comme une banale vacancière dans l'escalier de ses parents, à Cornwall, un jour de mars 1978 qu'elle avait quelque vieux blues à noyer et avait bu plus que de raison. Une fin tragique et absurde, à un âge où tous les chemins s'ouvraient à elle et où ses chansons faisaient le leur dans la tête des gens, petit à petit, comme poussent les vraies carrières. Où elle commençait à naître, renaître, tant il faut de temps à une artiste pour trouver sa place, devenir l'autre en soi.

C'était une jeune femme blonde de 31 ans, plus jolie que belle, mais pleine de caractère et de charme, qui avait les traits de ces banlieues londoniennes – Merton, Kingston, Wimbledon – dont elle était issue, doutait d'elle-même et avait l'énergie de ses désespoirs, une de ces filles littéralement nées dans la musique et la danse et qui se donnent ensuite les moyens de leurs rêves, consciencieusement, méthodiquement. Les siens menaient à la scène, à la guitare, au Billboard, et elle s'imposait peu à peu dans un métier qui n'en était pas un et où les places étaient chères, surtout au féminin : *songwriter*. Tout avait vraiment commencé lorsque Judy Collins, la meilleure rivale de Joan Baez sur la scène folk, avait repris un de ses premiers titres : *Who Knows Where The Time Goes*, et en avait fait un succès. Dans la foulée, elle avait quitté son groupe et pris la route avec ses ballades océanes et son blues celtique, et le seul moyen connu dans le métier d'y remédier :

Mr Walker, Mr Daniel's, et le Dieu Chivas. Une sainte trinité qui vous expédiait vite ad patres, si vous l'invoquiez un peu trop fréquemment, mais qui vous donnait des nuits blanches comme l'Alaska, si vous saviez doser les glaçons.

Depuis toujours, l'alcool avait été son problème, ou tout au moins sa conséquence, et malgré la naissance de sa fille moins d'un an auparavant, ou à cause de tout ça, elle avait continué sur la mauvaise pente, alternant musique – la préparation de son futur et quatrième album à la première personne, *Rendez-Vous* – et débordements, qui finirent par ce terrible dérapage, un jour de printemps en famille. Le passé est parfois difficile à digérer, à gérer, et il faut plus d'un verre pour le faire passer, toute une vie de boisson pour l'effacer. La chute fut spectaculaire, violente puisque la jeune femme heurta violemment le sol de pierre, se blessa à la tête et ne fut pourtant pas hospitalisée. A croire que dans ce contexte et ce décor, elle était un peu hors du temps, avait plongé dans le vide comme on retombe en enfance, et ne mesurait pas tout à fait la gravité de ce qui lui arrivait. Ou bien la regardait-on encore comme une fille, la gamine d'hier qui s'inventait des vies, se faisait des destins de récréations, pleurait pour de faux. Peut-être avait-elle bu justement pour ravaler ces non-dits, échapper à cette chape qui la rattrapait, vous fait répondre que « ce n'est rien » quand on voudrait justement crier : allez savoir avec les artistes. Ils nous habituent tellement à leurs scènes qu'on finit par ignorer leurs vrais émois. A peine séparée de son mari, Trevor Lucas, et de leur petite Georgia, elle avait glissé sur son passé. Les flash-backs sont propices aux faux pas.

Et sa carrière solo ne tenait pas toutes ses promesses, depuis qu'elle avait été élue « chanteuse britannique de l'année » en 1971 et 72, avait enregistré avec Robert Plant de Led Zep et publié deux bons premiers disques : le folk n'était plus de mise et même Joan peinait à la tâche. Elle avait beau avoir épousé un musicien, il lui fallait tout maîtriser, planifier, supporter, y compris son couple, et comme toujours dans ces cas-là, elle avait changé de direction artistique, semant encore plus son public et se perdant d'autant plus. Au seuil de la trentaine et à cette époque, il fallait parfois choisir entre vie d'artiste et vie de femme, comme dans un roman-photo, et elle avait décidé de vivre.

Ce n'était pas tant de chanter qui était compliqué que d'écrire, se renouveler : quelques-unes y parvenaient, de Carole King à Joni Mitchell, Carly Simon, Janis Ian et les autres, mais personne qui vînt du traditionnel, des racines. C'était une chance que d'être la seule, mais aussi un fardeau. Personne pour partager, et certains jours, le poids des choses vous poussait presque dans le vide, vous aspirait vers le bas. Vous vous laissiez tomber. Petite, elle jouait à s'évanouir, glissait sur elle-même et attendait en comptant qu'on la secoure. Mais ce n'est plus un jeu, les dés sont jetés, et elle s'est fait mal. Personne ne s'en rend compte, ne sait à quel point : tout cela vient de si loin, remonte à tant de choses. Un jour, peut-être, elle en fera une chanson, l'histoire d'une gosse de Wimbledon qui sautait dans les escaliers, pour ne pas devenir grande, qui lâchait son bébé comme une poupée, qui passait à pied joints de la terre au paradis, dans ses marelles du jeudi. Alexandra Elene, de son vrai nom. Que tout cela était loin... Serrer les dents et marcher. La vie n'est rien qu'un accident. Pourtant, elle a si souvent arpenté ces escaliers, jadis, quand ils lui paraissaient immenses et qu'elle craignait d'y chavirer, qu'elle contemplait le monde du haut de ses donjons... Quand elle était reine.

Depuis quelque temps, son dernier concert en novembre, au Royalty, elle a peur, nourrit toutes sortes d'angoisses dans sa demeure d'Oxfordshire : elle souffre de migraines, de vertiges, et s'est mis en tête qu'elle avait une tumeur au cerveau, parce qu'une amie proche est morte de ça. Elle « flippe ». Son trac naturel, ce bon vieux doute qui ne la quitte jamais, s'est transformé en panique, elle se sent condamnée, voit partir son couple à l'eau et peine à trouver un nouveau souffle d'auteur-compositeur. Ce métier est fait de choix et elle se méfie désormais d'elle-même, cherche des réponses ou se noie dans les conseils. Tout le monde a son avis sur une carrière d'artiste, surtout après coup : c'est fou ce que les gens aiment se mettre à votre place, vous expliquer votre succès. La chute de Cornwell ne fera qu'accélérer le processus, le précipiter. Il fallait que ça craque. Toutes les histoires ont une fin, la sienne commençait à peine.

Un mois après, on la découvre évanouie dans les escaliers de chez un ami : les étages ne lui réussissent pas. On la transporte à l'hôpital dans un état semi-comateux : elle s'y éteindra quatre jours plus tard, le 21 avril 1978, d'une hémorragie cérébrale, consécutive à son accident de mars. Elle avait vu juste : le destin la guettait, avait flairé une proie. Elle avait à peine 31 ans, trois albums en solo à son actif, une traversée du désert et de superbes souvenirs derrière elle. Ses chansons parlaient souvent du temps, qu'elle égrainait au piano, s'envolaient sur des cordes, débordaient de désir et de nostalgie, s'appelaient *Like An Old-Fashionned Waltz, It'll Take A Long Time*, *Tomorrow Is A Long Time, At The End Of A Day, Late November, No More Sad Refrains, I'm A Dreamer* et donc *Who Knows Where The Time Goes.* Elle avait encore tant de bonnes choses à dire, qui l'attendaient, qu'elle n'aurait jamais cru à une fin pareille, un coup aussi bas et mesquin de la vie : elle s'en était toujours fait une grande idée.

*
* *

Les chanteurs étaient plus vulnérables, peut-être parce qu'ils donnaient tout, payaient cash, et l'on pourrait remonter à l'infini l'avenue des rockers brisés, crooners cassés et autres passagers du micro. Se rappeler qu'Elvis est mort à l'âge de Bessie, Billie and co, Judy à celui d'Edith, et Mort Shuman quasiment à l'âge de Brel, son idole. Mais que bien plus encore ont disparu de leur vivant, après un ultime ou unique succès, se sont refermés sur eux-mêmes et ont passé le reste de leur vie à essayer de ressembler à leur première pochette, leur premier clip, leur prime jeunesse. A rechanter pour la énième fois leur standard de 1953 ou 1971, quand ils avaient de vrais cheveux, leur meilleur sourire, et encore cette voix pure qu'on entendait sur les premiers disques. A s'imiter, se répéter et parfois même se parodier, quand la pression devenait trop forte sur leurs épaules. A tourner en rond sur des platines, autour d'un tube de 20 ans dont ils avaient perdu la formule magique, à mourir au ralenti, image par image et faces B après faces A. A tomber de haut, s'estomper des affiches, des façades de première que le temps balaie, détrempe et fait pâlir. Diminuer, changer de caractères et puis de caractère, traverser un jour la rue sans qu'on ne les arrête plus, ne marque plus cette infinitésimale pause qui vient vous signifier que vous êtes encore vous et ne passez pas inaperçu. Rentrer dans l'anonymat, comme on revient chez soi. Le visage qui vous dit quelque chose, mais quoi, la voix qui vous rappelle quelqu'un, le nom qu'on a sur le bout de la langue, l'autographe qu'on ne vous demande plus que machinalement, en regardant ailleurs, les cachets qui rétrécissent avec les salles et font augmenter les doses des... autres cachets, les concerts de deuxième zone et l'âge de votre public qui change à vue d'œil comme pour vous rappeler le vôtre. Le temps des artistes.

Au moins ceux-là avaient-ils connu un jour le bonheur d'être une étoile, même filante, intermittente, et pouvaient-ils se souvenir, témoigner de la fameuse sensation, du *doux parfum du succès* ; se repasser après une certaine heure le film sautillant de leur âge d'or où ils chaloupaient en pantalons et cheveux bouffants, chewing-gum et gomina, sur des airs endiablés, jouaient aux grands sur trois accords et se déguisaient en rebelles de podium, en chauffeurs de salles des fêtes.

Flottaient dans leurs blousons noirs comme dans un costume trop large, et rentraient chez eux pour la permission de minuit. Mais beaucoup d'entre eux, qui savaient d'où ils venaient et parfois même où ils allaient, n'avaient jamais pu prendre un avion, voir une seringue ou monter dans un taxi sans repenser une seconde à « ça », à « eux » : à tous ceux qui avaient été happés, fauchés, consumés et piqués un jour par l'aspic de la gloire et étaient restés sur le carreau, couchés à vie sur le macadam, les draps anonymes d'un hôtel ou la moquette d'un studio, qui étaient tombés de leurs rêves et ne s'en étaient plus jamais réveillés. Tous ces jeunes gens de 20 ans qui dévoraient encore l'avenir des yeux sur leurs photos de promo, à cinquante années de là, et invoquaient dans leurs refrains des copines de lycée qui avaient désormais l'âge d'être leurs grand-mères, si désolées face à leur dernier sourire de marbre. Les petits-enfants d'Eddie Cochran. *My generation*.

EDDIE COCHRAN (2)

Un jour à Granada ou Le blues de l'été 60

Ce samedi 20 février 1960, l'émission de la chaîne britannique ABC « Boy meets girl », qui était l'équivalent de notre hexagonal « Age tendre et tête de bois » et le rendez-vous numéro un du public jeune, se déroulait comme chaque mois en direct du studio Granada, à Manchester, et réunissait la fine fleur du rock'n'roll anglo-saxon. De gauche à droite, comme disent les légendes, on reconnaissait alors Billy Fury, Gene Vincent, Eddie Cochran, Adam Faith et Marty Wilde, soit cinq figures montantes de la scène pop, et il ne manquait que Cliff Richard, en tournée ce jour-là, pour faire une photo de famille qui serait devenue un collector. Seul, Marty Wilde, par ailleurs le futur père d'une jeune Kim, serait encore en vie au milieu des années 2000, et Eddie Cochran se tuerait en taxi à peine deux mois après : le rock était du genre speed.

Un an avant, il avait accompagné un titre d'Albert Stone intitulé *If I Were Dying*, tout un programme : *« If I were dying with just one word to say/I'd say I love you, my darling, as I passed away/Come on and let me tell you how I love you once more/I want you to know, oh yes, before I go/If I were dying, if I were dying »*. Et repris *What I Am Living For?* en hommage au bluesman Chuck Willis qui venait de disparaître à 30 ans. Mais ce jour-là, en costume cravate comme tout rebelle qui se respectait et respectait l'establishment, à part l'ineffable Gene définitivement en marge avec ses ensembles noirs, il attendait son tour, posait en groupe avec les musiciens et souriait paisiblement à l'objectif, à la postérité et au public des habitués, cependant qu'en coulisses les gosses de Liverpool affûtaient déjà leurs Gibson. Il s'était trouvé un clan, de ce côté-ci du Channel, une famille musicale et un fan-club, et avait même découvert ce jour-là plus petit que lui, le rocker Adam Faith avec son timide mètre soixante-cinq, près duquel il s'était prudemment rangé et faisait figure de grand frère, face à l'alerte Billy Fury qui trônait sur ses cannes à l'autre bout du cliché. Et tout le monde de se succéder, chanter et faire le bœuf en direct, dans la plus chaude ambiance avec des chansons qui répétaient toutes les mêmes dix mots et cinq accords, tant le message était alors simple, direct, uniforme : soyez beaux, jeunes et éternels, profitez de la vie comme de l'instant, sinon *d'un* instant, et n'oubliez pas de flirter, danser, rigoler. D'embrasser. Et surtout ne vous posez pas de questions auxquelles vous n'auriez pas de réponse claire, c'est-à-dire en moins de dix mots. Vivez, carpe diem, amen. Et chacun y était allé de son tube du moment en roulant des hanches, des épaules et des yeux devant le micro qui en avait vu d'autres et ne s'en laissait plus conter : *What Do You Want, Collette, That's Love, Bad Boy, Say Mama, Race With The Devil*... Le vademecum du parfait teenager.

Adossé au décor, Cochran observait le manège du coin de l'œil, et venait de temps en temps faire un solo, l'accompagnement : il avait toujours aimé s'inviter, mettre son grain de sel, et avait participé à la réalisation de nombreux singles, dont plusieurs de Gene Vincent. Avec sa petite taille et sa guitare en bandoulière presque trop large pour lui, comme un jouet de grand, il avait toujours l'air d'un bon élève qui s'encanaille, et se déclenchait en cours de chanson comme une pile électrique, pivotant, gesticulant, se cabrant avec des poses étudiées qui n'avaient rien à envier au King lui-même. Arc-bouté sur ses jambes, le manche de la Fender en avant, l'œil rivé aux cordes, la mèche rebelle et la lèvre frondeuse, il envoyait la purée, enchaînait deux ou trois hits, ne laissait même pas les gens applaudir tellement il aimait ça, tant il *était* le rock'n'roll personnifié. Un mois avant, le 8 janvier, il venait de mettre en boîte, à son habituel studio Goldstar à Hollywood, trois nouveaux titres qui allaient sûrement faire un malheur, s'il en jugeait par le plaisir qu'il avait pris à les enregistrer : *Three Steps To Heaven*, *Cherished Memories*, *Cut Across Shorty*, en mono et stéréo, s'il vous plaît. De quoi faire deux bons singles, et poser les bases d'un prochain album. C'était un garçon d'avenir.

La scène se passait une semaine avant de revenir ici, du bon côté de l'océan, celui du succès : huit jours après, le 16, il était dans ces studios britanniques de Granada qu'il commençait à connaître par cœur, à enregistrer son premier « Boy meets girl ». Et un mois après encore, il remettait ça avec davantage de chansons, en vedette, et cassait la baraque à en juger par les cris stridents des filles et les sifflets admiratifs des garçons. C'était dans la poche, et ça n'allait pas s'arrêter de sitôt, vu tout ce qu'il avait en tête, en guitare, les milliers de couplets qui germaient, bouillonnaient en lui, et se pressaient à ses lèvres et à son médiator pour sortir : des chansons qui ne demandaient qu'à s'exprimer, à exploser, et qui lui flanquaient déjà la bonne fièvre. Il avait une mine en lui, un gisement de standards, et ils poussaient, littéralement happés, appelés par les lumières. On le sentait d'ailleurs à son rythme, à ses intros frénétiques à la guitare, qui tenaient parfois de la course-poursuite autour du plateau, en deux minutes trente : *Cut Across Shorty, Something Else, Jeannie Jeannie* et les autres.

La plus belle, ou du moins la plus connue, était sans doute ce *C'mon Everybody* qu'il avait enregistré, littéralement arraché de lui un an et demi auparavant, à 20 ans, dans le même studio : le 9 octobre, une sacrée après-midi, un jour comme on en voudrait tout le temps dans sa vie. Il s'en souvenait comme si c'était aujourd'hui, revoyait autour de lui, comme dans un pack ou une charge d'infanterie, Connie « Guybo » Smith à la guitare basse électrique, son alter ego Jerry Capehart au tambourin, Ron à la technique, et se revoyait lui-même suspendu au micro, partagé entre prises de voix et guitare drum overdub, comme disaient les pochettes. Celle-là, ils l'avaient tout de suite sentie venir, elle faisait partie du top, le genre de titre que tu reconnais dès que tu le frôles, que tu en esquisses les premiers accords et que tout le monde ouvre tout grands les yeux et les oreilles autour de toi : en plein dans le mille ! On l'identifiait dès l'intro, tout y était, le rythme, la mélodie, le gimmick, tout ! Sauf le titre lui-même, qu'il avait mis du temps à trouver : il l'avait intitulée *Let's Get Together*, et en avait enregistré 15 prises, en ce 9 octobre 1958. Quinze, qui tournaient bien, pulsaient comme il fallait, mais auxquelles il manquait décidément quelque chose, pas grand-chose, mais le fameux *something else*, qui lui était justement cher : QUELQUE CHOSE. Mais quoi ? Il la rechanta une fois de plus, en essayant de s'entendre, de comprendre ce qui pouvait bien clocher :

« C'mon everybody let's get together tonight
I got some money in my jeans and I'm really
gonna spend it right
Been a-doin' my homework all week long
The house is empty, the folks are gone
Ooo Let's get together *(bis)* »

Il répéta deux, trois, quatre fois le refrain, qui disait littéralement *Faisons-le ensemble*, c'est-à-dire *éclatons-nous ensemble*, et sur lequel il butait, achoppait sans cesse, parce que cela ne sonnait pas comme il voulait, qu'il ne l'avait pas en oreille et en bouche. Et il comprit enfin ce qui coinçait : l'idée était juste, mais pas la formulation, il n'avait pas repris la bonne phrase du couplet. C'était l'autre qu'il fallait, tout simplement les premiers mots du titre : *C'mon everybody*. Décidément, la solution était toujours à portée de main, il suffisait de marquer une pause et fermer les yeux. Et il repartit de plus belle, en se disant que la vie devrait toujours être comme ça :

> « Well my baby's number one but I'm gonna dance
> with three or four
> And the house'll be shakin' from my bare feet
> slappin' the floor
> When you hear that music you can't sit still
> If your brother won't rock you then your sister will
> Ooo C'mon everybody ».

Ça marchait. C'était ça. Elle « tournait » bien. Et il se mit à la faire et la refaire en boucle, comme un gamin devant un jouet : « C'mon everybody, C'mon everybody *(guitare)*... ». Yeah !

A la grosse horloge du studio, qui sur les photos d'époque marque le temps des légendes et montre un Eddie rayonnant, plus poupin que jamais avec sa coque, ses jeans, ses chewing-gum et sa gomina, il était indiqué cinq heures, ce mardi d'octobre, et Edward Ray Cochran, 20 ans, n'était pas peu fier d'avoir enregistré sa meilleure chanson à ce jour, comme on attrape un superbe papillon ou on tombe la fille si bien roulée du drugstore d'à côté. A cette seconde précise, il était le roi, presque éternel, et le ciel aurait pu s'écrouler sur lui qu'il ne changerait pas ce fait, ne pourrait effacer ce qui venait de se passer ici, et l'empêcher de se dire qu'il « l' » avait : *I got it! Great!* La preuve en était sur la bande, à graver ensuite sur une galette, et mettre dans les meilleures mains, envoyer à tous les DJ du coin, qui feraient passer à leur tour le message à des milliers de teenagers, et ainsi de suite : *C'mon everybody! Allez tout le monde, venez tous avec moi* ou quelque chose dans ce genre. Et ils viendraient, suivraient tous, l'accompagneraient désormais jusqu'au bout et continueraient même le chemin sans lui, galvanisés par ce qui deviendrait le cri primal d'une génération, puis de deux, avant que les Who et autres Stray Cats ne prennent le relais sur ses cendres encore tièdes avec leur propre *Generation*, et au festival de Leeds, en 1969, un certain... *Summertime Blues* de sa composition ! La boucle était bouclée. La route continuait.

Assis dans un coin du studio Granada pendant que Billy Fury, qui n'avait d'ailleurs rien de furieux, venait de balancer son nouveau tube de guimauve, un truc bourré de violons, de velours et de clichés, Eddie, qui ne payait guère de mine et faisait un peu jeune coq du rock dans son deux pièces cravate, se souvenait avec nostalgie de ces jours déjà lointains, ce mardi de ses 20 ans à l'autre bout du monde, en banlieue californienne. Et il se dit qu'il avait appris un nombre incroyable de choses depuis quatre ans : une vie entière et puis le monde, la musique et l'argent, l'Europe et ses rois, et même l'Australie avec Gene, la gloire et les filles qui semblaient souvent aller de pair, toute une éducation, une initiation digne d'un voyage sur Mars et dont il n'aurait jamais osé rêver, même pour rire. Est-ce qu'Elvis avait aussi connu ça, au début, et comment s'en était-il sorti ? Est-ce que cet effet bienfaisant, cette sensation magique durait toute une vie ? Dieu que c'était bon, en tout cas, un bonheur unique, incomparable de sortir dans la rue et de s'entendre à la radio, de longer une vitrine et de s'apercevoir sur un mur de petits écrans, de voir la fille de la caisse rosir en vous reconnaissant et votre propre famille vous regarder d'un œil différent, incrédule et intimidé, prête à vous donner du vous et vous dérouler le tapis rouge comme à la cour d'Angleterre ! De voir vos vieux profs traverser la rue pour vous saluer, votre ex-petite amie reprendre de vos nouvelles et votre ancien patron vous demander un autographe pour sa fille aînée, celle qui ne vous avait jamais gratifié d'un regard et s'ingéniait à écorcher votre nom en public ! Que tout cela était fou, dérisoire et délicieux, et que l'on se sentait petit, gamin et fragile là-haut sur le toit du monde, avec tous ces courants d'air à vous soulever tel un fétu de paille du Tennessee et ces dauphins qui n'en voulaient qu'à votre place au Top Ten, vous souriaient désormais avec un rien d'insistance et un vague sentiment d'allégeance.

Que la vie était belle après une chanson pareille, et puis celles qui avaient suivi, surtout lorsque vous les écriviez avec la femme de votre vie, Sharon Sheeley, comme ce *Something Else* enregistré dans la foulée, et monté à son tour dans les charts sur les traces de son prédécesseur... Avec ses dons de créateur, d'interprète et aussi de producteur, il devenait une figure incontournable de la vie musicale anglo-saxonne : il était partout, toujours partant, toujours souriant, et l'on sentait bien à le voir, l'écouter et surtout le regarder travailler, qu'il avait plus d'une vie, d'une carrière devant lui, et allait devenir grand, plus encore que l'« autre », puisqu'il avait la chance d'écrire ses œuvres en plus de les chanter, et donc de pouvoir écrire pour d'autres. Plus d'une corde à sa guitare, et plein de succès qui y sommeillaient, en attendant qu'on les en décroche. Tout à dire et à faire.

Eddie flairait les chansons. Il les sentait venir, les laissait monter, affleurer à sa gratte et jaillir en catapulte, comme un génie sortirait de sa lampe. Après, elles tournaient court ou tapaient dans le mille, ou encore elles attendaient leur heure, qui vint parfois bien après lui. C'était selon, et il arrivait qu'elles fassent leur diva, se laissent désirer ou se trompent de route, dévient de leur refrain. Mais quand elles tombaient juste, c'était quelque chose : personne ne pouvait s'aligner.

Ainsi y avait-il eu, en février 59, ce *Summertime Blues*, dont il devait reconnaître que c'était bien joué, un sacré coup de maître avec son pont parlé et son coup de l'overdub, une sorte d'écho qu'il ajoutait à sa guitare, qui vous prenait aux tripes et vous faisait vibrer tout entier, « son » truc et sa griffe : *« Well my mom and papa told me, son, you gotta make some money/If you wanna use the car to go ridin' next sunday/Well I didn't go to work, told the boss I was sick/Now you can't use the car cause you didn't work a lick/Sometimes I wonder what I'm gonna do/But there ain't no cure for the summertime blues »*.

Celle-là lui avait donné le frisson, et remettait ça à chaque fois qu'il la jouait, parce qu'il savait dès le départ quand il tenait une « face A », et là, il l'avait senti plutôt deux fois qu'une, rien qu'à l'intro. Avant même d'avoir ce qui suivait, de connaître sa mélodie et de la mettre en paroles, il devinait qu'elle était imparable, et lorsqu'il l'avait vue surgir, il n'avait pas été déçu : tout le monde chauffait dans le studio, Connie Smith, Earl Palmer et, à la claque, les deux êtres qui lui tenaient le plus à cœur : son coauteur Jerry Capehart et sa chère Sharon. C'était elle qui lui avait donné l'idée de son tube suivant, *Something Else*, et qui l'avait finalement cosigné. Un sacré gros morceau, du Cochran pur jus, et un standard absolu, qui serait même repris plus tard par les Sex Pistols : il l'avait gravé le 23 juin 59, il y avait huit mois seulement, toujours à Goldstar, son studio fétiche, et il en avait fait réalisé 21 prises, pour garder finalement la quatorzième. Parce qu'elle avait justement ce... *something else* par rapport aux autres, qui lui donnait encore plus de punch, de feeling, comme la fille dont elle parlait : *« Uh-Look-ah there/There she comes/Here comes that girl again/Wanted to date her since I don't know when/But she don't notice me when I pass/She goes with older guys from out of my class/ But that can't stop me from-ah thinkin' to myself/She's sure fine lookin' man/She's somethin' else »*. Pour une trouvaille, c'était une trouvaille. Un titre en deux mots, comme il les aimait, et qui vous disait en prime pourquoi il fallait aimer la chanson, parce qu'elle avait « quelque chose en plus ». Les filles n'y résisteraient pas, et les garçons leur achèteraient le disque pour se déclarer, après avoir dansé dessus pour flirter :

banco ! Encore un jour béni de sa vie, un trait de génie dans la cible, et c'était en plus son amoureuse qui le lui soufflait. Que demander de plus ?

Il s'en souvenait comme si c'était hier, et c'était quasiment hier, tant tout allait désormais vite dans sa vie, à tombeau ouvert, toujours entre un avion, une séance, un set, une signature : il n'avait pas vu passer ses 20 ans, quasiment pas eu de nouvelles de son adolescence, plus une minute à lui, le Eddie d'Albert Lea, comté de Freeborn, mais il se rattraperait plus tard, c'était juré, programmé. Plus tard, il vivrait, ou plutôt digérerait tout ce qu'il ressentait, traversait aujourd'hui. Tout ce qu'il vivait sans avoir le temps de voir, de le savoir, d'y réfléchir. Et puis comment résister à des rencontres aussi fortes, évidentes que cette *Jeannie, Jeannie*, un de ses premiers tubes, exactement comme on a un coup de foudre, devant un visage ou un corps mémorable ? Lui, il prenait, dévorait tout avec l'appétit d'un gosse affamé, et il en redemandait, y allait, toujours devant, le premier sur la photo, et Gene Vincent était généralement le second, et pas le dernier à faire un gag ou un canular : des collégiens en goguette, qui auraient soudain le monde entier comme cour de récréation, des suites royales pour leurs débuts et une maquilleuse pour cacher leur acné ! Quarante ans à eux deux : un âge de parent. Et il y en avait toujours un pour entraîner l'autre.

Ce soir-là, ils étaient encore une fois réunis, à l'autre bout du monde, au milieu de ces petits Anglais qui mettaient de l'eau dans leur rock pour ne pas choquer les sujets de sa Gracieuse Majesté et s'efforçaient désespérément de les imiter pour avoir l'air authentiques. Wilde assurait, mais déjà les deux autres commençaient à troquer leurs guitares électriques contre des violons, façon Mantovani chez les yé-yé, et nos deux Américains pas tranquilles faisaient figure de survivants, de rebelles de service au pays des crooners. Pas très loin de là, un certain Vince Taylor polissait son cuir et affûtait ses chaînes, en chantant à qui voulait l'entendre qu'il avait décroché une *Nouvelle Cadillac flambant neuve,* qui allait faire parler d'elle. On connaissait la suite de l'histoire, et celui-là resterait à vie – courte, comme il se doit – l'homme d'un seul titre, le passager des hits à la bagnole de luxe. En chanson aussi, les voitures pouvaient tuer, et pour rien au monde, Eddie n'aurait voulu mal vieillir, comme ces chanteurs de country des années 45-50 qui s'accrochaient désormais aux branches et posaient pour les scolaires avec Roy Rodgers et Hopalong Cassidy, aussi chenus et fourbus l'un que l'autre, avec leurs chevaux de retour – Trigger pour l'un, Topper pour l'autre. Et pourquoi pas un rock avec Rin Tin Tin, façon *Hound Dog* ?

De retour de son flash-back, qui n'avait duré qu'une minute trente, le temps d'une chanson de Faith, Eddie sourit : pouvait-on avoir autant de souvenirs à 21 ans ? Il s'en était en tout cas fait davantage en cinq ans qu'en quinze, au point que son enfance lui paraissait désormais toute petite, blottie derrière les lointaines collines du Minnesota, ses montagnes russes du succès. Tout allait si vite, à se demander comment cela finirait et même s'il y aurait une fin : chaque disque se transformait en or, c'est-à-dire en argent, et il semblait écrire et chanter les mots mêmes que ses jeunes contemporains rêvaient d'entendre, être devenu le porte-parole d'une génération à la recherche de son image, son identité. Incarner le teenager idéal, tour à tour fils docile et grand frère sympa, amant rebelle et voisin serviable, dont on savait-bien-qu'il-avait-le-cœur-sur-la-main-malgré-la-musique-de-sauvage-qu'il-faisait. *A good guy.* Encore trois titres à boucler, en janvier 1960, dont le troublant *Trois pas vers le paradis*, de sinistre présage, et il avait soudain l'impression d'avoir vécu mille vies, d'être allé partout et revenu de tout, déjà menacé par une génération sacrilège qui avait fait twister le mot rock : baby boom 2. Il fallait s'accrocher, serrer ses six cordes et rester sur le ring, et ce n'étaient pas ceux-là qui allaient le déloger, avec leur pas de deux, leur jambe et leur guitare en avant : un vrai spectacle de patronage, à des années-lumière de ses *Nervous Breakdown* et *Boll Weevil Song*. A des années du rock. Il ne risquait rien...

Puis ce fut son tour, son retour, puisqu'il était un pilier de l'émission, et il commença par une version endiablée de *Twenty Flight Rock*, son tout premier succès et ce qu'il avait de mieux en scène, faisant littéralement corps avec la guitare lorsqu'il s'attaquait en dansant aux fameuses marches du refrain : *« And I walk one, two flight, three flight four/Five six seven flight, eight flight more/Up on the twelfth I'm starting to sag/Fifteenth floor I'm ready to drag/I get to the top and I'm too tired to rock »*. Celle-là serait reprise longtemps après par un certain Paul McCartney qu'il n'avait pas eu le temps de connaître, mais qui l'interprétait déjà, de boum en cave et bientôt en Cavern. Chez nous, Johnny Hallyday le revisiterait sans cesse, de *Cours plus vite Charlie* en *Fille de l'été dernier*, *Elle est terrible, Jeanie Jeanie* et on en passe, là où Eddy Mitchell restait fidèle à Gene Vincent, et raconterait même leur tragique accident de cette nuit-là : *Hier encore j'avais deux amis...*

Les chansons d'Eddie Cochran lui survivraient longtemps, deviendraient bien plus grandes que lui et n'auraient finalement pas d'âge : les cris du cœur ne vieillissent pas. Et il repensa à ces *Chers souvenirs* qu'il venait à peine de mettre en boîte : pourquoi les jeunes gens s'obstinaient-ils à se pencher sur leur vie, à s'inventer des regrets de paradis perdus, des nostalgies de l'avenir, comme s'ils étaient déjà à bout, s'ils avaient fait leur temps ? Si tout était dit ? *Souvenirs, souvenirs...* Les siens disaient : *« Cherished Memories the things a fellow can't forget/Cherished Memories I'm leaving but I love you yet »*, sur des paroles de sa Sharon, et ils furent l'une de ses dernières prises chez Goldstar, et la face B de son single posthume : *Trois pas vers le paradis*. Ça ne s'inventait pas.

Sortie immédiatement après sa disparition, la chanson prémonitoire deviendrait numéro un en Angleterre, alors qu'elle ne serait même pas classée dans les cent premières ventes aux USA, où il était enterré bien avant sa mort prématurée. Nul n'est prophète... Et son dernier album, *12 of His Biggest Hits*, publié le mois même de sa mort, serait rebaptisé en catastrophe *Memorial Album*.

Mais on était à deux mois de tout ça, autant dire à une éternité, sur le plateau du Granada TV Show d'ABC, et pour terminer, il attaqua enfin sa favorite, lança son fameux cri de ralliement à la cantonade, invitant tout le monde à le rejoindre. Et aussitôt, fans et pros se regroupèrent autour de lui comme un seul homme et se mirent à taper dans leurs mains en scandant et swinguant ses trois petits mots, *C'mon Everybody*, comme on entonnerait le *God Save The Queen* : celle-là était infaillible. Le lendemain demain, il jouait au concert « Poll Winners » du New Musical Express, à Wimbledon, et le mois suivant au théâtre l'Empire, de Liverpool, puis la BBC, re-ABC et enfin en avril à l'Hippodrome de Bristol : un grand rendez-vous, puisque c'était aussi leur date finale.

Et il avait beau être aussi célèbre ici que méconnu là-bas, il lui tardait de remonter dans l'avion qui menait à son enfance et de revoir cette fichue Amérique qui lui restait à conquérir. Il rêvait déjà qu'on le chanterait dans trente ans d'ici et qu'il contemplerait tout ça de haut, quinquagénaire assis à sa terrasse, rangé des voitures avec sa Sharon et des enfants partout qui chasseraient la bonne note, celle qu'on n'obtient pas à l'école et qu'on ne trouve que sur la sixième corde, qui vous échappe toujours au bout de la guitare : l'horizon et la raison de sa vie...

> « I'm just a-sittin' in the balcony,
> Just a-watchin' the movie
> Or maybe it's a symphony, I wouldn't know
> I'm just a-sittin' in the balcony, on the very last row
> The feature's over, but we're not through
> Holdin' hands in the balcony »

SOURCES

1) SITES

JOHN BELUSHI
John Belushi - Wikipedia
en.wikipedia.org/wiki/John_Belushi
fr.wikipedia.org/wiki/John_Belushi

John Belushi
www.imdb.com/name/nm0000004/

The death of John Belushi
www.findadeath.com/Deceased/b/John%20Belushi/john_belushi.htm

The Blues Brothers - Wikipedia
fr.wikipedia.org/wiki/The_Blues_Brothers
en.wikipedia.org/wiki/the-blues-brothers
en.wikipedia.org/wiki/The-Blues-Brothers-(film)

The Blues Brothers Tribute
www.rnbluesbrothers.com/

The Blues Brothers (1980)
www.imdb.com/title/tt0080455/

MARC BOLAN/T.REX
Pop news - Biographie de Marc Bolan
www.popnews.com/popnews/oldies/trex/

Marc Bolan Info Page
members.cox.net/dregenold/marc/marc.html
ordet blog: Marc Bolan
novland.blogspot.com/2006/02/marc-bolan.html

www.music-story.net/detail_person/Marc+Bolan/ -

The Official Marc Bolan Fan Club
www.marc-bolan.com/

Marc Bolan – Wikipedia
fr.wikipedia.org/wiki/Marc_Bolan
en.wikipedia.org/wiki/Marc_Bolan
musique.fluctuat.net/t-rex.html

www.pop-rock.com/article.php3?id_article=626

TIM & JEFF BUCKLEY

Tim Buckley - Wikipedia
fr.wikipedia.org/wiki/Tim_Buckley
en.wikipedia.org/wiki/Tim-Buckley

The Tim Buckley Archives
www.timbuckley.net/

jeff Buckley : the official site
www.jeffbuckley.com/

Jeff Buckley - Wikipedia
fr.wikipedia.org/wiki/Jeff_Buckley
en.wikipedia.org/wiki/Jeff_Buckley

Site Francophone sur Jeff Buckley
buckleyjeff.free.fr/

Le site Français sur Jeff Buckley
www.jeffbuckley-fr.net/

musique.ados.fr/Jeff-Buckley.html
musique.fluctuat.net/tim-buckley.html

KURT COBAIN

Kurt Cobain – Wikipedia
fr.wikipedia.org/wiki/Kurt_Cobain
en.wikipedia.org/wiki/Kurt_Cobain
fr.wikipedia.org/wiki/nirvana-(groupe)
en.wikipedia.org/wiki/nirvana-(band)

The Cobain Memorial: Welcome to Cobain.com
www.cobain.com/

www.findadeath.com/deceased/c/Kurt%20cobain/kurt-cobain.htm
www.jesuismort.com/biographie_celebrite_chercher/biographie-kurt_cobain-1259.php

http://www.nirvanaclub/

members.lycos.fr/nirvanagrunge/
http://www.totalnirvana.net/

Grunge - Wikipedia
fr.wikipedia.org/wiki/Grunge
en.wikipedia.org/wiki/Grunge_music
fr.wikipedia.org/wiki/Catégorie:Groupe_de_musique_grunge

Nirvana Grunge
membres.lycos.fr/nirvanagrunge/

NFC: The Internet Nirvana Fan Club
www.nirvanaclub.com/

The Cobain Memorial
www.cobain.com/

Kurt Cobain Biography
www.burntout.com/kurt/biography/

EDDIE COCHRAN

Remember Eddie Cochran - for Eddie Cochran fans world wide!!
www.eddiecochran.info/

Eddie Cochran - Wikipedia
fr.wikipedia.org/wiki/Eddie_Cochran
en.wikipedia.org/wiki/Eddie_Cochran

www.eddiecochran.info/

SAM COOKE

The death of Sam Cooke
members.tripod.com/clarkkauffman/hit32.htm

www.findadeath.com/Deceased/c/Sam%20Cooke/sam_cooke.htm

www.history-of-rock.com/cooke.htm
http://www.zone19.org/-soul/sam-cooke.php
http://www.music-story.net/biographie-person/sam-cooke/

fr.wikipedia.org/wiki/Sam_Cooke-
en.wikipedia.org/wiki/Sam_Cooke-

JIM CROCE

Jim Croce -- The Official Site
www.jimcroce.com/

Jim Croce - Wikipedia
fr.wikipedia.org/wiki/Jim_Croce

en.wikipedia.org/wiki/Jim_Croce

www.classicbands.com/croce.html

BOBBY DARIN

The Official Bobby Darin Website
http://www.bobbydarin.net/
www.bobbydarin.com/

fr.wikipedia.org/wiki/Bobby_Darin
en.wikipedia.org/wiki/Bobby_Darin

www.geocities.com/Hollywood/Academy/7011/darin.html

http://www.history-of-rock.com/bobby_darin.htm
http://www.imdb.com/name/nm0201239-
http://www.answers.com/topic/bobby-darin

www.rockall.com/hof/inductee.asp?id=87
oldies.about.com/cs/60rockers/a/darin.htm
Cinememorial.com/acteur-detail.php?id=372-

SANDY DENNY

Sandy Denny - Wikipedia
fr.wikipedia.org/wiki/Sandy_Denny
en.wikipedia.org/wiki/Sandy_Denny

In Memory of Sandy Denny
www.informatik.uni-hamburg.de/~zierke/sandy.denny/

Sandy Denny Biography - hotshotdigital.com
www.hotshotdigital.com/WellAlwaysRemember/SandyDennyBio.html
Sandy Denny Biography : oldies.com
www.oldies.com/artist-biography/Sandy-Denny.html
www.sing365.com/music/lyric.nsf/Sandy-Denny-Biography/3BAE2AA8DBBB678948256AE000114748
The Movies: Sandy Denny
www.mission.eclipse.co.uk/sdenny.htm
Sandy Denny: Biography/ Rolling Stone
www.rollingstone.com/artists/sandydenny/biography

JOHN DENVER

John Denver – Wikipedia
fr.wikipedia.org/wiki/John_Denver
en.wikipedia.org/wiki/John_Denver

www.findadeath.com/Deceased/d/John%20Denver/john_denver.htm
fr.real.com/music/artist/John_Denver/

NICK DRAKE

Nick Drake - Wikipedia
fr.wikipedia.org/wiki/Nick_Drake
en.wikipedia.org/wiki/Nick Drake-

nickdrake.net
www.nickdrake.net/
http://www.algonet.se/-iguana/Drake/Drake.html-
http://www.espritsnomades.com/rockmusiquesactuelles/nickdrake.html

BOBBY FULLER

The Death of Bobby Fuller
www.findadeath.com/Deceased/F/Bobby%20Fuller/bobbyfuller.htm

Bobby Fuller - Wikipedia
fr.wikipedia.org/wiki/Bobby_Fuller
en.wikipedia.org/wiki/Bobby_Fuller

RAB Hall of Fame: Bobby Fuller
www.rockabillyhall.com/BobbyFuller.html

Unofficial Bobby Fuller Webpage
r.duffy.home.att.net/fuller/

AaronPoehler.com - The Strange Case of Bobby Fuller
www.aaronpoehler.com/strangecase.html
Who Killed Bobby Fuller
www.kellyhogan.com/bands/rock/fuller.html

DANNY GATTON

The Definitive Danny Gatton Web Site
www.dannygatton.com/guitars.html

www.dannygatton.com/

Danny Gatton – Wikipedia
fr.wikipedia.org/wiki/Pop_rock
en.wikipedia.org/wiki/Danny_Gatton

MARVIN GAYE

Marvin Gaye – Wikipedia
fr.wikipedia.org/wiki/Marvin_Gaye
en.wikipedia.org/wiki/Marvin_Gaye–
fr.wikipedia.org/wiki/What's_going_on

http://www.marvingayepage.net/
www.history-of-rock.com/marvin_gaye.htm
http://www.rockhall.com/inductee/marvin-gaye

classic.motown.com/artist.aspx?ob=per&srs=prd&aid=1
http://www.history-of-rock.com/motown_records.htm
en.wikipedia.org/wiki/Berry_Gordy-
fr.wikipedia.org/wiki/berry-Gordy
wegofunk.com/motown,-hier-et-aujourd'hui_a1227.html
http://www.rockhall.com/inductee/berry-gordy-jr

The Death of Marvin Gaye
www.findadeath.com/Deceased/g/Marvin%20Gaye/marvin_gaye.htm

Jimi Hendrix

The Official Jimi Hendrix Website
http://www.jimihendrix.com/

The death of Jimi Hendrix
www.findadeath.com/Deceased/h/Jimi%20Hendrix/jimi_hendrix.htm

www.musicme.com/Jimi-Hendrix-biographie/
www.menet.umn.edu/~kgeisler/monika.html
musicolinuxien.lost-oasis.net/jimi/jimi.php
http://www.jesuismort.com/biographie-celebrite-chercher/biographie-jimi_hendrix-1258.php

Jimi Hendrix : the voodoo child
Hendrix.free.fr/

Jimi Hendrix : Guitares
hendrix.free.fr/autour/matos.htm -

Musicaljam Humeurs - Jimi Hendrix - L'expérience des limites
perso.orange.fr/musicaljam/Frames/Humeurs/humeurs22.htm

Buddy Holly

Official site includes pictures, memories and biography.
www.buddyholly.com/

Buddy Holly-AOL Music
music.aol.com/artist/buddy-holly/1003838

Buddy Holly – Wikipedia
fr.wikipedia.org/wiki/Buddy_Holly
en.wikipedia.org/wiki/Buddy_Holly

Buddy Holly dropped in here. - Findadeath Forum
www.findadeath.com/forum/showthread.php?t=139
http://www.rockhall.com/inductee/buddy-holly
http://www.buddyholly.com/biographies/buddy.aspx
http://www.buddyhollyarchives.com/
http://www.history-of-rock.com/buddy_holly.htm
http://www.famoustexans.com/buddyholly.htm

BRIAN JONES

Brian Jones -- The Official Website.
www.brianjones.com/

Brian Jones Wikipedia
fr.wikipedia.org/wiki/Brian_Jones_(musicien)
en.wikipedia.org/wiki/Brian_Jones

e-torpedo-le webzine sans barbelés- Brian Jones
www.e-torpedo.net/article.php3?id_article=281

http://www.sympathforthedevils.com/brian-jones23htm

Brian Jones: Like a Rollin' Stone
web site dedicated to Brian Jones
home.earthlink.net/~hobhead/

Welcome to the Brian Jones Fan Club
www.brianjonesfanclub.com/

Brian Jones
History, artwork, photos, fan stories, chat, and guestbook.
brianjones.galeon.com/

Le site du club des Stones
www.sympathyforthedevils.com/

The Rolling Stones - Wikipedia
fr.wikipedia.org/wiki/The_Rolling_Stones
en.wikipedia.org/wiki/The_Rolling_Stones

MickJagger.co
Mick Jagger's official web site and fan club
www.mickjagger.com/

Mick Jagger - Wikipedia
fr.wikipedia.org/wiki/Mick_Jagger
en.wikipedia.org/wiki/Mick_Jagger-

JANIS JOPLIN

The official Janis Joplin website
http://www.officialjanis.com/
http://www.janisjoplin.net
http://www.officialjanis.com/bio.html
www.rockhall.com/inductee/janis-joplin

Janis Joplin – Wikipedia
fr.wikipedia.org/wiki/Janis_Joplin
en.wikipedia.org/wiki/Janis_Joplin
http://www.janis-joplin.fr/

The death of Janis Joplin
www.findadeath.com/Deceased/j/Janis%20%20Joplin/janis_joplin.htm
Janis Joplin -oOo- The voice -oOo- www.Janis-Joplin.fr
www.janis-joplin.fr/

JOHN LENNON

France3 - John Lennon, icône rock - Musique - France 3
musique.france3.fr/dossiers/15608653-fr.php?page=3
www.findadeath.com/Deceased/l/John%20Lennon/john_lennon.htm

Dans le Studio d'Abbey Road
www.chez.com/abbey/studio.html

Interview avec John Lennon - 5 décembre 1980 - Rencontre à Woolton
www.clic.net/~dany/beatles/entrevues/jl800503.htm
Yellow-sub.net

Anniversaire : Et Mark Chapman tua John Lennon - Monde
tf1.lci.fr/infos/monde/2005/0,,3269837,00-mark-chapman-tua-john-lennon-.html

fr.wikipedia.org/wiki/John_Lennon
en.wikipedia.org/wiki/john_Lennon
http://www.john-lennon.com/
http://www.johnlennon.it/
http://www.johnlennon.com/
http://www.imdb.com/name/nm0006168/
http://www.lennon.net/
http://www.beatles.com/
en.wikipedia.org/wiki/Double_Fantasy

http://www.abbey-road.co.uk/
fr.wikipedia.org/wiki/Studios_Abbey_Road
en.wikipedia.org/wiki/Abbey_Road_Studios

Biographie : Mark David Chapman
www.affaires-criminelles.com/bio_82php
Mark David Chapman – Wikipedia
fr.wikipedia.org/wiki/Mark_David_Chapman
en.wikipedia.org/wiki/Mark_David_Chapman

archquo.nouvelobs.com/cgi/articles?ad=etranger/20041006.OBS8406.html&datebase=20041006

BOB MARLEY

Bob Marley : home : The Official Site
http://www.bob-marley.com/

biographie Bob Marley par Bruno Blum pour JAHMUSIK (part 3)
www.jahmusik.net/oldies/marleybio3.htm

trenchtownexperience.free.fr/
http://www.fluctuat.net/dossiers/bobmarley/
membres.lycos.fr/bob81/

Bob Marley - Wikipedia
fr.wikipedia.org/wiki/Bob_Marley
en.wikipedia.org/wiki/Bob_Marley

Bob Marley, le reggae, les rastas par Bruno Blum
www.bibliomonde.com/pages/fiche-livre.php3?id_ouvrage=3457&texte_aff=infocomp

What exactly did Bob Marley die from?
ask.yahoo.com/20031013.html

FREDDIE MERCURY

The death of Freddie Mercury
www.findadeath.com/deceased/m/Freddie%20Mercury/freddie_mercury.htm

Freddie Mercury - Wikipedia
fr.wikipedia.org/wiki/Freddie_Mercury
en.wikipedia.org/wiki/Freddie_Mercury
musique.aol.fr/Freddie+Mercury/p-search-module_q/recherche.html

Queen - Wikipedia
fr.wikipedia.org/wiki/Queen
en.wikipedia.org/wiki/Queen_(band)

Total Queen
Tout sur le groupe rock de Brian MAY Freddie MERCURY
totalqueen.free.fr/
queenfrance.online.fr/
http://www.queenonline.com/
http://www.queenzone.com/
http://www.queen-fip.com/
http://www.queen-fip.com/fmercury.html
http://www.freddie.ru/e/bio/
mr-mercury.co.uk/
http://www.montreuxmusic.com/fm/fr/fm_main.php

fr.wikipedia.org/wiki/Innuendo_(album)
en.wikipedia.org/wiki/Innuendo

KEITH MOON

The death of Keith Moon
www.findadeath.com/deceased/m/Keith%20Moon/keith_moon.htm

Keith Moon - Wikipedia
fr.wikipedia.org/wiki/Keith_Moon
en.wikipedia.org/wiki/Keith_Moon

Drummerworld: Keith Moon
www.drummerworld.com/drummers/Keith_Moon.html

"Moon-The Life and Death of a Rock Legend" by Tony Fletcher
4NPR Music: Remembering The Who's Keith Moon
www.npr.org/templates/story/story.php?storyId=1420254 –

The Who Official band webside
http://www.thewho.com/

The Who -AOL Music
music.aol.com/artist/the-who/1005017

The Who - Wikipedia
fr.wikipedia.org/wiki/The_Who
en.wikipedia.org/wiki/The-Who

www.the who.net/
www.rockhall.com/inductee/the-who

JIM MORRISON

The death of Jim Morrison
http://www.findadeath.com/deceased/Jim%20Morrison/jim-morrison.htm

Music Story
www.music-story.net/texte_person/Jim+Morrison/
www.courrierinternational.com/article.asp?obj_id=55775 –
http://www.morrisonplace.net/
Morrison.visionlibre.net/

Jim Morrison : Le Marais Evous, Paris
marais.evous.fr/Jim-Morrison.html

Buci
paris70.free.fr/buci.htm
Les Babas
paris70.free.fr/babas.htm

Le Rock'n'Roll Circus
paris70.free.fr/buci.htm

Les derniers jours de Jim Morrison
Jim Morrison's Quiet Days In Paris
www.geocities.com/SunsetStrip/Palladium/1409/quietday.htm

L'Hôtel
www.cosmopolis.ch/france/voyages/paris/l_hotel.htm -

fr.wikipedia.org/wiki/The_Doors
en.wikipedia.org/wiki/The_Doors

http://www.thedoors.com/
members.lycos.fr/doors/

Ricky Nelson

The Official Website
www.ricknelson.com/indexold.html

http://www.rickynelson.co.uk/
en.wikipedia.org/wiki/Ricky_Nelson
fr.wikipedia.org/wiki/Ricky_Nelson
http://www.imdb.com/name/nm0625699/
cinememorial.com/Acteur_detail.php?id=205
www.imdb.com/name/nm0625699/
www.hotshotdigital.com/WellAlwaysRemember/RickNelson.html
www.rickynelson.co.uk/
www.rockabillyhall.com/RickyNelson.html
www.mitchell-city.com/pionnier3/rickynelson.htm
www.ricknelson.com/indexold.html

Phil Ochs

Phil Ochs - Wikipedia
fr.wikipedia.org/wiki/Phil_Ochs
en.wikipedia.org/wiki/Phil_Ochs

www.cs.pdx.edu/~trent/ochs/
www.furious.com/Perfect/philochs.html

About Phil Ochs
www.sonnyochs.com/philbio.html

Il www.popnews.com/popnews/philochs/

Elvis Presley

Elvis Presley – Official Web Site for Elvis Presley
http://www.elvis.com

www.elvis-presley.ca/
fr.wikipedia.org/wiki/Elvis_Presley
en.wikipedia.org/wiki/Elvis-Presley
www.imdb.com/name/nm0000062/
www.history-of-rock.com/elvis_presley.html-
www.linternaute.com/histoire/motcle/1522/a/1/1/elvis_presley.shtml -

Elvis Presley – Biographical Timeline – The Seventies –
www.fiftiesweb.com/elvis-bio-70s.htm -

Elvis – The Las Vegas Years –
Home.online.no/tlidsoe/
Hilton Las Vegas, Las Vegas Hotels : Reviews of Hilton Las Vegas
travel.yahoo.com/p-hotel-372006-hilton_las_vegas-i-
Viva Las Vegas!
www.nwlink.com/timelvis/lvelvis.html -
Las Vegas Hilton Las Vegas Nevada – VEGAS.com
www.vegas.com/resorts/lvhilton/
Las Vegas Hilton Las Vegas Hilton Casino Hilton Hotel Las Vegas Nevada
www.destination360.com/north-america/us/nevada/las-Vegas/las-vegas-hilton.php -
Las Vegas Hilton/Las Vegas – Read the Open View on Las Vegas Hilton…
www.openlist.com/hotels-view-327759-las_vegas_hilton-las_vegas-nv.htm
www.saveursdumonde.net/ency-voy//usa/lasvegas.htm -
fr.wikipedia.org/wiki/Sun_Records
en.wikipedia.org/wiki/Sun_Records —
www.sunrecords.com/
www.sunstudio.com/

OTIS REDDING
http://www.otisredding.com/

fr.wikipedia.org/wiki/otis_redding
en.wikipedia.org/wiki/otis_redding

The Otis Redding Website
jpp-product.club.fr/

http://www.otisredding.fr/

http://www.rockhall.com/inductee/otis-redding
http://www.history-of-rock.com/otis-redding.htm
afgen.com/otis_redding.html
fr.wikipedia.org/wiki/Stax-records-
www.rollingstone.com/artists/otisredding/biography
www.oldies.com/artist-biography/Otis-Redding.html
www.popstarsplus.com/music_otisredding.htm
www.music-city.org/Otis-Redding/
www.activemusician.com/Otis-Redding-Biography--t8i2291
www.tv.com/otis-redding/person/142556/biography.html

wegofunk.com/stax, -un-label-de-legende_a 1165 html

staxrecords.free.fr/
jdsallaberry.free.fr/soulmen/soulpage/studios/stax.htm
www.liberation.fr/culture/musique/288991.FR.php -

ELLIOTT SMITH
Elliott en VF
elliottenvf.free.fr/site1.htm

Elliott Smith - Wikipedia, the free encyclopedia
en.wikipedia.org/wiki/Elliott_Smith

Elliott Smith - une symphonie dans les doigts
www.zoomrang.com/smith.htm

VINCE TAYLOR

vince-taylor.ifrance.com/

Vince Taylor - Wikipedia
fr.wikipedia.org/wiki/Vince_Taylor
en.wikipedia.org/wiki/Vince_Taylor

L'étoile glamour d'une ère schizophrénique - Lalibre.be
www.lalibre.be/article.phtml?id=12&subid=121&art_id=174977
https://switzerland.isyours.com/f/celebrites/bios/53.html
rockabilly.nl/artists/vtaylor.htm
golfdrouot.ifrance.com/vince.html
fr.wikipedia.org/wiki/Golf-Drouot
paris70.free.fr/golfdrouot.htm

RITCHIE VALENS

The Official Website
www.ritchievalens.com/

http://www.ritchievalens.net/bio/bio.html
http://www.ritchievalens.org/biography.html

fr.wikipedia.org/wiki/Ritchie_Valens
en.wikipedia.org/wiki/Ritchie_Valens

http://www.findadeath.com/Deceased/h/Buddy%20Holly/Buddy-Holly.htm

http://www.history-of-rock.com/ritchie-valens.htm
http://www.rockhabillyhall.com/RitchieValens.html
http://www.ritchievalens.org/
http://www.rockhall.com/inductee/ritchie-valens
http://www.hotshotdigital.com/tribute/RitchieValens.html
http://www.classicbands.com/valens.html
http://www.ritchievalens.net/tour/tours.html

STEVIE RAY VAUGHAN

Stevie Ray Vaughan - Wikipedia
fr.wikipedia.org/wiki/Stevie_Ray_Vaughan
en.wikipedia.org/wiki/Stevie_Ray_Vaughan

Stevie Ray Vaughan - Unplugged Cafe
www.unplugged-cafe.org/index.php/Stevie_Ray_Vaughan

www.hotshotdigital.com/WellAlwaysRemember.4/StevieRayVaughanBio.html
www.starpulse.com/Music/Vaughan,_Stevie_Ray/Biography/

Stevie Ray Vaughan - About his death
www26.brinkster.com/jakapa/srv/death.htm

Sid Vicious

La biographie de Sid Vicious - Stanislas kazal underground blog
stanislaskazal.canalblog.com/archives/2005/10/12/885846.html

Sid Vicious - Wikipedia
fr.wikipedia.org/wiki/Sid_Vicious
en.wikipedia.org/wiki/Sid_Vicious

Sex Pistols - God Save The Sex Pistols
www.sex-pistols.net/

en.wikipedia.org/wiki/Sex_Pistols
fr.wikipedia.org/wiki/Punk_rock

http://www.hotshotdigital.com/WellAlwaysRemember.2/SidVicious.html
http://www.crimelibrary.com/notorious_murders/celebrity/Sid_vicious/index.htm

Gene Vincent

Official Gene Vincent Web Site
www.rockabillyhall.com/LatestNewsGV.html

Gene Vincent - Wikipedia
fr.wikipedia.org/wiki/Gene_Vincent
en.wikipedia.org/wiki/Gene_Vincent

Gene Vincent Fan Club Francophone
gene-vincent.iquebec.com/

vince-taylor.ifrance.com/f_index.html
gene-vincent.iquebec.com/

Gene Vincent Lonely Street Forum
gene-vincent-forum.niceboard.com/index.forum
musique.ados.fr/Gene-Vincent.html

Gene Vincent Biography
www.rockabillyhall.com/gvbio.html
http://www.history-of-rock.com/vincent.htm
www.rockhall.com/inductee/gene-vincent
bousculade.free.fr/culture/musique/rock/gvincent.php

Hank Williams (article Eddie Cochran)
Official Hank Williams website
http://www.hankwilliams.com/

fr.wikipedia.org/wiki/hank-williams
en.wikipedia.org/wiki/hank-williams

2) LIVRES

Mandy Aftel, *Death of a Rolling Stone, the Brian Jones story*, Putnam Pub Group, 1982.

Michka Assayas, *Dictionnaire du rock,* Bouquins/Robert Laffont, 2000.

Philippe Bas-Rabérin, *Les Rolling Stones,* Albin Michel/Rock and folk, 1979.

Sam Bernett, *Jim Morrison, the end*, Privé, 2007.

François Bon, *The Rolling Stones*, Fayard, 2002.

Geoff Brown, *Otis Redding*, 10/18, 2003.

David Browne, *Dream Brother, Vies et Morts de Jeff et Tim Buckley*, Denoël, 2003.

Douglas Butler, *Full Moon, the amazing rock and roll life of the late Keith Moon*, William Morrow & co, 1981.

Malcom Butt, *Sid Vicious, Chronique d'une rock star suicidée*, Ed. Camion Blanc, 2003.

Kurt Cobain, *Journal*, 10/18, 2004.

Bobby Cochran et Susan Van Hecke, *Three steps to heaven, the Eddie Cochran story*, Hal Leonard Publishing Corporation, 2003.

Nick Cohn, *Awopbopaloobop Alopbamboom*, 10/18, 2001.

John Collis, *Gene Vincent and Eddie Cochran, rock'n'roll revolutionaries*, Virgin Publishing, 2004.

Stan Cuesta, *Nirvana, une fin de siècle américaine*, Le Castor Astral, 2004.

— *Jeff Buckley*, Castor Music, Paris, 2005.

Sebastian Danchin, *Encyclopédie du rythm & blues et de la soul*, Fayard, 2002.

— *Elvis Presley, ou la revanche du sud*, Fayard, 2004.

Stephen Davis, *Bob Marley*, Points Seuil, 2004.

— *Jim Morrison*, Flammarion, 2005.

Yves Delmas-Charles Gancel, *Protest song*, Textuel, 2005.

Francis Dordor, *Bob Marley*, Librio Musique, 2004.

Michael-Eric Dyson & Hoa NGuyen, *Marvin Gaye, l'ange de la soul*, Editions Naïve, 2006.

Ben Edmonds, *What's going on, Marvin Gaye ?*, 10/18, 2004.

Marc Eliot, *Phil Ochs, vie et mort d'un rebelle*, Albin Michel/Rock and folk, 1979.

Scott Freeman, *The Otis Redding Story*, St. Martin's Press, 2001.

Albert Goldman, *John Lennon, une vie avec les Beatles*, Stock, 1988.

John Green, *Dakota Days*, Ed. St Martin's Press, 1983.

Peter Guralnick, *Dream boogie, the triumph of Sam Cooke*, Ed. Little Brown and company, 2005.

William Allen Harbinson, *Elvis Presley*, Albin Michel, 1976.

Gérard Herzhaft-Jacques Brémond, *Guide de la country music et du folk*, Fayard, 1999.

Buzzy Jackson, *Chanteuses de blues*, Des femmes-Antoinette Fouque, 2006.

Jean-Louis Lamaison, *Soul Music*, Albin Michel/Rock and folk, 1977.

Lesley-Ann Jones, *Freddie Mercury, the definitive biography*, Hodder, 2001.

Jean-Marie Leduc & Jean-Noël Ogouz, *Le rock de A à Z,* Albin Michel, 1999.

Larry Lehmer, *The day the music died, the last tour of Buddy Holly, the Big Bopper and Ritchie Valens*, Ed. Schirmer Books, 2004.

John Lennon, « Les Beatles, Yoko Ono et moi, Générique, 1982.

Henri Leproux, *Golf Drouot, le temple du rock*, Robert Laffont, 1982.

Daniel Lesueur, *L'héritage du rock and roll*, Dreamland Editions, 2003.

Alan Mann, *Alan Mann's A-Z of Buddy Holly*, Ed. Sound of Tex-Mex, 1994.

Marc-Alexandre Millanvoye-Tania Bruna-Rosso, *50 ans de look*, Editions Scali, 2004.

Hervé Muller, *Jim Morrison au-delà des Doors*, Albin Michel/Rock & Folk, 1974.

Thomas Noguchi, *Coroner*, Presses de la Cité, 1984.

Philip Norman, *Rave on, the biography of Buddy Holly*, Ed. Simon & Shuster, 1997.

Yoko Ono, *Souvenirs de John Lennon*, Michel Lafon, 2005.

Mark Paytress, *Bolan, the rise and fall of a 20th century superstar*, Music Sales Corp, 2006.

Yann Plougastel, *Dictionnaire illustré du rock*, Larousse, 1997.

Jean-Yves Reuzeau, *Janis Joplin*, Folio biographies, 2007.

Olivier Richard, *L'ami ostendais de Marvin Gaye*, Ed. Christian Pirot, 2004.

David Ritz, *Divided soul, The life of Marvin Gaye*, Da Capo Press/Reprint, 2002.

Michel Rose, *Les pionniers du rock'n'roll*, Albin Michel, 1981.

Joel Selvin, *Ricky Nelson, Idol for a Generation*, Contemporary Books, 1991.

Mick St Michael, *Queen*, Carlton Book, 1994.

J.D. Salinger, *L'Attrape-Cœur*, Pocket, 1994.

Jordi Sierra I Fabra/Jiordi Bianciotto, *Rock, la fureur de mourir*, Sur la musique/La Mascara, 1999.

Bruno de Stabenrath, *Les destins brisés du rock*, Scali, 2004.

Michael Schumacher, *There but fortune, the life of Phil Ochs*, Hyperion Books, 1997.

George Tremlett, *Les Who*, Albin Michel-Rock and folk, 1977.

Jacques Vassal, *Folksong*, Albin Michel, 1971.

Daniel Wolff, Clifton White & G. David Tenenbaum, *You send me, the life and times of Sam Cooke*, Ed. Quill Quill Quill-Reprint, 1996.

Et bien d'autres !

3) FILMS/ÉMISSIONS

« Les derniers jours de Jim Morrison » (Michaëlle Gagnet/Sunset Presse, 17 juin media-Serial Producteurs, 2006).

« Mark D. Chapman, l'homme qui a tué John Lennon » (Derek Jones, 1988).

Et de nombreux clips, scopitones, concerts, archives d'émissions (merci You Tube et Dailymotion !)

TABLE

Achevé d'imprimer sur les presses de

BUSSIÈRE

GROUPE CPI

à Saint-Amand-Montrond (Cher)
en avril 2008

N° d'édition : 15339. — N° d'impression : 081508/4.
Dépôt légal : mai 2008.

Imprimé en France